昭和天皇拝謁記 5

昭和天皇拝謁記

初代宮内庁長官
田島道治の記録

5

岩波書店

拝謁記5
昭和二八年五月～二八年一二月

［拝謁記］翻刻・編集〕田島恭二
［編集委員］古川隆久・茶谷誠一・冨永望
瀬畑源・河西秀哉・舟橋正真
［編集協力］NHK

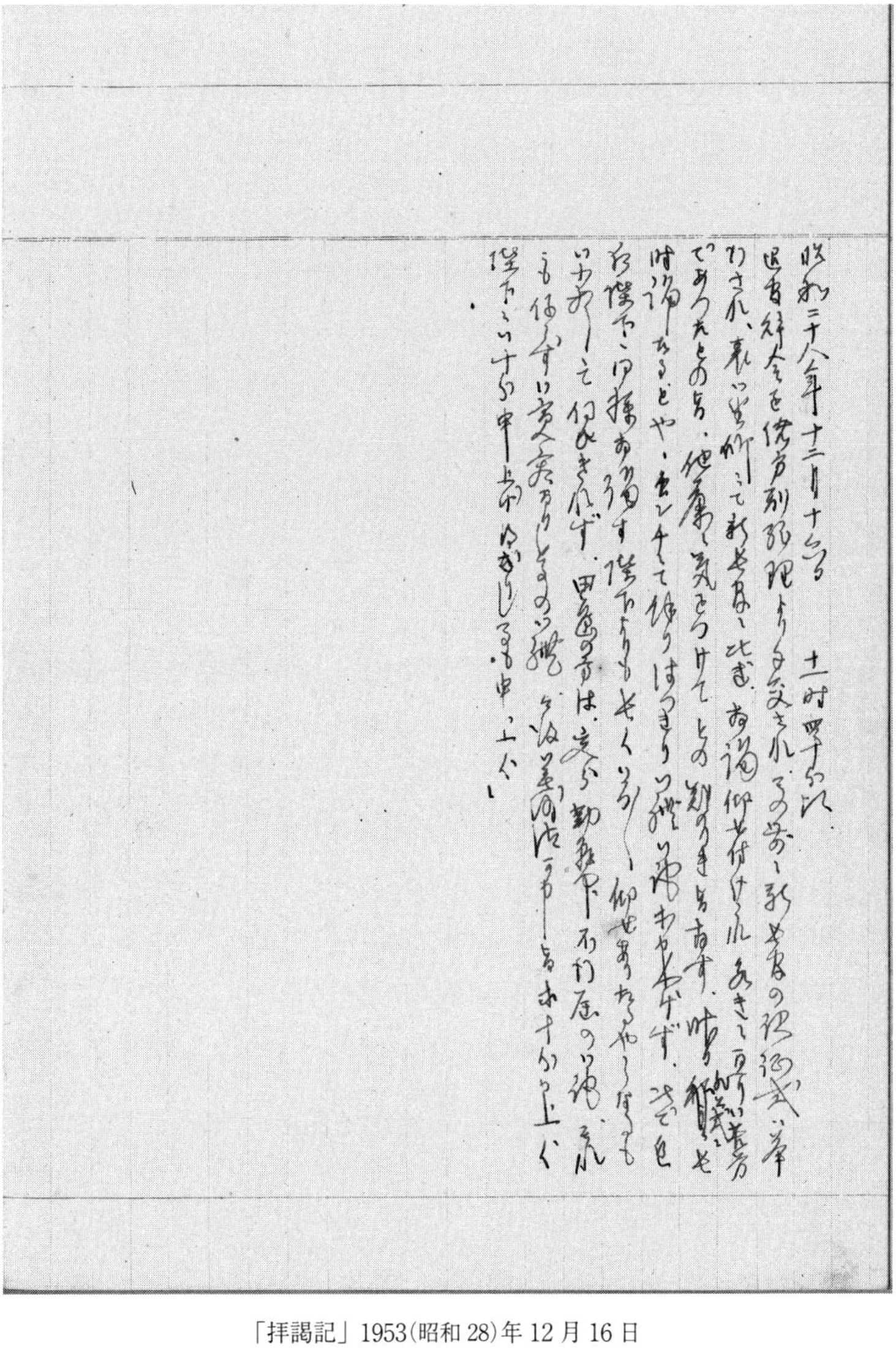

「拝謁記」1953(昭和28)年12月16日

凡　例

一　原文は、冒頭から一九五一年七月二七日までと、一九五三年三月一四日から七月二五日は横書き、それ以外は縦書きであるが、本史料集においては縦書きに統一した。

一　原文にある、見せ消し、見出し語(一九五一年一二月一七日から一九五二年四月三〇日の上部にあり)、記事の途中で離れたページに移ったり、別の日記帳またはノートに変わる場合の注記は省略した。

一　原文のルビや傍点、傍線、下線は残した。

一　漢字は人物等固有名詞の一部をのぞき、原則として常用漢字に統一した。

一　原文のアラビア数字は、原則として漢数字(十を用いない)に統一した。

一　原文のかな表記は、冒頭から一九五一年六月一日までは原則としてカタカナ、同年六月四日から最後までは原則としてひらがなであるが、すべてひらがなに統一し、変体がな(漢字をかなとして使用)はひらがなに開き、適宜濁点を付加した。ただし、語尾や擬態語、間投詞が原文でカタカナの場合、その他意識的にカタカナが使われていると判断できる場合はそのままとした。

一　解読できなかった文字は■で示した。

一　明らかな誤記、脱字、文字の重複は断りなしに修正した。ただし、「自働車」など、当時慣用されていたものは残した場合がある。

一　原文は句読点が少ないので、編者の責任で適宜追加した。

一　段落分け(原文では「で表記)はおおむね原文に従ったが、段落が長すぎる場合や、話題が続いているのに段落が分けてある場合は、編者の判断で分けたり、つないだりした場合がある。
一　編者の注記は〔　〕で示した。誤記かどうか判断が難しい場合は〔ママ〕と注記した。
一　編者注記を〔　〕で示すこととしたため、原文で〔　〕が使われている部分は（　）に変更した。原文の注記や会話文における（　）や「　」が片方のみの場合は、編者の判断で、削除するか、もう片方も付加するかの処置を適宜施した。
一　文中には、現代の視点から見て差別的な語句や蔑視的な表現が見られる場合があるが、歴史研究の材料（史料）としての意義に鑑み、そのままとした。ただし、個人のプライバシーや名誉を著しく害する恐れがあると考えられる場合に限り削除し、〔〇文字削除〕と注記した。

目次

一九五三(昭和二八)年

五月五日〜一二月一六日

五月五日（火）　願出御文庫　九・四〇―一〇・五〇

昨日おそく、テート〔David S. Tait デイヴィッド・S・テイト、米国極東軍司令部日本連絡室長、陸軍〕大佐、元進駐軍に居ましたが只今はクラーク〔Mark Wayne Clark マーク・ウェイン・クラーク、米国極東軍司令官兼国連軍最高司令官、陸軍〕大将の処に居る人でありますが、電話がありました。陛下が飛行機に御乗りになりたい御希望[1]があり、それはいつ頃がよろしいか、司令官も都合により朝鮮等へ参りますので予め其日をといふ様な話があるとの事でありました。田島は実は電話で手がふさがつて居る旨申しました。義宮様〔正仁親王、昭和天皇の二男〕の事で小泉〔信三、東宮職教育常時参与〕等と会議を致して居りましたので、松平〔康昌、式部〕官長に代つてあつて貰ふ様電話し、早速松平の処へやつて来ての話が以上のやうな事でありましたそうであります。明日から千葉県へ御出掛故、今日休日でありましたが伺ひました次第でありますが、何かそういふ意味を Clark 大将に仰せになりました事がございませうか、又は Murphy〔Robert Daniel Murphy ロバート・ダニエル・マーフィー、前駐日米国〕大使にでも仰せになりました事がございませうかと伺ひし処、イヤ、私はそんな事をいつた覚はないが、高松宮妃〔喜久子〕殿下に飛行機に乗りたいといつた事はあるが、それが伝つたのではないかしらとの仰せ。左様でございますか。

先日 Murphy 御招きの時に米国へ御出掛けといふ事を申しました様に、何か軽く飛行機の御話でも出た事はありますまいかと再度御尋ねせし処、此夕島〔重信、侍従職御用掛、外務省参事官〕氏にきゝしも御通訳せし覚なしとの事、いはんと思ふが島に為念《ねんのため》きいてくれとの御話。然し誰でも飛行機には一寸乗つて見たい事は見たいわとの仰せ。実は Weyland〔Otto P. Weyland オットー・P・ウェイランド、極東〕空軍司令官が、東宮様〔皇太子明仁親王〕御出発前[2]に是非共立川の米軍飛行本部へ御出を願ひたいといふ事でありましたが、デリケートであります故、御止めを願ひました事もあります。陛下が米機に御乗りになります事はデリケートであります故、去りとて先方も好意で熱心に申して居ります様子故、御のりになりたいと仰せになつては居り、御希望ではありますが、いゝ機会を捕へての事である旨を申しましては如何でございませうかと申上げし処、そうだ、のりたいといふ事は事実だが、適当の機会をとらへねばといふ旨をいつてくれ。或は四国の秋の帰途に急ぐとかいふ様な時に……との仰せ。若し北海道へ御出掛けなどと申上げしも、之は何とも仰せなし。

それから、愈《いよいよ》十三日に小泉が妻〔富子〕同伴で欧米へ出掛けまするが、今回は宮内庁からといふ訳ではありませぬ故、先回にも申上げました通り、松平官長や今回の三谷〔隆信、侍従長、皇太子明仁外遊の首席随員〕のやうにお金を賜りまする事は其必要ございませず、六月に例年賜ひまする謝礼を繰上げまする事は御許しを得ましたが、或は大使の例の様に小泉拝謁を願ひまする節、そのあとで妻同伴、皇后様に拝謁願ひまするやうな事は如何かとも考へまするが、どうも田島として如何御願してよろしいか考へがまとまりませぬが、陛下の思召は如何でございませうかと申上げし処、少時御考への様子なりしも、拝謁はいゝと思ふが、宮内庁では皆小泉をどういふ風に見て居るか？との御尋ねに付、それは常時参与の御沙汰書を御許し願ひました節、伺書をたてまして、内廷に於ては認証官の待遇を賜ふ旨発令されて居りまするとと申上げし処、それなら良宮〔皇后良子〕にも拝謁して良宮から三谷にやつた程度のものをやればよいと思ふとの仰せ。ハイ、吉田〔茂、総理大臣〕は小泉を最初大使に任命してと思つて居りましたそうでありますが、本人は勿論受けませず、今回は何の肩書もなく費用は外務省から出ます事にきまりましたが、本人としましてはどこまでも皇太子様御帰朝後の御教育の為には此際欧米視察〔を〕致しおく必要を感じて出掛けまするといふ信念で居ります故、それでは只今のやう願ひまするやう〔稲田周一〕侍従次長と打合せまする旨申上ぐ。

三谷の手紙によりましても東宮様御元気の御様子でありまするが、カナダは相当日程がこんでおりまして御疲れになつたのではないかと存じます。夜分おおそい様でありますが朝は寝坊遊すやうでおよろしいかと存じますが、兎に角大西洋の船では御休養が出来たかと存じますと申上げし処、夜のおそい事は余り御好みならぬ御様子を拝す。

チヤーチル〔Winston Churchill ウィンストン・チャーチル、英国首相〕午餐会の様子は、集めた人又その演説(3)等中々考へたやり方のやうで誠によかつたと存じます。ニユーカツスルは御歓迎申上げぬといふ事で中々六ケしいやうでございますが、カナダや米国のやうに御歓迎斗りでなく、Newcastle 見たやうな事も(4)、一方チヤーチルの配意の午餐会などあつて見ますれば却て御修行になつておよろしい事と存じて居ります旨申上げし処、私が行つた時にはあの大きなコールストライキにぶつかつた(5)。その為私は一寸不便をした事もあつたが、その際の英国民の落付きと同時に当局が着々対策をたてゝやつて行く処を見て大によかつたと思ふ。何といつても立憲君主制としては英国はいゝからネーとの旨仰せあり。

休日拝謁願出に付辞去せんとしても、あの序《つい》でだがの《ママ》例の御調子にて、政局安定の御希望の御話出て、重光〔葵、衆議院議員、改進党総裁〕の新聞記事(6)をよむと自由党と手をとる様にも見えぬが、何とかして保守が一致してこの局に当れぬものかの意味仰せに付、先日御話の事は陛下の仰せとか御思召などといふ事は絶対に出ませぬやうにして、或程度迄二、三の者を通じて政府当局と申しますか吉田の耳に達するやう取斗ひましたが、その反応によりますれば、重光の態度は必しも新聞に出てるやうでもないようでありますと申上げ、勿論陛下として政治に御容喙《ようかい》は憲法上出来ませぬが、人にもよりまするが、吉田ならば大丈夫であります故、問題になる事はありますまいから何か事の起りませぬ時に、吉田などと御雑談を遊ばし、その間自然に陛下の思召のあります事の分りますやうな事は出来ないものかと存じます。先達ての大臣等の御陪食(7)のあとの食後は円陣式でなく致しましたが、却て各大臣などと御話も出来ましたのではないかと存じますと申上げし処、あれは大変よかつた。是からは矢張りあの方がよいとの仰せ。あゝいふ事のはつきりせぬ時、本《ママ》の御内輪的に少数なものと御会食遊ばすといふ様な事は如何でございませうかと申上げし処、お茶でもよいから問題にならねばよいから、いゝ機会があればやりたい旨仰せあり。此頃天長節の時、本多〔市郎、行政管理庁長官、自治庁長官〕国務大臣がお席の近くに御陪食しまして、東宮様御出発の時の東宮様の御態度に感激したことを申上げましたと田島に申して居りました。あれは中々勉強家でよいようでございますと申上ぐ。

又序だがとて、皇室と国民の接近といふ事は今後とも計らねばならぬが、此間の盛厚さん〔東久邇盛厚、東久邇稔彦の長男、昭和天皇長女・成子の夫〕[8]のラヂオは大変いゝ事をいつて居られた。皇室をそういつてはわるいが、利用したくて仕方のない人が自分は出来ぬ時、皇室を利用するといつて大に攻撃的のことをいふ場合もあるし、公正の議論でないと困る云々の旨の御話もあり。日本人はどうも理性でものをいはないで感情的といふか議論がチヤンと理屈の上から出ないといふ旨御話あり。イエ、感情的と申しますよりは附和雷同的で、独自の良心に従つてものをいふといふ態度がありませぬかと思ひますと申上ぐ。

宇垣〔一成、参議院議員、元陸軍大臣、元陸軍大将〕の最高点[9]は驚きましたが、組閣の失敗〔一九三七年一月〕といふ様な事に世人が同情した為でございませうか。あれは田島はどうも予想と違ひましたと申上げし処、宇垣は二枚舌だよ。組閣を妨げられたと世人にはうつつて居るかも知れぬが、又その為同情を得たのかも知れぬが、世間が真相を知らないのだよとの御話[10]。

須磨弥吉郎〔衆議院議員、元外交官〕なども新聞でいつてる言葉[11]を見ると相当外交上の識見のある人との評判があつたが、どうかと思ふ、平和攻勢[12]とか云々の御話あり。田島は考へまするに、真に国を憂ひ国を愛し他念ない方は天子様以外には中々ありませぬ。代議士などに出る人は国、国と、愛国、憂国の高調子でしやべりまするが、矢張り自分の人気とか或は何かいゝ位置につきたいとかの念から動いてものをいつてる場合もありまして、陛下のやうに全然国本位に物を考へるものは他にありませぬ。田島はお恥かしい事でありますが、低気圧が東京地方を免れました時にホツト致しました時、四国、九州地方を襲ふ憂を御心配になりました陛下の御言葉を承り、田島は自分を恥じました。又先達て順宮様〔池田厚子、昭和天皇の四女〕の御婚儀の御話の時、大体御良縁と存じましたが、只岡山の地方行きといふ事がどうかと心配致しましたが、陛下は其点何とも思つておいでゞなく、日本中一視しておいでの事を知りまして、自分を恥ぢましたやうな訳で、代議士など口でいろいろ愛国のやうな事を申しますが、真意は国よりも自分の事を考へて言動してるのかと存じます旨申上ぐ。

それからネー、再軍備反対の話でも、テレビで金森〔徳次郎、国立国会〕図書館長と九大文科教授の何とかいふ人との談話[13]をきいたのだが、最愛の夫や最愛の子を失ふのは命令一本できまるのだといふ様な事を出発点として話してるのだが、之なども私はおかしいと思〔ふ〕。形は命令一本で出て行くといふ事になるかも知れぬが、実際は善悪は別として世論とはいへぬとしても時勢の勢がそういふ趨勢になつて、又実際は下剋上のわるい弊風の致す処といふべきだが、何れにしてもそういふ時の勢の裏付なしに命令一下出来るものではない。実際の時の勢の赴く所に押し切られるので、近衛〔文麿、元総理大臣〕のやうな人でも押切られた。再軍備など不都合だといふが、世の中にどろ《〔泥〕》棒がなければ警察は入《〔要〕》らぬが、事実泥棒のある以上は警察がなければ誰れも安心出来ない。侵略する国家がないとの確乎たる前提あつての軍備反対ならば別だが、国内的に泥棒がないといへないと同様に軍備は入らぬといふ事は尤もだが、現に中共のやうな侵略の現実に接する以上、軍備はなしには出来ぬものと思ふがネーとの仰せ。

ハイ、それは全く仰せの通りでありまして、世界が二つに分れ、米国などは防御的に軍備をして居りまするが、ソ連等共産国は世界中に共産革命を起させようとして侵略的《〔な〕》の現実の平和破壊をやり乍《〔ながら〕》ら、逆なやうな平和宣伝を致しますのは実に訳の分らぬ話と存じます。田島の父〔五郎作〕の事など申上げ恐れ入りますが、よく申して居りました。父は平凡な人間で、親戚の叔父など代議士に出ましたものがありましても自分の事で人様に世間に御世話をかけぬやう、そして或は多少とも人様の御世話をしたいといふ様な考へ方を致して居りまして、田島もそれは正しい事と思つて居ります。よく泥棒もなく父の様な考への人斗りに世の中がなれば警察も監獄も入らなくなり、従つて税金も軽くなり此世はこんな平凡な事で実に住みよくなるのだがといふ事を申して居りまして、再軍備論に対して理論は正に陛下の仰せの通りと存じますが、此世の中で議論となりますと又中々色々の事をいふ世の中で中々六ケしふございます旨申上ぐ。

(休日に邪魔かと存ぜしも、どうやら御話相手欲しの御様子らしく)田島より昨日の科学博物館行幸の御礼に岡田〔要、国立科学博物館〕館長参内の旨申上げし処、疲れはしなかつたかとの仰せ。恐れ入ります、田島は貝類の図譜の武蔵石寿〔江戸時代後期の博物学者〕といふ人の著述には感心致しました。旗本の人の学問との事で感心致しました旨申上ぐ。

猶、田島拝命後五年になりますが、九州御巡幸〔一九四九年五月から六月〕の時などに比し、昨日の上野行幸の道筋などの国民の奉拝の空気は余程よくなりましたように存じますと申上げし処、衣食足つて礼節を知るといふ諺《ことわざ》……諺ではない、昔の人の言葉もあるしネー……との仰せ。再びClarkへの返事の要領を為念申上げ退下す。

五月六日(水)—八日(金)[14] 三日間　千葉県行幸啓　三里塚御相伴等　雑談

(所々短き御話、衆人大勢の処にて御話す)

五月一一日(月)　願出御座所　一・三〇—一・五〇

伊勢神宮御遷宮[15]の日時のことでありますが、十月二日内宮、五日外宮、何れも午後八時よりといふ事に御許しを得たいと存じます。前回も此通りでございますし、其日の御差支の点など調べましたが、何も差支ないやうであります。当日は侍従長等の供奉も衣冠束〔帯〕、長官、官長は通常服で同時刻神嘉殿[16]前で御祭の式がありますそうでございますと申上ぐ。よろしい、東宮ちやんの帰る事についての差支さへないならばとの仰せ。目下、船か飛行機か、従つて御帰朝予定日何日か、三谷宛〔に〕問合中でありまする(何れにしましても今日から其手当の要もありまする故)が未だ返事はありませぬが、何れにしましても十月二日とか五日とか御帰国といふ事はあり得ませぬ故、御許しを願ひたいと存じます。よろしいとの仰せ。

米国クラーク大将の飛行機の事もありましたが、又大使館から先日皇后様の御希望もありましたといふので、映画フイルムについて御便宜を差上げたいと申して参りましたと申上げし処、英国から一度借りた事があるが大使館を頼んだのはその一回丈けである。劇の様な映画か、どういふのかしら……との仰せ故、先方は記録的映画のやうなものかと存じまするが、大使としては対米感情の為に資せんとして色々苦労の様子に見ますが、是なども多少其点に焦慮の結果かと存ぜられまするが、先方の手紙に対しては映写機は35㎜も16㎜もありますが、今から始終定期的に頼むといふもおかしいと存じます故、厚意を深謝し16㎜と35㎜と映写機は両方ありますが、終始御連絡は頂かなくても結構で特に何かの時のものは又見せて貰ふ事もあるといふ程度の返事でよろしいかと存じます。その為には目録でも頂かれればといふ事も一寸書添へましたらば如何かと存じて居りますと申上ぐ。それでよろしいとの仰せ。

主計課長遠藤〔胖〕が三年に近いのでありますが、外国に在る監財の方の課長の席にするため大蔵省から返してくれと申して参りました。三年位が長い方で、田島拝命後これで飯田〔良一、元主計課長〕以来三人代りまする事で已むを得ぬかと存じまする。庁内には適任者ありませぬ故、矢張り大蔵省に後任推薦方を頼みたいと存じますと申上ぐ。侍従武官でも馴れたかと思ふといつも交代する、仕方がないとの仰せ。よろしい、代りに大蔵省に頼んでよろしいとの仰せ。

Vining〔Elizabeth Janet Gray Vining エリザベス・J・G・ヴァイニング、元皇太子家庭教師〕から手紙が参りまして、数時間の紐育《ニューヨーク》御立寄りの時、長時御目に懸つて誠にうれしく、御成人になり、しかも美点は御失ひにならずと喜んで参りました。Reader's Digest から印象記を頼まれたが、私が拒絶すれば記者がうるさく御つきまとひするといふ様な話で承諾したいが、田島の考へは？と申して参りました故、小泉に其手紙は見せてありますが、よろしいでせうと申してやる積りであります(17)と申上ぐ。

どうも生憎でありまして、昨日以来放晴で雨中の千葉県は恐縮でありました。実は晴雨二様の日程用意で〔東京大学千葉〕演習林へ御出での朝は打合せがありまして、雨の懸念はありましたが晴の日程と申しました次第で恐れ入りました。然し三里塚〔下総御料牧場〕は大に感激して居りますし、又大学もおよろしかつたと存じますと申上ぐ。

あの、田島のいつてた園遊会(18)は一体どうなるのかとの仰せ故、春は天長節等の催もありますので秋は一つ御願したいと存じて居ります。式部で東宮様御帰朝と関連して考慮中であります旨申上ぐ。

五月一一日(月)　御召し御座所　三・〇〇―三・二〇

小泉拝謁の直後御召しにて、今小泉にあつたが、今回の洋行では瑞典《スウェーデン》や英国の王室と国民との関係を見て来たいといふ事、瑞西《スイス》の中立といふ事を見るといつてた。勿論東宮ちやんの教育上、役に立つ為めいろいろ視察するとの話であつたが、具体的にどういふ事を見て参りますか御注意、御希望をきゝたいといふ事であつたが、具体的には私も別段直ぐ考へ及ばぬので抽象的にまアいろいろといつておいたといふ意味仰せあり。今思ひ出せば、King が Hyde Park を気楽に散歩されるとか、Queen が買物も自由に出来るとかはどうして出来るかといふやうな事かと思ふ。又瑞西の事は私は地勢が中立を可能ならしめたと思ふといつたが……といふやうな小泉との会話の内容御話あり。

田島は、両陛下の御立場からも又宮内庁からも大体英国のやうに願へればと存じましても、一般国民の気風、習慣の差がありまして、民衆の考へが代らぬ以上、英国のやうになります事は六ケしいと存じます。現に、先日大学演習林に御伴しました某助教授の若い人の皇后様の御質問に対して、〝これ〟〝あれ〟といふ様な無礼な言葉をきゝ、誠に不愉快に感じました。どうも親しみといふ事と秩序といふ事を分けて考へる常識がないと存じますと申上ぐ。

それから先程御話の秋の園遊会の事は、東宮様御帰朝後の行事として議員も入れ、首相等又外交団も一所に一つ願つては如何と存じて居ります。東宮様御帰朝後に両陛下は国体に御出掛けとなりまする。十月十七日後、十九日にはおそくも御出掛になりまするが、松山のみならず四県御巡りならば二十九日頃御帰京と存じます。東宮様は行幸啓中、丁度葉山でも御休養を願ひ、伊勢は其あとかと存じます。

それから、六月那須の事でありますが、国会の開会式、内閣の任命等いろいろの国事がきまりませねば何とも決定出来ませぬが、鬼怒川の奥のダムを建設省で見て頂きたいと申して居ります故、御出ましの時か御帰りかに御覧願ひましたらばよろしいかと存じて居ります。よろしい旨に拝す。

それから、小泉との話に、先の事だが、東宮妃の年の事もいつてたが、是は結婚の時期にもよるといふ事をいつておいた。それから婚約後結婚迄の間は長官も短いがい丶といつて丶、私もそれは短いがよいと思ふといつておいたが、同時に矛盾であるが、東宮妃となつてから東宮妃の事を修行すればい丶といふ理屈かも知れぬが、それは一寸いかぬ故、その準備の為には矛盾だが少し期間が必要だとの仰せ。それは全くその通りで、その調節した適当の期間を考へる必要がありますと申上ぐ。それから約婚〔婚約〕中交際するか否かの問題だが、是は私の時は？との話であつたが私の時代はなかつたといつた。然しこれはあつた方がよいと思ふとの仰せ。それは無論の事でありまして、内親王様でも明治時代と違ひ、孝宮様〔鷹司和子、昭和天皇の三女〕、順宮様は御交際になりましたし、それは今の時勢であり、又至当の事で願ふべきだと存じますと申上げし処、イヤ、照ちやん〔東久邇成子、昭和天皇の長女〕の時と順ちやんと違ふのだものとの仰せ。

それから、小泉にVictoria勲章の事を調べてくるやうにいふのを忘れたとの仰せ故、それは先達て御話しのあとでAlmanac〔年鑑〕を調べましても不充分でありまして、在英の吉川〔重国、式部職儀式課長、皇太子外遊の随員〕式部官に取調方を航空便で申してあります故、特に小泉の調査の必要はないと存じますと申上げし処、あ、そうかとの仰せなりしも、小泉も栄典調査会〔栄典制度審議会〕の委員であります故、為念話しておきます旨申上ぐ。永井松三〔元外交官、天皇の皇太子時代外遊時の駐英日本大使館参事官〕のVictoria勲章は、陛下御渡英の為かと想像説を一寸申上げし処、いや、珍田〔捨巳、元侍従長、天皇の皇太子時代外遊時の供奉長（宮内省御用掛）〕は私の外遊前にVictoriaを持つて居たからそうともいへぬ。林権助〔天皇の皇太子時代外遊時の駐英大使〕もあとで貰つてかへつたよとの御話。

五月一二日(火)

御召し御座所
一一・一〇―一二・〇〇

東宮ちゃんの帰ることについて、長官は船か飛行機かきいてやるといつてたが、船は低気圧は逃れられぬが、先づどうかといふ事はない。飛行機は上を飛ぶ故何でもないが、時間は船程正確にいかぬようだ云々の御話(判然何の意味か不明。多少コメットの印度に於ける事故[19]に心配されてかとも思はる)。船と飛行機との利害は漸次加奈陀《カナダ》の Victoria 行に始まり、経験もふえ、万般随員で事情は充分承知致して居ります故、三谷に一任して其決定に従ふのがよろしいと存じて居ります。御訪問国の増減以外の大体の旅程及交通等の問題は三谷首席に一任の話合になつて居ります事は申上げました通りでございますので、之は三谷首席に御一任願ひまして結構かと存じますと申上ぐ。そうだ、それでよろしい旨仰せになり、多少割切れぬらしき御様子なるも、ハッキリ申上げし為そうだとの仰せありしやうに拝す。朝香宮の孚彦《たかひこ》さん〔朝香鳩彦の長男〕が昨日御出になり、広島に平和の殿堂とかキヤソリツクで出来ますので[20]、十一月二十三日とかに式がありますので陛下に御出ましは無理でせうかとの御話がありました故、十一月二十三日は新嘗祭《にいなめさい》でありますし、又其日でありませんでも基督教に御出掛けになれば仏教の寺院といふ事にもなりますので、それは一寸御無理でせうとハッキリ御断り申上げておきました。孚彦さんは航空会社の嘱託をしておいでで、コメット機の事故といふ事は一寸考へられぬ、雷とかいふ事が書いてありましたが雷は抜けて了《しま》ひますそうで、そういふ筈はないとの事でありますとの御話でありましたと申上ぐ。

陛下の飛行機の事からフヰ《イ》ルムの問題もありましたが、皇后様が Murphy に御話があつたとかでテレビの器機《ママ》を献上したいといふ申出がありましたが、之は経済法の関係もあり断つておきましたと申上げし処、イヤ、それは総理だ。戯談的に、共産党にはソ連から補助があるとかだのに米国は選挙に何も助けてくれないが、テレビ位貰つてもいゝとかいつてたのだよとの旨仰せあり。テレビは最早備付けでもありまするが、経済法がなければ葉山用にでもわるくもございませんがと戯談的に申上げし処、イヤ、葉山はテレビは駄目だらうとの仰せ。然し藤沢と距離は同じ位でございませうと申上げしに、イヤ、山の関係が違ふ。藤沢迄には起伏がないが東京と葉山では起伏があるから駄目かも知れぬとの仰せ。それはそうかも知れませぬ。先日、大学演習林の時、国警が人が背負へる無線器を携帯して御伴して居りましたのでどの位有効かとき丶ました処、平地ならばパトロールカーまで十キロは届くけれども、あの演習林の山では一キロ位とか申して居りました故、そういふ事はありますかも知れませぬ。テレビは田島は一向存じませぬが、毎日いつ頃致しますかと伺ひし処、午の食後、夜は六時半乃至九時半で、色々知らぬ事を見る事が出来るとの御話。ラヂオとの関係、テレビの興味あることいろいろ御話あり。

皇太子様の御旅程の事に話題うつり、陛下の御旅行の時との期間其他の類似を仰せあり。Newcastle の問題はなきも朝鮮人があぶないといふので上陸に困つた事もある。期間は六ケ月で大体同じだが、船も軍艦で往復の期間の方が滞欧期間より長いので、今度のやうに往復期間が短縮されゝば同じ期間でも東宮ちやんは随分いろいろの処へ行ける云々御旅行の御話あり。

又、昨日の東宮ちやんの結婚話だがネー、婚約と結婚と期間が離れるのはいかんと思ふが、同時に皇太子妃となり将来の皇后となればその為の用意といふものは特別にどうしてもしなければならないが、之も試験勉強見たようなものだがどうも必要だ。その外に矢張り普通の家庭の妻のやうな事も必要だから其点中々六ケしいとの先日の御話の繰返し仰せに付、平民の吾々でも長い婚約期はよくありません。でも、一寸した結婚ならば調度品の調整等に半年そこらはかゝりまする故、そういふ物的準備が皇太子妃殿下といふ事なれば如何に何と申しましても平民のやうには参りませぬ故、六ケ月以内といふ様な事は考へられませぬ。一年位はかゝるかと存じまする。其上範囲は従来のやうな皇族とか公卿、大大名の公侯爵とかいふのとも場合により限りませねば、余計新たに妃殿下に上るといふ事になりますれば特別の御教育が入〔要〕りまするし、中々此皇太子妃の問題は容易ではありませぬ。期間は具体的になりまして雑音の入りませぬ様可成《なるべく》短きがよろしいとしましても、ある期間は必要になりませうと存じます。それよりも候補者数名又は十数名を私共で選定致しまするのが大変でございまして、門地、人物その他の要件がいろいろありましてどうかい丶方をと念じて居りまする。御結婚は内廷の事かも知れませぬが、皇太子の御身位上、内廷だけとも申されませぬかも知れませぬ故、賢所《かしこどころ》大前の儀[21]とも参りませぬが、それらの点も一面研究せねばなりませぬ故、又孝宮様、順宮様の御結婚も大切ではありまするが、皇室に血統の入りまする事故、これは又一層重要でありますので大変の事と存じて居ります。又皇室に御上りになりまする事故、御母にならせられまする皇后様の思召は如何と存じ、〔保科武子〕女官長を経て伺ひましたが特別の御話はなく、やさしい人がい丶といふ様な旨の御話がありましたが、陛下の思召は如何でございませうかと伺ひし処、皇后となる資格を具へなければならず、外国との交際もあり、東宮ちゃんは外国語が出来るから外国語も出来なければいけないし、又普通の家庭の妻としてもの要素がいるから中々六ケしい。あまりおとなしくても困る。ものもいはぬ様な人は気持ちが分らぬし……云々仰せあり。又賢所大前の儀で儀式はい丶と思ふが、矢張り国事としての饗宴とかいふ事は必要だらうしとの仰せ故、其辺の処は新憲法下で余程研究を要すると存じますが、ある範囲で候補者を選定致します事が第一中々大変と存じて居りますといふ旨申上ぐ。

五月一三日[22](水) 願出御座所 一二・〇〇—一二・〇五

只今吉田首相に一寸あひまして、陛下の憲法上の御立場に無関係の点はよく注意しまして、政局安定の過日の思召の事を田島の話として申し、少しは頭も下げ言葉をも慎重にしてと申しましたが、今回は其点余程考慮してるように見受けられました。それからいつかの引揚の事、平和攻勢のこと、保安隊のこと、輸出入バランスの事等御下命の事をも申伝へておきました。猶、首相は、二時少し前に政局の為め中座の御許しを得たいとの事でありました故、御許しを得たいと存じます。よろしいとの仰せ。失礼致します時は何も御断り申上げませず退下致します事の御許しを願ひますと申上ぐ。よろしいとの仰せ。

五月一四日（木）　願出御座所　一〇・五〇―一〇・五三

侍従次長稲田周一は、総理府事務官を以て侍従次長でありました処、それでは勤務手当を受けられませぬが、侍従で侍従次長といふ事ならば大体受けられそうな由で多分そうなりませうと存じます。つきましては、今回総理府事務官を免じて侍従を以て侍従次長とする事に御許しを得たいと存じます。実はマッチ会社勤務中をこちらへ頼みました節、収入減のやうにきいて居りますが、今回の方法で六千円位は増すとの事でありますから……と申上げし処、よろしい、そうか、然し侍従の定員は大丈夫かとの仰せ故、それは只今でも侍従が本官で総理府事務官は兼務でありますと申上げし処、そうか、それなら侍従の定員は相当あるのだネーとの仰せ。

退下せんとせし処、アノ米国の飛行機の問題、適当な機会にといつたのはあれは何かいつたのかとの仰せ故、先方は松平官長の話をまア機会があればといふのを此際の断りととらず、その内いつ頃ならばよろしいかと申して居りました由で、世間の成程と思ふ機会とはとつてゐないらしくあります。四国の御帰りとか北海道とか……あ、そうかとの仰せ（〔Jonkheer O. Reuchlin オット・ロイヒリン〕和蘭《オランダ》大使信任状捧呈式直後にて大使はまだ在庁に付とて拝辞す）。

五月一六日（土）　願出御座所　一〇・〇〇―一〇・〇五

主計課長の遠藤の後任は、大蔵省から高田寿史といふ者を推挙して参りました。〔宇佐美毅、宮内庁〕次長の手許で大蔵省の人とよく相談致しましたが、人柄も思想もよろしいやうで、家は昔専売局か何かの官吏で今日は引退してるそうであります。大体遠藤と同輩位でと申上げし処、同輩といふと……と一寸仰せになりしも、よろしいと存じますから御許しを得たいと存じますと申上ぐ。よろしいとの仰せ。

次に、芸術院授賞式に御出まし願ひまするので、目下開会中の横河コレクシヨン(23)を短時間でよろしいから見て頂きたい旨、昨日田島御供の留守中、浅野〔長武、東京国立〕博物館長から次長に迄願出がありましたとの事で相談いたしましたが、御出掛願つてよろしいかと存じますと申上げし処、その序だと良宮はいかないのだネとの仰せ。ハイ、行幸の御序でありますから陛下御一人で……と申上ぐ〔御希望ならば別に行啓願ふ事考へられぬにはあらざれど申上げず〕。今日芸術院行幸の下検分があります故、御許しを得たいと存じますと申上ぐ。御了承あり。

〔岡崎勝男〕外相の所管事務御報告がありますからと退下せんとせし処、政局はどうなのかネー、岡崎は十六日でも十八日でもい〻といつたそうだし、〔山県勝見〕厚相は十八日だが[24]との仰せ〔国会はどうなるか非常に御心配の御様子の上の御発言故〕。首相に所管事項の御報告をするやう申しましたが、その為に大臣から御都合を伺ひますならば、日を定めて申した訳ではありませぬ故、先方申出の日をおとり願つて差支なく、それより外に彼是《あれこれ》申さぬ方が却てよろしいと存じますと申上ぐ。

五月一八日(月)　御召し御座所　一一・〇五―一一・五〇

新聞だけでの話で、本当に本人にあつて見なければいへない事だが、重光の態度はどういふものかネー[25]。国の大局の上で物を考へないやうだ。長官にきいた緒方〔竹虎、国務大臣〔副総理〕〕が重光を見てるのがどうも本当かも知れない。何とか私の意見として重光にいひたいやうに思ふけれども……との御話〔例の保守は小異をすて〻大同につき吉田に協力し、吉田のあとを担当するといふ様な御考を根本としての御話らし〕。党利党略でなく国家本位に行動して貰ひたく存じますが、米国でも両党にわれて常にnon-partisan〔無党派〕といふ言葉がありますようで中々その辺は六ケしく、陛下は一番国本位でお考になりますので何とか御意思を伝へられますればと存じまするが、之は憲法上絶対不可能の事でありまして、政府に在つて大体よく分つて居ります。吉田でも、陛下に絶対に累の及びませぬやうに話しまして、頭を下げない、毒舌はやめなど、頃日申しましたやうにある程度出来まするが、在野の場合は一寸六ケしく、吉田には自動車が二十何台新聞連でついて居りますし、重光の第一ホテルの廊下も新聞人で一杯との事で今日中々近付けませぬ。新聞の裏話によりますれば三好〔英之、参議院議員〕とか武知〔勇記、衆議院議員〕とかいふ代議士が密使で来て報道班に発見されたとの事もあります故、電話しか出来ませぬが、こういふ事は平素の懇意がなければ電話は出来ませぬし、又よし懇意で電話し得ましても、今回の様な不信任決議以来、左社〔左派社会党〕などまでいれての野党連合でありまする故、下手な事を致しますれば累が陛下に及びまするし、如何に残念でありましても此際下手に動く事は駄目と存じます旨色々と申上げ、理屈は充分御分りながら憂国の御気持上晏如《あんじょ》と出来ぬ御気持らしく、重光の場合なら三谷が在京なれば或は出来るかも知れぬとの御話。(兎に角仮定で又実行不能の事故、正面から反対するのも如何と思ひ、又原理を繰返して)ハイ、三谷の重光との関係ではある程度出来ますかも知れませぬが、今日の場合に突如では矢張り如何かと存じます。どうも先達来、緒方などの話で予想しましたより安定には遠い感がしまするのは、両党間にもいろいろのルートがありまして、政府に有利な方の情報のみに少し甘かつたのではないかとも考へられますが、又元来吉田内閣を倒す迄の不信任案迄の共同は已むを得ぬとしましても、その経緯に捉はれるのは国家本位でない気が致しますと申上げし処、重光にも案外吉田反対の感じが強いかも知れず、いきがかりやら党情やらで考へるのは困つた事だ云々、色々仰せあり。

世の中の事は理屈で平静に考へますれば問題のありませぬ事も、其場に臨みその空気、勢といふものに支配されますと随分人間は愚なものでありますので、いく所まで いかなければ目がさめぬものかと感じますると申上げし処、そうだよ、戦争の場合も同様で、私など戦争を止めようと思つてもどうしても勢に引づられて了つた。近衛でもネーとの仰せ。ハイ、矢張り芽生への時に勢を押へませんければ、勢が勢を作つて人力ではどうにも参らなくなります。陛下の仰せのやうに戦争の事を遡りますれば、昭和三年の張作霖事件の時に河本大作〔元関東軍参謀〕を処分しなかつた事に帰しまするので、勢といふものは実に恐ろしいものでありますと申上げし処、そうだ、結局勢といふもので戦争はしてはいかぬと思ひながらあゝいふ事になつたとの仰せ。終戦の際は鈴木〔貫太郎〕首相が聖断を仰ぎました故、陛下が御意見を御出しになり得ましたが、時の政府も統帥部も一致して開戦を奏しますれば陛下としてどう遊ばす事も出来なかつたと思ひますと申上ぐ。そうだ、終戦の時でさへあゝいふ近衛〔師団〕の事件[27]が起きて、司令官〔森赳、近衛第一師団長〕が殺されたりするから私が若し戦争を止めたら内乱になつたかも知れないネー。何といつても下剋上の勢がいつの間にか出来たからとの仰せ。現に二二六事件も起きておりまするので、どうも内乱になつたかと思はれます。

それは兎に角、今日天皇は新憲法で政治外交は陛下の遊ばす事ではありませぬから……と申上げし処、認証をしないといふ事があるとの仰せ故、憲法の条文も内閣の助言と承認により陛下の国事として御行為を願ふだけの事故それは出来ませず、それは大問題になります故、此際は矢張り御静観願ふより外ないと存じます。まア、認証といふ事をしないといふ事はあるがといふ旨の御話あり。(これは中々大変と思ひ)いえ、首相のは認証でなく親任でありまするが、之は議会で定めましたものを形式的に御任命になりますので之はどうも出来ませぬし、又認証にしましても認証なさらぬといふ事も六ケしいと存じます故、この際はどうもすべき事はないと存じます。

私どもも別に吉田にひいきでも何でもありませぬが、此際は日本としては保守連立が願はしく、議長等を他にとられては政府に立ちましても万事安定を欠く政情となりますと……と申上げし処、又解散だよとの仰せ。解散になりますれば政治の運行上逆コースなどといはれて居ります故、又改進党には一部革新的の論者もあります故、社会党左派は勿論でありますが、右派にしても自由党よりは無論革新的で今後いろいろ六ケしくなると思はれます。吉田の逆コースといはれますのは正しい限度もありますが、昨日なども交通規則に違反で平気で飛ばしまする[28]し、つまらぬ事には気を用ひませぬから……だからワンマンといはれるのだよとの仰せ。ハイ、ワンマンもある点結構ですが、つまらぬ事でワンマンはつまらぬと思ひます。

差当り国事を憂ひましても憲法等で動けぬ事は別としまして、宮内庁の責任者としましては、内廷費及皇族費の増額の問題、三笠宮〔崇仁親王、大正天皇の四男〕御洋行の問題、及義宮様御成年故の問題等、政府と篤と協議すべき問題をもつて居りますので、内廷費としましても若干の増額はして貰ひたく、又根本的に内廷財産の問題も真剣に考へて貰ひたく、皇族費の問題は現に秩父宮妃〔勢津子〕殿下で迫られて居りまするし、同時に一般的に増額して貰ひたく、三笠宮様はどうも色々の面から考へまして出来る丈け早く御洋行を願つた方がよろしいと存じます。御兄弟中お一人だけ御洋行のない事、又今回は皇太子様御出掛けになりました事等で御心持の上からもおよろしくない点がありませうし、又思想其他御行動の上にも多少改めて頂きたい為にも、此際どうしても御洋行が一番よろしいとの結論は動きませんので、次長などは今年度予算にも考へて居りますが、田島は御話さえし出しておけば来年度で必しもわるくないと思つて居ります。昨年メーデーの容疑者の貰下げを遊ばすなどは御軽挙と存じまするし、今年のメーデーに高尾〔亮一、秘書課長が一寸伺ひましても、外出はするが行先きはいへぬとの事であつたとかで……と申上げし処、三笠宮は万一の時には皇位継承の権がある方だといふ御自覚が足らんと思ふ。それは洋行といふ事はどうしてもい丶と思ふとの仰せ。只それには御附の人がよい人が見出されねば案がよくても実行出来ませんので、東宮様の随員首席も苦労致しましたが、三笠宮の随員も非常に人選が六ケしいと存じますと申上げし処、東宮ちやんの場合は何も輔導はいらんが三笠さんの場合はそうでないから人選は六ケしいとの仰せ。〔少し東宮様偏愛といふか公平なる御意見とは拝承せざるも、要点は三笠宮に付〕東宮様は御教導するだけでありますが、三笠宮には御言動について御止めしたり御諫めしたりする必要がありますので非常に六ケしいと存じて、実行は後れましても予算のとれました時、御伴の陣容整ひませんでは何とも致方ありませぬ故、今申した意味の人と今一人バレー〔valet フランス語で従僕〕でもありませんがそういふ風の人と二人は入用かと存じますと申上ぐ。

実は、侍従長と式部官長とに相談致しまして、両者の意見のまづ一致しましたのは日高〔信六郎、元上海総領事、外務人事審議会委員長〕でございますが、田島は一度もあつた事のない人でどうとも分りませんでしたので、先日小泉の送別会の節、小泉のあいたいといふ理由で一所に食事を致しましたが、誠によろしい人のやうに存じましたが、陛下も御通訳も致しました事故、御承知かと存じますが如何でございませうかと伺ひし処、い丶人だよ、通訳もしたが大使の時私はよく話をきいたがい丶と思ふとの仰せ。左様でございまするか。小泉もどうもい丶人だと思ふとの話でありましたが、実は野村〔行一、東宮大夫〕も辞任を申出て居りまするので、しかも東宮様御成年後の御地位上、必しも野村大夫の式の人で果してよろしいかどうかと思ひ、或は日高のやうな外交の経験のある人がい丶かも知れず、将来宮内庁で働いて貰ふ適格は非常にあると思つて居りまするが、果して三笠宮様に強く御意見を申上げるといふやうな強さがありまするか如何と存じて居ります……と申上げし処、イヤ、それは南支の大使〔上海総領事〕をして丶あの軍の力の強い処であれだけやつてたから相当やれると思ふとの仰せ。しばらくあいて或は東宮大夫に適任かも知れぬネーとの仰せ。此点吉田にはまだ話してありませぬが、三笠宮の事は既に話してあります。又義宮様の御成年も二年半の後で一家御創立の問題もありまするが、高松〔宮宣仁親王、大正天皇の三男〕、三笠両宮とも御直宮は軍人として御立ちになる制度下で後に今のやうに御なりになりましたのですが、義宮様の場合は御近親の皇族として果してどういふ御職務をなさいますかも問題であり、その事も考へまして大学御進級の科も御きめ願ひませんければならず、小泉出発前、侍従次長、傅育官、侍医等でよく御相談も致しましたやうですし、田島も参加しまして、略《ほぼ》この方がよろしいかと一応結論を得、一方学校での教育責任者でもあります安倍〔能成、東宮職参与、学習〕院長の意見をきく必要もありますので、それらを総合致しまして陛下の御許しを得たいと存じて居りまする訳でありまするが、何れに致しましても安定政権が望ましく、また先達ての宮殿全般問題とても政府の了承に関係を持ちまするし、此の総合計画の如きも政府と大に相談する必要はありまするし、又目下新聞は順宮様、孝宮様の御結婚をスクープ出来なかつたので残念がり、東宮妃の問題は何とかしてスクープすると申して居りますそうでありますが、これは内親王様と違ひ皇室会議の議を経なければなりませず、従て議長等も適当の人が欲しく、どうしても政局の安定は望ましいのでありますが、去りとて此際田島が若干たりとも動く訳には参りませぬ。

　吉田ならば先日申しましたので、外務、厚生、保安、貿易の所管大臣が上るやうになりましたが、内閣が代りまするとこういふ点もどうなりまするかと存じまする。侍従次長から一寸伺ひましたが、東宮様のNewcastleの事件に対してChurchillのpartyもやり、又Queen〔エリザベス二世、英国女王〕が御あひになつた例のやうに、目下の反米思想の為に陛下が例へばアメリカ軍の飛行機におのりになりまするとか、或は食事に適当の人を御よびになりまするといふ様な御考へをしてはとの御思召の事も至極結構でありましやうが、それとて時期をうまくとらへなければ対策にはよろしくありましても又何か国内の問題になりましては何にもなりません故、これは時期をよく見る必要があり、政府との連絡もしてからでなければと存じます。それはそうだとの仰せ。之も政局安定後の問題かと存じまする。それから厚相の引揚の問題に関連しまして、引揚児童の教育問題について〔岡野清豪〕文相の意見をと御話がありました事も侍従次長からきゝましてございますが、是はシベリヤ引揚[30]とは違ひ、家族持ちで職業をもつてた年配者も多いのであります故、矢張り日本がいゝといふ連中か、或は徹底的に共産主義信奉者になつてるかと存じまするし、文相も目下充分な御返事を此問題に対しては申上げ得るかどうかと存じます故、文相に此際御下問は必要ないかと存じますと申上ぐ。御了承の御様子に拝す。小笠原〔三九郎、通商産業大臣〕も貿易の順逆の問題で近く参内致しますとの事でありますが、昨日偶然の機会で承知しましたが、外貨が貴《たか》くて外遊も相当一般には制限的で六ケしい案件があるやうでありますし、輸入品の割当も相当厳重に致して居りまして野放しにはしてありませぬ故、此点は特に御質問の要はないかと存じますと申上ぐ。御了承の旨で、何も聞かない事の方がいゝかネとの仰せ。

　岡崎の話では賀屋〔興宣、元大蔵大臣〕が岡崎に電話してきたとかいふ事だが、之は日本で刑の執行に当つた為にこういふ事が起きるので、外国で行刑し、二、三の望ましくないものは釈放するはどうかと思ふが、之は早く釈放した方がいゝと思ふ。平和と共に彼等は釈放されると思つてるらしい。巣鴨で外相に電話をかけて政治上の事をいふなどといふ事になれば、外国に対してはとても印象がわるくなりどうも困るとの仰せあり。左様でございますか、先日一寸日銀の話を申上げました通りで、嶋田〔繁太郎、元〕海相も佐藤賢了〔元陸軍中将〕も銀座のすしやに出て参つたといふ様な事で、賀屋の只今の御話の如きも、却て自分で自分の首をしめる結果になる事かと思ひますと申上ぐ。そうだよ、自分で自分を束縛する結果になるので、連合国側はそういふ事を耳にすれば釈放も出来ぬといふ事になるからネーとの仰せ。

五月一九日(火)　願出御文庫　九・一五―九・三〇

今日早朝拝謁願ひました事は余りよろしい事でなく恐れ入りますが、今日十時に久邇さん〔朝融、皇后の兄〕が御上りになりますとのことで……と申上げし処、東久邇だよ、照ちやんが来るといふ事になつてる。

あ、左様でございますか。それでは田島の思ひ違ひであつたかも存じませぬが、侍従次長からそうきゝましたやうに存じましたので……何れに致しましても一度御耳に入れておきたいと存じましたのは、勿論田島と致しましては久邇家の事は直接責任はありませんので山梨〔勝之進、元海軍大将、前学習院長〕等に頼んでありますが、然し皇后様と御兄妹といふ事は切つても切れませぬので――それはそうだとの仰せ――注意はして居りまして、情報が入れば山梨なり栄木〔忠常、元東宮傅育官、弁護士〕なりに連絡して居りますが、実は此前に一寸申上げましたかと存じますが、二百万円とかの手形を振出され、誰にも御話なくその支払に困つて栄木の処で何とかしてるといふ事でありますが、其結末がどうつきましたかは存じませぬが、又八百五十万とかの手形があるとかないとかの話もあるやうでありますが、それはかねて御話申上げました女の関係の為のものらしく、ある機会にその女は赤坂の芸者で〔二〇文字削除〕中野に家がありますそうで、武むらといふ所へよく出掛けられたのは正式の待合でなく、暗《やみ》の商売屋との事であります。陛下には御分りになりますまいが、前回の二百万円が其女を引かせる金とかの話でありましたが、是も一寸大金に過ぎるやうであり、又噂の八百五十万円の手形があれば、それはその女が何か商売を始めたいと希望しての元金ではないかとの想像が出ますのであり、又噂もあるとの事であります。

先達て皇后陛下に人形の伝献〔人づてに献上するの意〕をなされたのを御断り致しませなんだのがわるい〔ママ〕御座いましたか、次に毎日新聞の話をお持ちになり、之は御断り願ひましたが、その行事の金の必要の為に松平直鎮〔元子爵〕をも御近づけになり、又毎日新聞にも御頼まれになるのではないかと想像致しますので、今日の御上りも又何かそんな事ではないかと邪推せられ、おあい前に御耳に入れたいと存じました事でございます。此前深川の女の何かの時は矢張り商売の金をと要求され、御断りになり其手は切れましたが、其後手形を書く事を御覚えになりまして、之は準禁治産(31)にでもしなければ手形書きを防ぐ手はない様に存じます。然し、噂話により想像を加へました事でございますから、其点は御含み願いたいと存じます。

衆議院の副議長は誰になつたかとの御尋ねに付、原彪といふ左派〔社会党〕の人のやうであります。議長の堤〔康次郎〕は、田島、昭和銀行の仕事を始めました時参りまして、受入れの不動産でもうけたく、私は世間で思ふ悪党ではありませんと申した事もありますが、昔しは余り評判のよろしい人ではなく、人柄の点は信用は余り出来ませんがと存じて居ります。不動産会社でもうけ出しました。朝香宮の軽井沢別邸も家令(32)の中田〔虎一〕と話合ひまして買受け、その為中田は少しおかしいとの評判もありました。それが東宮様の夏御出になりますホテルであります。又、只今の首相官邸(33)につきまして、三年位前に井上〔孝治郎、総理大臣〕秘書官が首相の命で政府に買入れたいといふ話があり、林〔敬三、（当時）宮内庁〕次長が朝香宮に御話致しました処御応諾がありましたが、中田が翌日か断りに参り、それが堤の手に売られ、吉田在職中は立退く必要なしとなつたときいて居りますが、先達て中田が参りまして、首相官邸は東宮御所として最も適当で、外ならぬ事故御話に応じますと申した事がありました。何の事か一寸分りません。そんな風の経歴で柔道も大にやりますとの事であります。

五月一九日（火）　御召し御文庫　三・二〇―四・一〇

急ぐ事ではないが、明日は又〔木村篤太郎〕保安庁長官が来るから一寸来て貰つて話さうと思つたのだが……それは今朝の話は、長官のいつてた朝融王のことにふれたらしい事はなかつたとの仰せ。ハイ、先達ての様な、別に御要求の御話ではなかつたのでございますか、それは結構でありました。

それから、在巴里《パリ》の西村〔熊雄、駐フランス〕大使から公用の手紙で、去る二十九日天長節の為、午は邦人夜は外交団及外人の為にパーテ〔ィー〕を開きました処、外交団何れも陛下の為に奉祝の意を述べましたが、就中《なかんずく》Ridgway〔Matthew Bunker Ridgway マシュー・バンカー・リッジウェイ、元連合国最高司令官、陸軍〕大将は陛下に対する奉祝の意と、日本に対する隆昌を祈る旨の精神こめてい、、大使は御前に披露して欲しいと申し越しました。Ridgway は栄転して参謀総長の職に在りまするし、或は欧州へは帰らぬかも知れませぬ故[34]、反米思想云々陛下のいつもの仰せもありまするが陛下に申上げました処、陛下も感謝された旨を田島から Ridgway へ手紙を書きまして、或は直接か新木〔栄吉、前日本銀行総裁、駐米〕大使を煩はして届けては如何かと存じまして御思召を伺ひます次第でございますと申上げし処、それがい、、そうして貰はふとの仰せ。

今日、小笠原通産相が御報告申上げましたが、原稿の結びが自分の考へで、前の方は事務当局が書いたのだと申して居りました。私にも一部おいて参りましたがと申上げし処、その事もいつてた。私は二、三質問したが、中共貿易はたしかに望ましい事には違ひないが、貿易の出来た為に治安に影響があるとすればその為に生産も出来なくなり、結局得る処なくなる次第故、今の処としてその代りに他に何か考へてるかときいたら、それはその通りで、只今は東南アジアと南米諸国に貿易の進展を考へてるといつてた。日本からいへば西南アジアだが……との仰せ。それから、西独では大変の復興でストライキなしであるといふ事は、国民、労働者も、国の為に経営者側と一所になつて協力してる結果と聞くが、日本はストライキも多い様だが、コストを下げて世界の競争に勝つといふならば、経営者側も労働者を思ひやり、労働者も国の為に暫時忍ぶといふ態度に出られぬものかと思ふ旨をいつたが、その通りといふ様な事をいつたが、所管外故それ位にした。又、厚相の話によれば、印度もそうだが、東南アジアには癩患者が多いといふので、日本から医者を送つて、仁術で以てその国の人の心を引きつけ、貿易の振興にも資するといふ事はどうかときいたら、その事は私は知りませんが、それは結構な事と存じます。一つ厚生大臣とも連絡して実行したいものと思ふといふ返事であつたとの仰せ。それは下村〔宏、財団法人藤楓協会会長、元国務大臣兼情報局総裁〕など申す夢の実現で結構な事でありますが、仁術を人類の為にするといふ立場で医者を送り、自然の結果として人気が日本に向き従つて貿易にも資するといふ事にしなくては行かず、露骨に貿易振興に資する為めの仁術を手段といふ風でない方がよろしいかと存じますと申上げし処、それは勿論そうでなければならぬとの仰せ。それから、外貨獲得の為に所謂観光事業を奨励する事はどうときいたら、それも大に結構で致して居ります。その上に、日本及日本人を知る機会になつてよいとの旨の返事であつたが、是も所管外故それ以上はきかなかつたとの御話。

それから、今日〔衆議院〕正副議長は儀礼的の拝謁でありましたか、それとも何か申しましたか知りませんが、御出まし前雑談致して居りました際、堤が非常に真面目に、離党をした上将来も候補には立たぬといふ事を新任挨拶にいはんとしました処、改進党ではそれは困るといふ事で離党の事だけでやめたが、国民が国会不信任の声を出さぬやうに、公平な態度でやるつもりであるといふ事を真面目に申して居りました。小笠原〔通〕商〔産業〕相が入つて来て顔があひました節、握手をしまして懇意そうであり、議長選出後御報告の寸前に申して居りました処によりますれば、堤は兎角彼是いはれた人物だが、近来は金が出来て非常に変つて来てわるくないと申して居りましたし、不図《はからずも》議長の栄職がふつて来て、人間は本心になり得るのが此際出たのではないかと存じます。案外よろしいかも知れませぬと申上げし処、私にもそれと同じ話をしてた。改進党幹部は将来立候補に立たぬといふ事は如何かと思ひやめてくれとの話は、そこはやめましたといふ旨で真面目にいつてゐた旨申上げし処、私にもその通りいつてたよとの仰せ。副議長〔原彪〕は如何でございましたかと申上げし処、ニコニコして慇懃に単なる新任の旨を述べてた丈けだとの御話。今朝の新聞[35]に大体一致して出て居りますのは、学者肌で人柄のよさそうな人でありますやうですが、文部次官をしまして、いつか大夫になつてくれと頼み断られました人〔藤野恵〕も高等学校が二年同室で人柄をほめて居りましたが、今日の話でも議長、副議長の挨拶を弥次るなどエチケットを知らぬと申して居り、二人でしきりに公平にやりませうといつて居りましたので、左社と聞いて居りましたが案外で安心を致しましたと申上げし処、陛下は人物は自由党などの保守系より社会党の方にいゝのが居るよとの仰せ。

参議院議長に河井〔弥八、元侍従次長〕にきまりましたようでありまして、結構のやうであります。柔和で謙遜で慎重で宮内省に勤務もし、結構と存じますが、実は田島が〔貴族院〕勅選〔議員〕になりました際、非常に早く起きて安倍を尋ね、紹介状を持参して田島を同成会〔貴族院の院内会派〕に入会せしめようと致しました時など、骨を惜まぬ感心の人で、二宮宗[36]ではあり、サツマ芋増産を実行していゝ人と存じて居りましたが、多少近来その物柔かな内に中々心を許せぬやうなものがあるやうな気も致しまして、御文庫改造問題で吉田に迫りましたり、いろいろの事があり、又今朝議長達退出後、小笠原に参院は昨日議長選挙が出来ず、あんなにして……と申しました節、河井がなりたいので云々とも申して居りました点等を考へ、皇室経済会議などでも、今後却てヒイキの引倒しのやうな事がありはせぬかと内心思ふて居りますと申上ぐ〔積極的に御同意は勿論なきに拝せしも、多少御思当りのやうにも拝せらる。イヤそうでないとは仰せなき例より見て〕。それで首班はどうなつたとの仰せ。それは延びるのではないかとの話でありますと申上ぐ。

猶、副議長はどうなつたとの仰せもあり。猶、労使協調望ましい御話の際に、税金が重の為所謂社用族の濫費が起り、その為めに従業員のストライキにならぬ迄も要求が大きくなり、コストの切下げにならぬやうな点もある旨申上ぐ。

五月二〇日（水） 御召し御座所　一・四〇―二・三〇

あの此間中話してる事だがネー。あの皇太子妃の問題が婦人クラブといふ雑誌に写真入りで出てるよとの仰せ。

広告は見ましたが、実物は見て居りませんが、何人位出て居りますかと伺ひし処、サー何人かハツキリはしらんが十人位は出てる。久邇さんなんかも出てる(37)が、あれは大谷の此前の関係(38)もあり、到底駄目な話だ。こちらの調査の参考になる位ではあるが、あゝいふものは困るとの仰せ。誠に今度は各新聞スクープに大熱心で困りますが去りとてどうする事も出来ませぬ。むしろ今度他の婦人雑誌も出まして却て興味がうすくなりますかも知れませぬが、次長の話では新聞の連中は之には大変な意気込との事であります。

〔木村篤太郎〕保安庁長官には、海軍と申しますか、両方御話申上げる様頼んでおきましたが申上げましたかしらと申上げし処、ア、聞いた。選挙の時、戈を止めるのが武だ、軍備がない方が未亡人や青年の犠牲者が出るのだと有りの儘に話して未亡人達や青年層にも支持を得た。こういふ風にいへば八割の人は納得するといふ様な事をいつてた。武器の点なども申上げましたかと伺ひし処、いつてたとの仰せ。日共の暴力を押へるには十分でございませうと申上げし処、それは十分だがソ連が来た時には不充分といつてた。それから、木村は剣道をやるのだが、大学にも剣道部が出来てそこへ行つてやるんだといつてた。保安隊の事、軍備の事など、木村の考へてる事は大体私の考へてるのと一致してるとの仰せ。木村はさつぱりしたい、人物だと存じます。どうも人柄い、やうだとの旨仰せあり。

今日御報告前に一寸あひまして、政局の話を一寸きいて見ましたが、重光については、力もなくて見識も低く、どうもどうもといふ様な、大体緒方の重光観と似たものでありましたと申上ぐ。そうかナーとの仰せにて、直接はきゝませなんだが、ニユースでは今朝の吉田、重光会談(39)は到底閣内協同はなく、是々非々でやるといふやうな話であつたようであります。

今日、日本銀行の参与会でいろいろの話が出ましたが、衣の問題の綿糸布は大体輸出は非常に少いので、国内消費と致しますると年々多額の綿花輸入といふ事でありま す。スフ(40)といふ言葉は粗悪を意味するやうな事になつて居りますが、最近技術が進みまして、三割迄入れても純綿と大した違はないといふ事であります。そしてスフの原料も矢張り輸入ではありますが、綿花に比すればパルプは安くてすむとの事でありました。然し生活を規制してスフ入の衣を着よともいへませず、矢張り国情を考へて国民が自発的にそう致しますやう国民運動を起さねばとの事でありました。又、食の問題でも先日の話の通り、相当多額の輸入でありまする故、粉食を奨励する国民運動が必要との話になりますが、又一方戦前にも比しまして生活状況は向上の傾向でありますし、人情之は中々消費規制はしにくいものでありまして、ストライキは今後益《ますます》ふえる傾向にありますが、国民所得の65 percentが農民及労働者といふ事がどこの国でも通例でありまして、それ以上は経済体系がこわれるのだそうでありますが、日本の労働者の分は既に四四とかになり、農民は労働者の建前でありませんが、二〇位はありと考へられ、六四位になります故、之以上その面からいへば賃上要求の余地はないのだそうでありまして、その事実上の壁にぶつかつても従来の経済上此要求は止まず、従つて其壁を破る事即ち、経済機構全体の変革——即ち政治色を濃厚に帯びる事となるだらうとの話でありました。

中山〔伊知郎、中央労働委員会長、一橋大学学長〕博士の話が、西独もストライキ無しときいて居りましたがそうでもなく、今は七百万錘、即ち日本位はある紡績の大ストライキが只今始まりましたそうであります。従来西独にストライキのないに等しい有様でありましたのは、西独に共産系の人が非常に少く、又労働者の経営参加が比較的上手にいつてたそうで、その結果もありましたそうですが、日本の労働者には経営参加せしめてうまくゆく程度でないらしうございます。中山博士は近く渡欧(41)致しますそうで、小泉も西独を研究すると申して居りました故、よく連絡して研究して来て下さいと申しておきました。

いつかも一度申上げましたがと存じましたが、労使協調のよくいつてるのは東京製綱といふ会社で、川崎辺に工場がありますそうでありますが、松岡駒吉〔日本労働組合総同盟顧問、衆議院議員、右派社会党〕が推賞して居りましたが、其話が出まして、渋沢栄一の創立しましたもので、技術者出身の三木〔龍彦〕といふ社長が非常に物分りがよいと、金融関係のある第一銀行の頭取〔酒井杏之助〕が申して居りましたと申上げし処、そういふ所は一度いつてやつてもい、ネーとの仰せ。ハイ、例のバランスもありますしと申上げし処、それなら葉山の往復かによるといふ事ならい、かも知れぬとか仰せ故、それは重工業的で皇后様の御同列はふさわしくないかも知れませんが、兎に角此際、労資の協調を御奨励の御思召は誠に結構と存じます故、次長の帰京次第相談を致しますと申上ぐ。

兎に角、生活の向上は結構ではありますが、日本は戦争で大に貧乏になりましたが、日本丸といふ一つの船がしけにあつてるやうな場合に、その船の一部の乗組の人が消費面にのみ焦慮します事はどうかと思ひまするが、写真機などを〔も〕必需品のやうな傾向もありまするし、随分消費面に多くの賃金が投ぜられますれば、賃上げしましても、物価騰貴、生活向上で資本の蓄積は出来ず、いつまでたつても値上げ、値上げとなります。消費面では吾々は昔と比して迚《とて》も手が出ませぬ感じが多いのでありますが、インフレで通貨価値の下落を考へますれば、強き消費に過ぐと、吾々戦前の感覚で考へまする程の事ではないのでありますが、その比較のない若い連中は中々勢がよろしいやうで——と申上げし処、清ちやん〔清宮貴子内親王、昭和天皇の五女〕などどうも高いといふ感じは少いようだ。私は勿論よく分らぬが……との仰せ。しるこ一杯五銭とか十銭と申しました経験のあります田島などは、五十円だの七十円だの申せば、馬鹿馬鹿しいと先づ感じまするが、若い人はしるこの食べ初めから五十円、七十円故、何とも思つて居りませぬ……。

それから、ルーズヴェルト夫人〔Anna Eleanor Roosevelt アンナ・エレノア・ルーズヴェルト、元米国大統領フランクリン・ルーズヴェルトの妻〕が近く来朝致しますが、曽ての大統領夫人でもありまする故、本来婦人故、皇后様御一方に拝謁が当然でありまするが、特に両陛下拝謁に願ひたいと存じます。但し、其際は開戦の当時の大統領でもありますし、又同夫人は何か書き物をしてる[42]とかいふ事でありますから、其の御積りで御話を願ひたいと存じますと申上げし処、イヤ、日本語が分らぬからその点は余程楽だとの仰せ。ハイ、島〔重信〕も心得ませうがと申上げしも、矢張りターナー〔William T. Turner ウィリアム・T・ターナー、駐日米国公使〕がついて来るかナとの仰せ。ターナーはよく日本語が分りますし、又後れましてアリソン〔John Moore Allison ジョン・ムーア・アリソン、新任の駐日米国〕大使になりましても矢張り日本語はよく分りますから、新聞記者に御話のつもりで御願すればよいかと存じますと申上ぐ。大統領夫人であつた人だから食事とかお茶とかいふ事がいるかとの仰せ。それには及びませんと存じますが、猶式部等とよく相談致しますと申上ぐ。

占領中の法律の行過ぎ修正も必要との話が今日日銀でも出ましたが、其時、社会主義経済の人でも資本主義経済の人でも理論を抽象に申せば随分違ひますが、実際に即して現実面の処理となりますれば大同小異のものかと存じます故、国の一大事の時には協力出来ぬものかと思ふ旨の話も出ましたと申上げし処、私など旧憲法改正の必要はないと思つた次第で……との仰せ。ハイ、松本〔烝治〕博士、美濃部〔達吉〕博士なども同意見であつたと存じますがと申上げし処、幣原〔喜重郎、元総理大臣〕もその意見であつた。私など旧憲法でもある程度は新憲法と同じ精神でやつたのだが……もし終戦の時の様な場合が起きても私に何の発言権もなければどうなるかと思ふ。憲法でも明治の旧も今度の新も実際面に即しては同じであつていゝのだが……との仰せ（吉田、重光に一口私がいへれば……との仰せの出る根元茲《ここ》にありと感得す）。

五月二〇日（水）　願出御文庫　六・〇〇—六・一五

先刻吉田から電話がありまして、政局の現状御軫念《しんねん》と存じ、取急ぎ内奏致すのが本意でありますが、新聞社等もうるさく、電話で田島に申越し田島より奏上致してくれとの事でありまして、夕刻拝謁を願ひました次第でございますが、大体夕刊(43)にあります通りで、今朝十時から一時間余重光を訪問しまして懇談致し、政局安定の為め、協力を求める。自由党は第一党であるが過半数でないからどうしても改進党の協力が得たい。予算の決定は第一の急務であり、又財界の要望も大に安定を願つて居りまする故、又一般国会の運営上にも閣内協力の事迄申入れました由でありますが、重光氏は心もちよく応対しましたが、党としては是々非々主義と決定故、閣内協力は出来ぬとの事で、此際は直ちに閣内といふ事は出来ぬが、首班を受けた以上、早く組閣されたいといふ様な事でありましたそうですが、吉田の電話の話振りは夕刊よりは余程好望的のやうな口調で、此際直ちに閣内協力は出来ぬが……との含みのある口調のやうに聞きとりましたと申上ぐ。

退下せんとせし処、さつきの東京製綱の工場行きは、良宮に不向きならばそれは何とか工風〔ママ〕が出来るだらう。早く出掛けても別になるとか前へ行くとか……（余程御熱心故）バランス等の点もあり、よく次長帰京後相談致しますと申上ぐ。

五月二一日（木）　願出御座所　二・三五―二・四〇

吉田の内奏前に申上げたいと存じましたのは、大した事ではございませぬが、頃日中伺つて居ります通り、政局安定の為、吉田、重光と申しますか、保守の連携は望ましいといふ事は事実でありますが、陛下の御立場としましては安定が望ましいといふ点で御止め願ひ、それ以上一寸御話のありました保守の再編で一部の改進党員が自由党につくといふ様になつてもい丶といふ様な事は口の固い、又気持の分つた吉田であります故、仰せになりましても差支ないやうなもの丶、本来は仰せない方がよろしき事故、且つ先達て四大臣に所管事項奏上の打合せの後、新聞にこの事を〔福永健司〕官房長官が話しました事を吉田は何とも思つてゐない事は一寸おかしいので、従来はすんだあとで、チヨイチヨイ出て居りますが、参内した直後に四大臣所管事項奏上といふ事がくつつくはいけませんので、どうか其点の処は余り御正直に仰せないやうに願ひます旨申上ぐ。

一寸東京製綱へ行幸の問題につき、又一寸かるく仰せあり。行幸の際の警衛其他の関係で、又逆コースとか何とかいふので奨励によく事の利と此度の弊との算定差引が六ケしい事と思ふとの旨仰せあり。

五月二二日（金）　御召し御座所　一〇・二〇―一一・二五

あのネー、ペルリ〔Matthew Calbraith Perry マシュー・カルブレイス・ペリー、米国海軍提督、東インド艦隊司令長官〕紀念とか黒船何とかいふ催しがあるようだが、あれについて私に来てくれといふ事はないかとの仰せ。只今は別に何の申出でもありませんが、近頃は徳川家康の顧問のアダムス〔William Adams ウィリアム・アダムス、和名・三浦按針〕の紀念といふやうなものもありましたようでありますが、別に何もありませんと申上ぐ(突如何の関連か一寸不明)。一昨夕申上げました通り、吉田は重光会談を有望のやうな口調でありましたが、内奏の際も左様でありましたかと伺ひし処、そういふ風にいつてたとの御話。新聞評では岡崎等不評の者を任命したのは、何れ改造が連立的に行はれる為の含みといふやうな事もありましたが[44]、そういふ点如何かと存じます。

昨日御祝酒頂戴の節、吉田と両院議長と緒方との卓に居りましたが[45]、最初堤議長が私はあなたの方の議長のつもりでやりますよと首相に話しかけまして、首相は議長に対しあなた方の政府のつもりで一つ御願ひしますといふ様な和やかなやりとりでありました処、堤議長が陛下にも申上げ、田島にも申しました、議長就任の決定の点を再び立候補せず云々の点丈けは除きまして、本当に公平にするつもりだと真面目に又首相に告げました処、首相の例の戯談的口調で、イヤ、自由党にエコヒイキにやつて頂きたいと申しましたので、堤はイヤイヤ公平ですよ、公平ですよといふ返事で戯談ではありますが、目黒官邸[46]関係等で従来の堤議長を知る面の為か軽く申しましたのは結果如何かと思はれました。吉田は戯談半分の申出でありましたらうが……と申上げし処、イヤ、吉田のいふ事は私もどこまでが本当でどこまで戯談か分らぬ事が多いと思ふ旨の仰せあり。参院議長に対してはあまり口数も申しませんでしたが、閣僚でもありませぬ点今後如何ですかと思ふ旨一寸申上ぐ。

昨日田島は老人達の会合へ参りましたがと申上げし処、老人てどんな？ との仰せ故、松本烝治〔元国務大臣〕、岩田宙造〔元司法大臣、日本弁護士連合会会長〕、加藤武男〔元三菱銀行会長〕、向井忠晴〔元三井物産会長、前大蔵大臣〕などの連中でありますが、その際岩田宙造氏より(一寸錯覚にて原嘉道〔元司法大臣、元枢密院議長〕と申上げ、御質問あり訂正す)、東久邇〔稔彦〕さんに頼まれた人から、宮内庁に対し二千七百万とかの取らぬ金があるとの話をきいてくれといはれたが、そういふ事の有無をきく丈けはきいて見ようといつたのだがといふ話故、その話をした人は小原〔唯雄、元ひがしくに教代表、龍海とも〕とはいひませぬかとき丶ました処、そうではないとの事。又弁護士でもないと申しましたが氏名は明かしませなんだ。そして岩田はその人にきいては見るが、差引勘定か何かあつてといふ事ではないかといつておいたが、そんなものの心当りはないでせうネーとの話でありました故、そして何か臣籍降下(47)に関するやうな話でありました故、それは田島拝命以前に決定した事で、それも軍人の宮様はないので、妃殿下等の分としてとり再分配したので何もないと思ひますが、再調査の上何かあれば御返事します、なければ御返事しませぬと申して置き、秘書課長にき丶ましたが、総額が四千七百万円で東久邇さんは何百万円程度のもので差上げ済であり、妃殿下方の名で受けて再配分しました形の為に贈与税がか丶り、その計算も先年五十万円計り御預り分を御払ひましたとの事でありましたが、全然一寸予想出来ぬやうな事を仰せになりますのは一寸理解致し兼ねまするが、稔彦王は少し御変りになつてる方なのでありませうか。首相迄なさつた方ですが……と伺ひし処、イヤ、あの宮さんはあの時はあの方でなければ絶対に軍部を押へられぬのでなられたので、荒木〔貞夫、元陸軍大臣、元陸軍大将〕などが何かさわぎかけたのをチヤンと押へて御しまひになつて、あの時は一番い丶方であつたのだが、何か御やりになり、一つ変ればサツトおやめになるといふ気性の事だと御話。その点は小原にかつがれて訴訟を起され、又少しも御相談なくサツト御取下げになりました故、それはそうかと存じまするると申上ぐ。

市兵衛町問題(48)といひ、今回の御話といひ、何か経済上の問題のやうにも存ぜられます。御家がありませんし、何かと御考になるのではないかと存じます。此御年輩の方は、昔の皇族のやうに、臣下の関白殿下より下位にあられた時と違ひ、明治の最も御盛んでありました時に人となられたのであります故、此際臣籍降下の上、経済上も未だかつてない事情の下におかれて色々の問題があるのかと存ぜられます。一時的賜金では又消えまする故、何か年金的のものを政府で考へる余裕はないものかと思ひまする次第で、此次の世代の方はあまり皇族の御身を御味ひにならぬ事は左程ではありますまいから、旧皇族の此年代の方にだけ何かい丶道はないかと実は一寸考へられます。又皇族様は只今御三家であります為、昔のやうに梨本宮は伊太利《イタリア》と何宮はどの国とか御分担のやうな風でいらしたらしいのですが、今は御三方だけで外人との御交際も随分御いそがしいのでないかと存じますが、之は矢張り皇族として自然的の御職務かと思はれも致しますす故、公邸とか公車とかは何とか国で心配して貰へないものかと予て思つて居りましたが、あまり車などおひどいと臣下で有力なものは御使用頂きたいとも申しませうが、それはいけませんので、御本家の皇室の宮内庁の車を御使ふ方が筋かと存じます。それ故、三宮家には公平に適当の車を一台づゝ御付けするやうな事が出来ればよろしいかと存じます。従来先づ公邸といふ考で義宮様御創立の時に之を願ひ、公車はあとと存じて居りましたが、陛下のCadillacの次に大宮様〔貞明皇后〕用としてLincolnを注文し不用になりましたのを東宮様御用として、外に新車二台を義宮様と内親王様用に供へました故、此次新車入手出来れば、三宮様御用のを宮内庁の予算で賄へぬものかと存じて居ります。昔の皇室の御財産ならばそんな事訳ないのでありますが、只今では政府の金に一々頼らなければなりません。保守的政府の内に何とかならぬかと存じて居ります。東宮様の小遣は政府からは出ませぬ立場故、兎に角千万円を御手許に差出しました。運用の妙で出来ましたもの、、到底自働車三台など出来ないのであります故、今度新車が入りますれば宮家の御使用にといふ事に願ひたい気が今は致して居りますがと申上げし処、御了承の様子に拝するも、経済問題は御体験なく、そうだと強く仰せになつてる事とも考へられない。

先程の国会の問題でありますが、昨日緒方に一寸きゝました処、参議院で緊急処理しました事の承認やら六月予算やら、七、八月予算とか、又勿論二十八年度予算などの目算をつけなければならずとの事で、施政方針演説を致しまするのは六月中旬になるのではないかと考へられますし、開会式はその直前かと存じます。従来とても開会式前に実質上の会議のあつた事はありますからと申上げし処、陛下は通常国会と特別国会との差のことにつき仰せあり。国会になりましてからはそういふ区別はなく、七月末迄国会自身で会期をきめますやうでありますと申上ぐ。二、三日致しますれば判然致しますかと存じますが、那須の御出掛は最初五月末、六月初旬にと存じて居りましたが、右国事の都合で如何なりますか。五日頃迄に御出発になりますれば植物の点は間にあひませうかと申上げし処、いやそれは早い方がいゝといふだけで、それぞれのものがあるから早い方がよりよいといふ丈けのこと……との仰せ。おそくても御出になりたき御意思の程と拝察す。

政界の安定のないときといへば今安定ではないが、組閣も順潮に運べば不安定ともいへないし……との仰せ。六月に御出になりたき御思召強しと拝察す。

実際は安定したとも思へませぬが、一応は安定の形でありまます故、其点はよろしいかと存じますが、六月予算か御文庫改修費が計上してあります筈故、その通過迄は公然御修理の為御離京願ふ特別の事由といふものは一寸いへぬかと存じて居ります。六月予算だけは今月末迄に通らねば万般困ります故、是は必ず通すと思ひますから御出願つてよろしいとは存じて居ります旨言上す。

それから、これは大した事ではありませぬが、お上といふ言葉を田島は用ひませんで陛下と申して参りました。皇后様が仰せになります言葉を奥の側近が申上げるのかと思ひます。三谷なども申しますし、宮内庁外でも芦田〔均、衆議院議員、改進党顧問、元総理大臣〕は申しますが吉田は陛下と申上げるやうでございます。大宮御所ではお上といへば皇太后陛下の事で、東宮御所では申しませぬが……と申上げし処、陛下といふは漢語で、日本語では京都又は近畿ではお上といふ地方方言のやうなものだとの仰せ。左様かも知れませぬ。下村宏なども申しまする。[49] 本にも書いてありまして田島は論じた事がありますが次の本には陛下とありました。

聖上といふ言葉が、榊〔神道の儀式に用いる植物〕など賜ひまするると、皇后宮、東宮と並んで書かれまするが、永年の慣行故、五年間田島別に改めることを代案もありませぬので考へませんでしたが、実は此際は天皇陛下と致しますのもどうかと思ひまして、代案を研究致して居りますと申上げし処……お上といふのは陛下といふ意味で、大宮御所でもいふのだらうが、外部のものはいゝのがあれば改めてもいゝといふ旨の仰せ（これは予期せし程陛下は御関心なし)。上方方言がお上でありますれば、我々平民は従来天子様と申し上げたやうなものでございませうかとも申上ぐ。

あの、日本の現状に即しての先達ての一万田〔尚登、日本銀行総裁、文化財保護委員〕の有明湾(50)ももつと具体的でないと困る。洪水にならぬ様、筑後川の事も考へねばならず、漁業権の問題はそう大した事はなからうが……塩出といふ事で収穫がどうも数年は塩分があらう云々仰せ。田島は愛知県でありますが、矢作川の下流の新田は随分塩出といふ事になやみました。真珠も……と申上げし処、真珠は長崎の方で有明には関係ないとの仰せ。若し一万田が具体的にあゝいふ事をいへばホラ見た様なものだとの仰せ。

食糧解決には粉食奨励の問題もありますが、是も生活習慣の問題があり、何れも六ケしうございますと申上げし処、河井のイモの粉食をいつてるが総て実現出来る事でないと……との仰せ。労資協調の必要な事、生活水準の上つた事、消費面の向上は新憲法の条件もある事等等申上ぐ。

皇后様の二十八日の常磐会(51)行啓の折、博物館からの願出でで、横河コレクシヨン御覧の事かと存じて居りますと申上ぐ。そうかとの仰せ。

最初に仰せになりましたペルリの事は、日米親善に資するやうとの御思召でございますかと伺ひし処、そうだとの仰せ故、主宰者等の事も考へ願出がありましたらばよく考へます旨申上ぐ。主宰者は考へなければネーとの仰せ。

テープ第一信が発見されました(52)が、今回もよく聞えませぬでせうかと伺上げし処、イヤまだ、永積〔寅彦、侍従〕でないと機械がうまく行かず、今日は永積で宿直は山田〔康彦、侍従〕であつたから、これから聞く。然しあの到着の知らせは……との仰せ故、なかつたそうでありますと申上ぐ。

為己為人(53)を日本の現状の御話の際一寸ふれる。

五月二三日(土)　御召し御文庫　九・四五—九・五五

あの、昨日いへばよかつたが、其時思ひ付かなかつたからいはなかつたのだが、長官のいつてた聖上の代りは天皇としたらどうだらうとの仰せ。ハイ、実は昨日も申上げました通り、何かよろしいのはないかと存じ、一応天皇とも考へましたが、少し感じがピタリと参りませぬのと、皇后宮、東宮と宮のつくのと並びましてどうも具合がわるいと存じまして控えて居ります。天皇とすれば皇后、皇太子とせねばあひませぬ気が致しますが、急ぐ事ではありませぬ故、研究は致しますと申上げし処、私は、英国でも昔からの名前をかへぬでせう、それで私は書陵部とか管理部とかいふけれども、図書寮、内匠寮の方がピタリと来るからねーとの仰せ。ハイ、宮内省、宮内府、宮内庁と新しい組織で統一的にしたいといふ時で、庁は譲りますことに田島拝命の時にきまつて居りましたが、書陵部、管理部は田島拝命後でありますが、極力話しまして侍従職、式部職はとりとめました。それ故、古いものを一律統制する事で反対でありますが、昨日も申上げました通り、問題になつた事はありませぬが、一面新聞紙は、崩御とかゝず死去と態《わざ》と書きますやうでありますから、封建的といふ様な事を新憲法上ではいはれないとは限りませぬ故、「聖上」は外部のものは少くも変へられたらばと存じます。御陪食の席割も聖上とありますが之は○でもつけましても出来ますが、御供への榊等は天皇で結構でありますが皇后宮と釣合ひませぬ。今迄の慣行故、もし何かいはれますれば気がつきませせなんだとあつさりいへばよろしうございますから、急がず研究致しますと申上ぐ。

それから、昨日憲法の事を一寸申上げ損つたかと存じますが、矢張り通常国会といはず、常会と申し、他は臨時会と申して居ります。但し、従来のやうに十二月末に通常国会を開く云々といふ事は憲法の面にはありませんと申上ぐ（大して関心なし。そうかとの仰せ）。テープの問題で今朝〔塚田十一郎〕郵政大臣が参ると申して参りましたが、陛下は特に御気にしておいでではないと申したいと存じます。若し何か申せば一般に対して親切な取扱望ましい旨でも附加しませうかと申上げし処、それは前の方だけの方がよいとの仰せ。関係員の処罰など申しましてもそれはふれぬ積りでございますと申上ぐ。それでよろしいとの仰せ。

それから序に全く別の事だが、松川事件(54)の話などを裁判官の時[55]話して、、一寸別の観点から、普通の場合より共産的といふか思想的の場合は軽くするとか重くするとかいつてたやうだが、私は軽くするといふ事は裁判手続上面倒臭いからといふ様な事から、或は思想対策的の意味からか、他の普通の人の場合が同じ犯罪をしたのより軽くする事はいかんと思ふ。軍人が軍法会議で普通人より軽い罪にとはれるといふ事が極端にいへば下剋上の風を招いたともいへるから……との仰せ。ハイ、御尤もで、その点は個人的に田中〔耕太郎、最高裁判所〕長官に話しておきますと申上ぐ。

五月二五日（月）　御召し御座所　一〇・三五―一一・二〇

あの、東京新聞だつたかに、御文庫の増築といふ記事が出て[56]たが、増築といへば増築だが、修繕程度のものだ。それから、宮殿新築の一部の民意等もあつて政府もある事でよろしいといつたのだが、あゝいふ記事が出るとの仰せ。あれは陛下に累は少しも及んで居りませぬ。宮内官がわるくいはれてる丈けの事で、宮内官はわるくいはれるのが商売見た様なもので、新聞のあゝいふ一面に偏した、そして事実を充分研究しないできめてしまつて利口ぶつた口の利き方をする放言的の評論は一々相手になれませぬので、放置し無視する外ありませぬ。田島が御文庫の非衛生を申上げましたのは鈴木一〔法務省入国管理局長〕の侍従次長の時で、数年前で其時に御許しなく科学的に調査せよとの事で、その結果が出ましたのと吉田首相が昨夏直訴を那須で致しました事と相まつて、一番小さい、二千五百万といふ事で此六月予算に入つて居るのでございます。新聞記事は五百万円とあり、御手許の御金のやうにも読めまするが、只今のやうな意味で介意致しませぬといふ旨申上ぐ。猶、松本学〔元貴族院議員、日本港湾協会会長〕のやうな申出の際にはあゝいふ新聞記事[57]もあるといふ事で、利用出来ますからわるい斗りでもありませぬと申上げし処、一寸御笑ひの様子に拝す。

那須へ御出掛の事も、六月予算の関係がありますので、その点は判然只今は口外出来ませぬが、こういふ政策の入らぬ暫定予算は通過必定と存じますが、若し御出掛となりますれば一週間位前に鉄道に通報する事にせねばなりませぬし、陛下の御希望はよし、六月初旬でなくともとの仰せもありまするが、出来れば六月の旬日が結構と存じて居りますし、六月予算通過を勘定に入れて工事を事実上一部づゝ進める関係上、二期庁舎へ暫時御引越の事もありまするが、猶、重要国事として国会の開会式がいつ頃かといふ事でありまするが、恐らく十五日頃かと存じまするので、此等の点をにらみ合せて御願する事と致します。本日次長が内閣の方と開会式の事を打合せまする故、其上で……との旨言上。

猶、六月上旬には戴冠式関係でいろいろの事がありまして、田島は一日、二日、三日と招かれて居ります故、次長に代つて御供して貰ひまする事を御許し願ひます。よろしいとの仰せ。

英国戴冠式の何か東京の行事の為、私の滞京必要といふ事はないかとの御尋ね。それはありませぬ、前例も調べましたが、東京での英国側の催に御名代等の事はありませぬ。三日の帝国ホテルの Dinner には宮様方御三宮御出ましでありまするが、宮様の御資格でありますそうです。只、御親電か御親翰かは御発し願ふ事でありまして、其用意は整へてあります。

それから新聞で見た事だけだが、内灘の事で反対運動(58)をやつてるやうだが、侍従次長から聞いてくれたと思ふが、岡崎の来ての話に、小笠原でも、奄美大島でも、米国は返さうと思つても、内灘でも浅間でも貸さぬといはれれば返されず、米国の権力下においてそこでやるといふ事になる。米国の力で国防をやる今日、どこか必要なれば我慢して提供し、小笠原等を米国が返すやうにせねばいかんと思ふのに困つた事だとの仰せ。岡崎外相も六ケしい立場といふ御話より、自然、岡崎の不評の話となり、今度は交代すればよかつたと各新聞紙が申して居ります。新聞は随分ウソが多いのでありますが、人物評や政治上の事はシヤベル人が沢山あります故、合せ写真の様にして新聞を通覧しまするとと大体いゝ処が出るやうで、信ずるに至ると思ひますと申上ぐ。

岡崎の事は田島もいつかいつてたがとの仰せ故、田島はあれは信用出来ぬ人間と思つて居ります。頭はよろしいかも知れませぬが、田島の味つたやうな小細工をしまする者は外交にも果して如何でございませうかとて、予て申上げましたが、田島の体験致しました事はとて、又は大宮様国葬一件を繰返し言上し[59]、吉田が了解違ひでしたかと繰返し申せし御話申上げ、猶野村〔吉三郎、元海軍〕大将などの fine play でないゴルフの賞品をとり、又返したいきさつからテンデ信用致して居りませぬ。田島は其新聞記事を実際目で見た事でございません故、何とも申上げられませんが、野村の申す事は恐らくウソでないと存じます。他からも同じ話をきゝました故と申上げし処、陛下は、吉田は佐藤〔尚武、元外務大臣、元参議院議長〕をバカヤローだといつてたそうだが、今の時としては佐藤など外相にいゝと思ふがナーとの仰せ。それは吉田は決して致しませぬと申上ぐ。矢張り自由党には外に人がない為だらうとの仰せ。ハイ、技術的では自由党にないかも知れませぬがと申上ぐ。吉田もいゝ人間でありまするが、貴族的でありましてスピードなど出す必要ないのに出してあんな事〔五月一八日条参照〕は損だと存じます。然し国会議員などは自我の強い人間斗りで、それを国の為の様な顔で自分の地位の事を考へてる連中斗りでありますが、流石に吉田はそれはありませず、自らを殺して国の為と思つてやつて居ると存じます。権勢の地位におれば自然の傲慢に又輪がかゝります。吉田に対する増田甲子七〔衆議院議員、元自由党幹事長〕の言葉などいふものは、総理の仰せなど申しながら陛下の御言葉には左程の敬語でもないやうでありますので、吉田の処には少し骨のある人間では中々近づかぬ事になるのではないかと存じます。田島など、面前で権勢に永く居り、阿諛《あゆ》をきゝなれると人間は酩酊するといふ事がありますと申しますが、一寸離れた役目故苦笑ひした程度でありますが……など申上ぐ。政治へ出てゆく者はそれは矢張り自我心が相当なければ……との仰せあり。それは五十位の働き盛りでこれから一つといふ政治界の人は尤もでありませうし、もう先のない七十の田島などの考へとは違ふのは勿論でありますが……と申上ぐ。

それから、言葉の事は戦争中に少しもそういふ訓練がなかつた為だらうとの仰せ。頃日千葉の演習林で皇后様の御尋ねに対し、コレ? アレ? と御返事して居りましたのが、助教授でありますので驚きました、不愉快に存じました〔五月一一日条参照〕と申上げし処、その年代が丁度そうだらうとの旨御話あり。

それから、新聞の紙がへる程製紙会社のストが続くのだが[60]、何とか国家再建の時ならぬものかとの仰せ。

此頃も申上げました通り、今の若い者は賃金値上げに終始する考へのやうでありますが、之は憲法の新しい条文には健康で文化的の生活をするなどと書いてあります故、自然い丶事と思ひ、戦前よりは経営の事も国の事も考へず、自己の事を道理のある事ならばどこまでも主張するといふ空気になりましたようで……と申上げし処、イヤ、それは阿南〔惟幾、元陸軍大臣、元陸軍大将〕が侍従武官をしてた頃だからまだ阿南も若かつたが、若い者の利己的の事を其頃既に憤慨してたから〔新憲法の為といふ訳でもあるまいとの御考らし〕……それが結局の軍部の政治関与になつたやうな事だ……との旨御話あり。

それから、新聞で見ると、自由党と緑風会とが甘《うま》く行かず[61]、衆議院はどうかして改進党と手をとつても、又参議院で緑風会と離れては六ケしい事になりはせぬかとの仰せ。緑風会と吉田との関係はどうかと思はれます。先日の御祝酒下されの際でも、河井と隣りしてました吉田は余り河井とは話しませんでした。新聞によりますれば、無所属議員を自由党にするか緑風会にとるかで河井は吉田と一度ならず会見しましたやうですし[62]、松野〔鶴平、参議院議員、自由党〕を議長候補として争ひました事から見て、之は一寸心配されますと申上ぐ。

英国ではクヰン拝謁の時に三谷首席随員すら御供して参りません。カムボヂヤ《カンボジア》の時など御供のものが His Excellency〔閣下〕で御願致しましたが、今後別に威張る訳ではありませんが、占領時代のクセで若し卑屈に過ぎるやうな事は改める事の必要があるかと存じます。現に米国の准将某といふ人〔Charles Y. Banfill チャールズ・Y・バンフィル、元在日米国第五空軍情報部長、米国空軍准将〕が、ペルリに関する古い本を献上したい[63]といふ事でありましたが、拝謁致した事もない人で日本人ならそれは許されませぬが、大使館も外務省も取次いで参りました。そういふ所を経ました以上、今回断るのは如何と思はれますので、御許しを得る外ないと存じますが、今後は予め此方針で対さなければならぬと存じますと申上ぐ。

五月二七日(水) 御召し御座所 一〇・一〇―一一・〇〇

長官がいつてた、バツキンガムへ東宮ちやんが行つた時、松本〔俊一、駐英〕大使の外には英国のSimon〔David Simonデイヴィッド・サイモン、英国外務省書記官、接伴員〕丈けであつたといふ事ネー。あれは、Princess Elizabethがカナダへ行かれた時はいはゞ皇太子のようなものだが、それでも女官のやうな姿はあとへかくれて居たやうだし、大体訪問されたカナダの役人によつておいでであつたので、あゝいふ風に随員などは余り出ぬ風習なのではないかしら……との仰せ〔英吉利のやり方に我皇室を軽くとか、随員を殊に除外するといふ意味でもあるまいとの意を含んで御思召らしく拝す〕。そうかも存じませぬ。それ故別にどうと只今考へる訳ではありませぬが、George V〔ジョージ五世〕の御なくなりになりました時の弔祭式に御名代の宮〔高松宮宣仁親王・同妃喜久子〕の御出になりました事に関しては、直ちに大使から外務大臣宛に挨拶があり、又その事を本国に通じて更めて御挨拶が外務省に来て、其都度外務大臣から宮内省へ公文で通知がありました。George VI〔ジョージ六世、前国王〕の時は何等ありませぬので、吉田首相に話しました処、吉田首相は考へました結果、朝海〔浩一郎、駐英〕公使に電命を出し、英国を刺戟せぬやうにして質問した処、平和条約成立前の事である為だらうといふ意味で、その儘になりました。平和克復後、Mary〔太〕皇太后〔Mary of Teckメアリー・オブ・テック、ジョージ五世の王妃〕崩御の際にも同様御名代〔高松宮宣仁親王・同妃喜久子〕御差遣になりましても今日迄何等の挨拶はありませぬ。東宮様御渡英中でもあり、之も何等の事をする積りはありませぬが、此点英吉利が昔とやり方をかへましたのと存ぜられます。最近はそういふ風なのかも知れませんが、今後瑞典其他の欧州の君主国、又は大統領等と御会見の事もありますので、是等の国が如何なるやり方を致しますか、御帰朝後に三谷首席等から詳細きゝまして、今後の参考にしたいとは存じて居ります。カムボヂヤ王〔Norodom Sihanoukノロドム・シハヌーク〕の随員など閣下の称号ありとの事で、御握手を賜りました事なども此英国の風などに比しまして如何でありませうか。式部官長にも話しました事でありますが、占領期間中に兎角占領軍等に対し、稍《やや》卑屈になりまするは当然でありまして、相当年数つゞきました故、其慣性がありはしませぬか注意すべきだと存じて居ります。鴨猟の如きも占領期間中は随分マア乱れて居りました招待者が、平和恢復と同時に之は改めまして、今年のシーズンからは陛下の思召によりといふ事でもあり、改めましてございます。

然し又一方、内地関係の事でありますが、例へば一昨日の芸術院行幸[64]の時の如き首相、文相の左の席に対して右に長官、侍従長と席がありまするが、昔とは違ひ、象徴陛下のみで御供のものは可成引下つた方がよろしく、一昨日の如きも、今少し後方の方がよいのではないかと存じまする。

尤も田島拝命直後、上野の美術展覧会へ行幸啓[65]の時、田島は始めて御供を致し、宮内庁《ママ》の仕来りも分りませず、こんな時には美術関係の人々と御接触結構と存じ、相当引下つて美術関係の人が陛下のおそばへ参ります様致して居りましたが、田中徳〔宮内記者会員、共同通信社〕新聞記者に注意されまして、長官、侍従長は陛下の少くも一米《メートル》位の処に侍して居らねばいかんと注意を受けた事を今でも記憶致して居ります。此問題も只先例通りでは時世に副ひませんが、余り改良といつても無理ではないかと存じます。徐々に改めるべきは改めるのがよいのではないかと存じます。東宮様とか義宮様等、修学旅行に御出の際などは他の同窓生との御行動上、傅育官が多少離れまする事はありませうし、又結構とも存じますが、陛下の場合、果してどの程度がよろしうございませうか。

又、陛下のやうに、全く今とは違つた空気の下に御馴れになつておいでの方と、東宮様等時勢の推移に多少とも関連して御成人の方との間にも自然差異あるべきは当然でありまして、其点は中々六ケしいと存じますが、世代の推移で今後外国の実例をも御体験故、どういふ風にするが一番よろしいか研究致したいものと存じて居りますとの旨申上ぐ。大体御了承の御様子に拝す。英国の風を見て我国の制度も新しく見直し、改めるべきは改めるといふ事は望ましい旨の仰せあり。

それから一、二回援《ママ》けましたかと存じますが、両院議長の改選に際し、閣僚と同様に御陪食仰付けられた方がよろしいのではないか、次長の手許で研究中でございますと申上げし処、それは前回に任命でなく選挙できまる故、止めたといふ風にきいてた様に思ふが……との仰せ。そうでありましたかも知れませんが(任命だ、選挙だとの差で御願するかせぬかきめた場合はないと記憶するも)、近来や、ともすれば記憶違ひ失念等ある事故、それ斗りではありませんが、立法、司法、行政、三権分立の精神から申しまして、閣僚の行政に対し、司法は田中長官始め地方の高等裁判所長も御陪食を賜ひまする以上、国家最高の機関とかいふ議長をすて丶おくのもおかしいとの論もありまして、次長は之に賛成であり、更めて調査立案の予定になつて居ります故、場合によりますれば今後の例として考慮の結果御願致しました方がよろしいといふ事になりますかも知れませぬが、其際は矢張り新聞にあります通り、来月上旬は休会になり、其時期でありませんと又議長等多忙になりますので、那須御出掛前、閣僚と相次で二日でも御願しました方がよろしいといふ事になりますので、或は一日御延期を御願ひし、三日御出発になる事かとも存じます。何れ研究の上御願しました方がよろしいと評決しますれば御許しを得たいと存じますと申上ぐ。

それから話は別だがネー。中共貿易を促進するといふ様な事をいつて居るが、此前小笠原の通商大臣の時には大体私と同意見であつたが、今度は岡野〔清豪、通商産業大臣〕になつて中共貿易云々といふのはどういふ積りかきいて見たいと思ふがとの仰せ。吉田首相の記者との会話の面ではそういふ事は申して居りませぬやうで、吉田は戦前の percentage がい丶のも満洲国があつた為に三十 percent ともなりましたかも知れませんが、中国本部だけなら5％位との話でありますと申上ぐ。

吉田はそういつてるが……?との仰せ故、陛下の先日来拝しまする御思召は、中共貿易をすれば自然中共と近くなり、日共の人間も活気付き治安の確保がおびやかせるとなれば、生産の面にも悪影響があり得る処、却て少いのではないかとも考へられるのだが、其点きいて見る事はどうだらうとの仰せ。昔とは違ひまするが、又陛下としましても御心配の事故、これは首相でないといけますまいが、内奏を午前の時間にして全く其時の事として吉田におき丶になりますのも一策と存じまするが……と申上げし処、一日には皆来るが……今度も食後は西洋人式にやるとして質問の形できいて見るのはどうかネーとの御話故……それはおき丶になりましても陛下の御考次第で又大勢の人の居ります処故、あまりおき丶になれないかも知れませぬが、御質問の形で軽くおき丶になりまして差支ないと存じまするが、一人だけにおき丶になりましても具合がわるい様な事がありますれば、話題をおかへになればよろしいかと存じます。尤も一日の食後の席の模様或は吉田一人残つて貰ひまする様、其場で話しまして吉田に御下問になりましても結構かとも存じます。

それから、先日ルーズベルト夫人が、或は陛下に拝謁願出でますかも知れませぬと申上げましたが、二十五日夜 Turner にあひました節の話では、多分皇后様にだけ、之は外国への礼儀ならば当然かと存じまするが――皇后様丈けに御願してくるのではないかと存じますと申上ぐ。

此間のブラジルの大統領の娘〔ママ〕〔Ivete Vargas Tatsch イヴェッテ・ヴァルガス・タットシュ、ブラジル下院議員、同国大統領ジェトゥリオ・ドルネレス・ヴァルガスの姪〕とかは私もといつたからあつた[66]が、先方がいはない以上は私はあはなくてい丶よとの仰せ。

今日は、石川寅治〔洋画家、前年度の日本芸術院恩賜賞授賞者〕のジヤンクの絵を二の間にかけましたがと申上げし処、あれは御大礼の時に台湾が一つ、樺太が一つ、北海道が一つ、朝鮮が二つ、内地がいくつかの原画の献上だつたよとの仰せ。〔皇紀〕二千六百年の時の大観〔横山大観、日本画家〕の富士の献上の絵を昨日見ましたが、どうも非常に大きなものでありまするが、御府[67]に保存してありましたのが大分よごれて居りまする。元宮殿に川島〔織物〕の織物の富士の巻狩とかのものは御記憶でございませうかと申上げし処、ア知つてるとの仰せ。あれは宮殿で焼けましたそうでありますが、あれと同じ大きさのものが二枚ありまして、昨日見ましたが、矢張り仮宮殿にはとても大きうございますと申上ぐ。

それから、鈴木〔菊男〕管理部長が正倉院の帰途沼津を見て参りましたが、どうも砂がふきよせまして、又波打際が以前は遠くでありましたのが石垣に接近して参りまして、何かの変化でありませうか、どうも修繕は致しましても将来あの石垣の保存は大変との事であります。どうも変化の原因が分りませぬが……と申上げし処、矢張り川の流れ以外の事由はどうも考へられぬ。あんな溝見たやうなもの丶変化としては少し大きいが……丁度吹上の池の水と同じで、あれは矢張り大本営への道の為に水が涸れたと思ふ。井戸も観瀑亭《かんばくてい》の傍と〔数文字分空白〕の傍と二つ掘つたがそれも駄目だ。外の理由はないといへば、あれもどうも大本営の道としか思へぬ。あの道路を通つて行く時水がどんどん流れてたから……云々の御話。

それで、沼津はどうも大して今後もよろしい処とも思はれませぬし、義宮様の東邸御出の節など村のものがのぞきますそうですから、先達て一寸申上げまして御思召もありましたように、伊豆の南の方の温泉の処と交換致しました方がよろしい様に存じます。幸い、両方とも静岡県であります故、〔斎藤寿夫〕知事に話せば何とかなるのではないかと存じます。ついては、現場を問題ない頃に陛下にも一度御出願つた上にしたいとも存じますので、出来ますならば其問題は伏せておきまして、何気なく房州御一巡の様に、前回は静岡県も東海道沿線丈けの御巡幸でありましたから、豆州《ずしゅう》〔伊豆国〕を石廊崎から一度行幸啓になりましてはと内々は存じて居ります。三島の遺伝研究所〔国立遺伝学研究所〕へ御出の節、沼津御用邸へ御出になりますれば一応又行幸啓あつたといふ事になりまするし、その御序に一寸伊豆を御巡りになり、愈およろしいとなりました上で知事に話しますれば観光としての県の利益も出ませうし、鉄道は今時引きませぬかも知れませぬが、バスの通ふい丶道路位は出来て繁栄するやうになるかも知れませぬ。これらの腹案で漸次に歩を進める方がよいかと存じて居ります故、陛下の御心にのみ御留め願ひたいと存じますと申上げし処、陛下は又も、軽井沢を東宮ちやんがとの御話を遊ばされしも、それは御所有でなくとも堤の会社の朝香さんの元の御別邸を早く申せば借り得ると存じまする故、今少し御研究の上で、之は宿題でよろしいかと存じますと申上げし処、陛下は、軽井沢も又あまりよい処といへぬやうになるかも知れぬから……との仰せ。

その後、芸術院御陪食御供の直前に一寸御召しの上、先きの沼津行の話は秋だらうネーとの御話故、ハイ、この秋はズット御予定がありますト、まだ先の事でございますと申上げし処、沼津は暑いからナーとの仰せ。ハイ、も少し先でなければと申上ぐ。

五月二八日(木)　願出御座所　一〇・四五―一一・〇〇

昨日報告が少し後れまして夕刊に出て後に申上げる事になりました為に只今申上げる次第でありますが、出雲大社の火災(68)の事は、先方から言上申上げる様申して参つて居りました。此頃御遷宮になりました本殿は御無事でございましたが、拝殿、之は遷宮前の本殿とかきゝましたが、之は焼失し惜しい事と存じます。又、今朝の新聞では近江神宮の一部に火災(69)がありましたようでございますがと申上げし処、原因は何だ、共産系のものゝ仕業かとの仰せ。イエ、近江神宮の方は何か痴情のやうな事に見ましたが……申上げし処、ア、金閣寺のやうな事かとの仰せ。イエ、そんな込入つた事でもないようでございますと申上ぐ。

それから、中共貿易の問題御話がありましたが、あれは矢張り平和物資の例の強粘結炭の開灤《カイロワン》主炭(中国の河北省にある炭鉱)の輸入と、之に当る先方の平和必需品で、物々交換のものゝようでありまして、通産省の立場ではそういふ事になり、拒否するよりは適当増額の方がよろしいとの事でありまして、思想的の関係はなく、全面的に中共貿易をやるといふ事ではないのでございますと申上ぐ。そうかとの仰せ。

退下せんとせし処、昨日の問題の伊豆だがネー。白浜の辺はマグサ……と仰せ。馬の飼料でございますかと申上げし処、マグサ、テングサの集散地なんだから、そういふものを見るといふ振れまへだと夏でなければいかんが……との仰せ。イエ、それは三島の研究所に行幸で沼津御出ましになり、其御序といふ事に致しますればよろしいと存じます故、その御懸念は御無用でございます。此秋は大分いろいろの事がありまするから、適当の時を見斗らひましてといふ事でありますと申上ぐ。そうかとの仰せ。

それから序だが、昨日の歌舞伎や能の事ネーとの仰せ故、ハイ、実は御側が大達〔茂雄、文部大臣〕と久保田〔万太郎、小説家、劇作家、日本芸術院第二部長〕でありました故、可成御話をして頂きたいと申して置きました処……大達はよく知つてるよ。福井の知事をしたし、東条〔小磯〕内閣の内務大臣もやつた。それから東久邇内閣もとの仰せに付、東久邇内閣は山崎巌〔元内務大臣、衆議院議員、自由党〕でありますと申上げし処、そうかそうか。然し大達はよく知つてるとの仰せ故、貝の事など色々仰せになり、感激して難有がつて居りましたやうでございましたと申上げしに、あれはいはうかどうかと思つたが……との仰せ（少しいひ過ぎたかとの意味合を御持ちかと拝察）。それで歌舞伎は歌舞伎座へ一度行けばい丶のか、又バランスがあるのかとの仰せ。それは歌舞伎座へ一度代表的に御出頂ければ勿論よろしいかと存じます[70]。尤も、昨日の市川寿海〔歌舞伎俳優、前年度の日本芸術院賞授賞者〕などは大阪役者で駄目でありますけれども、芸術祭の催しの時に斯道御奨励とか、或は藤楓協会[71]とかの社会事業の臨時興行のやうな時に一度行幸啓あればよろしいと存じます。御好きではないように存じますが、一度は歌舞伎も御奨励の意味で御願してよろしいかと存じて居りますと申上ぐ。能はネー、流派がいろいろあつて、あれは連合で一度といふ事ならい丶が各派では……との仰せ。之はそれぞれ流派があります故、何か連合の時でなければとても駄目でありますが、申さばあ丶いふ席の座談として、直訴は御聞流しのおつもりで御出を願ひ、只今の思召を伺ひ、適当に又考へます。尤も能は皇后様は御好きでございませうと申上げし処、そうだとの仰せ。それなれば天子様とは違ひ、皇后様はバランスの点幾分御軽うございますから適当な時御出まし願ひまして結構かと存じますと申上ぐ。

五月二八日（木）　願出御文庫　一・一五—一・二五

両院議長御陪食を御願致すや否やの問題でございますが、陛下の仰せになりました任命と否とは田島は申上げました記憶がございません。只従来は、御思召による侍従職扱ひの形をとつてをりまするが、矢張り立法、司法、行政の三権の考より致しますれば御願致しました方がよいと考へましたが、政府の考へもありませうと存じ、打合せましたが総理は異議ございません。〔福永〕官房長官はむしろ御願したいと申し、緒方副総理も官房長官と同意見らしくありまするので御願致したいと存じます、と申上げし処、終戦後奥〔侍従職〕扱でやつたかとの仰せ。ハイ、書類は調べましたが大金〔益次郎、前侍従長〕在職当時の書類が只今申上げましたやうになつて居ります。よろしいとの仰せ。

　裁判官の方は、最高〔裁〕長官始めが一年一回、会同の時御陪食を賜つて居ります。その時は首相は陪しません。新憲法では総理を指名するので国会の方が上ともいひ得るのであります……それはそうだとの仰せ……その故、今後は慣例になりまして結構かと存じますので、重々といふもおかしうございますが、通常の扱で御願したいと存じます。猶、そうなりますれば、立法府として副議長も御加へ願つた方がよろしいかと存じますから、新旧八人といふ事になります。首相は出ませぬ事は最高裁の場合と同じであります。

　つきましては、一日が閣僚でありますから、余り離れませぬやう二日に御願ひし、若し先方の都合で二日以外に願ひたい場合は那須より御帰京後といふ事に願ひたいと存じますと申上ぐ。よろしいとの仰せ。

　実は、よく次長とも此事を練りましたが、第一に考へられまする事は、松本治一郎〔参議院議員、元参議院副議長、左派社会党〕のやうな社会党の人が出たやうな場合どうかといふ事でありますが、これは内閣も社会党の手で出来るかも知れませんし、此際それを顧慮して此事を御願ひしませぬは筋が立ちませぬし、又そういふ側の人も御陪食賜りますれば却てよろしい事も考へられますので、御願する方がよろしいとの結論になりましたと申上ぐ。それはそうだとの仰せ。つきましては、或は場合により拝辞するといふ者がありましてもそれはそれで大して気に掛けない事と存じます。そうだとの御仰せ。国会といふ意味で副議長をも入れた方がよろしいとなりました。

　それから、近江神宮の放火を痴情の為の放火と申上げました[72]が、あれは田島の思違ひでありまして、福井《ママ》の御寺の事件で神仏一寸混線致しました。近江神宮のは、銅を盗みにいつた盗人の追ひかけられての仕業と新聞にあります[73]。出雲の方はハツキリ致しませぬが、御遷宮が最近ありまして、少し御祭りさわぎの不調法ではないかと想像致します訳でございます。

六月二日[74](火)　御召し御座所　一〇・一〇―一〇・四〇

昨日の閣僚の午餐会のやり方はどうだつたか、あれでいいか、何といつてたとの御尋ねに付、皆大変結構で有難いと思つて居りますやうでございます。只、岡崎は、陛下が御立ちになつてゝはお疲れではないかと申して居りましたから、或は御椅子に御掛けになりまして御聞きになりましてはとも存じます。今日の毎日新聞に安藤〔正純、国務大臣〕の話[75]が出てますが、之も大変いゝ印象のやうに存ぜられます。高瀬〔荘太郎〕前郵政大臣は、一寸申上げる事も別にないなど申しておりましたが、御前では相当何か申上げて居りましたやうでございます。

岡野には、議会で一寸首相と違ふ事をいつてるが[76]一体どうなのだと申しました処、議会でも大に問題になつたと申しました故、そういふ事は陛下に申上げたらばどうかと申しましたので、重て出ましたやうでございますと申上げし処、中共貿易の私の恐れるのは、船の着発と共に共産系の事が色々と入るのではないかと思ふ丈けの事で、香港を経たりなどしてるの故、あれならば別に……との仰せ。

犬養〔健、法務大臣〕は特に拝謁を願つて申上げるといふ程の事でもない場合、今日のようにして御話を申上げられるとは非常に結構だと申して居りましたと申上ぐ。今日の議長の〔陪食〕は小人数であります故と申上げし処、それは円くなつたのでいゝよとの仰せ。

それでは田島の方から申上げたい事がございますが、予て秩父宮殿下〔雍仁親王、大正天皇の二男〕御亡くなりと共に申上げました妃殿下の歳費増額の問題でありますが、之は法の改正迄内廷から御願してありますが、あれを親王方と同額にしまする事と、皇族費の基本額百四十万円を百九十万円に base up 致します事でございます。内廷費は三千万円を三千八百万円といふ事でありますと申上げし処、内廷費はいゝよとの仰せ。それは矢張り御一所に増額御許し頂きませぬと矢張り困る事になりますから……と申上ぐ。そうかとの仰せ。

実は、皇族費の方は従来七十万でありましたのを一挙十割増しの百四十万としまして、当時大蔵省との間には今後チヨイチヨイ base up 的の事はしないやうな説明の下に了解して居りますが、首相の俸給等と比しまして矢張り此際合理的な base up は必要で、数字上の根拠の上に一九〇万といふものが出ましたし、又三千八百万円も細かく合理的に考へました結果でありますから、御許しを得たいと存じます。只四月以降に遡る事は出来ぬかも知れませぬが已むを得ないと存じますと申上ぐ。

岡崎の話に、ルーズベルト夫人には私もあつて欲しいやうな事をいつたがどうだい。私はつつこんで私もあふのかときいたらあやふやであつたが……との仰せ。それは、先日米国大使館のターナー公使夫妻の話では、一応皇后様だけのやうな口振りでありましたし、式部としましては、あゝいふ人は若し願出があれば、〔ヴァルガス〕ブラジル大統領の姪の例の様におあい頂いてもいゝのではないかといふ予めの考へ方をきいて居ります丈けで、まだどこからも先方側から申出はありませんが、左様の次第でありますから、先方の申出次第で何れになりましても御許しを得たいと存じますと申上ぐ。私にあひたいといふのは断るのはよくないとの仰せ。二十九日に一寸あひましたが、一寸疲れて居りますやうでありますと申上げし処、岡崎もそういつてたとの仰せ。

読売新聞が Go home 一件を大きく扱ひました(77)のはどうも悪い影響があつたのではないかと存じますと申上げし処、あれは然し、却て日本にあんな共産党が居るといふ事がアメリカに判然分つていゝではないかといふ様な意味を仰せあり。然し向ふの新聞が事実以上に大きく書きました。余計の事だと存じますが……それもそうだとの旨仰せ。

昨日官房長官は、浦和の自殺者(78)の為の遠慮で欠席致しましたが、何か拷問でもありませんが少し調べ方がひどかつたやうであるやうな話を法相がしてたやうな風に一寸耳に入りましたと申上ぐ。

仏が戦犯三十五人を釈放といふ事は誠に結構な事で……と申上げし処、あれは三十八人なんだが、在監中の成績がよかつたの、差引や減刑やの計算で一寸時がかゝるので発表がすぐ出来んといつてたが、その計算で結局三十五人は出られる事になりそうだとの御話(79)。昨夜岡崎にあひました節、蘭、英は中々六ケしいらしいがと申しました処、まア一角がくづれゝば矢張り段々ゆきますからといふやうな意味でありましたと申上ぐ。私は何れドジヤン〔Maurice Dejean モーリス・ドジャン、駐日フランス大使〕にあへば礼をいふが、その前に私が感謝してるといふ事を伝へる方がいゝか、必要ないかネーとの仰せ。それは事外交に関連ありますし、陛下の只今の御意見を伝へまして、彼の裁量に任せたらばよろしいかと存じます。何れにしましても宮内庁は干〔関〕与せず、外相によつて陛下の思召を先方に伝へるといふ趣意で相談致しますと申上ぐ。

今後は矢張りM.S.Aの問題[80]が八釜しくなると思ひますがと申上げし処、吉田が軍隊の事をはねるのはどちらといへばまづいと思ふ。新聞によると李承晩〔大韓民国〕大統領の方が余程利口だと思ふ。やりませう、然し援助は全幅的にして下さいといふ方が余程いゝではないかとの仰せ。田島などもそういふ風に考へますし、吉田も其点は承知して居りませうが、何分にも憲法改正に国民投票を要しまする事が、吉田には自信がない為にあゝ申してるのではありますまいか。改進党は宣伝すれば、国民に軍備の不可欠事由を説明すれば出来ると芦田などは思つて居るやうでありますが、まだ終戦後、年所を経たとは申せ浅いので、我子を失つた母親は、軍備なくば又も子を失ふ事になるといふ事よりも失つた事の方が感じがひどく、国民の協力を得にくいと吉田は思つて居るのではございますまいか。安倍は不相変《あいかわらず》、心に又絶対に再軍備すべからずと書いて居ります[81]が、どうも理想に馳せて現実を軽視してるやうで、此点ではいつも小泉と安倍と意見が違ひますと申上ぐ。安倍の理想はいゝが、現実はどうする事も出来ないよ。私は警察も検事も刑事裁判所もない方がいゝと思ふ。又医者でも私は予防医はあつて臨床医はない方がいゝと思ふ。然し如何せん盗人が居る以上警察等は必要だし、病気が絶滅せぬ限り臨床医も必要だ。それを思へば防衛の軍隊が必要な事は明瞭過ぎる位だ。安倍やなんか平和といふなら、一葦〔衣〕帯水の千島や樺太から侵略の脅威となるものを先づ去つて貰ふ運動からして貰ひたい。現実を忘れた理想論は困るとの仰せ。田島は陛下の仰せ御尤もと存ずる一人でありまするが、安倍等の議論は、或は千島の前に日本国土から米軍を引いて貰ひたいを申すかと思ひますと申上げし処、それに対しては私は朝鮮を見たらすぐ分ると思ふといひたい。島もいつてたが、印度パキスタンとも中々不安らしいし、朝鮮の現実等を見れば、現実問題としてそれは大変なことだと思ふとの仰せ。中共のヴエトナム、ラオス等に対する脅威もそうでございませうと申上げし処、イヤあれはホーチミンは大分民族主義の色彩が強いそうだ。つまり仏に対するやうだとの御話。

田島は那須へは今度来ないネとの仰せ。ハイ、何かありますれば出ますでございます。来る事はい丶がまア連絡をよくしてネ。ハイ、又場合によりますれば御帰京をも御願致しまするが、国事の重要な事がありますれば……と申上げし処、イヤ、国事で途中帰るやうな事は決してい丶事でない、わるい事だとの仰せ。一寸意思明白ならざるも、予期以外の何かの出来事にて還幸になつた過去の御経験でもおありかと思ふのみ。ハイ、何れにしましても御連絡はよく致しまするし、又何かありますれば田島出ます事に致しますと申上ぐ。

それから、那須につきましては、国家警察の方も皇宮警察の方も調査を致しましたが、何の耳障りの事もございませず、先般の焼打ちといふやうな事[82]はホンの噂話の程度のもので、何の不安も思つて居りませぬ。共産党員は数名おりまするそうですが、チヤント分つて居ります者の由であります。

六月七日(日)　願出那須御用邸御座所　一・二〇—二・〇〇

特に申上げますことは何もございません。昨夜松本大使から外相宛の電報が参りましたので、通知をして参りましたが、五日午前十一時 Buckingham palace で外国使節団に対し、Reception のありました節、女王から殿下に「陛下にはお目に懸つたことはないが、殿下を今回御差遣になつた事について厚く御礼を申上げて頂きたい」旨御話があつたので、申上げて頂きたい[83]との事でありましたと申上げし処、それに対して何かいふ事があるか、既に皇太子の離英の際の親電の案はあつたと思ふが……との仰せ。ハイ、それは一応御許しを得ました相当丁寧なものがありますので、特に之に附加する要はないかと存じますが、田島帰京の後九日の事でありますから、今一度見まして、附加せぬでよければ其儘と致し、若し附加すべきであると考へましたらば適当にかへまして発電する事に致したいと存じますが御任せの御許しを……と申上げし処、よろしい、そうして貰はうとの仰せ。(84)

小泉が着英後の手紙が過般つきまして一部申上げて欲しい旨も書いてありますので、大体読まして頂きますとて、手前して大部分(多少削除して)読み上ぐ(余り御興味深く御聴取の様に拝せざりしも、後刻皇后様の御思召にて女官長より大要きゝたしとの事で、遂に書面を御手許に差出せし所を見れば、多少御興味ありしか)。

それから御思召によりまして、Ridgway が天長節に際し、巴里で陛下に祝意を申述べました(五月一九日条参照)に対し、田島より御喜びになつた旨の手紙を書きましたのを新木〔駐米〕大使を経て届けましたが、新木からの返事で、大に難有がつた旨、及近く巴里で東宮様に御目に懸る事を楽しみにしてる旨書いてあります。仏蘭西の御日程の内に又渡仏致します Ridgway が御目に懸ることになつて居りますやうであります。

それから、皇室経済会議の空気は大分変つて参りまして、左社の原〔彪、衆議院副議長〕なども勿論何も申しません。公務員、首相のベースアップとの関係に増額の標準をとりました説明などはあまり感心しませんで、むしろいろいろ当然の入用があると思はれるからといつた方がいゝといふ様な調子でありました。然し、国会の内閣委員会では矢張り相当質問されますので、次長対政府委員としてこういつた説明材料は必要だと存じます。矢張り戦争直後が段々落付いて空気は変つて参りましたと申上げし処、その外に其場の空気、国会は国会の空気といふものがあるよとの仰せ。ハイ、それと矢張り年令層の関係もあります。前の参議院副議長の三木〔治朗〕は社会党右派、今度の衆副の原は社会党左派でありますが、六十がらみの人は大体皇室に対しては矢張り感じが違ひますと申上ぐ。

なほ、本日出発直前に緒方副総理に電話致しましたが、還幸啓は十五日に御願いしてよろしき旨申して居りましたと申上ぐ。

長官からきく事はそれだけかと仰せになり、此間新聞に出てた皇居の自由に入れるといふ事から見ても……との仰せ。(85)ハイ、あれは総務課でいろいろ案を考へて、未定のものを新聞記者のあるものがのぞいて知つて書きましたもので、宮内庁の書陵部でこうしやうと定めたものではありませぬ。只、皇居拝観といふ事は別に問題はあるとしまして、今日の場合廃する事は至難であり、此儘つゞけると致しますと特別の人が特に依頼する事が多く、中正な基準も漸次無理になりつゝあります故、全然観点をかへ、人数を制限する代りに無制限にするといふ考へ方のやうであります。然しこれは勿論、部局長会議も経ず決定した事ではありませぬと申上ぐ。

兎に角、皇居拝観等の点に関連してこゝの道路もよくなりました以上、観光バスを境内を通過させるはどうであろうかと仰せ。道路はよくなりましたが、観光バスが通つて特によろしいといふ場所もありませぬし、その必要はどうかと存じます。但し、予て極秘の問題の南伊豆の温泉等の問題の具体化しました節、沼津だけでは交換に不足の節、実際陛下の余りおいでになりませぬ那須御用地の一部を解放する事を附加へるといふ事は考へられますと申上げし処、黒木谷方面とか諸所那須の谷地域に多少御話ありしも、今具体的の問題でなくその儘の御話とす。

内廷関係の不動産、御府等の事も充分総ざらへする必要があり、又動産即ち御物と申しましては大袈裟でありますが、陛下の御私有品も目録と実物とその所在等総ざらへの必要がありますので申してありましたが、それで実は真赤な贋物《がんぶつ》の狩野派の屛風一双、猶無落款のもの一双等は処分したいとの件の申出でありますが、之は方法を注意すべきで、偽物となつて居つても鑑識家に再応確めること。猶、処分の事パツトすれば宮廷も筍生活(86)かといふやうな無用の誤解なきやう、又偽物でも御物には違ひないので之を悪用する恐れなきやう、此の二点を注意すれば自然内廷の御処分といふ事の分らぬやうに処分する方法必要とて其旨申してましたと申上げ、よろしいとの仰せ。猶、不動産としますれば、吹上の覆馬場の如きも只今使用はなく、修繕を要する点はありますが……と申上げし処、あれは私としてはむしろ取払つて貰ひたい。

植物の場所がそれだけふえるから……あれは大正天皇の為で今は使はぬし、東宮ちやんは主馬寮の方の覆馬場があるから、あれは入らぬとの仰せ。よく研究致しますと申上ぐ。

それから、国会図書館で米国から自然科学に関する貴重なる文献をマイクロフイルムで相当数買入れましたが、置場に困り、一方書庫は予算を年度工事で国会に出しておりますが、すぐとも参りませぬので、御蔵――赤坂離宮よりの……と申上げし処、ア、あそこに二つあるとの仰せ。その一つの方でありますが、赤坂離宮用の調度品が入つて居りますが、他の御倉に入れますれば、三階だけは残して一、二階は貸し得るとの事で、エレベータもありますが、貸す区域と貸さぬ区域とを充分明確に致しまして、三年以内先方書庫の出来る迄貸す事を承諾したいと存じます、御許しを願ひますと申上ぐ。御異議なし。

Coronation〔戴冠式〕の活動の会(87)が十四日にありますので、十五日還幸啓の御迎えは次長に代つて貰ひますと申上ぐ(あまりいゝ顔遊ばされぬやう御見受けす)。その映画、こちらは十三日との仰せ故、そんな事はないかと存じます。十四日に航空便でつくとありました故と申上げし処、十三日ならこゝで見るし、十五日なら東京だとの仰せ。猶 Dela Mare〔A. J. de la Mare A・J・デ・ラ・メア、駐日英国大使館一等書記官〕招待の事、General Baker〔Frayne Baker フレイン・ベーカー カ、元GHQ渉外局長〕招待の事も一寸申上ぐ(88)。なお今回は明日午後帰京致しまするが、別段の用件出来ねば重て拝謁は願ひませぬ旨言上す。

六月一七日(水)　御召御座所　一〇・三〇―一一・三〇

昨日岡崎にきいたのだが、朝鮮〔戦争〕休戦の問題は、成立してわるいとはいへる事ではないが、実はいゝかわるいか、中々六ケしい点が今後に起ると思ふ。中共貿易とか進んでは承認とか、台湾の事とかいろいろあると思ふが、それらに就ての対策を具体的にはちやんとしてないようだ。きかうかと思ふたが、外務大臣だからやめたがどうも心配だ。内灘の問題も、随分京都の先年の全学連の連中(89)とか労働者とかが日共的に介在して居るらしいとの話もしてたが困つた事だとの旨仰せ。

内灘の問題は新聞にも出て居りまするが、どうもそのやうであります。学生が本分を忘れてそういふ事を致しまする風は如何かと存じます。今日の新聞にも文部省へ浅間山反対の事で出掛けたとありますが、(90)之は地震協定か何かで学問に引きかけて参つてるやうであります。ソ連は二進一退とかいふ方針のやうで、時を見ては一退は致しますが、次の二進を考へて居りますので油断はなりません。先日の中共帰国者に託して送金したとかいふ只今の御話では、今後休戦成立と同時に頻繁になり、誠に困つた事が起き得ると見なければなりませぬ。ソ連と違ひ中共は日本の手近であり、朝鮮が休戦となれば日本は非常に今後注意すべき事態と思はれます。台湾の蔣〔介石〕政権を肩持ちまする米と、既に中共を承認してます英との間に若干意見の開きのありまする点など、ソ連、共産国の乗ずる隙があるやにも思はれますし、朝鮮の三十八度線は米国撤兵の後に侵略されたのでありますし……と申上げし処、そうだ、日本の軍備がなければ米国が進駐して、守つてくれるより仕方はないのだ。内灘の問題などもその事思へば已むを得ぬ現状であるとの仰せ。あれはどうも政府が早く手を打てばこんなにはならなかつたと存じますがと申上げし処、先日吉田はいつてた、早く手を打つやういつたが官僚といふものは仕方のないもので、漁業の損害がどれ位かを計算して、後れて了つた、そんな事は計算しても分るものでないといつてたよとの仰せ。ハイ、其点もありましたでせうが、大体日本の現状としては、吉田の五年になる政権にあきてきたといふ根本の理由があるのではないかと思はれますが……と申上げし処、英国の Asquith〔Herbert Henry Asquith ハーバート・ヘンリー・アスキス〕内閣など八年もつゞいた〔一九〇八〜一六年〕が日本人はぢきあきる。どういふ訳かネ。仏はやゝ日本人のやうではないかしら。米国は英国と違ひ、成文法で法律の理屈をいふが、アングロサクソンだから矢張りまだいゝが……との仰せ。それでも英国と米国とでは歴史の浅い点其他で、英国とは違ひますやうでありますが……と申上げし処、矢張り米国は英国に比し文理に拘泥するだらうが、英国に比し、それの一層強いのは独だとの仰せ。朝鮮としましては、李承晩が休戦反対するのも無理らしからぬ事で、米国の一部の声のアジア人をアジア人と戦はせよといふ事で、引上げますれば今度の境界がどうなりませうと不安の事であらうかと思はれますし、新聞の写真なども国民が随分激昂して居りますやうですがと申上げし処、イヤ、大統領がもう年で神経質になつてぢき泣き出し始末にわるいさうだが、朝鮮では他に人が居ない。国民も軍隊も李大統領の人望によつてつながつて居る事情で、米もデイレンマだとの話だ。休戦をわるいとはどうしてもいへないが、日本の立場にとつては困ることがどうも多いやうだとの旨を繰返し仰せあり。

〔Vincent Auriol ヴァンサン・オリオール〕仏国大統領に対する御親電[92]について、侍従に仰せの事は承りましたが、東宮様は今後二度仏国に御入りになりますが、今回大統領と御会見等の事とは全然違ひ、incognito〔お忍び〕といふよりも一旅行者といふ事でありますし、世界の人のよく沢山参ります仏の事故、今回の御親電だけで充分で、今後の事は外務大臣、又は長官からの挨拶的の事は研究の上不用との結論であゝいふ風に御願しましたが、仰せもありますれば再検討は致しまするが、結論は同様かと存じますと申上げし処、そうか、それならいゝが、然し、長官の私信で西村大使に書いてそれが伝はる位にしてはどうかとの重ねての仰せ故、その点は一つよく相談致しまして私信ならば差支もないと存じますが……Ridgwayの巴里の天長節の時の陛下に対する御祝詞に対して、仰せにより新木大使を通じて田島から書簡を発しましてその事を難有いと申越しました事は申上げました通りでありますが、Ridgway は巴里へ帰りまして東宮様を御茶か何かに御迎へしましたやうでありまして[93]、好意に対する当方の感じを示して大変よろしい場合もあります。又英国女王など、競馬場で第二競馬をと限つて、皇太子様を御誘ひになつて居りますが、英国は中々色々と考へて居りますことを……申上ぐ。

思想といふ雑誌に、清水幾太郎〔社会学者、学習院大学教授〕といふのが占領下の天皇といふ問題で書いて居ります[94]が、要するに、〔昭和〕二十年八月十五日に国体護持といふ事に注意せよと時の政府の出した通牒〔新聞社に対する〕[95]に発して、其後七年間の御巡幸、立太子礼、戴冠式といふ経過は全部支配者階級の仕組んだ計画だといふ風に新聞の標題をあげて書いて居りますが、田島は、むしろ占領後、国民の思想が落付いて自然にそういふ風になつて居たと存じて居りまするのに、清水は政府か宮内庁が意図をもつてやつてるやうな風に論じて居ります。誠にいやな書き方でありますと申上げし処、安倍はどうしてそんな人を教授にしておくのかネーとの御話。昨日も安倍に一寸あひましたが、軍国時代に海軍をほめた記事を書いてる事もある様子で調べたいと申して居りましたが、安倍などは意見は違ひまするが、学者の理想で自由と申しまするとこれらに利用される斗りでありますと申上げし処、蜷川〔新、法学者、元駒澤大学教授〕とかいふのも何か書いてるだネー(96)。これも昔は乃木軍の顧問であつた人で、時勢の勢によつて操守をかへる人のやうでありますが、ソ連なり何なりのやる事は外国で致方ないとしまして、日本の本来の考から申せば謀反のやうな人が自由、民主の勢で日本国内にも居り、又雷同性の日本人として操守なき人々が戦後の混乱に乗じて今日のやうになりました事は誠に残念で、矢張り教育の問題に帰するやうにも思はれますが……と申上げし処、私はだから宣伝省が必要と思ふのだよ。然し、それは直ぐ戦争中の思想統一といふ非難を浴びるので困るが、実際の世界情勢を国民の判断し得る様啓蒙〔の字は御使ひにならぬもその意味〕する事どうも必要に思ふとの仰せ。外務省の情報文化局で雑誌を出して其事を心掛けて居ると存じますが、必しも一般に分り易いとは申せぬかも知れませぬ。キングを見たらば米軍が千島に居るか居らぬかを見て駐兵したと書いてあるが(97)、ソ連の平和を口にして侵略的の実行をするのはどうも戒心を要する。戦前の独乙がソ連であり、持てる国、持たざる国といふ様なスローガンが、今度は平和といふ違ひはあるが之は全く同じで、其表面の言葉につられて国民がだまくらかされては大変だ。八紘一宇(98)といふも、本来の意味はわるくなくても軍部が之を利用したと同じく、今度は赤が国内に居て平和などいふ美名で共産色を発揮する。まるで国や旗印の差はあれ全く同じで、日本人がだまされては困る。それ故私は、戦争の因つて来た過去を反省したいといつもいふのだよとの仰せ。今日の時事新報は、内灘問題につき社説で、真の言論自由を奪ふ者は誰かといふ事を論じて、内灘の事でも事情已むを得ぬとする論者に暴行威圧で言論自由を奪つてるのは赤ではないかといふ様な意味を書いてたように思ひます[99]が、宣伝が上手であります故だまされぬ事が必要でありますのに純理論から中立論などが……と申上げし処、瑞西の中立で侵されないのは地形が干《関》係してる。白耳義《ベルギー》や和蘭は軍備があるからといふかも知れぬが、Luxembourg《ルクセンブルク》がすぐやられて了つたのは地勢がそうだからだ。瑞西は民兵もあるが地勢だ。日本は海一つ隔てゝる丈けでいつでもやつて来れる。それに備へるものがなければ共産勢力は弱いと見れば来るに極つてる。よく外交が弱いといふが、国際間の関係はまだ道理といふより利害に動かされる故、正当の事の主張とて通るとは限らぬ。外交上正しく主張するに軍備がものをいふ訳故、日本の軍備をやめた事は現実の状況としては米軍に依る外ない。米軍中不都合を働くものは不都合故、これは罰すればよい。そういふ難点は難点で考へてもよろしいが、その事の為に根本的に反米とか米軍が日本の準備なき内に退去するやう仕向ける事はいかんと思ふ。私はむしろ、自国の防衛でない事に当る米軍には矢張り感謝し、酬ゆる処なければならぬ位に思ふとの仰せ。完全な人斗りは居りませぬ故、派生的のいろいろの事で尤もの事もありますが、それを種々宣伝に乗せられぬやう、日本人の常識、良心をしつかり養ふ事が必要と存じます旨申上ぐ。

戴冠式の天然色の活動写真は如何でございましたか。田島は大使館の招きがありましたが御出迎への時間で参りませなんだが……と申上げし処、左程の御感興でもなき御様子。明瞭でございましたかと申上げし処、明瞭は明瞭だが、あの色が果して実物通りかどうかは実物を見ぬから分らぬがとの仰せ。秩父宮妃殿下はテレビを三回も御覧になりましたそうで、非常な儀式的の一部の外は全部見えて一時間四十分とかゝりますと承りましたがと申上げし処、それはテレビといつても写したのだから結局映画だらうとの仰せ。テレビは那須の為御覧が出来ませんで……と申上げし処、左程御覧になりたき御様子にも拝せず。吉川等は、行列拝観後式の模様はテレビで拝見しました由で、之はホントのテレビでよかつたらうと存じますと申上ぐ(前回来テレビ御礼賛故、若し御覧出来なかつたこと御残念の御様子ならばＮＨＫに頼まんかとの下心もありしもその必要はなしと思ふ)。

東宮様の英国の御行事が無事御済みになりまして誠に百点と存じまする。オクスフオードの御風気も式の前に御軽く済みました上、御警戒の御役に十分立ち、又御歓迎斗りでなく、ニユカスルのやうな程度のものもありました事は却ておよろしかつたと存じて居りますと申上ぐ。よかつた。然し読売か何かに書いてあつたが、皇太子は順番が下で、秩父さんの時は一番だつたといふ事を単にいつてるが[100]、皇太子でも秩父宮でも個人としてではなく、国の反映であるのだから、日本の国力がそれだけ下つたといふ事に感慨無量でなければならぬのに、読売はそこへは来てゐないがどういふものかとの仰せ。それは誰れでも足一歩国外に出ますれば、祖国の力といふものを自然に感じますするのは当然でありますが、戦争前後の日本の大変動、又思想上でも激動がありまして、年代の差で陛下の御感じになるやうな事があるのかと存じます。

二期庁舎に暫時御住居を願ひますので、御風呂も少し遠くございますが御不便は……と申上げし処、風呂はあまり入らぬからどうでもいゝが……それから贅沢いへばあらうが差当り別にとの旨の仰せ。素より無理でございませうが暫定であり、又御文庫御普請中の暫定でも、国務の御都合又国民感情の趨向等よろしければ夏期でもありまするので、或は七月に入つて葉山とか、八月は那須とかへ行幸啓を願ひましたらばと存じて居りますと申上ぐ。それで北海道は今年はどうだとの仰せ故、今年は何とも申して参りませぬ。純粋に地元の申出をまちました方がよろしいと存じますので今年はないと存じます。既に六月でもありまするし……義宮様は御出掛けの様に伺ひました。又今年は十月、十一月に相当行事がありますし……との仰せ。是は退下せんとして椅子を立ちし後の御立話。

六月一八日(木)　御召し御座所　九・五〇―一〇・五五

昨日長官からきいたが、清水幾太郎が終戦の時の国体の護持の事から出発して、其後の占領下の皇室のことを書いてるといふ話はネー。私や皇太子の事をいつてるのか、一般に皇室の事をいつてるのかとの仰せ。それは昨日も申上げました通りで、終戦の時に鈴木内閣の情報局から各新聞社へ通知した事から今日皇太子様の戴冠式御名代御差遣迄の間の出来事を朝日新聞の見出しによつて羅列致しました。よくもかやうに、支配者階級は一貫して天皇制を復古盛上げて来たかといふ意味に一人ぎめして並べて居りますので、前提としては天皇制に好意を持たぬ事は明かであり、いやな表現は出て居りますが、克明に朝日新聞の見出しの羅列が非常に目に付きまして、それは御巡幸の事を〔昭和〕二十二年迄書き、二十三年はどうした事かなく、二十四年から又続けられたといふ様に、又終戦のおことばと対応しての昨年五月三日のおことばには何等言及して居りませぬ様な訳で、御巡幸、又は立太子礼、御渡欧等、陛下及東宮様の事は書いてありますが、大体天皇制の問題として書いて居りますと申上げし処、安倍〔能成〕はどうして其儘学習院教授にしておくのだらう。先達ての別の教授〔高山岩男、元京都帝国大学教授〕との問題[101]の時に両成敗にやればよかつたのだ。二、二六の時でも、五、一五の時でも、海軍の何とかいふ正論の将校、左遷されて軽い罪になつた。もつと遡れば張作霖爆死事件の如きでもあゝだし[102]、大正十二年の大杉栄〔無政府主義者、社会運動家〕は兎に角、子供迄殺した行過ぎの憲兵に対しても軽すぎた[103]。それが結局戦争の惨事になつた。安倍はなぜ勇気を出せぬのかネーとの仰せ。安倍は昨日も申しました通り、平和とか中立とか申して居ります故、自然安倍の純理想論とは違ふと思はれる清水とも或面共通の処と申しますか理解する所があるかも知れませぬし、兎に角学才は相当ある人らしく、勇気がないといふのでなく認めてる点もあるかと思ひます。勇気は陛下御記憶かと存じますが、茨城巡幸の時、M.P〔Military Police 米軍憲兵〕をno smokingとしてしかりました[104]のは占領も最初の頃で、むしろ無謀の勇な程かと思ひますし、又先日の渡米の節も、反米的ではないにしても、米国の欠点を相当指摘して、一部にはけしからんとの論も出たとの事であります。勇気がないのではないと存じますが。一昨日偶然あひました折にも、戦時中の清水の全著述を調べやうと申して居りました。軍部――海軍に好意的なものがあるとかとの事でありましたと申上ぐ(又も戦争に結局なつた原因らしい事は反省して、再びせぬやうにせねば、此戦争になつた不幸を何とかすべき責任あるもの、義務に背くとの強い御考へらし)。

昨日ブラジルの大使〔Júlio Augusto Barbosa Carneiro ジュリオ・アウグスト・バルボサ・カルネイロ〕へよばれました。高松宮両殿下、仏、蘭大使、米国のブレスコ中将〔Robert Pearce Briscoe ロバート・ピアス・ブリスコ、米国極東海軍司令長官〕等でありましたが、どうもあゝいふ国は中々派手でございます。此前も光輪閣[105]で相当大勢の宴会でありました。其節矢張り写真をとりたいのであります。終に両殿下と大使夫妻ととりましたやうな次第でありましたと申上げし処、小さい国の方がそういふ事をするものだとの御話。其節放送局の古垣〔鉄郎、日本放送協会〕会長と話しをして居りました節、戴冠式のテレビの話になりまして、あれは十六ミリのフヰルムでテレビを撮つたものらしく、御希望ならば其フヰルムは御貸しすると申して居りました。一時間四十分とかで、非常に宗教的の所の外は全部テレビにとられてるとの事であります。そうかとの仰せ(御興味あれば借りますがとは態と申上げず)。

それから、今夜東久邇〔稔彦〕さんが来るのだが、先達ての話はそれきりか、別にきいておく事はないかとの仰せ。ハイ、二千七百万円、宮内庁からとるものがあるとの御話は誰かにきかれたといふ岩田宙造氏の話でありましたが、全部で四千七百万円、親王方は軍人の為にとれず、女の方、子供さん等で御取りになり、親王さん達の軍人に贈与した事となつて居り、その税金等の引当に五十万円、宮内庁で保持して居りましたのも先達て精算しました訳で、これは問題はないと存じて居ります。然し、稔彦王は御家がありません為に、何かおあせりの様であります。品川のあの邸は宮内庁の総合計画上必しも適当で無し、適当なる土地の相当のものを交換する事はよろしいと、欲して居ります人に申して居ります故、先年殿下にも申上げ、そんな話の時は住居人の事は考へてくれと仰せになつて、至当故、親しい京浜電車側の人にも申してありましたのを、後には進んで御自分で払下を得たいとの御話でありました。以来、頃日の岩田の話となりました。余程いろいろ考慮致しませぬといけませぬので、それはその儘になつて居るらしいのであります。そんな関係以外別にありませぬ旨申上ぐ。

東久邇さんには関係ありませぬが悪いニウス《ニュース》が実は又久邇〔朝融〕さんにあるのでありましてとて、月曜に山梨大将電話及来室の五百万円、借財及抵当権設定、印鑑紛失届と新印届出に自身出頭の事、松平直鎮関係のこと、山梨大将と外科内科診療方法相違のこと、激論せし事、不孝、不慈、不忠の朝融さんは外科手術を要する事等、細事に熱心に御話す。実は山梨は辞職かと思ひしに、此程度の事は予想、長官在任中にやめぬと申しました事等、有りの儘に歯に衣きせず申上ぐ。大妃〔久邇俔子、邦彦王の妻、香淳皇后の母〕殿下御落涙の事も申上ぐ。陛下は場合により準禁治産も已むなき？ の旨御話あり。

朝融王の行状、迷信好、自己の享楽以外何もなき事、全部申上ぐ。又山梨大将の話振り、御自分の物を担保に御自分の御金を御使になるは結構ですが、好しからぬ人間が介在して御損になる事はいけませぬといふ調子で、新印形を預りし事も詳細申上ぐ。

退下の際（心中直系皇族だけ重んぜられる事はどうかとの念ある故）、今夜泰宮様〔東久邇聡子、稔彦の妻、明治天皇の九女〕御上りでありますが、叔母様はお二人だけ故バランスの問題もありませぬ故、最近御病気を遊ばしました事故、御見舞遊ばす事は田島として御願するといふ程の気持はありませぬが、全く陛下の御思召から発しまする事ならば範囲は拡がりませぬ故、何か御病気御見舞とは御全快御祝の意味で何か遊ばするならば田島としましては結構と存じますし、何も遊ばされぬと御決定でも結構でありますと申上げし処、時期が大切との仰せ。

六月一九日（金）　御召し御座所　一〇・四五―一一・二〇

あの、長官の昨日いつてた事……との仰せ。清水の事でございませうかと申上げし処、イヤ、叔母様方にあげたらといふ事は良宮とも相談したが、それはあげた方がよからうとの事だから、あの盆に照ちゃんや孝ちゃん、順ちゃんと久邇のおたゝ様に差上げてるやうに一万円だかいつてるが、あれより多いのはどうかと思ふ。等親からいへば二《三》等親だからね。尤も目上といふ事からいへば多いとも考へられるかも知れぬが……との仰せ。ハア、実は昨日陛下の思召から出ますれば、或は結構かと申上げましたのは、そういふ定期的の事でなく、御病気でおありになりました事からの考でございますがと申上げし処、それは他では得られぬ、又は得られても貴重な薬を差し上げたから、それだけ御金がいらなかつた訳だから御病気の為に費用がといへばダブル……との仰せ。田島は御薬を差上げられましたことを一向に存じませず申上げましたが、そういふ事でございますれば、又既に御全快にもなりました事故、此際は御やめで結構と存じますが、盆暮といふ事を新たに始めるとなりますれば余程あちこちを考へて権衡を失せませぬやう致す必要があると存じます故、よく侍従次長とも相談の上、又申上げたいと存じますと申上ぐ。よく相談してくれとの仰せ。

田島は実は平素考へて居りまする事は、皇室では制度上吾々平民とは違つて、叔父叔母とか御兄弟とかは比較的御遠いやうでありますが、内親王様方に対する御親子の御情愛で遊ばす事は自然でありまして結構と存じますが、直系皇族のみでなく傍系にも平民社会のやうに親しく遊ばして頂く方がよろしいのではないかと思つて居ります。何も皇室のみではありません。封建的の場合には大家では自然親は家令にものをいひ、子は家扶にものをいひ、親と子とでも直接話をせぬといふやうな風でありまするが、英国の王室などはその点はむしろ日本の平民社会と同様ではないかと存じまする。日本の国民の状況と同じで、外国の王室のやり方にもあひまする以上はそれの方へ進む方がよろしいと田島は考へますが、此等の点は侍従長とも話しあひ、同意見でありまして……実は拝命後匆々《そうそう》の時に、高松宮様に御陪食後に一寸御話していらつしやいと陛下の御言葉を御願致しました処、高松宮様の御前約とかで御断になりまして、陛下に御迷惑をお掛けしました結果となりまして誠に恐縮に存じて居りまするが、実は臣籍降下の十四皇族の多くは親等から申せば非常に遠く、三宮様は陛下の御兄弟であられ、叔母様はお二人だけといふ今日故、皇室御一家としてはもつと親しく願つてよろしいのではないかと存じて居りますのでございます。昨晩のやうに、泰宮様は内親王のしうとめさんの御関係で鷹司、池田と御一所に召されまするが、周宮様〔北白川房子、明治天皇の七女、神宮祭主〕は叔母様でもそういふ御関係のないので、そういふ機会がありませんでしたのを神宮の御関係かで先達て御陪食になり、非常に難有く御思召でおいでと承りました。左様な訳で田島は直系のみでなく数少い傍系の方も機会あれば可成御親敷《おしたしく》願ふ方がよろしいのではないかとの考から昨日申上げましたが、それには東久邇さんの方で二千七百万の御話とか、訴訟を起された等の事もあります故、どうかと存じました次第でありまするが、定期にといふ思召で新たに始めまするといふ事なれば、よく侍従次長とも相談致す事に願ひたいと存じます旨申上ぐ。

昨夜は、二千七百万円の事は稔彦王は何も仰せはございませんでしたでせうかと伺ひし処、何も御話はなかつた。御機嫌よく不満らしい御話振りでもございませんでしたでせうかと重て伺ひし処、イヤ、御機嫌はよく、その為かも知れんが、外交や何かの事をいろいろ私の考をおきゝになつたりしたが、御給仕が女官なら兎に角、主膳が出てるところであればどうかと思ふ。首相までなすつた方としては少し御考が足りぬのではないかと思ふとの仰せ。それはあの宮様は直情径行でいらつしやいますから……と申上げし処、その直情径行が又軍に人望がおありになつたのだらう。軍は兎角あゝいふのが好きだとの御話。その点は非常にはつきりとして先達て提訴なさいました事を、非を悟られたらあれは悪かつたとハツキリ仰せになりますと申上げし処、鳩彦王〔朝香鳩彦、元皇族、元陸軍大将〕は反対であるものだから陸軍では評判がよくない。之が海軍、陸軍と違つて居ればいゝが、同じ陸軍でしかも同じ大将故、終始此両者の間はよくなかつたとの仰せ。

退下せんとせし処、あの先走つた話のやうでもあるが、今後葉山へ行くとか那須といふ事は、よく長官として気をつけてくれ。或は政府の考へもあらうが清水のやうな意見の人もあり、又元衆議院の副議長をしてたあの社会党の昨日の演説[106]見た様なものもある。たとひ衛生的の為とはいへ、住の問題はまだまだ大変に違ないから、余計な事と思ふかも知れぬしするから、何か同じ行くにしても、工場を見るとか五十里〔栃木県五十里ダム〕の工事を見るとかいふ事を附加へるといふ事も考へられる云々の旨仰せあり。その点は宮内庁としては終始念頭において居ります故に、松本学に対してもうらまれる程反対し、昨夏の吉田首相の直訴となり、其裏には河井〔弥八〕の動きもありまして、五案の結果最小の案の御許しを願つたのでありますが、其折に是非にと宮内庁で願つたのが余計な事だ、陛下が入らぬと仰せなればその儘にしとけばいゝとある新聞には悪口が書いてありました。宮内庁としては矢張り世論を注意して、まづまづ此点といふ所を考へて御願する外なく、両方面から攻撃されるは役目柄致方なく、覚悟致して居ります。政府が多少皇室の為を思ひ過ぎた傾向の場合は政府と交渉するにしても、控え目の意見を独自に持つ必要あり、又皇室にあまり厚意のない政府ならば一々その方針に従へず、特に主張をせねばならぬ場合もおきませうと平素考へて居ります故、那須や葉山について国民の間に変な批評出ませぬやう、適度の事は常に考へまして、まア七月余り長からざる間十日か二週間葉山、そして八月一杯位那須に御願したらばよいのではないかと寄々話合つて居ります。仰せもありました通り、多少とも国民に関連あることと連結します事も考慮致して居りますが、五十里はまだ無理で若し道路でも急造すれば逆効果となります。葉山の途中の工場の問題も先達て御話もありました事故どうかと思ひ、通産相にもきいて居りますが、まだ返事はありませぬ。矢張り、バランスの点も公平にどこまでも筋の通つた事でないと駄目かと考へて居りますと申上げ退下す。

六月二〇日(土)　御召し御座所　一一・二五―一二・四五

(此朝、常磐松、東宮仮御所[107]修繕検分の留守中御電話にて、留守なら正午か、一時二十分頃かどちらかに御召しとの事にて一二、〇〇と申上げ、御待ちす。生物学研究所よりの御帰りおそくなり此時間となる。)

昨日長官のいつた事だがネー。叔母さんの事とか高松さんの事についていつた事は、私には長官のいつた事は私が子供の方に重きを置いて、高松さんなどの事を次にするといふ様な意味に感じを受けて実は驚いたのだがネー。長官がそんな感じをもつてるかと思つて。私は、考としては無論皇族さん方を重んじて、子供の方の事は勿論その次に考へてるので、主義として私は長官ののべたと同じ事を勿論考へて居るのだが、長官の昨日の言葉では今いつた様に私には感じられたから、すぐその事をいはふと思つたが、事重大だと思つたからすぐいはず、良宮にも話して今日話す訳だが……ニユース〔映画〕の事[108]は、広幡〔忠隆、元皇后宮大夫〕の大夫の頃に平素は御目に懸る事もし難いから、可成御話する機会のあるやうにとの高松さんの方の希望で、それではニユースにお出でなさいといふ事になつて始まつたもので、先方の希望を入れて始めた事だのに近頃は少しも御出ではない……との仰せ。広幡時代からそういふ沿革がありました事は田島は一向存じませなんだと申上ぐ。それから宮さん方は、御機嫌伺ひなどといふ事はちつともないけれども、内親王の方は御機嫌伺ひといふので向ふからやつて来る。それ故食事を出す事があるといふに過ぎない。こちらから食事に呼んだ事はないとの仰せ（何だか少し強弁の様で御返事の申上げ様もなく、ハーと申上げるのみ）。それから叔母様方は、去年の東宮立太子礼の時にも菊栄親睦会[109]に呼べたけれども、鷹司や池田は一度もないからどこにも入らなかつたから、今度呼んだだけの事だ（之は明かに陛下の御記憶違ひ。此両家に対し、何もなきはわるしと思ひ、何か考へたと信ずるも確とせぬ故）との仰せ。サーそうでございましたでせうか……と申上ぐ。今いつた通りで、長官の昨日いつた考通り、私は勿論子供より皇族さんを重んじて、今いつた通りにやつてるのを長官があゝいふ事をいつてそうでなくやつてると長官は思つてると私に感じられた事は驚いたとの御繰返し故（これは根本的に陛下の御意思に反しても変な理論を仰せになつておいでの事を御諫言申さねば、陛下の変な御理屈を是認する事になるが、拝命以来の御語勢故、笑つておいでではあるが、いつもとは一寸違ふ故）、ハア、左様でございましたか。田島が昨日申上げました事で、今日こんな御言葉を頂き、陛下を御驚かせました事は誠に恐れ入りました事と存じます。然し、此事柄で田島が此上何か申上げまするには覚悟を新たに致しまする必要もありまする故、今日は仰せを承り退かせて頂きまして、覚悟の出来ました上で更めて只今の仰せに対し申上げる事に御許しを得たいと存じますと申上ぐ。ウンそう。只、考へ方は今もいふ通り、私はちやんと長官の考へ方と同じである故、今日ニユース等のやり方をその考でやつてるが、主義、考へ方はよいがニユース等の実際のやり方がどうもと思ふので考へ直す、再検討するといふ意味なら、それは分るので話は別だとの仰せ。

今日はこれで下らせて頂きますが、若干只今の仰せと関連のあります、泰宮様御病気御見舞の事は、既に高貴なお薬を御見舞として差上げになつて居ります旨を昨日伺ひまして、ダブルとの仰せ御尤で、田島は一向其事を存じませぬ為に心付きの儘申上げましたが、陛下はダブル故、定期的に盆暮に若干金額を従来照宮様等とバランスをとつて考へよとの仰せでありましたが、侍従次長とも相談致してましたが、此際新規に定期的に御定め願ふ要はないとの意見一致致しました故、此点は田島が結局余計の事を申上げました事で、どうぞ何事も申上げませなんだ事として御許しを願ひたいと存じますと申上ぐ。あ、そうか。それはよろしいとの仰せ。

六月二二日(月)　御召し御座所　一・二〇―三・一五

(一〇、三〇―一二〇〇まで倫敦《ロンドン》会議に関する御質問会、侍従次長及永積同席御座所にてあり[110]。終了後一昨日の事の御答を申上げたきもや、長時を要します故、御時間のあります時御召し願ひますと申上げ退下せし処、一、一五頃御召しあり。月曜にて服部〔広太郎〕博士出勤日故、御遠慮せしも、よろしいきくとの事にて罷出づ。)

一昨日の御話のことにつきまして御答を申上げたいと存じますが、二つの事を申上げたく存じます。第一は単簡〔簡単〕でありますが、第二は少し時間を頂きたいと存じまして先刻御願いたしました次第でございます。土曜日には金曜日に田島の申上げましたる事が、陛下を御驚かせ申し、御不満を御感じになりましたとも又は御不興を買ひましたとも申上げてよろしいかも存じまする点、何とも恐れ入る次第でありまするが、田島の申し上げました考へ方そのものは陛下のかねて御考になつて居りますこと、一致致して居り、只現実それによつて行はれて居りまする事につき、田島が誤解を致して居る事の御感じを御受けになりまして御驚きになりましたので、一昨日最後に今後現実のやり方をどういふ風に考へてやるか、其やり方の再検討の問題ならば、それは又別だといふやうに仰せになりましたかと存じまするが、その点は左様でございましたでせうかと伺ひし処、そうだとの仰せ。それでございますれば、田島の申上げました事も全く考へ方は陛下の御考へのことと一致して居ります以上、現実の問題を何とかも少し御かへ願つて再検討してもつといゝ方法はないかといふ事にすぎませんので、此問題は至極簡単かと存じます。第一の御答と申しますことはそうでございますが、右のやうに申上げまする田島の根本の考へ方を次に申上げたいと存じまして之は少し長く申上げたいと存じます。

田島が長官拝命の経緯より申上げたいのでございますが、これは先づおきまして、〔昭和〕二十三年六月五日に田島は拝命致しまして、六月十二日御供を致しまして那須へ参りました。那須で陛下から、松平定信は大奥へ手を着けて失敗した(11)ナーとの仰せを承りました。其後二度斗り同じ意味の事を承りました。それで田島は、分りも致しませぬし、奥の方の事は手を着けぬと覚悟を致しました。尤も其時分はまだ東京裁判以前でありまして、今日とは随分違つて居りまして、陛下御退位の問題も八釜しく、最初陛下から牧野〔伸顕、元宮内大臣、元内大臣〕にはよく打明けて大切の事は相談する方がよろしいとの御示しもありましたので、大事と思ひまする事は大概考へ抜きました結果を牧野の処へ参り、相談致しました処、幸にいつも賛成といふのでなく、全然御同感といふやうな言葉をきゝまして大変力づけられまして、爾来《じらい》表の方の色々の問題にも当りましたが、此問題は昨年五月三日の陛下のおことばによりまして終止符をうちました。尤もその間でも奥の事も五年間色々の人から色々の事を耳に致しましたし、又全然奥限りの事でなく、表の事に非常に関連する奥関係の事もありますので、純然たる奥の事でない事には自然頭を使ふ事は当然でありました。

田島は勅選議員拝命の時坂下門をくゞりました丈けで、宮内庁の事は一向に心得はなく、陛下側近の事などもまるで存じませんで参りましたのでありますが、皇族様の問題でも例へば三笠宮様思想、行動の上にどうもどうかと思はれる節があり、陛下からの御話もあり、どういふ訳のものだらうかと三笠宮様にも少し御態度をかへて頂きたいなどといふ事を申し、又考へても参りましたけれども、一面田島は宮内庁の事に全責任ある身として考へて見ますれば、三笠宮様がどうしてそういふ風におなりになるのか、おなりになるには長官として職務の不充分な処がないのかと反省して見ますると、矢張りないとは申されませぬ。御洋行の御希望を屢〔しばしば〕承りました時、在外邦人の金などでは駄目でございます。御兄様は皆様御洋行故、時は変りましたが、堂々皇族として御出になれますやうな機会を考へますと申して参つて居りました処、今回の英女王戴冠式には全然別の方面から出まして、皇太子殿下が御出になります事になり、之は無論当然其方がよろしいのでありますが、三笠宮様としては御不満に御思ひにもなりませんが、自分はいつ行けるかと御思ひになります事は当然であり、又陛下は終戦と同時に随分ひどく御変りになりましたが、宮家の変化に比べますれば、勿論財産は全部政府のものになりました事はなりましたが、日常の御生活、殊に経済の面では格段御違ひにならぬとも申されまするに反し、宮家は経済的には随分の変化でありますし、三笠宮は特に御子様も大勢さんおありで、今後如何になりゆくかと先を御考になれば、進歩的の思想についての御考もいろいろ御考になりますのも多少は理由のある事といふ風に、長官の職とすれば反省して考へる必要があり、左すれば長官として三笠宮様の思想行動をたゞ困るといふ丈けでなく、その原因になる事に対策をたてぬが、職責上わるいといふ事になりまするので、具体案として、兎に角一度御洋行願ふ事がよろしい、又出来る限り経済上今日より御楽になりますやう取斗ひまする事が必要と存じまして、昨年来政府側に対しても此事の出来まするやう予算等の考へを頼んで居ります次第でありますが、まだ何とも返事には接しませんが長官の職責として反省して斯様に考へて居ります。田島は一長官でありまするが、況んや陛下と遊ばされましては皇族の一員である三笠宮様に対して望ましからざる思想行動おありの時にはそれはどういふ訳か、どうしてかと御考へ頂き、陛下も御同様単に困るといふだけでなく何とか御考へ頂く事が必要ではないかと存じまするのでございます。

旧憲法の下では陛下は日本国の元首であり、国民との関係は厳然たるもので、陛下は民の富むのは陛下も富まれるのだ、一人其処を得ぬとしても、陛下の御責任だ、といふやうな昔の詔勅にありまするやうな御心持を君主として御持ち続けになり誠に難有い事で、新憲法になりまして元首ではおありになりませんでも、陛下の象徴としての御気持は以前と少しも変る所なく、陛下の御気持は全国全国民の上に瀰曼《びまん》〔浸透するの意〕致して居ります事は前にも一度申上げました通り、朝鮮動乱が起きました時に陛下は対馬の国の一番の尖端に御立ちになつて居りますやうな御気持で御心配頂きまする点、誠に恐入る次第であり、又低気圧でも東京方面が免れますれば田島などはやれやれと存じまするのに、陛下は日本全国各地とも免れなければ御安心遊ばされぬ事など、田島など御恥しい限りと申上げましたと存じます。斯様に、陛下が君主として国民の上に御軫念頂きまするにも不拘《かかわらず》、新憲法は陛下の御活動の範囲を縮めまして、御心配になりながら政治に触れる面は御手控えにならなければならぬやうでありますが、皇室の首長として、陛下の御立場は戦前でも戦後でも余り変化はないのでございまして、内廷のみならず皇室といふ皇位継承権をお持ちの皇族方と共に一つの皇室といふ家と申しますか、一つの団体のやうなものゝ存在は少しも変りませず、之は私的の面でありますます故、その首長たる事は戦前も戦後も御変りなく、皇族を引くるめての皇室全体の首長で陛下はおありなのでありますます故に、首長として皇室に属する他の皇族方の上についても公的の面の君主として国民の上に瀰曼して其の事を御思ひ頂くやうに各皇族の事を御思ひ頂く御立場かと存じます。

先程も申上げました通り、陛下の御身上にも大きな変化はありましたが、皇族の変化の方は非常に大きく、経済的には大に変動し、又御行動の上にも、一面から申せば平民の特権自由……之は陛下は御不自由でありますが……と皇族の特権を併せ有せられた形となり、解放自由の程度が戦前とは比べものになりませんので、三笠宮様の場合の如きは進歩的といはれるやうな事の行過ぎと存ぜられまするやうな事があり、高松宮にしても色々の事があり……最近霜害の最もひどかつた埼玉川越地方へ社会事業か産業御視察かにお出の節[112]、宿屋以外の料理屋に御泊りになるといふので地方新聞に一寸出まして、埼玉知事が心配して次長の処まで参りましたやうな事がありました。それは、一応事務官を通して殿下の御目に懸けましたが、別に日程の御変更もありませんでしたが、其様に田島が長官の職責上考へまして如何かと存じまする事がありましても、皇族の御身位が、軍人でおいでの方が毎日おつとめになる軍職はなくなり、又何としても単にわるい利用的の人斗りでなく、難有がつて御出を願ふとなれば時間がおあり故、御出掛になりますので終戦後の変化の為にいろいろの事はありまするが、此際よく時勢を大観して頂き、皇室一体となり、全体として御協力願ふやうな風になつて頂きたく、その為には皇室の首長たる陛下に一つ大きな御立場からおほらかになつて頂く事が必要かと存じます。

　今は左右両方の思想が両方とも又台頭し出しまして、田島なども、最近極右の人からは引責をせまるなどといはれ、又投書で左の人からは吉田に与して勝手な事をすると脅かされまするが、田島は拝命と同時に引責は勿論死ぬるといふ事も覚悟は致して居ります。只今申上げましたやうな次第で、陛下は皇室の首長であられ、一致協同して此天皇制の上に皆様で一列に御立ちになつておいでで、三笠宮様がいくら進歩的の人に同情なさいましても、皇位継承権をお持ちの方が共産党の世の中になりました節は如何とも遊ばされる事は出来ぬは明白で、此際皇室は御兄弟方皆一致同心一体で御協同を願ふべき立場故、その協同利害御自覚の上一体として首長たる陛下はその責で皇族様に対して対等同列の御考はおすてを願ひ、理屈をいつも二二が四で御考なく、二二が五、二二が六の場合もあるといふ、理屈以上の理屈で御考へ願はねば、解決出来ぬのではないかと存じます。皇族様方の一つ上の立場で御考へになり、対等の理屈はおやめになつて、たとひ皇族方の方に理屈のわるい事がある以上陛下としても当然かうといふ対等の考へをおやめ願ひ、若しおいでにならぬ様の場合には昔の諺にもありますやうな桃李不言下自成蹊[113]といふ境地を一つ御考へ願ひたいと存じます。陛下は全皇族の総ての方の首長として御責任で全部の皇族さんに対して親心で、親が子に対するやうな御気持でおいでを願ひたいと存じます。

　天皇制の事を考へますれば、百年の後御代代りがありましても、時の陛下と各皇族様と御兄弟より遠くおなりになりましても、総て全皇族の首長の御考へで全皇族が御近きになる様、蹊を成す様、御心掛御仕向けになる事が大切かと存じます。総て親心で弟様方にも対せられる様、陛下と殿下御兄様とお弟様といふ対等以上の御考へで親心で御臨み願ひたいと存じます(陛下の直系のお子様といふ事には絶対にふれぬやうにす)と申上げし処、その点は分つたが、高松さんの妃殿下もVining夫人の時に良宮に先んじて英語を習ひ、又ぢきに止めて了ふとか、秩父さんがゴルフを私に勧め、それではとやり出すと御自分はあきて止めて御了ひになる。宮廷服を秩父妃殿下と一所に高松妃殿下も御作りになるに熱心でいて、評判がわるくなると一所になつて悪口をいゝ、そして御自分は和服も着るといふやうな風にあき易くて、人より先じたがつたりなさるからどうもそういふ点が……(と田島の今迄申せし事も少しも御分りなく、相も変らぬ相対的に対等的の考へ方の仰せ故多少失望し、おわかりなき以上は今少し強い言葉も已むを得じと覚悟し)そういふ事は総て宮様方の方がおわるいとは存じます……田島の立場としては宮様方の事おわるいと断定し、申上げるもつらい事でありまするが、此際それは断言せざるを得ぬと致しましても、田島が先刻申上げて居ります事から申せば、陛下は宮様方と同列に立つての二二が四の一般理屈では駄目でありまして、向ふ様がこうだからこうだと彼是仰せになります事は、陛下の御立場としては如何かと存じます。明治天皇の歌にでももつとおほらかでありたいといふ御製[114]がありませうと存じますが、田島は多少漢文を楽んで居りまするので、其文句を申上げまするが、以大事小[115]といふ事があります。上の方程目下の方にサーブなされるのであります。又居上不寛[116]といふ事はよくないといふ事が論語にあつたかと存じます。同列対等でない御考に万事願ひたいと存じます。首長としてはまけるが勝ちであります。ならぬ堪忍するが堪忍といふ事が昔からいはれて居ります。

誠に諫言めいた事を申上げ恐入りますが、田島は仏教の家で、親鸞の言葉を承知致して居りますが、悪人すら助かる、況んや善人をやといふ事があります。之が仏の慈悲といふものと存じます。又キリスト教の方では、羊飼は普通についてくる羊の群より迷へる羊の方を余計に心配するといふ事であります。此羊飼のやうな御気持で、仏のやうな心持でならぬ堪忍をして頂けば、所謂《いわゆる》桃李不言下自成蹊といふ事になるのかと存じます。親心で弟様方をも子の様に思ひになれば……と存ずるのでございます（コノ諺等を申上げる条よりウンウンと力強く御応へになり）と申上げし処、それなら宮様方も平等（此お言葉一寸了解に苦しみしも、結局田島のふれざりし直系皇族の方と平等との意味らしく拝せらる）といふ事は分つたが、それなら叔母様方はどうしたらいゝのか……長官が此間泰宮様の御病気に関連して叔母様の御病気に御見舞のお金を差上げたら……といつた時に、実は長官にいふのもどうかと思つて一寸胡摩化《ごまか》して盆暮の定期的にしたらどうかといつたのだが、あれは実は御病気の時に御見舞のお金は私は上げるのはいやなのだ。そうとはいへなかつたから定期にといつたのだが……北白川さんは西式(117)の信者で徳川の多恵子〔北白川宮成久王と房子の三女〕の事で一寸いつたが、まだひどいのは竹田の叔母様〔恒久王妃昌子内親王、明治天皇の六女〕は肺炎であつたのを西式一方で西洋流の医者が拝診した時はもう駄目だつた。それは軍医でラヂオで御容態いつた時も西式の事はいはずうまくいつたが、実はそうなんだ。それだから北白川さんの叔母さんの御病気に御見舞のお金を出せば、私はそういふ非科学的の事を奨励した結果になる。又少しいひすぎだが、殺人幇助罪といふ事にもなる……（との御話少し理屈が偏して何とも御返事出来ず）叔母さまの問題は只今御病気といふ訳でもございませんので、そういふ場合は又適当に考へを致しますとしまして、どうか大原則を陛下は首長としておほらかに、多少の間違も包容して羊飼のやうな気持で願ひたいと存ずるのであります。

猶、此際序に一寸附加へさして頂きたいのでありますが、先年広田〔弘毅〕内閣成立の祝賀の宴会(118)に田島も出席致した事がありますが、其際広田総理の挨拶に「私は陛下と御相談して万事致して参ります」と申しました。銀行屋で政治とか宮中とか存じませぬ故、首相が陛下に御相談といふはおかしな事だと存じましたが、要するに陛下の思召を伺ひ、思召を体して万事やるといふ意味と存じました。不図《はからず》も長官拝命を致しました際、それのことを思ひ浮べ、陛下の思召を伺ひ、之を体してすべき事、政府とは違ひ宮内庁としては当然と考へ、下世話に申す据膳を差上げず、御思召を伺つて御魚とか肉とか大体御思召によつてと存じまして、陛下に中間報告をさして頂くといふ事を申上げ、その方がいゝ位だ、よろしいと御許しを得まして本来五年間その様に致して参りましたが、その事も矢張り多少の弊害はありまして、余りに陛下に巨細の事迄御指図を仰ぐ御習慣におさせ致したのではないかと田島は反省致して居ります。田島は権利の方は余り考へませぬが、義務と申しますか、職務については少しの怠りもない様に心懸けて居りまして、行届きませぬが充分注意致して御務め致して居ります。宮内庁には余り人が居りませぬが、侍従職の側近の数名、又表の若干名は忠誠で、且一生懸命宮中に奉仕致して居りまする相当の人物でありまするにより、場合によりましては、御思召の線に沿ふて慎重に考慮致しまして御願致しました時は其儘御許し願へますればよろしいかと存じます(之は叔母様問題の御話が余りに変故、そして最近少し細かくおなりすぎにて係長級の御意見などの陰口もある事故)と申上ぐ。大体御了承の様子。

それから、田島が拝命致しました時は芦田首相からでありましたが、あの前に片山〔哲〕内閣に対してGHQからDirective〔指令〕のやうなものが出て居りましたのでございませうかと伺ひし処、Directiveが出てたかどうかは私には分らぬが、兎に角片山はおとなしい意思の弱い人で、一寸私にいつた事の内に可然《しかるべき》人が知人にないといふ様な事にふれた様な気がする。兎に角実行はしなかつたとの仰せ。ハイ、芦田になりまして田島にとの事で突然の話で驚きましたが、想像も致しませぬ事故、問題にせず、佐藤尚武其他適任と思ふ人数人をあげて本問題に入りませんでした処、その人々の色々の都合をあげて申しましたが、結局田島は断りましたが、芦田の申しました五月三日の憲法記念日迄にきまらねばG.H.Qの方から先方へ猟官運動をしてるものを押付けてくるかも知れぬと申しましたがどうも気になりまして、そんな存じ……そんな人はそれは駄目だとの仰せ……まして芦田に五月三日友人を以て申しました事で遂に拝命するに至りました次第で、宮中の事は一切存じませず、一度大臣位致した者の方がよろしいと存じましたが、あの際は却てそんな経歴のない方がよいといふ様な事でありまして遂に受けました次第でありますが、その以前田島は井上準之助〔元日本銀行総裁、元大蔵大臣〕、池田成彬〔元日本銀行総裁、元大蔵大臣兼商工大臣〕に頼まれまして全く新しい仕事に入つた事がありましたが[119]、いつでも一人で参りまして人を連れて参りませんでしたが、経験の結果、一人は気心の分つたものが必要と存じまして、芦田に侍従長は田島の推薦する者に同意して欲しいといふ条件を出しました。此為大変陛下に御心配をかけました事を加藤〔進、元宮内府次長〕から拝命後にき丶まして申訳ないと存じて居りますが、実は女子学習院長〔学習院女子部長〕に三谷がなります時は安倍に頼まれまして話を致しましたが、三谷はおとなしい人で、誰にでも評判はよろしいが何一つしないので、不破〔武夫、学習院〕次長の死後次長となりまして安倍もや丶持て余しておりましたが、三谷の人物は誠実で、頭がよくておとなしくて、あれは侍従長はむしろ消極的の方がよろしい位で、特殊にかつて御通訳を致した事もありますので、三谷に承諾して貰ひましたが、侍従長としては誠に適当と存じます。田島は右申上げましたやうに、追放の多い最中に、申さば代用食の様な事で拝命致しました次第で、今日では誠に充分職務を果せるか心配致し居りまするやうな次第でありまするが、自己の良心にき丶まして正しいと思ひました事以外は致さない覚悟で最善を尽したく、一日その職に在ります限りは百年其職に在る積りで些《いささか》の怠りは致しませぬと同時に、明日職を去りましても遺憾なきやう毎日毎日を過すといふ信条の下に勤務致し居りまする為に、今日も誠に恐れ多い事とは存じましたが、諫言めいた事を申上げ、何とも恐縮に存じますが、何卒《なにとぞ》御許しの程を願ひますと申上ぐ。

あ、あ、それではよく具体的にどういふ方法にしたらばよいかとの仰せあり、即座に之と御答へも出来ませぬが、ニユースの毎週はおやめになりまして、月二回位御懇談の御食事でも共にせられる機会を御きめになり、宮様方も他の約束は其日を除いて頂くといふ風になりましたらばと咄嗟には存じまするが、その思召を体しましてよく侍従次長とねりまして申上げますとて退下す。

六月二四日(水)　御召し御座所　一・三〇―二・二五

今朝ルーズベルト夫人とあつたが[120]、その話は侍従次長から話すようにいつといたがきいたかとの仰せ。ハイ、侍従次長からも又式部官長からも報告がありましたが、日本に指導者が居ないといふ話が出ましたそうですが、官長の話では民間の指導者の意味でありましたそうですが、陛下の御話は政府の指導の方面にありましたとか申して居りましたが（と申上げ、そうだつたのか……と仰せかと思ひの外）、それは分つてるよ。分つてるが、結局民間でも政府の指導がなければ出来ないと思ふしするから、私は話をそつちへ持つていつたのだよ。良宮の方へ問題を出したからそれを私が答へたので、ルーズベルト夫人は民間に指導がないから皇室で指導願へないかといふ意味だつたから、米国の関係して作つた憲法始め〔ママ〕で出来ぬといふ事を議論しやうかと思つたが、それはやめた。スマッツ〔Jan Christian Smuts ヤン・スマッツ、元南アフリカ連邦首相〕の言葉[121]位は話した（等、今日の御会談はうまくやつたとの御気持らしく拝す）。皇后様は陛下の平素仰せの、権利のみを主張して義務を強調せぬのは困る御話を遊ばしましたとか。マ、今日の拝謁は結構でございますと申上ぐ。

朝鮮問題は困りました事でと申上げし処、朝鮮は常にいづれかに隷属してた国民だから、どうも武か何か圧力で行くより仕方のない人種だよ。日本も鴨緑江でやめておくべきであつた。軍人が満洲、大陸と進出したからこういふ事になつたとの仰せ。たとひ満洲、中国と進出致しましても、支那の華僑のやうな実業勢力だけで軍の力のないもののみにすべきだつたと思ひますがと申上げし処、朝鮮もそうだが、アメリカといふ国もまだ若い処がある。それでも今日は余程成長したと思ふ。今日だけの成長を其後の経験によつて得たから随分成長した。今日だけの成長を太平洋戦争の時にしておつたら或は戦争を防止して適当に妥協的にまとめたかも知れない。英国は成長した国で老巧であるが、然しこれは実力が落ちた。そこへ行くとソ連は米国より上手だ。その上手のソ連が朝鮮が変になると出て来る。中共ならばまだいゝが、ソ連と直接境を接するやうな関係になると日本は余程しつかりしないといけない。朝鮮は困つた旨の御話あり。米国が引きますれば李承晩が何と申しましても南方へと中共勢力が及びどうも厄介と考へられます。どうも米国はソ連のやうに参りませぬのは、ソ連は革命前はザー《〔ツァー〕》〔皇帝〕等一部の人が文化生活をして、大衆は文化の程度の低い者斗りで、革命後も共産党の幹部と一般人民との関係は実際は指導一方で参つて居りまするが、米国は所謂文化の進んだ国で、一人一人の意見を重んじまする丈け、一本調子に進みにくいのではないかと存じます。アイゼンハワー〔米国〕大統領にしましても、同じ党派の中にマカツシー〔Joseph Raymond McCarthy ジョセフ・レイモンド・マッカーシー、米国連邦上院議員、共和党〕の様な大右翼も居りまして中々調整が六ケしいやうでもありますが……又日本も最早〔内田信也、農林〕大臣が更迭[122]致しまして、吉田は人を見る事も陛下いつも御心配でありますが、内閣がいけなくて今やめるなら一ケ月前に大臣にしたのが間違ですし、大臣にしたのがよければ一ケ月位ですぐやめるは軽卒でありますが、陛下には更迭事由を御話申上げましたかと伺ひし処、イヤ、私には病気の為だといふのだよ。それで私が新聞などにいろいろ書いてあるがとつつ込んで見たが、矢張り病気だと斗り私にはいつてたよとの仰せ。吉田もそれはどうかと私は思ひまする。新聞に書いてあるのは間違ひだといふ事の御説明もしないで、あれだけ本人までが麦の価格の事をいつて居りますのに、陛下に対して迄病気だけで申上げまするのはそれはどうも……といふやうな事で退下せんとせし処、急ぐのか、何か用が今あるかとの御尋ね故、イエ、別に田島は何も急ぐ用件はありませぬと申上げし処、それなら一寸との仰せにて再び座につく。昨夜は御馳走をした[123]のだが……長官の話もあつたので……オードブルもあつたし、スツポンがあつたのでとの仰せ。スープのスツポンでありますかと申上げし処、イヤ、スツポンの料理だよ。高松さんは非常に御喜びだつたが、高松さんと御懇親するのは食事以外よりないよとの仰せ。（一寸御返事に窮し）兎に角御食事はおすきのやうでありますがと申上げし処、そこで三笠さんも御料理の話で中々いろいろのものを御食べになつてるやうで、牛の頭の料理はおいしいとか何とかいつてられたが、私は三笠さんは矛盾も甚しいと思ふのだがネー。いろいろ進歩的の意見を平素いはれるが、あゝいふ贅沢な料理のお話もなさる。それにお口が比較的軽いから、これは私の杞憂かも知れぬが一寸心配だと思ふのは、ゆうべの様な御馳走の話を外でされやせぬか。侍従などの一般に伝はる話では皇室は御質素などといつてるが、此間は料理が出たなどといはれると誠に困つたものだがとの仰せ故、それは必しも杞憂とのみは申されませぬ。或は仰せあるかも知れませぬが、まア此次の御会食の時は又余り豪華にしなければ、タマには少しおよろしい時もあるといふ事になるかと思ひますが……と御応へせし処、三笠さんは困るよ、此前長官に七千万円もかけて仮宮殿を作るは贅沢だなどといつて来たなら、牛の頭とか贅沢の料理などは知らぬ筈だ。矛盾だよ、三笠さんはとしきりに御話になるも、矛盾はいつでも〔の〕事故、ハイ、三笠宮様は七千万円の時も相当仰せありましたが、御説明しますればまア御分りになりますし、田島の記憶にありますのは、昨年の五月三日のおことば中の「米国を始め」を削れとの事でも中々八釜しく、「英米を始め」の訂正に迄折れになりましたが、反米的で可なりきつく申され、田島へ御手紙、又官邸へもおいでになりなど致しましたが、陛下が御きめと申しました後は何とも仰せありませんでしたから、御若い為に一寸進歩的の思付のおありの時には仰せになりますが、御分りになればそれで大体静におなりのやうでありますが、矛盾よりも進歩的のものにどうも余計御気がむくらしく、先達も太平洋問題調査会の人間 Owen Lattimore〔オーウェン・ラティモア、ジョンズ・ホプキンス大学教授、元太平洋問題調査会機関紙編集長〕始めの米国務省に巣食ふ事の調査報告を御話して貰ひました時も、普通は随分恐るべき事だと感ずべきなのに、そういふ事はまア有り勝ちの様な御考へで根底に何か一寸どうも……と申上げし処、イヤどうも、高松さんも三笠さんとは昨夜もあまり御話なさらぬ。秩父さんが御亡くなりになつても、妃殿下には高松さんはいろいろ尽しておいでになるやうだが、どうも三笠さんとはあはぬやうだとの旨仰せあり。

秩父宮は同じ陸軍でもあり、三笠さんも御殿場まで御出かけになり、むしろ高松さんへの御話は秩父宮を通されたといふやうな事もきいて居りますが、どうも三笠宮の事は何とか致さなければなりませぬが、今日は高松宮が、秩父宮様亡き今日どうしてもお二方丈け故、段々に御年も召して段々やつて頂く外ないと存じて居ります。

田島と致しましては、御洋行の事を内閣へ頼みつ丶ありまするが、吉田は近来田島に会見致しませんで緒方にあつてくれとの事で、或は緒方に色々修行して貰ふつもりかも知れませんが、近来はあひませぬ。その緒方には二回に亘り数時間会見していろいろ話しましたが、まだ何の回答もありませぬ。只、歳費のふへる話の時に、それよりも運転手を宮内庁の人にしてくれとの御話がありました。是は予算及定員の関係もありますが、それさへ都合つけば何とか致したいと思つて居ります。今度殿部《でんぶ》的〔124〕のものを五名でしたか増員要求してありますが、秘書課長の話では吉田の目黒官邸の為の人はそれ以上とか聞いて居ります。まアそれはそれで、兎に角経済面其他で三笠さんの御気持のい丶事を出来るだけする事は必要だと思つて居ります云々申上ぐ。まア、私としては長官のいつた注意でつとめてやるから、その為のやり方の具体的の事は長官の方でもよく考へてくれとの仰せ(数日来の総決算の御言葉にて、申さば諫言的の申上げのこと御容認の御言葉と拝し恐懼す。且感激す)。

明日、救癩日〔救癩の日〕の大阪での藤楓協会表彰の事、及アメリカ病院の雑誌〔125〕、日の丸の旗もある表紙〔を〕送つて参りましたもの侍従次長から申上げましたでせうかと伺ふ。ア、永積からきいた。あの雑誌は前にも見たかナとの仰せ。イエ、新しいやうでございます。そうかとの御答へ。

六月二九日(月)　願出御座所　一一・四五―一二・〇〇

九州地方の水害〔126〕は非常にひどうございまして、昨日〔宇佐美〕次長、〔曽我部久〕総務課長、又〔稲田周一〕侍従次長とも相談致しまして、今回は侍従を御差遣願ひましたらば如何と存じまする次第でございます。終戦後災害の場合は、皇族が御名代として御出掛けを願ひ、侍従御差遣といふ事はありませぬ。又終戦前には災害等の場合に宮様御名代といふ事はないかと存じまするが……と申上げし処、戦前にも絶対に宮様御名代がない訳ではない……云々と仰せあり(アトでは事実上なかつたとの仰せ〔127〕)。今回は侍従の方が御よろしいかと存じます。災害直後で交通も不便であり、地方当事者は対策に奔走中、宮様のお出でには御接待に力を割く事ともなります故、今後共宮様に御願致す場合もあり、侍従御差遣願ふ場合もあり、その時の状況、距離の関係、災害の大小等種々の状況により、その時に御きめを願ふ事と致しまして、今回は侍従に御許しを願ひたいと存じます。最近は宮様斗りに御願致しました関係もあり、今日は、〔有栖川宮〕威仁親王妃〔慰子〕殿下三十年祭で高松宮邸に上り墓前祭も済みまして実は只今帰りました処でありますが……高松宮様の御考へをも拝聴致しましたが、「それは侍従の方がいゝよ。私達が行くと県庁の人など其方に手いるし……」と て御賛成でありましたと申上げし処、侍従でよろしいとの仰せ。何等御異存なきように拝す。猶、昨日相談致しました節、罹災者の方で侍従では宮様と違ひ、従来より低い御取扱と思ひはせぬかとの点も話合ひましたが、行幸下検分の際でも地方では侍従は余程偉く思ひ、総務課長などよりよく扱ふ様な事もありまする点等考へ、その憂はないとの事でありました。右御許しを得ますれば、猶一つ関連して御許しを得たい事は、侍従を御差遣になりましたならば、その復命申上げるのは皇居の方がよろしく、葉山へ御出掛けは其後に願ひたいと存じますと申上げし処、それは無論だが、復命があつたらすぐ葉山へ行くといふのでは充分でない。又も雨ふるかも知れぬので復命あればすぐ葉山といふのもどうか……との仰せ故、それは又別の災害が起きますればその場合は別と致しまして、何も其後に起きませぬ場合と致しますれば、復命をおきゝになりましたらばお出掛け願つて結構と存じます。今年は修繕工事もあります故、特に御出掛けを願ひまする方がよろしく、又御出掛願ひますれば侍従帰京の日取を参酌して葉山行幸啓の予定準備の必要もあります故、一応復命をおきゝの後に葉山への日も用意致したいと存じますと申上ぐ。そうか、よろしいとの仰せ。

あの皇族さんの御名代の事だが、さつき長官が高松さんにきいても侍従差遣結構だらうとの仰せになるが、大体おいやなのだ。窮屈で今までどなたもおいやであるのが一つと、外にも理由があつて、従来も災害は実際なかつたかと思ふ。陸海軍の関係の処へは御名代でおいでになつた事もあるが……田島のいつた主意で皇族さんにも一体となつて懇親的にするのではあるが、それは食事をしたり、ニユースだけではつまらぬとなれば、外の映画にも一所にするとなつて、その点は楽しみといふ事のみになり、その方の事で皇族と大にやつてるとなるとそれが洩れて、皇室が楽しみのやうな事斗りやつてるやうに間違はれるのも困る。災害の見舞の御名代となれば、公然でよく分つて、皇族もいろいろしておいでといふ事も分ると思ふが……との仰せ故、災害と雖《いえど》も、東京近傍なれば程度によりては陛下に直接御覧頂き、御見舞頂きたい場合も生じませうし、又皇族方の御慰問といふ事も考へられまするが、遠隔の地である場合とか、被害の差でいろいろ願ふ事はあると存じまして、今回は侍従御差遣に願ひたいと存じます。つきましては、其方針で具体的に練りまして、又書類で更めて御許しを得る事に致しますと申上ぐ。よろしいとの仰せ。

それから、今一つ御許しを得たい事があります。秩父宮家の車がヒルマンと申します小さい車で、宮様御在世当時より買替の御希望ありましたが実現せず、其後は街道を数多く御使ひになり、ホントにボロになりまして今回御買替になりまする事に略きまりましたが、宮家の御都合では只今一寸御不足のやうでありますので、五十万円丈け無利子で若干期間御貸し下さいます事の御許しを得たいと存じます。昨年鵠沼の御邸御買上の節百万円の御立替を願ひました事がありましたが、其節も無利子でありましたがぢきに御返金になりました。今回は適格に見合ひもございませんが、其内長からずに御返上出来ると存ぜられます故、御許しを得たいと存じますと申上ぐ。あ、よろしい。上げてもい丶ネその位……との仰せ。ハイ、それは外様とのバランスの問題もありますので、経常的の事ではありますし致しますので、無利子で御貸し願へば結構で下される事はよろしくないと存じますと申上ぐ。そうかとの仰せ故、その上、陛下の御手許もそう御金持ではありませぬ故それは困りますと申上ぐ。

それでは、災害の方の事は只今の大方針で具体的に相談の上きめまして、可成早く運びまする様致しますと申上ぐ。

六月三〇日(火)　御召し御座所　一〇・〇〇―一〇・四五

あの、三笠さんの洋行の事ネー、あれは留学といふ事に極つてるのか、只の視察旅行ではおいやなのか……との仰せ。ハイ、それはまだ具体的に何とも御話致した訳ではありませぬが、先般来首相はあへませぬので、緒方に二回官邸へ来て貰ひまして色々の問題を四、五時間に亘り話しました内の一つの問題でありまして、それは今月の六日及十日でありますが、何の返事もなく二度催促致しましたが、国会があの様子故、返事のありませぬも無理ではありませぬが、政府が予算に組むことを承知しませぬ以上は、具体的の御話には一寸入り兼ねますので其儘でありますが……と申上げし処、私は御年令からいつても留学といふのはどうかと思ふし、参議院の何とかいふ婦人議員……高良〔とみ、参議院議員、緑風会〕でございますか……あの人のやうにソ連へ入る[128]といふやうな事もあるまいが、視察旅行で始めから旅程のきまつている方がよろしいし、留学をされても〔百合子〕妃殿下とで矢張り視察旅行はなさりたいであらうから、国の経費も少くすむと思ふから、一挙両得と思ふとの旨仰せあり。結局は御留学期間だけふえますから、経費等の点その方が実際的かと思ひますがと申上ぐ。それにニユーカツスルの様な事もあれば、東宮ちやんと違つて現役の軍人で居られたのだから其点は矢張り一寸……との仰せ。その事はいつかも一寸殿下に申上げました処、そういふ処だから余計面白いといふ様な御話もありましたと申上ぐ。一体、三笠さんは私は矛盾してると思ふよ。長官にきいたのだが、災害地など御名代に行かれた時、代議士の選挙運動に利用されるのはいやだといはれたといふのに、赤のやうなものには利用されるような事をなさるといふのはどうも分らぬ。それから、運転手の事など、田島にいはれるやうならば、その時それはそうなりまする代りに、余り赤に乗ぜられぬような事は可成なさらぬやうにといふ事はいへぬものか……との旨仰せあり。三笠宮様としては、別に赤の方に同情してるといふ立場でない御積りかも知れませぬので、そういふ風には御話は一寸出来ませんでございますが、田島にしましても、又年配関係で秘書課長などもある程度の事は申上げますが……例へば、職員の三十円弁当か何かおとりの時に、秘書課長が、皇族さんとしてそれはおかしうございます。大膳へたのみ、どうとも致しますと申上げましてい丶よとの御話でありましたそうで、三笠さんはすべて簡易がよいといふ御気持の御行動で、此点は高松宮はかういふいはゞ軽い事は少しもありませぬと申上ぐ。高松さんはそういふ点はいゝとの仰せ。実は侍従御差遣の事を高松宮様に申上げました故、三笠様にも申上げねば又わるいと存じまして昨日申上げましたが、其時は下の侍従の部屋で、侍従連と御一所で一つの机で原稿書きをしておいでありました。戯談に、いつ侍従を拝命になりましたかと申上げたような訳でございます……と申上ぐ。それは陸軍の風で、兵隊と同じ事をするといふ流儀なのだとの仰せ。

右様の仕方で、宮様を赤的と断定して御話申上ぐる事も出来ませぬ故、矢張り御希望の御洋行なり、又は運転手の問題なり御要求の事で御無理のない事を可成御満足せしめまして、自然に御自覚になるのを御待ちするより致方ないかと存じますと申上ぐ。

それから、一つ御報告を申上げますが、戦犯世話人会[129]の原〔忠一、元〕海軍中将が数日前に参りまして、仏蘭西の釈放は大変よかつたが、蘭、英は中々六ケしいとの事でありました。実はブラジル大使の宴会の節、蘭の新大使にあひまして、軽く此問題にふれました処——テツペマ〔P. E. Teppema P・E・テッペマ、前駐日オランダ大使〕は停年のやうな人、今度の人はそれらの問題処理の人とか一寸他できゝました為——イヤ、戦犯の問題は六ケしい。蘭人で彼等の為に不具になつたといふ人は何千人とか居るので、その国民感情もあり六ケしいとの話でありました。然し、最近の比律賓《フィリピン》は誠に結構であります故、今後は好転も致しませうが其時はそう申して居りました。

それから第二には、戦犯は普通犯罪人と違ひ、被選挙権も選挙権もあり、先日も不在投票の方法で選挙しましたそうですし、立候補も出来るといふ上から、今回軍人恩給が始まれば同時に戦犯もそれは同一にして貰ひたいと要求して居りますそうであります。只今の原案では除いてありますそうですが……。

それから第三には、刑死者の遺族保護の問題で、シベリヤ等の捕虜の家族は貰つて居ります故八釜しいとの事であります。尤もこれは人数は千人位で、各県別平均二人位の事で、政府にしろ、世話会にしろ、中央で若干出しますれば地方で相当之に附加致します故、そうお金がいる訳でもありませぬが、権利は何もありませぬ〔が〕要求するのでありませう。昨年度交際費から十万円出しまして、陛下に御迷惑のかゝらぬ出金を致しました事は一般には知らしめませぬが、A級等には陛下の御軫念の表はれのやうにも申してあるらしいのでありますが、今年度もそれ位の御金は出してもよろしいと申しましたが、頼むとは原は申しませんでした。巣鴨では岡崎がとても評判がわるく、吉田はよいとの事であります。どういふ訳かネーとの仰せ。岡崎は頭はよろしいが、誠意はどうかと田島も先達て申上げました通り、如何かと思ひます故、矢張り自然に感じますのではございますまいか。答弁などは頭がよくてうまく致しますだけに、吉田は巣鴨の訪問も致しませぬが、吉田に望みをかけてるとの事であります。そんな話でありましたから、いつか白根〔松介、元宮内次官、中央更生保護審査会委員長〕にきゝました佐藤賢了の話を、人名は一切申さず木戸〔寿栄子、木戸幸一元内大臣の母〕の告別式[130]の話から家庭へゆくのは尤で又よろしいが、銀座裏の呑屋などは却て世の同情を失ひ、一人の不謹慎が全部の人の釈放に影響はせぬかと田島が原に申しましたが、其点は大に心配してると申して居りました。然し、共産党系のものは戦犯は軍閥の一部と看做し同情致しませぬ故に、幸に巣鴨で赤の宣伝はあまり効果は発して居りませぬやうでありますと申上ぐ——それは反対だと困るネーとの仰せ。又岡崎も先達て巣鴨から直接電話かけて来て困るといつてたが、その電話の返事などで岡崎の評判がわるいのではないかナとの仰せ。

それから、昨日の伺ひで、災害地の山口丈け侍従が行かぬのは……との御尋ね故、ハイ、あの伺ひ書面の補足的の御説明を致しますとて、昨日次長、総務課長、侍従次長、入江〔相政〕侍従と会議せし事、伝達方法、侍従服装、見舞方法、警察同行不用、厚生省官吏も不用、県庁吏員一人案内の事、日程万般大野〔伴睦〕国務相従事の対策本部と打合せの事、厚生省の感覚もきゝ、北九州一円として山口は一応除外の事、愛媛も被害相当の由なるも今回は不取敢《とりあえず》九州に限定のこと、但し九州にて状況判明、必要とならば帰途の飛行機を汽車として山口にも一寸よる事、今回は皇族御名代でない代り、比較的早く御見舞になること等を奏上す。総て御納得にて、そうかそうかと御返事拝す。

七月一日（水）　御召し御座所　一〇・五五―一一・三〇

あの、宮内庁には少しも関係のない事だがネー。どうも国会の反対党の議論も、本当に国事に関するといふよりも政府いぢめのやうな事ばかりのやうだし、ニユ〔ー〕スやラヂオで聞いても、政府の答弁も責任免れのやうな不親切で誠意のないやうなものだ。困つたことだネー。旧憲法ならば当然私が出る事が出来るのだが、今の憲法ではどうすることも出来ない。マア、党首をよんでお互に国の為にといふやうな事がいへればだけれども……との御述懐。もどかしく御感じの憂国の御至誠故、御同情にたえぬも、去りとて絶対に動けぬ今日の情勢故、何とも致しやうはござりませぬが、田島なども全く御同感に存じまするが、陛下としてはどう遊ばす事も出来ませぬ。東京新聞の時評(131)にも、災害の事だけは挙国一致で方策を講ずるといふが、敗戦後の日本は引続き災害の災禍以上の建直し状態である故、もつと政府も国会も考へてすべきだといふ様な事がありましたが、全く同感でございます。今少し両方共国本位にやつて貰ひたいと存じます。

あの、御報告致すことが一、二あります。一は皇室経済法及同施行法改正法律案(132)が両院を通過致しまして今日官報号外で公布されました……あ、昨日署名したよとの仰せ。ハイ、それで次長が政府委員として国会の委員会に接しました話でありますが、参議院〔内閣委員会〕では松本治一郎〔参議院議員、左派社会党〕が二度質問に立ちましたが、一度は三里塚に牛が何頭居るかといふやうなものでありましたそうでございます。先達て委員連に、御許しを得まして皇居内を視て貰ひましたが、あれは結果はよろしうございましたようで、左社も賛成の党議が出来たとかきゝ、不思議だと思つて居ましたが、事実は反対議論をしないといふ事で、決をとる時は退場致しましたそうでございます。又、衆議院の〔内閣〕委員会でも二、三の質問がありましたが、社会党左派は賛成の時は何れも立ちませんでしたそうであります。只、委員会を通じて感ぜられますことは、従来よくきゝました宮内庁が遠慮に過ぎるといふ様な声のない事でございます。陛下も三千八百万円に内廷費を増加するとき、せんでもよろしいとの仰せで、必要ある皇族費の増額と歩調上必要と申上げましたことがありましたが、右の次第で、今後は一寸増額は差控へる方が賢明ではないかと考へて居ります。従つて、三笠宮様の御洋行も、二十九年度の費用に計上しますことは内閣でよし結構と申しましても考へる必要があるのではないかと思つて居ります。政府は、東宮様の御洋行一億一千万円も秩父宮御喪儀費も皆予備金支出でありましたが、予算に入るとなれば議会で議論の対象となります故、余程慎重に致さねばと存じて居ります。此前にも申上げました通り、内閣側には極力頼んであります故、宮様に対しては其事を御報告する外ないと存じて居ります。あの衆議院の委員会の様子で、社会党左派等から討論に反対の演説をする事あれば、賛成演説をしなければならぬと、山崎巌氏など次長に申してたとの事でありましたと申上ぐ。

三笠さんは、私は英国より米国の方がいゝと思ふ。英国はあゝいふ空気もあるし……との仰せ故、Attlee〔Clement Richard Attlee クレメント・リチャード・アトリー、前英国首相〕の方でもベヴアン〔Aneurin Bevan アナイリン・ベヴァン、英国労働党左派の指導者、アトリー内閣で保健大臣のち労働大臣〕の様な左がかりの人も居ります故、或は英国でない方がよろしいかも知れませぬと申上げし処、三笠さんは東宮ちやんと違ひ、洋行に大きな意味はないから……との旨仰せに付、それは矢張り見聞を広められ、又国外から日本を御覧になるといふ事はございませうが……と申上ぐ。

それから今一つは、新聞に出て居りますから御目に止つた事と存じますが、正倉院の問題[133]であります。御倉そのもの及中の宝物全部は国宝以上の国宝と存じまするが、国宝の指定の問題で何か正倉院評議会以外の人で愚図愚図申す人があるらしい結果に存じますが、宮内庁としては指定は結構でありますが、従来永年保存されたものを従来の保存方法に違ふやうな利用調査方法をとられる事には慎重であるといふに過ぎませぬ訳であります。それに関連して明日正倉院評議会を開きまするが、三階全部宮殿となりまして二階には適当の場所がありませぬ故、三階の休所の処を使はさして頂きたいと存じますと申上ぐ。よろしいとの仰せ。

それから田中徳が帰りまして、早速長官室に参りまして話をしましたが二つ申して居りました。一つは長官は怒るかも知れぬが、此三階を仮宮殿にするとか、常磐松で東宮様御出発前にお茶会遊ばすとか冷あせもので、カナダの総督官邸の立派さ加減、本当に大したものでありますとの事が一つ。これは今日の日本の国力の問題もあり、現実にすぐどうといふ事ではありませんが、感じとしてはそういふ事を申して居りました（さもありそうとの御様子に拝す）。第二は、侍従が言葉の関係で御伴に不適の場合があり、松井〔明、外務事務官、皇太子外遊の随員〕のみの時があり、松井は紳士的でありますが、侍従が居らぬのはどうかと思ふとの旨でありますが、之が一面大使館の書記官か何かが参る事もあり、一寸そこに面白くない面もあるように感じたらしい事を申して居りました。田中は三谷さんにいつたつてどうするといふ人でもなしといふ様な調子でありました。然しこれは外国では言葉の問題は……申上げし処、そうか、だから戸田〔康英、東宮侍従、皇太子外遊の随員〕や黒木〔従達、東宮侍従、皇太子外遊の随員〕には英語をやつていく様にしたのだが……との仰せ。俄仕込ではどうにもなりませぬが、之はまアいろいろの関係もありますので、御腹へ御入れ願ひますと申上ぐ。田中は一度私も話をきこうかとの旨仰せに付、詳しい話はまだ田島もきゝませんので、きゝました上で又考へまするが、クラブの連中の評判では少し感覚がずれて居るやうな事もありますが、一面クラブのもの一同一度拝謁したいといふかねて希望もありますので、那須で御散策の折、嚶鳴堂〔那須御用邸敷地内の休憩所〕あたりで田中其他、二、三の帰朝者をふくみ、新聞社のクラブ員と一寸御話願ふ機会を作りたいと考へて居りますから……。それはいゝ、お茶でも出して……との御話。

あの、侍従次長にいつて岡崎〔外務大臣〕から松本〔俊一、駐英〕大使によくやつてくれたと礼をいつてやつてくれといつたのだが、その時加奈陀の井口〔貞夫〕大使へもといつたつもりだが、松本からだけからその事の挨拶が来たので、侍従次長にいつてきいて貰つたら、書類が何とかといつてたそうだが、忘れました〔岡崎自身の落ち度〕でも、又は、申しましたが先方がまだいつて来ません〔井口の報告の遅れ〕でも、何でも有りの儘でいゝのだが、岡崎は多少筋さへ通ればば責任が自分になければといふいひ方をするのではないか、昨日の評判のわるい話もそういふ処かナーとの仰せ。責任を重んずる事に責任を免れる事に一生懸命なのは困りますと申上ぐ。吉田も内田〔信也、前〕農相の更迭の時、単に病気と陛下に申上げるは少しひどいと田島には思はれまする。実はこういふ内情もありまして、但し世間には病気で通しますといふのが当然と思ひます。陛下に対しては……と申上げし処、イヤ、吉田はそう信じてるのかも知れんとの仰せ。新聞を数枚合せ写真にすれば大抵ははつきり致しますが、どうもそれは……と申上ぐ。

それから、岡崎はカナダに就ては桜の問題があります。三谷も同意したとかいふのでありますが、あゝいふ人ですから、軽くいつたかも知れませぬが、カナダへ桜の木を寄贈といふ問題がありますが、宮内庁としては歓迎はカナダのみでなく、又相当本数とすれば経費もかゝり、カナダは果して成長しますか、又虫の問題もあり……と申上げし処、虫は問題あるがカナダは桜はいゝ、既に東宮ちやんの行つた写真に桜の花が咲いてる。オタワは知らぬがバンクーバーは確かにいゝとの仰せ。何れにしましても、御帰朝後に総合して考へましてといふ事になつて居ります旨申上ぐ。

又も政情の問題におふれに付、田島も政党にいゝ得る人はなくもありませんが、陛下の思召といふ事が分らねば無意味でありますし、分れば問題の種となります故、これはどうしても駄目でございます。戦犯世話会の寄附金などはどこまでも田島で通せますが、此問題はそう参りませんと申上ぐ。

七月三日(金)　御召し御座所　二・二五—三・〇五

あの、此間きいた田中〔徳〕の話ネー、私のいつた時の事と比べてどうも少し分らないのだがネー、それは無論あの時は新聞記者も可成近くは来ない時だしするから事情は違ふが、今度の戸田、黒木に当る者は亀井〔茲常、天皇の皇太子時代外遊時の随員(東宮侍従)〕、土屋〔正直、天皇の皇太子時代外遊時の随員(東宮侍従)〕であるが、亀井は肺病で、これはからだがわるく自然問題もないので、仏語も出来る土屋がその立場であるが、その土屋がそうついてはいないのだよ。沢田廉三〔節蔵〕が随分ついて、キリノの時も沢田廉三〔節蔵〕と二荒芳徳〔天皇の皇太子時代外遊時の随員〔宮内書記官〕〕だつたと思ふ。私はやりすぎたのかも知れぬが、沢田などとブリツヂやつたりして……との仰せ(134)。ハイ、それは田中が多少新聞記者一般とは感覚が違ひ、宮内庁御用掛見たやうな気持で、東宮様の為よかれかし一杯の精神でそう申しますので、現に田島の部屋へ参りまして二ケ条申して居ります時にクラブの歓迎会へ急がれて居りましたが、其席上でどういふ事を申したか知りませぬが、若い記者連とは大部感覚が違つて居つたやうでございます。それから、英国大使館へ御着きの節、東宮様の事を思ふ一念で侍従に様子をきかうといつた時に、大使館できめた新聞係の人と少しけんかでもありませんが少し衝突をし、又その大使館の新聞係の方の統一の為に、侍従連は直接新聞記者にあはぬ様にされた為、その事で見てゝも話をせぬといふやうな気まづい事も少しあり、人によれば田中が私怨をもらしてるともいつてますが、松井は紳士で、御供をすれば外国人の目には誠にいゝが、あれでは東宮様が御窮屈に御感じだらうと東宮様思ひの一念と存じますと申上げし処、あそうか、それなら前の常磐松が冷汗ものといふ事と一連した様な意味で分るネとの仰せ。実は其外にも、言葉と実際との関係ではありませうが、随員の行かぬ場合に大使館員が御供してる事のあるやうな事で、或は血の気の多い山田〔康彦、侍従〕なども何か報告が少しづゝ入つて、宮内庁の随員が外務省と申しますか、大使館の人達に遠けられて了つてといふやうな、不満と申しますか憤慨も或はあるかもしれませぬが、之はまア余り多くとり上げないやうにと存じて居ります。田中の口調にも侍従長はまアあゝいふ人ですしと申し、外務省出身の意味かと思れますが、松井は勿論外務省故、宮内省も昔の宮内官の様な意味で申して居ります故、又話の出ました適当の時には陛下の時も担当外務省の人が御伴したそうだと申しませうと申上ぐ。此問題は御了解の御様子に拝す。

久邇朝融氏の印鑑変更、高利貸の借入の事、新経済顧問と山梨の配慮の事、山林は会社になる事等、善後策六ケ敷、大妃殿下もおなげきの事、御姫様の結婚話にも支障ある恐れの事、海軍時代も担当副官等困つたとの事、何分にも皇室が御近親故との感で高利貸等悪人がいつ迄もからむ事等等申上ぐ。陛下は憂鬱な御顔にて、準禁治産も仕方ないネーの御繰返しながら、それに致しますのも中々六ケしく、或る程度争ないひどい事判然しませぬと矢張りうるさい事、又山梨など総他〔ママ〕的に考へる人は皇室の威信に関すると考へまする事、結局は皇室であとを拭ふからといふ実状関係が中々困難の事を申上ぐ。昔の皇族監督権は宗秩寮[135]総裁にはなく陛下のみなる事、今日では長官など何の権もなき事(暗に陛下が私から忠告しようかと仰せにはならぬかと期待しながら)申上ぐ。おたゝ様が仰せになれば矢張り御きゝになるかしらとの仰せもあり。大妃殿下は只御なげきの御様子に止まりますやうに存じます。段々御困りになつて、直接皇后様にでも金銭的の御助けでも仰せになります事を〔は〕困ると存じますと申上ぐ。

七月四日(土)　願出御座所　一二・二五—一二・三〇

一つ御許しを願ひたいのでありますが、経済主管の西原〔英次〕が先日健康診断の時の写真が一寸面白くありませんので、再診察の結果少し療養を要する事となりまして、半年位は休養の必要があるとの事でありますが、役目がありまするので、只休ませる訳には参りませぬので、西原を官房の勤務と致しまして、経済主管には比較的用事の少ない三井〔安彌〕書陵部長に兼任を致させたいと存じます。どうか御許し願ひたいと存じます。そうか、よろしいとの仰せ。

次に、一つ御詫びを申上げなければなりませぬが、皇宮警察よりの報告によりますれば、今暁二時頃平川門の方面のイバラ鉄線をくゞりまして狂人が一人皇居内に潜入を致しました。之は狂人で、二、三回皇居内に自分の恋人が居るといふので門へ来た事のある人間だそうでございますが、いつも門で入れませぬ故企てたかと存ぜられますが、直きに見出されまして、何事もありませんでしたが御詫びを申上げますと申上げし処、フン狂人か、狂人ならいゝや、仕方ないとの仰せ。今後手抜きなき様一層注意致しますが、一寸御耳に入れて御わび申上げますと申上げ退下。

七月一〇日（金）　御召し御座所　一・四五―二・四〇

御御足は最早大抵御全快でございませうか、まだお痛みがございませうか。[136] 少しまだ……との仰せ。ステツキが御必要で……アついてるとの仰せ。十二日セイロン〔現スリランカ〕の信任状捧呈式は一寸御立ちになりますが……と申上げし処、立つてるのは何でもないとの仰せ。又御本[137]を賜りまして誠に難有ございます。猫に小判のやうでありますが拝見さして頂きますと申上ぐ。

侍従次長から御許しを得ました通り、十三日の仏大使の御陪食を願ひ、十四日は葉山へ行幸啓で、明治天皇祭の前に一旦御帰京、暫く東京で那須へ御出での順序に願ひたいと存じますと申上ぐ。御了承に拝す。

それから、十六日に外交団の鮎漁がありますので、次長にも外国関係を少し馴れて貰ひたく、十六日に出張の事御許しを得たいと存じます。猶、伊勢両宮共殆んど新しい御社殿が出来致し、神宮の方から田島なり次長なり一度見て欲しいとの希望もあります。勿論今日と致しましては、皇室と遊ばされても宮内庁と致しましても直接関係はございませぬが、外ならぬ伊勢の事でありますので、次長〔に〕二十七日に一寸伊勢まで行つて貰ひたいと存じます。十八日には帰京の事に致し〔て〕あります。猶、只今国会開会中で、政府委員の旅行は如何かとも存じましたが、皇室経済法関係は既に通過公布になつて居りまするし、予算の分科会も大した事はありませぬし、西原に代りまして三井が政府委員になつて居りますので、猶高尾も説明員となれまするので此方も支障はないと存じます。

次に、一つ陛下の思召の程も承りたいと存じますのは、予て一寸申上げました通り、内廷の基本金の一千五百万円は幸ひに株式となつて居りました分が騰貴致しました為、東宮様に一千万円お持ちを願ひましても千五百万円以上はありまする勘定で結構な結果ではありますが、株式への投資は余程慎重に致しませねば之と反対の場合も生じ得まする理屈であります故、猶又先日陛下に内廷費の増額の事を申上げました節、それは入〔要〕らぬとの仰せで皇族費は確かに赤〔字〕が出ます故、増額案を出します際同時に内廷費も増しませねば、てにをはがあひませぬと申上げました通り故、実際は皇族費とは違ひ、増額分だけはすぐ必要な経費として使はれます訳ではございませぬ。ミンクの毛皮の外套の問題も、皇后様の御料として恥かしからぬものでなければ、却て安くてもそれだけ無駄に帰します故、それは又考へませうと申してありますやうに必要費は支出されませうが……尤もこれは今日国産の最上品で恥かしからぬものが三十何万円とかでお極めになりまして、一応の予算を三五万は超過致しますかも知れませぬがそれでおきめになりました由で……自然若干宛は基金勘定に繰入れたいと存じて居りますので、どうしても此運用には適当な顧問が入るとかつて一度申上げました通りでありまして、只今一方には内廷会計規程をも修正方立案中でありますが、其中へ長官限りで委嘱しまする資格のもの、丁度正倉院評議員とか書陵部の委員とかいふ程度のものがよろしうございませうか、それとも昔の牧野〔伸顕、元内大臣〕、一木〔喜徳郎、元宮内大臣〕といふ様な人が皇室経済顧問といふ様な今少し大袈裟のものがよろしうございませうか、陛下の御感じは如何でございませうか御伺致したいと存じますと申上げし処、それはネー、西園寺〔公望、元老、元総理大臣〕(一木とは仰せなし)や牧野などは名前丈けで、かういふ社会に信用ある人が顧問をしてるといふ事を示す為で実際には役に立たぬのだが、此際の必要は実際経済事情に詳な人の方が私はいゝと思ふとの仰せ。

ハイ、それは勿論、実際の投資上の智識経験ありますもの、積りでありまして、実は田島が只今考慮致して居ります者は、加藤武男〔元三菱銀行会長、吉田内閣経済最高顧問〕と申します、元三菱の元締を致して居りました者でございます。経済上の智識経験は充分の外、人柄が誠によろしく、三菱でも業務上の事は勿論、其外に家族上の事も一切やつて居りましたもので、加藤は吉田首相も其人物を重んじて居りますと存じますのでありますが、これに謀りまして、一人でよろしいか、他に増すとしますれば加藤と相談の結果他の人はきめたいと存じますが、加藤は只今申上げましたやうの人物故、普通の長官限りで委嘱致しまするには少し人物が大きいやうに存じまして、東宮様御教育上の事に参与の小泉始めの連中及医務に関しましての勝沼〔精蔵、内廷医事関係の参与〕の立場などと比較致しますれば、矢張り内廷会計重要事務に参与致しますやう御沙汰を拝する形の方がよろしいかと存じますのでございますが……と申上げし処、そうネー、それは田島も長官をやめるかも知れぬ。尤も田島の長くやつて、くれる事は私は望むが……そういふ時に長官限りの委嘱では一所にやめるといふ事になるのもどうかと思ふし、又勝沼等とのバランスの事もあれば勝沼と同じやうにしたらい、と思ふとの仰せ。

ハイ、田島もいつやめさせて頂く事になりますかもそれは分りませぬのでございますから、只今の御言葉もありましたから序に申上げたいと存じますが、宮内大臣の当時は前歴の者全部の同意で後任を定めたとの事を田島は承り居りまするが、田島拝命の時の牧野、松平〔恒雄〕、石渡〔荘太郎〕、松平〔慶民〕四人共此五年間に相次で没しまして、只今としては旧慣によりますれば田島退任の場合の後任については田島一人意見を申上げる事になりまするし、又一方、新憲法及新官制の時に時の首相吉田より陛下に内奏致しまして、首相に法律上の権限はありまするが、陛下の思召を伺ふ事になつて居ります

る以上、人事は長官として考へを申上げる事になつて居りますが、実は一人は如何かと存じまするし、又制度として一般的に考へますれば現任長官を更迭させる要がある場合に現任長官には謀る事の出来ぬ場合も考へられまする故、是は真に陛下の顧問として長官以外の人が顧問としてある事が必要かと存じます。

此点はかつても一寸ふれましたが、具体的には只今田島は小泉を考へて居ります。一人しか適任はないかと存じます。之は内廷全般の顧問といふ仕事でありますが、もつと広く宮内庁顧問といふ方がよろしいかも知れませぬが、一番大切な役目は只今の人事の場合かと存じます。安倍は実はい、人間でありますが、之は常識のありまする何れから見ても欠点の少い人でなければならず、又公平でなければなりませんので、小泉がよろしいかと存じて居りますと申上げし処、〔顧問制については御了承なきにあらぬ様拝せしも、積極的にその制度よろしいとの仰せはなく、多少御考慮遊ばさるべきに無之哉《これなきや》にも拝察せらる、も、之は加藤氏分に関して田島もいつまでやつてるともいへぬ時、同時に去るのは好ましからず、従つて

御沙汰として陛下より御下命の形の方よしとの仰せにより偶々〔と〕申出でし最高顧問の制、及その重職として小泉一人よりなき旨言上せし次第故、御裁否御発言の要なしとの思召かとも拝せらる。但し)〝安倍は一寸理想に走るからネー〟とて、かゝるもの出来ても、安倍は多少不適の意味は御了承に拝す。それでは、加藤は勝沼のやうな形式の御許しを得まして、よく本人と熟議を致す事に御願ひを致しますと申上げ、御了承を拝す。

それから、西原の病気につきまして、御見舞を賜りまするとの思召の旨を侍従次長を経て伺ひましたが、前例等にも鑑み、又病気致しましたのみの只今としては、まだそれ迄の御思召には及びませぬと考へて其旨申上げました次第でございますと申上げ、〝そう〟との仰せ。

次に、九州の水害は予想外にひどいやうで、各県各種の無残の状況のやうでありまして、既に入江侍従より詳細御きゝ遊ばされました事と存じまするが[138]……と申上げし処、詳細はまだきかぬ、大体の事だけきいたがひどい様だとの仰せ。入江も一寸立寄りましたそうでございますから申上げましたかと存じますが、先年御巡幸の時御泊所となりました船小屋の宿屋の別館[139]も、御泊所でありますの為に大に防ぎましたが遂に潰滅しましたとて、あの宿から田島宛に手紙がありまして、写真まで入れて参りましたとて御机の上にスナツプを置きしも、余り御興味なきか御覧にならず、後退下の時一寸御覧になる。

つきましては、近年稀な事でもあり、善後の復旧を要しまする被害の性質らしうございまする故、或は復興の程度如何といふ直後の御見舞以外に何等かの事を考へまする事も或は必要になるのではないかと考へて居りますと申上げ(皇族御差遣など各論に入らず申上げし処)し処、それはそうかも知れぬ。必要となれば私が行く外ない。行つてやらう。私が行かなければ今度と結局同じやうな事で無意味だから私がそうなれば行くのだネー(とて非常に御乗気の御様子に拝す)。ハイ、それは少し遠隔の地でもありまするし……と申上げし処、イヤ、それは飛行機で行けば何でもないとの仰せ。(総論としては御親臨は問題にならぬと思ひしも、目下の問題にも無し、御名代の宮とも申出でず、況んや、先日秩父宮妃殿下を通じての高松宮妃殿下の御意見などは全然触れる事なく)

ハイ、よく推移を見ました上で、又よく熟議を致しまして……と申上ぐ。

田島はイスラエル〔大使館〕に先日〔七月六日〕よばれまして、(140)各国大公使は英伊の外仏米の参事官居りましたが、日本人は田島の外麻生和子〔吉田茂の三女、衆議院議員麻生太賀吉の妻〕一人でありまして、食後一寸話す機会がありましたので、従来は挨拶丈けで余り話しませんでしたが、一寸話す機がありましたので政界の状況等多少話して見ましたが、吉田は選挙の結果、或は重光にと思ひましたらしうございますが、重光の態度が社左〔左派社会党〕と手を握つても首班になりたいといふ状況を見て、之ではいかんと思つて、何でも自分が政局を担当せねばならぬ決意したらしきやうな話にきゝました。どうも此政党政治の弊として、政権の争ひが主となつて国民として国を本当に思ふて居るか疑はしいやうな気が致しますが、其点は吉田は一身より国を思ふて居るらしふございますが、然し兎に角五年政権を持ち続けましたものは今迄にもないかと存じますと申上げし処、日露戦争といふ事があつて桂〔太郎〕内閣は長かつたが、吉田の方が長いだらうとの旨仰せ。二次、三次、四次、五次通算連結して居りますが、この長いといふ事が、如何に吉田が愛国の至誠で致しましても国民が飽きるといふ点が、只今は政局の不安定の重大な客観的原因の素地ではないかとも申しました事でありますが……と申上げし処、どうもアスキス内閣は九〔八〕年もつゞいたのだが、英国の国民性は実にいゝネー。今朝も田中〔耕太郎、最高裁判所長官〕もいつてたが、英国の国民性は実に民主政治にいゝネー。日本国の国民性も英国のやうに……との仰せ。実は三谷〔隆信〕から〔手紙が〕参りましたが、先日の東宮様巴里御訪問の時は内閣組織出来ぬ頃でありまして、其点の事情が、仏国も政争、小党分立の外に政治家のヤキモチやら感情的反目、戦争中のVichy〔ヴィシー政権〕とResistance〔抵抗運動〕とのあとを引く点等を申して参りましたがとて、三谷の手紙の一節を読み上げて言上せし処、どうも熱し易く冷め易きラテン系の性質と残念ながら日本人は似てる。どうも代議政〔制〕は、米や英のやうなアングロサクソン系以外にうまく運用出来ないのではないかと思ふ旨の御話あり。仏の政治家連のヤキモチ話と関連して、麻生の洩せし自由党内の人事の模様、緒方は自他共に許すやうでも少しでも頭を出せば成長せしめないで足を引張り頭をうつといふ内情の事を申上げし処、伊藤博文〔元老、初代内閣総理大臣〕とか大山〔巌、元老、元陸軍大将〕とか（一寸例に此二人出るのは一寸をかしく思ふ）とか〔ママ〕いふ人間も、素質は中々よいが欠点も二人とも人間だから矢張り随分あり、伊藤などは女の問題等もあつて、あの時代だつたからあゝいふ位置まで行つたが、今日の様な互に排擠《はいせい》する世であつたら矢張り局長位で終つたかも知れないネーとの仰せ。今朝拝謁せし田中最高裁判所長官に御話になりし共産党裁判(141)の事等御話あり、退下。

七月一四日（火）　御召し葉山御座所　一・一五―一一・〇〇

御足の御気分よろしきか、御機嫌克つ大声に御元気に御話。

昨日吉田の話であつたが、欧州からアメリカへ掛けて池田〔勇人〕前蔵相をつれて行くといふ話であつたから、内治の安定と国際情勢の特に迫るものがなくばよからうといつておいたとの御話。左様でございますか、いつ頃と申して居りましたかと伺ひし処、八月とか九月とかいつてたとの仰せ。近来の事故、短いとは存じますが、或は東宮様御帰朝の頃いないのでございませうか……と申上げし処、そうかも知れぬとの仰せ。それでは、先日麻生和子の洋行したいと申して居たとの話を、田島は桂冠〔名誉ある地位を意味する言葉〕の上でと存じましたが誤解だつたかもしれませぬ旨申添ふ。それから、改進党との話も、もう少し腹を割つて話していへばいゝと思ふが、あくまでも再軍備は経済力が許さない一本調子だが、私はM．S．A〔相互防衛援助協定〕を受ければ吉田のいふ国力の負担はなくなるのだから、あまり行きがかりに拘泥しないで再軍備するのだ、然し憲法の改正が六ケしいからといふ風にいつて、改進党とも話しあへばいゝと思ふが、絶対にそんな風はないとの御話。矢張り吉田は経済力の点も余程深く思つて居ませうが、本当は、憲法改正の機がまだ熟しませぬ政治上の考慮で頑固なのかと思はれますがと申上ぐ。

災害の事は何か申上げましたかと伺ひし処、大野〔伴睦、国務大臣〕はまだ出ませぬかとの事だつたから来ないといつたら、早速出させますといつてたとの仰せ。これは田島も一度御召しになりましたらばと存じて居りましたと申上ぐ。

私が、それから梅雨の上り具合の気象図を見ての感じではどうも少し冷害が心配故、それはどうかと聞いたら、天候斗りは致方ありませぬと呑気にいつてるから、私は少し議論に亘るからいふのはやめたが、冷害そのもので害が直接おきるのではなくて、大概は冷害によつていもち虫〔病〕の発生が多くなつて其結果収穫がへるのだから、冷害があると思へばいもち虫に対する殺虫剤の予防等すれば余程違ふ故、そうすればよいと思ふが吉田は一向呑気だとの仰せ。吉田は大体論のみでありますからと申上ぐ。

内灘のやうな問題も早く手を打てばよいのに、どうも共産党に乗ぜられるのを、多寡を括つてどうも楽観的のやうだ。盛厚さんが此間来ての話に、紀州の大島のやうな不毛の土地は米軍の使用に供されても農の損害などないに係らず、串本などは影響があるかも知れぬが、その比較的影響[142]のない所も、共産党の連中の工作で矢張り何かいひ出してる事をいつてた。此事は吉田にはいはなかつたが、どうも吉田は呑気だとの仰せ〔盛厚さん等の直系卑族関係の方のいはれた事には、矢張り無批判ではなきも信ぜらるゝ傾向あり。高松宮等の御話はすべてと申上げてよい程批判的に御話になる傾向は蓋ひ難しと信ず〕。それから吉田は、官僚が自由党のやる事に肩を持たぬはけしからんといつてたが、私はどうも必しもそうは思はぬとの仰せ。之も反対であつたが特にいはなかつたが、官僚は矢張り政党に偏してはいかぬと思ふ。政府のやる事ならば官僚は従ふべきで、社会党になれば社会党の政策、自由党ならば自由党の政策が政府に取上げらるればよろしいが、それには従ふとして党だけの方針の時はどうかと思ふが、吉田はその事をいつてたとの仰せ。恐らくは予算修正について、池田〔勇人、自由党〕政調会長の口出しに大蔵官僚の何か不平ありし事の話ならんと推察せらる。

田島より二、三小さい事を申上げますが、数日前に久松〔定武、愛媛県〕知事が参りまして、国体〔第八回国民体育大会〕行幸啓はきまつた事の様にして、昭和十一年行幸になりました久松邸が先年御巡幸の節は接収中でありましたが、先に知事公邸と致しました由で、そこに御泊りを願ふ云々申して居りました故、田島は国体の前例に徴すれば四国へも行幸啓あると思はれますが、前後の事情で確言は出来ませぬ旨申しておきました。書面で〔東龍太郎〕国体会長から今日願書が出まして、〔一〇月〕二十二日開会式のやうでありますと申上ぐ。そうかとの仰せながら御出のおつもりに拝す。

次に、北海道の〔田中敏文〕知事が先日参りまして、今年行幸の事は何も申しませぬが、矢張り来年国体が北海道故、御出は願へぬかとの話でありましたが、是は少し早手廻しの話のやうでありますが、知事としましては来年度予算組立の関係、又地元の空気を作る関係上、非公式にきいて来たかと存じますが、田島は個人の意見として、事実上最近は国体には例年行幸啓になつて居る点より見て、北海道で行はれる時御願があれば、北海道に治安の問題又は国際上不安の問題のない限り少くも問題になる事と思ふ。又御巡幸が北海道丈け残されてる点から考へても行幸啓願へぬときめてしまふ事は出来ぬと思ふ旨を答へておきました。治安と国際情勢さへよければ田島は国体の機会に御出ましはよろしいかと実は考へて居りますと申上ぐ。之も御賛成にておいでになりたき御様子に拝す。〔欄外「北海道等国体の場合は御国別なる事、地方民によろしき旨申上げし処、それが進めば皇太子又内親王さんも一所といふ外国風になるネーとの御話〔直系一家御親和の意、本当に御強しと拝す〕。」〕

猶、佐賀の鍋島〔直紹〕知事が侍従御差遣の御礼に出ましたが、其節入江侍従の時以後の事情等差出しました書類は、入江を通して既に御前に差上げました筈でございますと申上ぐ。

それから、昨夜仏大使館の夜会に参りました処、〔Blasco Lanza d'Ajeta ブラスコ・ランツァ・ダイエッタ〕伊太利大使の母の午食に東宮様御出でを頂いて光栄至極と申して居りました。ダイエタの父は王室時代の侍従長を致しました侯爵で、その未亡人がフロレンス〔フィレンツェ〕に住んで、の事らしくありますが、今朝の新聞[143]にも出て居りました、御招き致しましたのは restaurant らしくありますと申上ぐ。そうか……との仰せ。

それから、吉田が内奏の前後に一寸相談致しまして、三笠宮の洋行の事を話しましたが、すぐどうもよろしいとは申しませぬ。三笠宮様の御考も、御留学で単身か、妃殿下御同行の御旅行か時に変りますので、強く〔昭和〕二十九年度予算とも申されませぬ故、一度軽井沢へ伺ひ御真意を承りました上で、更めて首相に頼むより外ないかと存じて居ります。其節、内廷基金の顧問の加藤武男の事を申しました処、最近の交際だが加藤は自分もよい人と思ふとの事で、外に今一人川北禎一〔日本興業銀行頭取〕をと申しましたが、い丶人とはきいてゐるが、まづ加藤一人で始めてはといふやうな事でありました。加藤にも話しました処、川北は賛成で二人と申しましたが、吉田の意見もあり、まア一人で出発する事に同意致しました故、これは書類として御裁可を仰ぐ事に致しますと申上ぐ。よろしいとの仰せ。それから、昨日小泉から来信がありまして〔読上げず記憶をたどり〕、女王の御評判のとてもおよろしい事と共に、Duke of Edinburgh〔エディンバラ公、英国女王エリザベス二世の夫〕が、男の男といふのは男の好く男といふので大変評判のよろしい事が書いてありました。又、東宮様の御教育上に渡欧した事は本当によかつた、学ぶ所があつたからその事に尽した人に感謝すると申して参りましたと申上ぐ。

あの、それから、小泉の手紙によりますと、東宮様の御意思はどうも比較的早く御結婚になりたいらしいのでありますが、勿論帰朝後熟議を致しまするが……と申上げし処、淋しいのだらうとの仰せ。ハイ、それで、早ければ、先達て陛下が五つ六つの差がい丶処と仰せが、又短縮しませぬと妃殿下になる方の年齢が足らぬ事になり、お年が近き候補者がせばめられる事にはなりますが……と申上ぐ。勿論、只今は三井〔書陵部長〕の処で単純に調査を進めて居ります程度であります[144]。先程の小泉の手紙の様に、女王陛下の御徳もDukeの御人柄でよくなります故、今後は妃殿下の御選択は余程慎重でなければなりませぬ旨申上ぐ。猶、昨夜おそく次長が参り、今日の予算総会の質問に、右社〔右派社会党〕の人が東宮妃の問題の質問があるとの事[145]で、次長と協議し、首相答弁資料作成の経緯を詳細申上ぐ。答弁要旨御異議なきやうに拝す。又、新聞雑誌に出る事を取締る意見なきやの質問についても答弁要領申上げ、憲法の言論及表現の自由が基本権なる事も申上げ、御了承のやうに拝す。

それから、二、三日前の新聞に、大宮御所跡に東宮御所が鉄筋コンクリートで出来ると素ツパ抜かれてた[146]ネーとの仰せ。田島は気がつきませせなんだが、実は東宮立太子礼御洋行等より各新聞社がクラブに人を増しましたに係らず別に新しき記事の材料もなく、又皇太子妃の問題に油断なき各社競争の関係から、課長等の部屋へ入り込み書類を見る悪風が近来出来ました由で……尤も他省では前からありましたそうですが……最近次長が大警告を発しましたそうでありますが、いつかの皇居拝観も一般に許可といふなども、実は総務課で盗み見られたのでありますが一層注意致しませう。

新聞に出ましたと申せば、東宮様の学習院に於ける単位の問題[147]は御覧になりましたでせうかと伺ひし処、見たよ、今日きいて見やうと実は思つてた処だとの仰せ。あの問題につきましては、田島は必しも東宮様は学習院御卒業の必要もなく、又御卒業になりたければ五年おやりになりましても結構であり、何れにしましても、学習院に特に頼みまして個人御教授の単位を勘定に入れる事の無理をする事はまづいと存じて居りますと申上げし処、私も最初の事は同感だが、五年にのばす事は私はいかんと思ふとの仰せ。その理由は御学友が変るからいかぬとの仰せ故、田島が学習院お卒業になりませぬでもよろしい、と申上げましたのは単位の御勉強の為ではなく、同年輩の者との切磋琢磨が主眼でありまして、学問は御学問所的に単独講義で御勉強になればよろしいのでありまして、只学習院は寮生活等が望む処でありますので、一年多くおいでになつてもよろしいかと存じますと申上げし処、御学友が変るのはわるいからそれは反対だと非常に強く御主張になる。然し、寮は上級も下級もあり、又高等科時代の優秀学生は東大に入りましても殿下は御文通もありますやうでありますし、大学の講義は理科の研究室的とは違ひます故、左程違ひありませぬと思ひますと申上げしも、何としても御聞きなく、強く数回繰返し、無理を学習院に頼むのはいかん、そして場合によつたら此際を機として学習院は奇麗さつぱり止めて単独で勉強する事にするのがいゝ。大声に〔て〕繰返し仰せ。兎に角小泉帰朝後又よく相談の上の事に致したい旨申上ぐ。猶も此際を機会に学習院と奇麗さつぱりした方がいゝとの仰せ。

七月二〇日（月）　葉山謁見所　一・四〇—二・一〇

陛下御足の御経過、及東宮様伊太利にての御微恙《びよう》〔軽度の病気〕に付言上の後、和歌山水害の最近の厚生省報導等を申上げ、警察官等御坊地区にて全滅の勘定せしもの生存の事発見等にて最初よりは死者等減少致し居りまして、二百何十名といふ之が略正確かと存じますが、何れにしましても、九州に比して範囲のせまい割にはそれだけ甚大のやうでありまして、矢張り侍従を御見舞に御差遣願ふ方がよろしいかと存じます。次長、侍従次長とも相談の上でございます。猶、奈良県等調査の上、御下賜金願ふ分あるかと存じます。御差遣の時期は、交通機関の恢復程度等政府と連絡をとりまして適当な時期に願ひたいと存じます。又、入江は強行軍でありましたが疲れて居りますし、又、随行の沢田〔芳之助、総務課宣旨係長〕も一寸所労の様でありますが、今回は永積侍従に仰付けられたい(148)と存じます。そして永積が参りますれば稲田次長がこちらへ出ますと存じますと申上ぐ。申上げし事はすべて御了承の旨承る。

猶、九州の再水害は左程でなき旨申上ぐ。それから前回一寸申上げましたかと存じますが、陵墓関係の水害の詳報が参りましたとて、下関安徳天皇〔第八一代天皇〕陵、鹿児島ウガヤフキアヘズ尊陵〔と申上げし処、それは宮崎県だとの仰せ。書類により鹿児島県の旨申上げし処、あそうか、神社が宮崎県かとて御承服遊ばさる(149)〕、其外京都市内の御墓等書類につき申上げしも、大して御関心なきやと拝す。修理総額二十五万円程度でございますと申上ぐ。

三笠宮様御洋行の件は御目に懸り申上げました処、妃殿下御同行の御都合、お子様方等の事で御熟考になりますといふ事で、近く御返事を承る事に相なつて居ります旨申上ぐ。

それから、朝日新聞で中々八釜しく東宮様御進学問題を扱つて居りまする(150)が、あれはいろいろの関係がありまするし、奇麗さつぱりとの思召も承りましたが、此際奇麗さつぱりとなりますれば何か東宮職側が要求でもして、それが不可能となつて奇麗さつぱりとなつたといふやうな誤解があるかも知れませぬ点も考へられ、又いろいろ世間の議論になつて居ります故、兎に角東宮様御帰朝迄と申しますか、御教育上の責任者小泉の帰朝迄此問題はそつと致す方がよろしいかと存じますと申上げし処、その問題は、どうも此前学友との関係からも奇麗さつぱりといつたが、よく考へると今後東宮ちやんは公務に出る場合も多くなり、到底学生の普通のようにはいかなくなるから、何年居ても駄目といふ事になる故、あれはどうも奇麗さつぱりがよろしいとの此前の思召を今一層理論づめの御話にて、根本には東宮様に対する例の御みびいきにて、完全に御出来上りの方の如き御前提にて、学習より公務に御多忙との御考へを其前提の上におたての様に恐れながら拝察せられる節あり、之は予て小泉と申合せの大方針とも反する事故、小泉帰朝後よく熟議し、一同左様考へますとて陛下の御再考を厳粛に御願する外なく、その為には陛下の思召に副はぬ言葉を時々申上ぐるの外なしと思ふ。之は難問題と案外なる可能性あり。陛下の御聡明を以てして此肉親の方々に対する無批判的には恐れながら御感心申上げ得ず、心中永嘆す。

大野国務相は拝謁致しまして特に言上致しました事はございませんでしたかと伺ひし処、大体入江〔侍従〕や〔戸塚九一郎〕建設大臣、〔山県勝見〕厚生大臣から聞いてる事と違ひはないが、只米軍が実によくやつてくれた[151]。そして食糧でも何でも随分多額に援助してくれたらしいが大野も感謝してた。そして、それが本国からの指令でなく司令官の独断で出し得るのがあれだけの多額とは実は驚いたよ。あゝいふ事を大に新聞に書かせるとい丶と思ふが新聞が書かない。勿論地方紙は書くけれども東京の新聞は書かぬ。丁度私の巡幸の時と同じだよとの仰せ。議会で……と申上げし処(心中感謝決議でもと思ひ)議会では報告もし了承してるらしいが、一般の反米思想に対して新聞が書くとい丶が……との仰せ。

加藤武男の書類を今日持参のつもりでありましたが、履歴書が整ひませんので書類を差出します故、御裁可を得たいと存じますと申上ぐ。御了承と拝す。

町村敬貴〔元参議院議員〕の話[152]は田島も大要をき丶ましたが、誠に結構な、但し大資本のか丶る事のやうに存じました。近く石黒忠篤〔元農商大臣、参議院議員〕が欧米へ参りますので、町村は仏蘭西の会社とシカゴの American Harvesting Co とに紹介状を書いたと申して居りましたと申上ぐ。

それから、御下命の引揚者の思想の厚生省の書類は一両日中に差出すと存じまするが、山県厚生大臣が和歌山の水害にて御話に出たいとの事でありまする故、或は其節口頭で其問題も大臣から申上げる事と存じますと申上ぐ。

それから、アッツ島の遺骨到着と同時に、前回南方からの遺骨到着の時と同じ慰霊式がありますそうでありますす故、前回同様御花を賜りまする事の御許しを頂きたいと存じますと申上ぐ。よろしいとの仰せ。

以上申上げし処、あの水害でこんなだが私がこゝに居てもいゝかしらとの仰せ故、その点も予め申上げたいと考へて参りました点でございますが、それは少しも御懸念は入らぬ事かと存じます。前回の九州の時は広きに亘り大被害で、侍従御差遣といふ場合、復命御聞き迄は御在京の方辻褄があふと存じまして申上げましたが、此地に御滞在中におきました事につきましては、その度御帰京になり復命をおきゝ遊ばす要もございませんし、又今年は御文庫の御修理中でもあります故……と申上ぐ。そうかと御安心の体に拝す。

それから……とて、又も学習院問題奇麗さっぱり論を御繰返し故、御同意とならぬ様、左りとて根本的に御意見申上ぐるも妥当でなく、小泉帰朝迄静観の旨一本槍にて申上ぐ。

それから、世間話的にどうも岡崎外務大臣は評判がわるいネー、との仰せ。既に申上げたる事もあり、別に岡崎の人柄なども申上げず、ハどうもと申上ぐ。

此日、カラーの上にネクタイを遊ばし、shave も稍今朝御怠りかと思ふ程で、御言葉は快活に大声なれども御気持は左程およろしくなきに無之哉《これなきや》と思はる。那須へ宮様御誘ひの事は、口の先に出でしも申上げず退下す。

七月二五日（土）　葉山謁見所　四・三〇―五・二〇

三笠宮様の御洋行の事について前回申上げましたが、あの後御手紙で当分其御希望ない旨御申越しになりましたと申上げし処、そうか……との仰せ。手紙を全部御前にて読み上げし処、まア陸軍式だネーとの仰せ。〔斯〕個様な次第で一両年は御出ましの御希望がないとの事で、御本人の御希望ない事は已むを得ませぬが、実は皆様御洋行になり今回又東宮様も御出掛故と存じましたが、一面には御考へ方等にも一度御外遊遊ばしたらと存じまする点もありました事故、総てが御洋行で一応解決すると存じましたが、それが駄目となりますれば、御自分様の外遊出来ぬ御気持の方はまづ仕方ないと致しまして、宮様の御思想は行動に対する何等かの事を考へなければなりませぬと存じまする処、最近又困つた事を警察方面から申して参りました。それは殿下がユダヤ教の関係が濃く、若干金を御貰ひになつているとかいふ事と、赤がかつた者との御接触が多いとの事でありまして、其為右翼的な東亜連盟[153]の元〔陸軍〕中佐、内山一弥といふものが何かしら殿下に対して考へてるとの事であります。新聞雑誌上で攻撃するとか、或は暴行でもしますか、或は危害といふ事ですか分りませぬがさういふ噂がありまする。之に対する事は警察からの情報でありますから可然やつてくれると存じますが、実際宮様は昨年の五月一日事件の時の関係者の貰ひ下げを御試みになりました事は前に申上げました通りでありますし、今年のメーデーの御行動を伺ひました節には外出はするがどこへ行くかはいへぬとの御返事でありましたが、兎に角都立大学の阿部行蔵〔東京都立大学教授、在華同胞帰国協力会総務局長〕とかいふ、中共引揚なぞに関係ある相当赤がかつた者がよく出入してる事は確かのやうであります。中共引揚[154]についても、日赤などが随分此阿部などに悩まされたとの話でありますす。只今からは御洋行なしとして、どういふ風に致したらよいか、他の具体的の事を考ふべきだと存じて居りますと申上げし処、私は矢張り監視するといつてはわるいが、昔の別当式にチヤンとした人をつけてよく監督する事が必要だと思ふとの仰せ。ハイ、それは御洋行として は物色しまして日高信六郎をと存じて居りましたが、国内ならば外国語の要素が不用故、もつと広い範囲で考へたいと存じます。多少左へ傾いておいでとしますれば、右がゝつた人を入れて中正といふ風にも考へられますが、それでも矢張り駄目で、殿下の御考へに同感しながら御導きする事は六ケしいと存じますと申上げし処、それは緊急だから、長官始め皆で至急対策を考へて欲しいとの仰せ。又それから四、五年先といへば又義宮さんの留学なり視察なりとぶつかるからネーとの事繰返し仰せあり（御語調では義宮優先当然の前提にての御話と拝す）。

次にパキスタン……と申上げし処、一寸その事で一昨日良宮が鵠沼へ行き、又秩父妃殿下が今日も見えていろいろ話して、三笠さんの事は三笠宮妃殿下でどう御考へとなつてるか、三笠宮妃殿下は中々考へがおありの方だから、果して長官などに御話しになる事〔三笠宮が〕が真実なのかどうかを、秩父宮妃殿下から、手紙では又殿下に御見せになるか、御相談になるかすれば駄目かも知れぬが、何かの方法で秩父宮妃殿下から尋ねて貰ふ事を話してゐたのだが、御本人が今の手紙のやうに今はいやで先の話といふ事になれば、秩父宮妃殿下に話した事もおぢやんだから、長官から秩父宮妃殿下に三笠宮の御手紙の事と、序にその警察の情報も話してくれとの御話故、承りました、連絡致しますと申上ぐ（帰宅後八時過、鵠沼、妃殿下とお直《じき》に御電話連絡す。〔保科〕女官長よりも長官から委細話すが、あの事はやめとの電話があつたとの御話。警察の一条は電話は不適故、御上京の節と申上ぐ）。三笠宮様のことは余程御軫念と見え、いろいろ御話しあり。従つて三笠宮に拝謁の時の三笠宮の妃殿下及御子様関係の御話、高木家〔三笠宮妃百合子の実家〕の方の事情、両宮家につき御話の事も申上ぐ。

パキスタンの八月十四日の祝日に外務大臣経由でなく御親電をその国の総督にとの旨、山形〔清、駐パキスタン〕大使よりの申出により大臣からも御願の書面が参りましたが、親任状はエリザベス女王からであり、元首としての陛下から元首でない総督に御親電は他の例とは少し違ひ、又同じ状況の国とも違ひまする故、其点如何と外務省へ照会中でありまするがと申上げし処、それならばカナダ、濠州はどうなるのかとの仰せ。それはアングロサクソン故か従来通りの様でありますが、Ceylon はもし同じ要求があればパキスタン同様との事を申して居りました。実は総理にも只今時間がありまして話しましたが、従来の例通りでよくはないかといふやうな意見でありましたが……之は矢張り従来通りと外務省へ申しましてよろしうございませうかと伺ひし処、よろしい、が然し少し余裕をつけて話してくれ。外交上の必要があれば、そして総理もそうして欲しいといふ事ならまア、外務大臣の申条をきく事にしてもいゝといふ積りで……との仰せ。猶附加して仰せには、松本駐英大使の意見をきいたらとの仰せあり。それは外務省内の事でこちらからきく必要はないと存じますと申上ぐ。パキスタンとは通商上何とかしたい外務省側の希望はある事と存じます旨申上ぐ。

次に、ルーズベルト夫人は、只今では日本で申せば婦人クラブの様な雑誌への寄稿者のようで、今回その原稿[155]が出来て参りまして、アリソン大使経由で皇后様の差支ないとか、こゝを直せとかを伺ひたいといつて参りました。式部でも読み田島も一読致しましたが、どうも読者の興味中心に綴られた読物風でありまして、最初にアリソン大使がフロックを着て来たとか、長い裾の着物を私も規則といふので着たとか、皇后様の御召物が派手だといふ様の印象の書き方で、帯を召してたと書き、その次に帯の製作は手仕事で、その職人は眼を害するといふ帯の西陣か何かで聞きました事を書き添へ、最後には此礼服をぬいで一所に御飯をたべませうと大使がいつたといふ風に結んであります。実際の御話の内容は間違つて居りませず、戦争の起きたのを残念と仰せになつた所などは誠によく書いてありますが、問答式が直接であります点は最初からの約束にも反します故、官長も此点は直すやうにいふと申して居りました。フロックではなくモーニングであります点も事実相違故申してやらうと官長も申して居りました。又拝謁が出発の日になつたが随分前から御願ひしてたのにといふ風に書いてありまするが、実は陛下にも当時申上げましたやうに、申出があれば直ちに御許しあるやう御願ひし申出をまつてゐましたのに申出が案外おそかつたのでありますが、それは介在した人の手違ひで夫人はそう思つて居るかも知れませぬ。又御子様の教育が御手許でない事を余程修練の御教育の為かのやうに書いたやうに見えますが、そのあとでしうとめとよめの関係を他の処で聞いた事をそこへ書き添へまして、読者に興味本位にしかも、夫人についてた人の話だけで、必しも概観した日本の実相とも思へぬ節もあり、全体的に好ましくありませんが、去りとて、これは言論表現の自由で何とも申されませぬ故、官長の申しますやう御問答を間接にする事、事実相違の事は直して貰ふ事、他の事は当分として何とも申し兼ねるといふ事で返事したいと存じまする。あ、よろしいとの仰せ。つきましては、東宮様が米国で同夫人におあひになる云々の御話が当時出まして、皇后様がそれは喜ぶでせうとの御話もありました故、一寸外務省から米大使館へ通じました由の処、日程を見ましたらば入つて居ります[156]。此文章から見まして、どうかとも思ひまするが……まア大使館任せでよろしうございますかとも存じますが……と申上げし処、それでいゝとの仰せ。

それからモンテンルパ[157]の戦犯が帰りまして、昨日皇居へ御礼と称して次長にあひに参りました由であります。マヌス島も来月は巣鴨に参ります故、ソ連は別として全部戦犯が巣鴨へ集りました事は先づ第一によろしい結果と存じます。和蘭は今日の新聞で十何名釈放致しますやうで[158]、此際に戦犯の事故、陛下からでは問題もありませうから前回の様に田島の交際費から十万円位出しませうかと思つて居ります。山梨大将と相談しまして、希望しますればそう致したいと存じますと申上ぐ。御了承に拝す。

それから、三谷からの手紙で、クレーギー元大使〔Robert Leslie Craigie ロバート・L・クレーギー、元駐日英国大使〕があゝいふ事情〔一九四一年一二月の対英米開戦〕で日本を離日しました故、両陛下の御写真を賜りたい旨申出がありましたが、之は賜りまして勿論結構と存じまするが、東宮様御訪英に関しましては、それぞれ殿下から御写真等の賜りがクレーギー氏、ピゴット少将〔Francis Stewart Gilderoy Piggott フランシス・スチュワート・ギルデロイ・ピゴット、天皇の皇太子時代訪英時の接伴員、元駐日英国大使館附陸軍武官〕等にもありましたと存じますが、その上両陛下の御写真となりますと、此際でありますると他の人との関係が如何ありませうか、松本大使経由かそれとも長官からの直送かとも考へられます……と申上げし処、ピゴットはやつていゝよ、あれはずつと交際してる、親しいのだから……との仰せは、矢張り元駐日大使といふ点も考へなければなりませんので、賜りまする事はそう御許しを得まして、時期方法は首相外務省ともよく打合せの上に又御願ひ致す事に願ひますと申上ぐ。そうして貰はうとの仰せ。

それから、東宮様が十月十二日に御帰朝でありますが、ハワイで二、三日御休養であります故、ハワイ羽田間の飛行は十三〔ママ〕日一日御休願ひまして十四、十五、十六の三日間に菊栄親睦会、首相以下、各国大公使と三つだけを御願ひしたいと存じます。よろしいとの仰せ。十七日神嘗祭で四国国体が十九日から二十九日迄、十一月三日文化の日、十一月五日園遊会を御願ひしたいと一応考へましたと申上げし処、新聞に出たネーとの仰せ。想像で書きますが、大体場所は青山御所[159]〔跡〕で、約千五百人で、官吏議員等も四分の一位にして、一般民間人で社会事業とか実業とかの人を交代式に四回で一巡する程度で広く……と申上げし処、学士会員、芸術会員、文化勲章等も入れてとの仰せあり。大体の行き方は御賛成に拝す。

それから、久邇さんの滋賀県の山林は会社組織にしましたが、本邸もその中に入れる事を田島は申しましたが、山梨〔勝之進〕は入れませなんで、此間の事件が起きましたが、山梨がよく申上げました結果、朝融王もつまらぬ事したと御思ひのやうでございますが、兎に角河上〔弘一、元日本興業銀行総裁、日本輸出入銀行総裁〕、高橋〔真男、大協石油社長〕等と協議の上、邦昭さん〔久邇邦昭、朝融の長男〕の名義にする事になりましたそうでございます。そして、その連中と両殿下と邦昭さんの勤務先の飯野の社長〔俣野健輔、飯野海運社長〕等を二十八日に山梨名義で一席催すとの事であります。山梨には車代等田島の交際費で礼を致し、此会の費用も勿論交際費から支出する事に致して居ります。抵当権付売買といふ事御合点なくいろいろ御質問あり、それで最早安全かとの仰せ故、それは皇后様の御里方といふ事実のあります以上、皇室で必ず何とかすると金貸の奴が考へれば危険はいつでもあります。無能力者準禁治産者とせぬ限り危険はある訳でありますと申上ぐ。

和歌山県の水害は、永積が昨日御差遣になりましたが、〔奥田良三〕奈良県知事の代として参議院議員の奈良の者が御差遣願ひたしの御願に出ました。どうも御願ひすべき性質のものではないのでございますが、知事が選挙でありますす故、こういふ事もあり得ますと申上げし処、官吏の知事は政党政治で政府の変る度に変つたりしてゐるい点もあるが選挙よりは弊は少からうとの仰せ。

吉田総理の外遊は新聞には洩れて居りますやうですが[160]……と申上げし処、今日も私は池田一人行くといふ様な事も出てるが、総理の行くのはきまつたのかと聞いたがまだきまらぬといつてた。どうも総理は楽観的でネー。再軍備の問題など、マツカサー〔Douglas MacArthur ダグラス・マッカーサー、元連合国軍最高司令官〕とダレス〔John Foster Dulles ジョン・フォスター・ダレス、米国大統領特使〕とで話合つた[161]時の事をちやんと今でも信じ切つて、再軍備はしないといつてるよ。私はちやんともう少し誰でも普通の人に分りよいように国として立つ以上、自衛の為の軍をもつといふ方へ持つて〔い〕つた方がいゝと思ふのだがネー。尤も口ではあゝいつて着々それと同じ事をやつてるのかも知れないがネーといふ旨の御話あり。

東宮様伊太利御病気につき蘭国は不歓迎？の御話。Piggott の首相宛の手紙の訳の御話あり。清宮様木曽川沿ひ場合により御素通りの事も申上ぐ。

八月一日(土)　葉山拝謁の間　一・二〇―二・一〇

御足は順快のこと伺上げ、特に申上げる程の事なきもとて、明治神宮復興の計画、五億九千万円とかで立案、何年かの計画で進めるとの報告がありました。先に亘り又御下賜金の事はあらうと存じますと申上ぐ。次に、奈良県知事が賜金の御礼に上りまして、吉野十津川の方の惨状を申して居りました旨概要申上げ、五十年生の杉がそのまゝ流されるとの大雨で、数時間に五百ミリ以上降りまして、それが一方和歌山の日高、有田両川の氾濫となり、一方十津川の氾濫となりました由で、いまだに食料は飛行機で送る始末で、今回は治山治水を怠つた以上の雨量の旨申上げし処、杉は一般に針葉樹は根が直下にのびるのみで横にひろがらぬから、水が一時に出れば五十年生でも駄目だろう、美林とか植林とかはそこは欠点だ。自然林で闊葉林があれば之は横に根がはるからいゝけれどもとの仰せ。先年の水害の時、アイラ〔吾平〕[162]陵の処も杉は倒れ、楠の木はチヤンと何でもなかつたとの仰せ。

それから、奥田〔奈良県〕知事は、此前に勅使御差遣の願を申出ました事を申上げましたが、今回の四国の国体へ行幸啓の節、奈良へ御立寄り願へぬかとの申出がありました故、国体はまだ御確言ではなきも、例年の例からいへば御出掛けと思ひますがその目的地で国体の外、多少の行幸啓先はありませうが、其御途中といふ事になりますときりがありませぬ故、これはまづ六ケしいと思ひますと申しておきました。尤も田島の考で参考までに申しますがと申し、緑〔植〕樹祭が従来関東に限られてたのを今年の千葉の時に全国的に場所を考へてはどうかと申しておきました処、来年は宮城県が希望とか承知しましたが、奈良県あたりは林業県であるし或はそういふ御催しはどうかとも考へられます。其節は四月三日の神武天皇祭があります故、四月四日は無理と存じますが、此植樹祭に行幸啓になれば文化的のもの等御覧になる事は自然に行はれませうと申しておきました旨申上ぐ。

　それから、三笠宮様のことでありますが、二十六日かに一寸御帰京になりましたので、警視庁で御心配申上げてる事を御本人様に申上げぬ訳には参りませぬので高沢事務官を経て申上げました処、別に特に御関心の様子もなかつたように承りました。間接に高沢、秘書課長、次長といふ風に伝言でありまする故、何と仰せになりましたかは充分分りませぬ。そこで、或は〔田中栄一〕警視総監は職務上の関係もありまするし、次長とは東京都で共に勤務し懇意の間柄でありまする故、次長と二人で直接殿下に再応申上げようかといふ事を考へて居りまする旨、及び御洋行は御止めとなり、何とか別に三笠宮の御言動上に好影響あるやうな事も考へろとの仰せでありましたが、よろしき案も浮びませぬが、御洋行には外国語は御必要故、外国語の御勉強をおすゝめして可然思想のよい外人と言語の御勉強としておつきあひになればおよろしいのではないかと考へて居りますと申上げしも、これは余りいゝ方法でもないやうな御気色に拝す（勿論不可ではなきも）。陛下は、田島への返事に、又いゝ機会があれば一、二年の内でも行きたいとあるが、あゝいゝ機会とはどんな事かとの仰せ故、高松宮様も三笠宮様の事は非常に御心配で先日も上りました節、例へば明年のブラジルの四百年祭に高松宮様の御出でを御願してるとの事〔九月一六日条参照〕のやうな時はどうかと仰せになつて居りましたが……と申上げし処、それならば高松さんが三笠さんにそういふ風にいへばい丶ネとの仰せ故、高松さんが先方へ三笠さんをと御話をおつけになりましても、三笠宮様がいやと仰せになりますれば何ともなりませぬと申上げ、それもそうだとの旨仰せ。これは田島拝察でありますが、三笠宮様は一寸した御洋行をお一人で遊ばしたと致しますれば、妃殿下と御一所に諸国御漫遊といふやうな事が二度とは政府で金を出してくれまい。小さいのですませられて了つてはつまらぬとの御考へがおありかと思ひますと申上ぐ。私は此前秩父宮妃殿下とも御話したのだが、本当に妃殿下が御同行出来ぬのか、お子様の事を口実にしておいでなのか実情が分らぬ。妃殿下が三笠宮の御考へをどういふ風に考へて居られるか、若し私情で子供と離れたくないとしても、三笠宮様の御為に此際御洋行がよいとなれば何とか私情をすてる御考へになるべきとも思ふし云々仰せあり。此問題は御関心殊の外深きを拝す。

それから、那須へ秩父宮妃殿下を御誘ひになりまして、妃殿下は非常に御喜びで、先月二十二日照宮様、二十三日皇后様、二十四日清宮様鵠沼に御出まし頂き、二十五日にはこちらへ御上りになり、非常に難有く御思召しのやうで、那須へも折角の御思召故、御殿場からか或は御殿場から御引上後かその点はまだおきめありませぬようですが御上りのやうでありますがと申上げし処、イヤ、まだ何とも聞いてゐないがとの仰せ。左様でございますか。妃殿下は難有がつて御受けになります旨仰せになつて居りましたと申上ぐ。左様になりますれば、どうか高松宮、三笠宮様も那須へ仰せ頂きたいと存じまする。三笠宮様は軽井沢の御帰りがけなど御子様方も御一緒で結構かと存じまするが……と申上げし処、直ぐ御返事無し。妃殿下方なら兎に角、宮さんは来られてもどうも……との仰せ。ハイ、殿下が御受けになりませんでもそれは致方ありませぬが、秩父宮(妃)様へ御誘ひ遊ばしました以上、バランスで他二家へも御誘ひがございませぬ事は、田島は如何かと存じまするので、御受けにならぬ、なるは宮様方の方の御自由として、両陛下と遊ばされては同様に御誘ひに御願ひ致したいと存じますと申上ぐ。明白にそれではそうしようとの仰せはなきも御了承の様に拝す。三笠宮などこんな事で又若しおひがみの様な事は困りまする。又、高松宮様も、秩父宮様御薨去頃から吾々宮内庁のものには大変御親切に仰せ下さいまして、実は三笠宮様御洋行の事も御意見を承りました故、御希望が四、五年先との事も申上げに出ました際も、御自分で出来る事はある程度の事をしても行かれるとい、、又ラテン語等の御勉強から外国語の御勉強の方法もい、だらうと仰せになりましたし、其時〔佐々木行忠、伊勢神宮〕大宮司から此秋の遷宮に皇族の御出でを願ひたいといつて来たが従来は其例がない。今回は国の行事でない点は前回とは異るが、御祭の性質には変りはないとすれば、従来なぜ皇族は出席しておらぬか、その事由を掌典で調べるやう宮内庁に御話がありましたし、その結果特に御出席になつてわるい理由がなくば両宮様の内で御出席といふ事を考へて居るなど御話もありましたやうでありますから、此際御誘ひは是非御願したいと存じますと申上ぐ。

ルーズベルト〔夫人〕の文章の事、ウイリアムス女史と話合の状況を一寸申上ぐ。

東宮様のフロレンス御病気(163)も大した事はなくおすみでありましたが、その御休養の結果、御旅程の変更は田島の想像でありまするが随員は苦心致したかと存じます。仏政府及日本の大使館で仏国内の御日程作成の時、リオン《リヨン》が相当主要なものでありました為、ヴエニスをやめてリオンにおいでになるかどうか一寸六ケしかつたのではないかと存じますが、結局ヴエニスにおいでになり、イスタンブールから巴里への直通列車で巴里へ御直行となりました為に、巴里にてブラツセル《ブリュッセル》へ御出掛迄の間は比較的コツソリ御行動になりましたようでございます。小泉は一寸旅程を変更致しました為、不図《はからずも》巴里で伊太利より御帰り後二日間斗り御目に懸り、夫妻で大使夫妻と共に御相談を致しましたやうで、其節の感想としまして、非常に御成長で進んで御話掛けになり、殊に婦人連と御話になり、婦人連は難有がつてたとの事でありました。又小泉は、話題も非常に多く御なりでありますが、今少し内面の問題についてもあるやう願はしく、六ケ月間のこういふ御旅行は最大限度であつて早く御帰りになつて、又も内面的の御修行遊ばす事が必要だとの旨を書面で申して参りましたと最後の点力説して申上ぐ。何とも御返事なきも深く御了承に拝す。

それから、早く申上げました故、或は御忘れかとも存じまするが、清水〔二郎、元〕東宮侍従は健康を害し、又蜜柑畑等も所持し生活に支障ないのでいつでもよろしいのでありますが、想像であります故、当否は分りませぬが、多少は外国語の比較的出来ます為に、御供を期待して居り外れましたかも手伝つて居りまする事とも存じ、可成長くおきました処、ヴアイニング夫人の秘書の高橋たねの卒業しました恵泉学園は、河井道子〔恵泉女学園創立者〕の死亡の為に首長がなくなりまして理事長は北村徳太郎〔元大蔵大臣〕でありますが、その河井の後任を頼まれました為にその就任が決定致しましたので、昨日発令となりました次第でございます。実は本人は、同僚との折合はあまりよろしくありませんのでと申上げし処、どうしてだとの仰せ故、自分の正しいと思ひました外の事は皆間違つてるといふ様な風であるとの事でありますと申上ぐ。私は東宮ちやんが帰つてから発令するのかと思つてたとの軽い御話。

退下せんとせし処、一寸と仰せになり、あの三笠さんの事だがネー、義宮さんの北海道行きの時、直接本の事で知事に話してくれといふ様な話があつたさうで、教科書のやうなものならいゝが、又何か変な本など困ると思つて、義宮さんには知事にはいはぬ方がよいといつておいた〔内容一寸分らぬも、あとで傅育官にきけばよしと思ひ特に御質問申上げず〕。又、清宮さんは軽井沢へ行くとき、三笠さんと御交際はいゝが、御話の事は気をつけてといつておいた。名取〔はな、皇子傅育官〕にもいつておいたとの御話〔先刻三笠宮様妃殿下、御子御同伴早速清宮様御訪問の事、従つて昨朝清宮様御答礼の事もあり。三笠宮様御一家那須へ御招き可然旨申上げし事に御照応の御気持かと拝す〕。兎に角三笠さんは宗教の歴史よりも興亡の歴史を御勉強になればよいのよ。ソ連程目的の為に手段を選ばぬ国はない。平和とか何とかいつてあんな侵略主義の国はない。マレンコフ〔Georgy Malenkov ゲオルギー・マレンコフ、ソ連首相〕はベリヤ〔Lavrentiy Pavlovich Beriya ラヴレンチ・ベリヤ、元ソ連副首相、前内務大臣〕をあゝいふ風にするし[164]、又今度軍閥はマレンコフをもどうかするかも知れぬし、日本との不戦《〔中立〕》条約は破るし

――……此点は全く陛下と同感につき、ソ連のけしからぬ事は本当にひどい旨申上ぐ。陛下は特にルーマニヤ王室に関する態度を御憤慨あり(165)。三笠宮さんが、赤がかつたものにうまく乗せられても決して結果はよくない事をどうして分らぬかとの意味仰せあり。其点英米は条約といふか約束は固い。英米も今迄に過失なしとはしないが遥かによろしいとの仰せ。皇室典範改正の時にも何か新説をお出しになりましたとか。天皇選挙説だよとの仰せ。皇長子でもなくてよいとの事で、時の書記官長〔諸橋襄〕西尾の取計いで、それが枢府の人の手には入らなかつたとか伝聞致して居りますがと申上げし処、それが選挙説(166)だよ。壬申の乱、南北朝等歴史が証明してる。歴史を御勉強になつて、どういふ事だとの仰せ。明治の典範制定の際、古今の歴史等に鑑み、保元平治とか只今仰せの様な事なき為に制定されたものでありませうが……と申上げし処、西尾〔末広〕とか松岡〔駒吉〕とかは社会党では分つてると思ふ。片山〔哲〕もいゝ人に違ないと思ふがどうも弱い。クリスチヤンが弱いと限つた事はないと思ふがどうも弱い……。三笠宮さんの事はネーと、又も妃殿下の三笠宮観など御知りになりたく、洋行の問題を何とか早く解決して、三笠宮の御考への普通になる事の御希望御強き様に拝す。秩父宮妃と御話合ひの事など御繰返し御話あり。

八月一〇日(月)　御召し御座所　一・五〇―二・二〇

あの、今朝、良宮の所へ〔久邇〕朝〔融〕さんが来て、邦昭さんの処へ清宮さんを貰ひたいといふ話があつたといふ事だ。私は結論からいへば断つてよいと思ふのだが、その断りの理由を何とするか。大谷の場合との関係もあるからどういつて断つたものか長官に相談しようと思ふのだがネーとの仰せ。あ、左様でございますか。結論は陛下の仰せのやうでよろしいと存じまするが、御答へは皇后様と御兄妹の御関係で可成角立ちませぬ中条の方がよろしいと存じまする故、結論につきましては御即答致しましたが、其申上げ方につきては少し考へさして頂きたいと存じます。明日にでも申上げたいと存じます。然し清宮様でございましたらばまだ先の事でございますが、それはおまちになりますのでございませうかと伺上げし処、それはまつとの御話だとの仰せ。ハイ、結論につきましては田島は陛下の仰せの通り御見合せ結構と存じまする。

朝融王は色々接触申上げました節、余り御子様の事を御考へになつたやうな事はありませぬ。御自分の事のみ御考へでありまして、今回の御話も真に邦昭様の御為との御考へでありませうが、誰でも御子様の事は御思ひではありませうが、どうも清宮様と御結婚になれば将来皇室との密接の関係ですべて御便利といふ御考へからではないかと邪推致されまする。皇后様には侍従長を致しました徳川達孝の孫のこととか、式部官長の姪に当ります娘の事とかは何か御話がありましたでせうかと伺ひし処、イヤない、或は話があつたかも知れないが私はきいてないとの仰せ。朝融王が、かつてお子様方の御話の出ました時に、秩父宮、高松宮、閑院さんに御後継者がないから、三軒へ養子といふ制度が皇族は駄目なら事実上の養子にして貰ふといゝと仰せになりました事等を併せ考へて見ますれば、どうも皇室と御縁が又出来れば色々御便利があるとの御考へから出たのではないかと邪推致されます。山梨は宮家から御頼みになりました訳ではありませぬが、まア御認めになり、経済的の面は河上、高橋でありまするが、邦昭さんの御就職又御結婚については随分奔走致して居りましたが、今回の事はそういふ所へは御相談はない事かと思はれまするが……それから、田島拝命前に、賀陽さんと孝宮様の時[167]には松平〔康昌、式部官長〕が〔当時〕宗秩寮総裁としてか出まして、先方様は御急ぎであり、孝宮様の方はまだ御急ぎでないといふ様な申し方を致したとか伺ひますがと申上げし処、今度は先方は急がぬ、まつといふのだからその理由は駄目だとの御話。東宮様の妃殿下の噂の中には久邇さんの御姫様ものつて居ります[168]故、大谷さんの時の事と考へてどういふ理由がよろしうございますか一つ考へさして頂きますと申上ぐ。

それから、奄美大島は陛下予てから御関心でありましたが、誠に結構のやうに存じますと申上げし処、本当かしらとの仰せ。新聞にあゝ出て居りますから本当と存じます[169]。明日は外務大臣が上りますから何れ申上げると存じます。或は其節に首相等政府で希望するならば陛下から大統領に電報でも御出しになつてもよろしいといふ事を仰せになりましては如何かと存じますが。そうだ、政府でも願ふなら礼はい丶ネとの仰せ。或はその節に小笠原等も可成早く……と申上げし処、沖縄もだよ……然し頼む以上はこちらでもすべき事はするといはなければ、頼むだけといふ事は出来ないとの仰せ(すべき事との仰せは内灘などの事を仰せのおつもりらし)。ハイ、左様でございますから、或は政府が希望するならばと思ひましただけでと申上げし処、礼なら問題ないとの仰せ。

次に、一昨日《〔七日〕》の新聞に出て居りました、西班牙《〔スペイン〕》の青年訓練所か何かの寮の一室を皇太子様の為に差上げて日本からの留学生に提供する云々[170]とありましたが、新聞社の特種にも出た事はありませんし、随員から何等それらしき報告もありませんし、外務省への電報に何もありませんので不思議に思つて居りました処、一昨日外務省から大臣宛渋沢(信一、駐スペイン)大使の報告(文書と存じますが)にその事が始めて書かれてありまして、初の部分には東宮様御了承といふ様に書いてありましたが、後には三谷侍従長に確認云々とありまして、初めてそうかと承知しました次第であります。実は出発前に、三谷との間で其国の大公使と相談同一意見の時は相談に及ばぬ旨申してあります事は当時陛下にも申上げました通りでありますが、あとに何かすべき事が残る事、従つて予算措置を要する事などは外交上の色々の事情もありませうが留保をして貰はねば困りますので、先達ての加奈陀の桜の問題でも三谷は別に承知したやうには申して参りませぬが、一応大使館の方は承知のやうにも申して居ります。こういふ風で、此問題もよく分かりませぬが、何れにせよ、予算なり又予算は関係なくとも、何かあとまですべき事の残る事は一応相談して貰ふなり、最終同意を控へるなり適当に善処して貰ひたいと手紙を出して置きました旨申上ぐ。何か措置を要する事は困るねとの旨仰せあり。

辞去せんとせし処、さつきの話はまだ稲田次長に話してないとの仰せ。内廷の事故、田島より話し、相談致しますとて退下す。

八月一一日(火)　御召し御座所　一・四五—二・五〇

昨日御話の件は、侍従次長ともよく相談致しましたが、矢張り御いとこさんの様な近親の方は可成避ける方針故、折角ながら此話は見合せのことゝいふ様に、あとに残りませぬいゝ方が一番よろしいと存じまする。そしてこういふ事は、いゝ場合は別でありますが、御断りの場合は早い御返事の方がよろしいと存じます故、明後日那須へ御出掛前、即ち明日中に御返事のある方がよろしいと存じます。そして、稲田侍従次長に御使を仰付けられるのがよろしいかと存じます。次長ならば、意味ははつきりとそして柔かに申す事と存じますと申上げし処、そうか、それは早い方がよいが、朝さんは何だか宮内官を忌避して居られるやうだし、それだから昨日も直接良宮の処へいつて来られたのだが、良宮が明日にでもよんで良宮から話したらどうか……との仰せ。それはよろしいかも知れませぬが、皇后様の御兄妹の場合、はつきり仰せになりましてもそれでも再考といふやうな事になり、皇后様がエ、とでも仰せになりますればあとへ残るやうに存じまするし、久邇さんの方で忌避なさいましても、昔の皇后宮大夫に当りまする侍従次長が御使に出ますは当然でありまして、先方様がお上りになりましても両陛下として御使を遣はされます事は何の不思議もありませぬ故、田島は稲田を御通し頂いて御返事の方がおよろしきと存じますと申上ぐ。

次に、四国の国体行幸啓のことは大体御許しを得て居りましたが、東宮様御帰朝等の事もありまして、下検分を少し早く九月匆々に致さねばなりませぬので、更めて御許しを得たいと存じます。十月十九日御出発、京都、岡山、それから開会式の松山、それから昨年の東北の如く、各会場が他の三県にありますので、高知の如きは相撲だけでありますがその為一県だけやめても参りませぬので、結局又岡山、京都といふ事で二十九日御帰京の事かと相成るかと存じます、尤も、国会の開会式といふやうな重要国事がありますれば変更はあり得ると存じますがと大体の事申上げし処、大阪から松山へ船で行くのではないかとの仰せあり。愛媛県知事はそんな事も申しましたが、矢張り岡山の順宮様の儀もありますし……と申上げし処、東宮ちやんが帰つて来て、順宮さんが往路によると急いで帰らなければならぬ事はないかとの仰せ。十二日御帰朝で、菊栄親睦会がぢきにありまする以上よろしいかと存じますと申上ぐ。それはそうとしても、国会の開会式で急ぐやうな場合は四県を回る事はやめないで帰路を飛行機にすればよろしいとの仰せ。其点はよく又これからと致しまして大体九月匆々下検分に出ます事を御許しを得たいと存じます。よろしいとの仰せ。

それから次に、昨日渋沢〔敬三、国際電信電話〕社長の代理としまして国際電信電話会社の重役でもと岡田啓介〔元海軍〕大将の首相秘書官を致しました福田耕〔同社専務取締役〕が参りまして、決して会社の宣伝ではありませぬが、東宮様と国際電話で御話を一度遊ばしては……との事でありました。途中は電話の操作で音をなしませぬそうでありますが、日本の電話局に入つてからは傍聴は自由でありますそうです。指図は禁止しましても事実上は聴き得るのでありますから、全然傍聴は防げませず、又相当分りますれば日本でも騒ぐ事になるといふので次長などは余り進んで居りませぬ。又御休養の日でなければ無理でありますが、瑞西はどうも余りよくないようで、若し遊ばせば二十二日の瑞典との御休養日でありますが、電話の一番よろしいのはアメリカだとの事でありますが、是は御帰朝に近きますので意味が少いかと存じます。兎に角会社と致しましては御希望あれば御便宜を取計ひますとの事でありましたが、時差の関係もありますと申しました処、表を送つてくれまして両方とも御睡眠でない時に可能ではあります。福田には、陛下は国内も又宮中内でも電話は余り御用ひにならぬからとは申して置きましたが……尤も福田の想像では渋沢が或は高松宮とも御話合の結果ではないかと申して居りましたが……と申上げし処、それはまアやめようとの仰せ。そして若しそういふ通話をすれば、大統領などから今後電話があつても出なければならぬ……との仰せ。〔之は少々方角違ひと思ひしも〕それは言葉の関係もあります故、まづ其点の事は御気遣ひに及びませぬと存じますが……或は皇后様には御話になりたいやうな事はございませんでせうか……と伺ひし処、まア一つ良宮にもきいてみようとの仰せ。

それから之は雑談的のことでありますが、ピゴット少将の重光宛の手紙の中に東宮様の事が書いてありますといふ訳で、松平式部官長の処へそれを送つて参り、松平が田島に見せましたがその中に「自分は日本の政治に干渉する意思は毛頭ないが、重光と吉田と両方ともピゴットの友人であるが此二人が一所にやれないものか」との旨が書いてございましたと申上ぐ。そうか、吉田から出した此間の吉田宛の手紙には書いてなかつたネーとの仰せ。ございませんでした、重光の方だけでございませうと申上ぐ。

それできく事はもうないかと仰せ。ハイ、之だけでございますと申上げし処、イヤ、今日堤〔康次郎〕議長が来て国会の事をいつてたが、悪辣な実業家といふ風にきいてたが今日の話などはどうも真面目であるやうに思ふがとの仰せ。堤は思はぬ議長につきまして、親任式後の御祝酒の際にも公平を第一にする事も申し、吉田首相にからかはれて居りましたが、人物は首相とは品位が段違ひでありますが、党籍離脱の上に再候補に立ちませぬ旨など余程今回の地位のなつて自重と申しますか嬉しいのか、陛下が真面目のやうだと御感じになります事は一面事実に違ひないと存じまする。然しそれと同時に併存して、悪辣な実業家振りの処が全然なくなつたと田島は考へませぬとて、五島慶太〔東京急行電鉄会長〕系と相対峙しての西武鉄道系の策動を五島系のものが已《すで》に配置して次長まで申出のありました点、先日の園遊会の時に高松宮様、照宮様のおいでを非常に喜び、御礼廻りをして田島にまで回礼しましたが、其時に矢張り高輪御用邸の話を持出した点の一伍一什、英国戴冠式のフヰルムを選挙区へ贈つて、英国猶且如此《かくのごとし》、日本にて皇室を尊崇せねば……とやつてる事の吹聴の点、園遊会の場合の柔道宣伝のこと、其席は会社関係のものも沢山手伝ひの点等を一々申上げ、陛下の御感じのやうな点もありませうが、それ計りではありません旨申上ぐ。陛下は「私は真面目だと思つたし、文章で書いて出したものはおざなりであつたが議会延長の事をやつた事は口で大に国の為にと思つてやつたといふので感心だと思つたから、その心掛でやつてくれ、丁度前にその場面のニユースを見てたから、あゝいふニユースはどうも困るネーといつたが」との仰せ。

それから、岡崎〔外相〕には、昨日長官がいつてた事があつたから、奄美大島の事をいつたのだが、礼をいつてよければ総理と相談してくれといつたら何れ……といつた(之は首相と相談の結果、陛下に内奏の節多とする旨御言葉あつた旨ダレスに岡崎より発電、大統領にも機会あらば御伝へ乞ふと発電した)。それから小笠原、琉球の事もいつたのよ、処が岡崎の話では、あれが精々で、米国の軍部では奄美大島も承知せぬのを国務省側でやつと軍部を押へて承知さしたので、小笠原や琉球は到底望みないとの話だつた。ダレスは余程朝鮮で疲れてたと見えて、一時間位話しを吉田と岡崎にしたが、奄美の事とニクソン〔Richard Milhous Nixon リチャード・M・ニクソン〕(陛下はニコルソンと仰せになる)副大統領が十一月に来るといふ事、国際連合の会員にはソ連の拒否権の為に不可能だが準会員にはなれるから、そうすれば票決権がないだけであとは会員と同じで observer とは違ふ故そうしたいといつてた。それから、岡崎は、ソ連の水爆のある事[171]は原子〔爆〕弾のある以上出来る事は当然だが、その工場化されてるかどうかが問題であり、今一つはそれを運ぶ飛行機が出来てるかどうかが問題で、あとの点はどうもまだらしいので、水爆があるといふ演説はそう大した事でないといつてたとの事を話してた。それよりも、日本の防衛強化の問題は、ダレスは中々きつく吉田に迫つたらしく、日本は兎に角大国であつたのでヒリツピンなどとは違ふ。又経済力もないといふがないともいへない。此上日本が自国の防衛をせねばアメリカは手を引くといふ様な風にも考へられるといふ様な事をいゝ、岡崎自身としては実はその通りだと思ふ(のだが総理はそういふ風に御考へないといふやうな意味)。

私はダレスのいふ通りだと思ふよ。自分の国の防御を自分でやるのは当り前だから、吉田のやうに楽観して呑気なことをいつてるのはどうかと思ふネーとの仰せ。岡崎は吉田とは少し違ふやうな個人の意見のやうだつたから、私は歴史を見てもハンニバルの様な名将が居てもカルタゴーが軍備を忘れたり、又デロイテル[172]〔Michel de Ruyter ミヒール・デ・ロイテル〕や(忘れた)……のやうな名将が居ても和蘭が軍備を怠つた為に力を失つた。ルイ十四世といふものが居るのに呑気な事をした為めだ。現に日本は虎視眈々たるソ連が居るのよ。国力がとかいつて呑気なのはどうも心配だといつた。岡崎は余程分つてるとの旨仰せあり。ハイ、岡崎は頭はよろしく理解もよろしいので国会の答弁なども尻尾を出しませぬが、只吉田に対しては一言もなく、事実上事務次官のやうであるとの評もありますが、正しいと思ふ事を上長に進言する精神と申しますか、気魄はありませぬので……と申上ぐ。ニクソンの来る事は宮内庁としても事務だからよく考へておいてくれ、此前バークレー〔Alben William Barkley アルベン・ウィリアム・バークレー、前〕副大統領も来た[173]がとの仰せ故、あの時は平和克復以前でありましたが御陪食もあり、君主国の皇太子同様の扱といふ事で二重橋から入れましたが、今回は平和後であります故、前例等もよく調べまして……と申上げし処、皇太子とすれば松平官長でなく皇太子が答礼に行くといふ事も考へられるとの仰せ。(又しても邪推ながら、皇太子様を完成と御考への前提で御帰朝後国事に御引張り出しになりたき御様子見ゆ。之は東宮様今後の根本方針に関する故、仰せに御異論《〔ママ〕》あるも此際小出しに反対申上げず小泉とも相談、方針確立の上ハツキリ申上ぐる心組にて)其点の処は式部でよく前例をも調べまして、まだ時間もありまする事故と申上ぐ。

それから始めて私はきいたのであるが、吉田はやるだけやつて出来ねば辞職だといつてるといふ事を岡崎がいつてたがネーとの仰せ(何をやるだけやるか一寸分明でなきも、絶対多数でないとどうも何事も出来ぬといふ意味かと察せらる)。又、ダレスは、朝鮮の李〔承晩〕との談判で非常に疲れてたとの御話故、李は随分頑固でありますし、我儘申しますが、米国の助言なしには出来ぬ事であります故、余り吾儘申せば米国は李を取かへるといふ事になりはしますまいかと申上げし処、イヤ、李以外には朝鮮には人物がないそうだから、米も矢張り李と話す外ないらしいとの話だつたとの仰せ(大体に於て吉田よりは岡崎の方〔が〕話が分る。自分と同意見を内心は持つてるらしいとの御気持らし)。あの、先刻の久邇さんへの御返事は稲田〔侍従次長〕の方がよろしいと田島は存じまするが、皇后様とも御話の上でおきめ願ひたいと存じまするし、電話のことも皇后様の御思召もありませぬ故、明日にでも伺ひますと申上ぐ。

これは翌十二日九時十五分稲田〔侍従〕次長御召しの上、法律では許してあるが、優生学上及医学上からは従弟妹の結婚はさけた方がいゝといふ事故これは見合として貰ひたい旨でいへ。殊に邦昭さんは御長子であるからいゝ後継者を一層必要とするからといふ事をいへ。先方がそれでも何かいつたら大谷も同様の理由でやめたのだといへ。但しこれは可成いはんですめば其方よし。稲田個人の用件の如くして電話で今日都合をきけ、先方へ行つたら両陛下の御使として右の如くいへ、と御命令あり。田島進言の旨による御命令にて田島には別段此事直接御話なし。

又皇后様も国際電話は御進みなし、やめとの事。但し、ヴアイニング夫人訪問は目下のスケヂユールでは九月十三日で日曜故、義宮、清宮へかけるといふ事は如何。但しほんの思付のみとの旨御話稲田にあり。田島に伝えよとの事故、松平官長とも相談の上却つて変故(ヴア夫人の思惑も両陛下との通話なくば)、之は呑込み、松平官長より福田耕に御見合せの旨確答して貰ふ。

八月一二日(水)　願出御座所　一〇・〇〇―一〇・〇五

前項稲田侍従次長御召しにて陛下の昨日の御回答をきゝし後なれども、別に右の二問題には触れず。

実は昨日、堤議長の事仰せがありましたが、先刻衆議院の秘書課から総務課の方へ電話がありまして、昨日議長は、中日の新聞社の写真班を無断で同行して西口で撮影せしめました由、前以て許可を要する慣例と存じませぬのは仕方なく、その原板は廃棄の話を致しました処、既に電送済との事でありましたが、之は明かに江洲〔滋賀県〕が選挙区で、中日は滋賀県に相当新聞が出て居ります為に致した事と存じます。大毎や大朝[174]は大新聞でありますが、中日は矢張り堤のこういふ事にいふ事をきくと見えまする。昨日も申上げました英国戴冠式の活動を選挙区へ贈りました事、又今朝の新聞紙に参内拝謁の内容まで出して宣伝致します[175]等、どうも人柄は矢張り国の為といふよりは己れの宣伝といふ事何か算盤を入れて居りますやうで、おまけに礼にならひませず、今日の新聞の調子で陛下拝謁の仰せなども随分自分の宣伝の為にしやべらぬとも限りませぬ。昨日仰せの心掛けのよろしい事もありませうが、陛下と申しますか、宮中の事をも自分の都合の為に利用する事は決して忘れぬ人物と存じまする故、此事を只今次長からきゝましたのと、今朝の新聞の書き振で感じましたので一寸申上げますと申上ぐ。今朝の新聞はまだ見ないが……との仰せ。そうかといふやうな御表情に拝す〔首相内謁を控への為かそのまゝ退下す。いつもと違ひ、そうかとのみ仰せ〕。

八月一二日(水)　願出御座所　三・二五—四・〇五

〔伊勢〕神宮の事について一つ御許しを得たいと存じます。神宮御遷宮のことは天武天皇〔第四〇代天皇〕から始まつて居りますようでありますが、変遷が色々ありまして、御式微〔非常に衰えること〕の時もあり、明治以後にも色々変つて居りますが、ある時代には御遷宮の月日を特に考へまして、神嘗祭之直前として、御遷宮の為の奉幣といふものはなく、その年の神嘗祭の奉幣といふ事のみといふ事もある時代はありましたが、其後御遷宮とその年の神嘗祭とは別といふ観念になりました。神嘗祭は神宮最大の儀式で、荷前《のさき》の調献もありまして大変重いのでありまするが、遷宮が別となりました以上、毎年の事でもなく、勿論重くなりまして、前回昭和四年の時に段々整ひましたのでありますが、其時問題になり解決を見ず今日に及びました事は、内宮外宮に併せて十四の別宮のありまする事でありまするが、此別宮はその内でも荒〔祭〕宮と多賀宮との内外の二宮は特に重い神社でありまするが、此別宮には本宮奉幣の時とは同時に奉幣がありまして、只今のより重い二社には勅使も参向致しまする位の格になつて居りまするが、本宮御遷宮と同時に別宮も御遷宮になりますれば問題が少いのでありますが、本宮御遷宮より後れまして、翌年とかに別宮の御遷宮がありました際には従来奉幣がないが、之は新例でも賜る事にした方がよいではないかといふ議論が、昭和四年の前回の際でも次回の懸案となつて居りましたそうでございます。掌典長〔甘露寺受長〕は、最近の例では勅使参向し、すべて掌典長の「出御《しゅつぎょ》」の声で御式が始まりまする仕組でありまするが、之は制度が国で奉仕しましても崇敬者で奉仕しましても同じでありまして、今年もその式で行はれまするが、その掌典長、掌典及神社局に在勤しまして其道に智識経験ありまする次長等で審議の結果、別宮御遷宮後、本宮御遷宮後に行はれまする時には新たに奉幣を願ふ事に致したいとの一致の意見でありまする。

旧来の慣行何れも込みでありまするが、道理もあります事、大体別宮に対しては官幣大社同様の御扱となつて居りまするからも権衡は失ひませぬし、新例を御開き願ひ却つて結構かと存じます。但し別宮へ奉幣の際は他の別宮へは入りませぬが、本宮へは矢張り奉幣が必要な道理でありまするが、之は本宮奉幣の祝詞の中で別宮御遷宮の時には奉幣相成る旨を申上げ置けば、重複奉幣を本宮に致しませぬでも筋は通りまする故、之は略したい。但し其旨は祝詞の内に申上添へなければなりませぬので、そろ〳〵それらの準備の為、取急ぎ今日御許を願ひまする次第でありますと申上げし処、私のそれについての何か処作があるかとの仰せ故、それは何もありませぬ。〔一〇月〕二日内宮、五日外宮の午後八時、只今申上げました掌典長の出御の時に御遥拝頂きます外、陛下の御処作はございません。皇族様は、先日も申上げました通り例はございませんが、御出まし願つて差支ある点は少しもないといふ事で、高松宮様は両宮共御参列、三笠宮様は北海道へ御出の為御欠席との事でありまして、御門内は勅使神宮祭主を始めの神官、及供奉する御造営関係の幹部すべて装束着用の人のみでありまして、御内外の参列者はモーニングで参列しまするので、宮様もその参列者の先頭といふ事になるとの事であります。別に陛下に何の御処作もございませぬ。その上、これは二十年目の御遷宮の時の事で例年の事ではありませぬと申上ぐ。よろしい、そうしてくれとの仰せ。

拝承退下せんとせし処、此日午前一時間余拝謁せし吉田首相の内謁言上の内容につき御述懐あり。どうも吉田は楽観であり、ソ連の事、共産の策動の事も大した事なしといふのみで、その具体内容など少しもいはず、対策の内容も少しもいはず、保安隊は治安だけ、外敵の侵略には法規上は出来ぬといふ事につきても粗枝大葉〔大雑把なこと〕の議論をするのみ。防衛の問題についても、ダレスの言に対しても、相変わらず国力を云々するのみで、米国の援助で経費を余り要せず出来る筈なのに、そういふ細論に亘らず只国力がまだといふのみ（私は余程つゝこんで聞かうかと思つたが議論になる故やめたと数回繰返し仰せあり）等仰せに付、吉田は頭が粗笨《そほん》〔粗雑の意〕で大筋しかよく分らず、具体的の事は実際存じませぬが、此防衛問題は矢張り心中では陛下の御考へと大して違ひませぬやうに考へましても、憲法改正の可能の覚悟のつきます迄は、陛下に対しましても打明けの御話をせぬのではございますまいか。内田農相罷免の時も、新聞にあれ程出て居りましても、辞表面が病気でありましたのを理由に、陛下に迄外面的の事しか奏上致しませぬ流儀から考へまして、そうではないかと想像致されます。田島の考へまするには、陛下に内奏するに際しましては、実は内心斯様でありまするが、憲法上今日はこういふより外ありませぬと申上げればよろしいかと存じまするがと申上ぐ。そうだよ、岡崎のいふ方がよほどよく分るとの仰せ。岡崎はよく分りましても吉田には一口もいへませぬ故、緒方ならば吉田に話し得ると思ひましてそれとなく話しました事もありますが、新聞でいふ御茶坊主、昔とは違ひませうが矢張り副総理となりますと、どうも矢張り吉田を立てる事になりますやうでございます。内治の事とか人事とかいふ様な一定の事は緒方の申す通りの点もありまするが、対米の事、防衛の事は矢張り絶対ワンマンの独りぎめのやうでありますと申上ぐ。

水害に関して、大野のいつてた事に関しては吉田はよく分つてる様な事もあり、干拓――農耕地増加といふ事はよくいひ、陛下の仰せを伝へて居りますと今日もいつてたが、どうも之も私の一番いゝたい事ははき違へてるやうだ。私は干拓はよろしい。然し宮城県のやうな治水を考へぬ干拓は困る。熊本の白川の事などもいつてたが、私は農地開発は結構だが同時に注意して治山治水に悪影響ないやうにといふのだが、どうもその点が吉田は話が荒つぽい。一万田もどうも大体論で具体的でないとの仰せ。国防の問題は大切で、お国の為にピゴットのいつてる様に重光も一所になつて外務大臣にでもしてやればと存じまするが……と申上げし処、いや今日も吉田は重光は首相にばかりなりたがつてといつて悪口ばかりいつてたよ。然し、私は組閣を命ずる時の経験からいつて、野心のない人はいゝに違ひないが、其代り用意がないから矢張り駄目だ。吉田は総理になりたがるといつて重光をわるくいふが、私はこれは分らぬ話で、政党の総裁となつてる以上、朝に立つて責任者となる抱負があるのは当り前であり、又私の今いつた経験からいつても用意のない人は困るのだから吉田の悪口は分らぬ。それから、吉田と組むのは重光より芦田がよい。芦田は頭がよくて、細くて、よく知つて、あれは長所が丁度吉田の短所だからあの二人が組むとよい。丁度近衛〔文麿〕と東条〔英機〕のやうなもので、二人よせると丁度いゝ、一人が出来るとの仰せ。左様に存じまするが天二物を与えず、吉田、芦田倒底両立致しませぬ程感情的にも隔つて居ります。それから、重光の事を総理になりたがると申しますのは社会党左派迄と合流してもなりたがるといふ事の意味かと存じまするが……何れにしても、国防の問題は心配の事でありますと申上げ、いつも〔の〕御述懐承りつゝ、退下す。

八月一三日(木)　御召し那須御座所　二・一〇―二・二〇

三笠さんの事一寸葉山できいたが、警察の方面から別に其後何もないかとの仰せ。ありませぬと申上ぐ。三笠さんの矛盾のこと、ルーマニヤの皇室に対するスターリン〔Iosif Vissarionovich Stalin ヨシフ・スターリン、前ソ連首相〕のやり方見れば態度をチヤンとする事の必要は自明な事、やり方により逆効果を生ずる事大に考へねばいかぬ事(高松宮の仰せを田島が伝へたがと仰せあるも、特に記憶に存せぬも曖昧につき黙して伺ふ)、四、五年先なれば義宮さんの留学、又御視察とぶつかつて競争になり、六ケしくなる事(此点数回強調なされ、心中先達て面を侵して申上げし事の応用は見事御落第ながら、目前に逼《せま》る問題でなきに、真向より先達ての「長官の主旨により力める」との事持出して申上げるも如何と存じ)、その頃迄には何とか解決の旨申上ぐ。十七、十八日頃軽井沢に伺済の事も申上ぐ。どうして三笠宮問題が特に御気になり御召しなりしやは不明。

八月二七日(木)　願出那須陛下御座所　一・三五―三・二五

先程御裁可を書類を以て御願致しました神宮遷宮の次第のことでございますが、大体前例の通りでありますが、奉幣の御品前例通りでありますが、量は多少減少致して居ります。従来国家の行事でありましたが今回は造営は民間で致しまして、国は当事者ではありませぬが、遷宮の儀は勅使が出御を三声致します事によつて始まり、総て皇室が中心でありますので、掌典長を特に勅使に御命じを願ひまするし、束帯で参りますのでございます。高松宮様は御参列でありますが、神宮の方では前例はありませぬが、御参列願つてわるい理由は一つもないといふ事で願出でまして、掌典でもよろしいといふ事できまりましたが、宮様の御場所が御装束を召せば勅使の次の場所、モーニングを召せば祭主大宮司等神官側の方で一番参列者に近い場所といふ事になりまして、宮様はモーニングといふ事におきまりになりました。陛下は二日八時及五日八時御遥拝を願ひまする。矢張り御装束で、田島等は洋服で御供する前例と承つて居りますと申上げし処、神嘉殿の前だとの仰せ。総て御裁可を得（前日矢尾板〔敦〕掌典に試験勉強し、参考書持参せしも別に御下問なく徒労（?）のやうな次第）、それにつきまして、神宝の天覧は九月十五日十時頃、いつもの通り侍従の御先導で出御願ひ、西の間入口で掌典長御先導の事となり、室内に控えまする大宮司の御説明で御覧を願ひまする。猶、平櫛田中〔彫刻家〕等の製作者も控へて居りまして、御下問あれば御説明申上げまするが、御会釈を賜はる事かと存じますと概略申上ぐ。

斯様な次第で九月十五日が神宝天覧でありまするが、予て御内意を伺ひ居りまする米人ビシヨツプ〔Henry Knox Sherrill ヘンリー・ノックス・シェリル、米国聖公会主教会議長〕の拝謁を十四日に御願致したく、之は十五日とかに帰国の予定とか申しておりまするので、十二日の午後のいつもの還幸啓の時刻の汽車が鉄道の方の都合がよろしい様でありまするので、予て侍従次長から申上げました通り十二日御還幸啓の係を御許し願ひたいと存じます。よろしいとの仰せ。それでは、十三日、十四日の事もそれで御許しを得たいと存じます。よろしいとの仰せ。エジプトの公使〔Osman Ahmed Ebeid オスマン・アーメッド・エベイド〕の信任状捧呈でありまするが、公使は着任致しましたがアグレマンは王様時代のもので、其後ナギブ〔Muhammad Nagib モハメッド・ナギブ〕が大統領になりましたので[176]、外務省で信任状等の扱を研究致して居りますし、又信任状は未着でありまする故、日取は一寸きまりませぬ次第であります。

九月二十三日は秋季皇霊祭でありますので、その御祭りを御すましの上に再び葉山へ御出掛を願ひ、其間に御文庫へ御引越の仕事をさせて頂きたいと存じます。アリソン大使は、東宮様御帰朝の際の午餐の御催前に一度御陪食を賜ります方がよろしいと存じますが、和蘭大使は只今賜暇帰蘭中でありまして、九月に御帰任ときいて居りますが、日の程は分りませぬ。又、〔Deepal Susanta de Fonseka ディーパル・スサンタ・デ・フォンセカ〕セイロン公使は中国との協商事項がありまして、此頃の火曜日に出発しまして三週間居ないらしい話でありました。右の次第で不明ではありますが、二十二日位に一度御陪食を願ふ事になるのではないかと存じます。そして先刻申上げましたやうに二十四日頃から葉山へ願ひたいと存じますと申上ぐ。九月十二日迄も此処に居てい丶かとの仰せ。今年は御文庫改修の事もありますし、五十歩百歩でよろしいと存じますと申上ぐ。そうかとの仰せ。改修の工事は一週間程度予定より後れて居りましたが取戻しました様でございます。只家具類は、先日侍従職を経て御思召の程も伺ひました次第でありますが注文がや丶後れました故、少し後れまするので古いものを暫時御使用願ふ事かと存じますと申上ぐ。

次に、十一月五日予定の園遊会の御範囲の問題でありまするが、昨日も色々関係のものと相談致しましたが、先づ人員は千五百人と致しまして、従来も最近は総て夫人も召されて居りまする故、左様致しまするとと七百五十となりまする。毎回御召しを賜りまするは皇族、首相、両議長、最高裁長官、大公使は問題ございませぬが、大臣につきましては多少のこともありますが、之は毎回に願ふのが常識かと存じますので、役所としましては問題はありませぬ。それから東京都知事も毎回願つてよろしいかと存じますが、昔とは違ひまするので、両院議員、次官級の公務員が次に問題となりまするが、之は人数の関係で四分の一づ丶御召しを願つて、春秋二度ありまする故、二年に一度といふ事に相成りまする。その外一年に一度といふものも考へられまするので、宮内庁として又は皇室としての或る程度の範囲を考へまして毎回の者も多少あるかと存じます。菊栄会の元皇族の如きはそうかと存じます。又宮内大臣たりし者は只今一人もありませぬが、侍従長、侍従武官長たりしものなどは御召し可然かと存じますと申上ぐ。そうだ、奈良〔武次〕、蓮沼〔蕃〕、宇佐美〔興屋〕と〔侍従〕武官長は三人居る。それから之は象徴としての事であるから私的のことは……との仰せ。それも全然国事と申す訳でもありませぬ故、菊栄親睦会員に準じまして、鷹司信輔〔鷹司和子の夫・平通の父〕、池田宣政〔池田厚子の夫・隆政の父〕夫妻も御召し願ひ結構と心得て居りますと申上ぐ。そうか、元〔宮内〕次官はどうかとの仰せ。それはまアよく研究致しまする。

　それから、七百五十の内右様のものをとりまして約半数以上、三百五十乃至四百位が一般民間、中には官も入りますが各般の分野に適当に致します。この分布が中々困難でありますと申上ぐ。大学教授などはどうなるかとの仰せ。それは此内の配分でありますが、教育及社会事業等は比較的重く見まして三十位をまづ考へて居ります。三十と申しますが国会議員も四分の一づゝといふ建前でありますす故、これらの人もまづ一度召されますれば、あと三回或はもつと長くは二度と召されず、他の人に代へるといふ方針であります故、相当数が与かれるかと存じます。それから文化勲章は戦後に於ても叙勲されて居りまするし、文化を重く見ます現状よりも功労者として選考の際重きをおきます事に考へて居りますが、文化勲章以外の褒章拝受者又は永年又は特殊の廉で表彰された人も恩典に与かれるやう考へる必要があり、現に大臣表彰の人など時に奉拝を御願ひして居ります点も考へまして、選考の際に考慮に入れる事を考へて居りますと申上げしに、勲一等等の帯勲者はどうかとの仰せ。これは戦後は事実上叙勲者はありませぬ。日本人としては東宮様は例外で、他は皆物故後の叙勲であります。外人は多く本国へ帰ります時であります故、内地在住者は殆んどないかと存じます、且つ相当地位の外人でその時偶《たまたま》東京なればそれは召されると存じます。其内最も重きは進駐軍のクラーク大将の如きでありまして、之は若干見込みましてあります。

　そして先程の勲章の事でありますが、文化勲章のみが現状でありまする故、そして時世がその方面に重くなつて居りますが、栄典法が新たに実施されまして、文化勲章以上重い勲章の拝受者も出て参りました場合に、又その時は旧勲章の扱も新栄典法で定まりませう故、帯勲者につきましては栄典法決定後更めて検討せねばならぬと存じて居ります。知事市長とのみでは此際矢張り駄目で、町村長もたとひ少数でも入れねばならぬと考へて居ります。実業経済の面もそれ〴〵割振りを致し、人選は内閣と申しますか各省へ頼む事になると存じます。大体此構想で具体的に進めます御許しを得たいと存じます。よろしいとの仰せ。

次に服装の問題でありますが、モーニング説と此際背広丈けとの若い人の説と庁内にも二派ありますが、いつも申上げます様に、一歩進んで半歩退くよりは半歩づゝ進みまして退く事は絶対にない方がよろしいとの田島の考へ方からしますれば、本則としてはモーニングで違式でも看過するといふ事では如何と考へて居りますがと申上げし処、英国での東宮ちやんの出た園遊会はどうだとの仰せ。モーニングでございませうと申上げし処、私はどうもモーニングが広すぎると思ふ。あれ以上の服装をつくるか、モーニングが最高の服かで色々違つて来ると思ふとの仰せ。それは予ての仰せで御尤でありますが、今回の東宮様の御旅行で東宮様も御自身で服装の事は御興味をおもちのやうでありますし、三谷、吉川等矢張り相当の経験と意見とを持ち帰る事と存じますので、其上にそれらの点も解決したいと存じますするが、勲章を制定されまする以上、どうしても燕尾服が此上に参らねばならぬかと存じます。プロトコルの八釜しい〔ローマ〕法王庁は黒チヨツキの燕尾らしうございますがと申上げし処、燕尾服のチヨツキは日本の宮内省も黒だよ。私が西洋にいつた時に白チヨツキを見て来てそれから白にしたのだ。然し今度の園遊会など広い範囲の人だから、服装の為に来れぬといふ様な事は困る。私の理想は英国式の陛下の反対党といふ様な風になる事だから、鈴木茂三郎〔左派社会党委員長〕などの連中が服装の為にこういふ機会に来ぬといふ事は面白くないから、田島の考への違式をとがめぬといふより一歩を進めて、モーニング又は上等のいゝ背広といふ事にしてはどうかとの仰せ(上等の背広といふ意味は陛下のおことばでよく分るも表現は何とすべきかと思ふも何も申さず)。ハイ、田島の考よりもう一歩進んだ御考へでありますが、其線で又よく協議致しますと申上ぐ。宮内庁の催故に、宮内庁関係のものは多少重く見まするは当然で、範囲の内に各参与、官房長官等も毎回の部に入つて居ります。世話になりまする故、鉄道、専売〔公社、恩賜のたばこの関係と考えられる〕等も考へられますが、之は年一回組でありますと申上げし処、それはどういふ訳だ。鉄道などは毎回組でもいゝではないかとの旨仰せあり。それは一面自分自身の職務でありますからと申上げし処、そうかいとの仰せ。

それから、御文庫内に厨房を設けまするることを侍従次長より申上げました際、陛下が熱いものは御好みなき旨等を承りましたが、田島は陛下の熱いものを御好みなきことはよく心得て居ります故、たとひ厨房が御文庫になりましてもその御好に副はぬやうな事は決して致しませぬし、其点は充分配意を致しまする。換気其他の点も御注意の点は充分注意を致しまする。

実は此事を御許し願ひまする考へ方には少し深い事がありまして、実は拝命の際、時の総理芦田〔均〕が大膳及侍医制度に改善の余地ある事を示唆致しましたので従来気に致して参り、侍医制度につきましては田島の腹案を中間雑談的に申上げました事もあります通りでありまするが、病院には御料局の建物を得るとか、只今の病院の構成のまゝ移行しまする事の欠点とか、予算其他の面で直ぐに実行致し難い点もありまして、事務当局の方も進み気持が少くあります。又医者といふ者は中々六ケしいものでありますので何等実行に移つて居りませぬが、現状はよろしくないといふ事は事実であります。先日陛下の御怪我の場合にも、直接仰せは承りませんでしたが、当直のものが怠りがありまして誠に申訳ない事と存じて居ります。それ故、之は何とかしなければなりませんが、それと同時に大膳も本来両陛下の供御の事が主でありまして、その外に御陪食等の場合がありまするが、之も規模の大小がありまして天長節とか昨年の東宮様の御祝の時など到底手不足でありまして外部の人を頼みますのでございます。中位の御陪食の時には頼む人なしで致す様でありますが、之とて毎日あります訳ではありませぬのに、それだけの事は常置の人で出来るといふ所に問題がありますかと存じます。元来、両陛下の供御が本来の職務でありまするので、その御家庭の御料理をすべきものが宴会の時の調理場で致して御運びするのはどうかと存じまするし、将来大膳を改良しまする主義の上からも供御は御家庭的に御文庫で完全に致しまして、あと宴会の為にどうすればよいかといふ問題がハッキリして参ります点もありますので御許しを得たいと存じます。豆腐専門の料理人などもありますやうでありますが、之等を今回のやり方の後一つ考へたいと存じて居ります。勿論、昨年の主膳に不都合のものを出しまして申訳ありませぬが、それらの点も御文庫に勤務のものは充分注意致しまして御思召に副ふ様に致したいと存じます。主厨の数なども進駐軍の時は問題でありましたが、只今口を入れる進駐軍は居りませぬが国会などでいつ又こんなつまらぬ問題で彼是いはれまするもつまりませぬので一応の考はもつて居らなければならぬと思つて居ります旨申上ぐ。別に御沙汰なし。

それから之は御報告迄でありまするが、十四日の日に鮎川義介〔元日産コンツェルン総帥、参議院議員〕と申す者が田島の所へ参りました。田島は戦前から深くは知りませぬが承知して居りますが、陛下は御承知でありませうか伺ひし処、あの満洲重工の総裁をしてた人がその前日本で何とかいふ会社をやつてたのだらうとの仰せ。ハイ、日産といふものをやつて居りました。中々一見識あるもので、久原〔房之助、元逓信大臣、鮎川の義弟〕の親類でありますが之は巣鴨に二年斗り居りました[177]のでありますが、此頃参りましたのは巣鴨戦犯釈放の事で参りましたが、鮎川の前提は、戦犯は元来犯人でなく只運がわるくてあそこへ行つたにすぎぬ、本来行かぬ人間と少しも待遇が変らぬが当り前との前提のやうで、その事から申しましたが、田島は必しもそう思ひませぬし、戦犯に二種あつて一種のものは確かにそうでそれが大多数かと思ひまするが、それのみで則《〔すなわち〕》運がわるくて入つてるとのみはいへぬものもあると存じまするがと申上げし処、それはそうだとの仰せ。それで、今回マヌス島及モンテンルパから帰国[178]出来ました事は至極結構な事で、最早ソ連、中共以外は皆内地服役といふ次第でありますが、外地のものが内地となれば内地巣鴨のものは当然自由世界へと順押しの考で解放されるを自分ぎめに思ひ、それが実現せぬので八月十五日を機会に何か不穏の事もあるらしい様子故、その事をいゝに来たとの事でありました。そして陛下が何とか仰つて頂けば……とのいふ旨の話でありました故、陛下は新憲法で国事を遊ばされる時は内閣の助言と承認が入るといふ事になつて居り、又その国事の種類も憲法で限定的と思ふ故、内閣も助言も承認も出来ぬのではないかと思ふ。何れにしても内閣と相談される外ない旨申しました処、鮎川は法律の事は知らぬが人情も惻隠の心で早く出してやつてくれと仰せになる事はどうしていかんだろうかと申しました故、それはそういふ簡単な事実上の行為とはいへぬのではないか。矢張り外交政治に関係する事になると思ふから、私は陛下にはそれらの事を遊ばす自由はないと思ふと申しました処、巣鴨の経験のある参衆両院の議員鮎川、青木一男〔元大東亜大臣、参議院議員〕、井野〔碩哉、元農林大臣兼拓務大臣、参議院議員〕、岸〔信介、元商工大臣、衆議院議員〕それに宇垣〔参議院議員、元陸軍大臣〕等が十五人程よりまして緒方をよび、釈放促進の話をしたとか、岡崎は不評で相手にならぬが吉田はどうやら誠意があるとの評判が事実何も表はれぬので、段々険悪だとか朝鮮の李承晩はアメリカの意に反して解放したとか色々の事を申しました故、兎に角緒方にまで鮎川の話を伝へました処、吉田には話したがどうしたらいゝか、まアやるだけやつてるといふので返事も其儘になつてるが巣鴨の情勢は鮎川のいふ程の事はないとの見通しの旨緒方は申して居りました。田島は此問題は中々六ケしい問題でウツカリ軽々しい事は御願出来ませぬが、此後首相なり外相なりが内奏に出ました節、マヌス島やモンテンルパから日本へ戦犯が帰つた事は誠に喜ばしいが、今後巣鴨の者は中々釈放の了解を得るのは六ケしいのか、従来の経過はどうかとの御質問を遊ばす事丈けは何の問題も起きないと思ひます故、それだけは御願い致したいと存じますと申上ぐ。御了承に拝す。

次に、此間清宮様の御機嫌奉伺に軽井沢に出ましたが、御機嫌克くテニス御練習の処も拝見して参りました。其節三笠宮様両殿下にも比較的永く拝謁致しまして、御洋行の問題を色々承りましたが、御手紙であれだけはつきり四、五年先も仰せになりながら決してそう計りではなく、矢張り其前でも御出掛になりたい御希望らしく、又妃殿下の御意思は殿下の仰せになりました御子様と御離れになる事は絶対に駄目といふのではなく、適当な御養育なり御教育なりの信頼出来る者さへあれば御出掛になれるとのハッキリしました仰せで、此点は陛下が最初から秩父宮妃殿下に御話になりました事が申さば当つておりますので一寸驚きました。殿下はどうも御意思が時々御変りになりぐら〳〵しておいでのやうであります。只一つ仰せになりました事は、私はどうも学問といふ事に離れたくない、宗教史には限らぬが歴史の範囲でやりたい。だから留学といふ事を今でも考へてるとの仰せはハツキリして居りましたと申上げし処、私の生物学のやうなもので、自然科学でも人文科学でも学問をなさる事は至極結構で私も御賛成だが、どこまでもそれは皇族たるの本分を尽す事が主であつて、従たる事といふ事を御忘れない様に願はねばならぬ。皇族である事、皇弟として象徴たる私に代つて御名代的の事をして貰ふとか、万一の場合には皇位継承の義務もある方なのだから、其事を主たる職分として、学問はどこまでも従でなければならぬとの旨繰返し仰せあり。三笠さんはどうも意見がぐらつく、困るとの御述懐あり。

猶、殿下は一つ積極的に御話がありましたのは、洋行準備委員会といふ様なものを兎に角作つて貰ひたい、両殿下と宮内庁の者と可然《しかるべき》学者とでとの御話がありました。その際田島は、準備会などと角立てず、両殿下と宮内庁の者と学問関係の可然学者、殿下の仰せになりましても適当な学者でなければなりませんと申上げ、殿下は斎藤勇〔英文学者、東京女子大学学長〕との仰せもありました故、斎藤勇はよろしうございませうと申上げましたが、それだけ御相伴をして御食事の会を早速九月にでも催しませうと申して参りました故、四、五年先きとの先達ての御手紙ではありましたが、義宮様の御出掛との陛下の仰せもありまして、此前に運びまする方よろしく、兎に角此会合を進めたいと存じて居りますと申上げし処、その委員会といふのも陸軍のやり方だ。そしてぐらつくのも陸軍だ。現にアッツ島の惨事[179]もぐらついた為だ。一時は守るといひ、一時は又放棄するといひ、又守るといひ、ぐら〳〵した為にあゝなつたのだ。総て陸軍のわるい点を三笠宮はお持ちだと、此点いろ〳〵繰返し仰せあり。前回御供して御暇の時御召しも三笠宮の問題にて、陛下御焦心の問題らしく、いろ〳〵に仰せあるも要は以上の点につく。

東宮様も御健勝の御様子で結構でございまするが、最後の米国で御疲労なきやうと存じて居ります。米国大使館から外務省へ申して参りまする諸種の点から、米国の親日的傾向はこれ以上の時はございませんらしく、従つてあちらこちらと色々日程が重くなるかと存じます。陛下が訪米の御希望の時は反日の時で、学童問題移民問題朝鮮問題等の為に遂に御出でになれませんでしたが……と申上げし処、イヤそういふ事もあつたかも知れぬが、珍田のいってたのは、プリンス〔・〕オブ〔・〕ウエールズ〔元英国国王エドワード八世、退位してウィンザー公、ジョージ五世の長男〕が訪米の節握手攻めに御遇ひになつたのでそれで止めたといふ事であつたとの仰せ。(180)

それから林〔敬三、保安庁第一幕僚長、宮内庁前次長〕が数日前やつて参りまして長時間話して参りましたが、保安隊は実際は中々進んで居るやうな話(181)でありました故、北海道の国体へ御出掛といふ事が来年はあるかも知れぬが、其際は警察以外の情報もあるだらうから又よろしく頼むと申しました処、それは了承して居りましたが……と申上げし処、いや岡崎の方が保安隊の問題などよく分る。吉田はどうも同じ事をいつてゝきいても同じ事だけで分らぬが……その岡崎の話では、吉田も近頃は少しは変つたらしい。私は経済の問題で軍備は出来ぬと吉田がいふ故、お金はアメリカが出すといふのならそれでよいではないかといふても少しもチヤンといはぬが、之は岡崎にきいて始めて分つたが、四分の一しか出さぬらしい。それなら私が誤解してた事だが、吉田は此誤解を解くやうな返事を質問してもしないよとの仰せ。吉田は本当の大筋だけで何も存じて居りますまい。岡崎は人は兎に角頭はよろしいし答弁も上手であります故、陛下に御説明申上げ又御質問に御答へ致しましても御理解がよいと存じまする。林も大佐以上のものは旧軍人は入れぬと申して居りますが、警備隊の方は技術を要します故、海軍に人がどうも余計入るらしうございますと申上げし処、警備隊は海軍と商船学校と文官と三つだとかいつてた。若し旧軍人が余り多く入れば又又軍部のやうなものになるから困るとの仰せ。林の話では其点は注意を致して居りまするやうでありますが、今後の幹部の養成は本式には保安大学校卒業生からでありまして、前途可なり遠い話でありますが、之は陸海両方ともに共通らしく、一種の理工大学のやうなもので義務もないらしうございますと申上げし処、それは仏蘭西式だとの仰せ。

それから、吉田は又しきりに干拓を八釜しくいつて居り、此間〔保利茂〕農林大臣も干拓の事をいつてたが、食糧増産といへばすぐ米の増産とのみ考へ、その為には治山治水の問題に非常に関係ある事を干拓については考へなければならぬに、其点どうも建設大臣の話も農林大臣の話も一寸分らぬ。私は、食糧問題は大切だが、干拓は治山治水の関係がある上、水田の塩分といふ問題もあるので、之と同時に一般食糧政策としては河井〔弥八〕の甘藷の問題とか、魚類その他の栄養分の問題とか、又はパン食等の問題とかを同時に考へる必要があるのではないかと思ふが……との仰せ〔吉田は例の調子で粗枝大葉、陛下の御下問は稍詳細に亘り多方面総合的になる時吉田は答弁出来ず前言を繰返すのみにて物足らぬ御感じらし、岡崎は秀才型故、辻褄のあつた御説明を申上げ、陛下の御下問に対しても御進講の経験もあり御答するらしく、岡崎はよく分る、岡崎によつて吉田の意見の多少変化ある事も御想像らしく拝す〕。明日は五時の汽車で帰りまする。それまで御用がありましたらば又御召しをと申上ぐ。まアゆつくり湯にでも入つてとの仰せ。退下す。

その前に、秩父宮家相続税は法律改正の結果余程軽減され、諸種の控除もあり、結局税額五十万円程度らしくございます。予て御許しを得て居ります通り、内廷からこれだけの御金は賜ります事御願いたします。正確な数字は今月末迄に確定致しますと申上ぐ。よろしいとの仰せ。

猶、此日松平信子さん〔東宮職参与〕より頼まれの松平一郎氏〔東京銀行ロンドン支店次長、信子の長男〕より送越しの、戴冠式ハンカチ一葉を万歳旗の如きものある袋共永積侍従を経て皇后様に伝献、清宮様に御渡し頂く様御願ひす。

九月一一日(金)　願出那須拝謁間　一一・二〇―一三・一五

天機奉伺の後、東宮殿下御帰朝行事は先に申上げました通りでありまするが、御下問のありました飛行機の遅着の場合の事は、〔一〇月〕十三日の御休養の一日と十四日の菊栄親睦会の御会合を晩に御願しました事で大体手順はつきまする積と存じまするが、万一の場合は菊栄親睦会は御内輪の事でありまする故、十八日の日曜の夜にでも御延期を願ふかと存じて居ります。十五の閣僚、十六の御通過国大公使の御陪食は外部で延期は如何かと存じますと申上ぐ。あ、そうかと御了承に拝す。それから、御無事御帰朝の恐悦を申上げるべきと存じますので、東宮殿下には常磐松へ御帰邸の直後、又陛下には十三日随員一同拝謁の前後と存じて居ります。服を改めまして申上げたいと存じます。いつもの長官、侍従長、侍従次長と申上げし処、それから宇佐美次長との仰せ。ハイ、四人総代として申上げたいと存じます。よろしいとの仰せ。それから菊栄会の夜の会の服装の点は、高松宮様の御意見も伺ひました処、燕尾服はおもちのない方があるかも知れぬがタキシードならば大抵御持ち故、タキシードがよからうとの御話でありました。田島も燕尾服は如何かと存じまする故タキシードとして、場合によりまして黒つぽい御召し物といふ事で御許しを得たいと存じますと申上げし処、よろしい、タキシードで揃はなければ黒い服との仰せ。ハイ、それはタキシードの建前で場合により黒つぽい方も混りまするといふ事で……と申上げし処、それでよろしいとの仰せ。

それからクラーク帰国の事は一寸新聞にありましたが、一向公表が其後ありませんでした処、八日の夜市ヶ谷へ国連々絡将校団の主催でクラーク大将の為といふレセプシヨンがありまして田島も参りました処、印度大使館附武官が送別の辞をのべ、花生銀器の贈呈もあり、大将も夫人もその謝辞をのべました故、最早公然の事と存じ、何日頃出発か直接大将に尋ねました処、十月一日か或は少し後れるとの事でありました故、総理の意見もきゝました処、勲章等の事は別としまして兎に角御陪食は賜りたいとの事でありました故、電話で御許しと日取を伺ひました次第でございますが、首相の手紙によりますれば、勲章は贈りたいが米国の人は拒否する事もある、又特に日韓関係の尽力もあり、御紋章付のものを賜はらばとの意味でありましたが、勲章の点は岡崎外相と相談してくれとの事でありました故、外相と電話致しましたが、ヒツキー〔Doyle Overton Hickeyドイル・オーバートン・ヒッキー〕参謀長は勲章を受けて非常に喜んで居りました故、大将が受ければ勲章を贈りたいと思つて居ります旨を申し、贈勲になりますれば勿論栄典の授与は陛下でありまする故、賜物は重複して不用との外相の意見でありましたが、首相の手紙では勲章の賜りありましても御紋章付のものをといふ様にも読めますが、之はよく相談しまして賜物もとの意見でありますれば、皇后様から夫人へとの事も考へられまするが、何れ東京でよく政府と相談の上の事と致しますと申上げし処、アリソン大使は同行すれば大使をよぶのとダブルのかとの仰せ故、それは左様になりまするが、之は順序が逆になりましてもそうなりまする事故、よろしいかと存じます。そうかとの仰せ。然し、新任大公使と致しましては、米及賜暇帰国中東宮殿下とハーグで食事にも出ました蘭国大使とセー〔イ〕ロン公使及十六日信任状捧呈の埃及《〔エジプト〕》公使と四人でありまするが、蘭国大使も近く帰りまするが、セーロン公使は中共へ参つて居ります故、此人一人の為に今一回御願致しますもどうかと存じまする。実は先日シーボルト〔William Joseph Sebald ウィリアム・ジョセフ・シーボルト、元GHQ外交局長、駐ビルマ米国大使〕夫人を高松宮邸で御招きの席上、シーボルト夫人は此公使を赤だと申しましたとの事を同席の秩父宮妃殿下から伺ひましたが、実否の程は分かりませぬが、此人一人はどうかと存じます。もし早く帰りますれば或は二十一日でも二十四日でもと存じますがと申上げし処、二十一日はどうかと思ふ。あまり二十二日と近いから二十四日がいゝとの仰せ。それではセイロンが間に合ひますれば二十四日、間にあひませんければ十月匆々東宮様帰朝前にと存じます。そうしてくれとの仰せ。

それから、神宮の御遷宮の事は前回も申上げましたが、十五日の天覧[182]は矢張り陛下としての半公式の様でもあります故、陛下天覧といふ事で、あとで皇后様は宮様方と御覧になるといふ事に願ひたいと存じますと申上ぐ。そうか、それならばモーニングかとの仰せ。ハイ、左様願ひまする事になつて居りますと申上ぐ。それから、長官か次長が御遷宮には参列すべきかと存じまするが、次長は東宮御帰朝前で何かと忙しく、長官は御遥拝の時の御供でございますので、式部官長にいつて貰ふ事に御許しを得たいと存じます。官長も御遥拝の際、御供でありますが、之は代りまして結構かと存じますと申上ぐ。御了承に拝す。

それから、四国の御旅程の事でありまするが、第一日は京都御一泊、第二日は岡山で御一泊でありますが、一寸御許しを得たいと存じますのは、其日御昼の御飯が一時頃になります事でありますと申上げし処、それはその方がよろしい、汽車中で食事よりおそくても其方がよいとの仰せ。その日は池田〔隆政〕氏順宮様が御旅館へ上られまする事として、第三日は宇野から松山へと御出掛を願ひまするが、御料の列車の関係で岡山宇野間は自働車で御願致したく、松山で御泊りになり、翌日は開会式で猶一夜を松山で御願し、翌日は〔阿波〕池田経由で高知へ御出掛願ひ、翌日は高知から又池田経由で徳島へ願ひ、前回御泊りの徳島の旅館は余りよろしくありませぬので小松島で御一泊願ひ、翌日高松御一泊、そして岡山へ御帰り願ひ、翌日池田邸へ行幸啓で、池田邸から直ぐ停車場へと大体考へて居ります。そして各地——四国の——ではそれぞれの競技の外に社会事業を一、二御覧願ふ事に願ひ度、岡山からは倉敷紡績だの硫酸工場だのの願出もありまするが、主たる行幸啓四国四県とのバランスもあります故、矢張り社会事業丈けに願ひ、其外には実業でなく玉野の海洋研究所〔岡山大学理学部附属玉野臨海実験所〕位かと考へて居りますと申上げし処、ア、岡山大学の実験所で水族館のやうなものだとの御話。大体右様の事で、十二日の夜〔曽我部久〕総務課長と入江侍従と下検分に出掛けまする。少し早過ぎまするが東宮様の御帰朝がありまするので……と申上ぐ。御了承に拝す。

御文庫も雨の為少々遅延致して居りましたが、あら方出来上がりましたので昨日一応検分致しました。女官候所の方がまだ少し後れて居りまするが大体予定の通りでございます旨申上ぐ。

十月十日ナイチンゲール章御親授[183]で皇后陛下の行啓を願ひに参りました赤十字では、同時に今一つ十一月に歌舞伎へ御出ましを願ひたい旨申出でました。先日の水害の為経費が相当嵩《かさ》みまして、その為に歌舞伎座から一日寄附を受けまして興行致しまするので御願ひをしたいとの事であります。それは良宮かとの仰せ。イエ、両陛下に御願致したいとの事であります。芸術祭でもあり、先日芸術賞の御陪食の時の天覧を願ひました事もあり、旁々御許しを願ひたいと存じますと申上ぐ。そうかとの仰せ。十一月は三日が文化勲章授与御陪食があり、予て申上げました園遊会も五日で御許しを願ひたく、七日には皇后様が能楽へ御出掛でありまするので一寸間をあけまして、十日から十五日位の間にと存じまするると申上げし処、十日がいゝだらうとの仰せ。皇后様の御都合をも伺ひまして十日といふ事に……と申上ぐ。

それから、五日の園遊会は雅楽を致しまする外、戦前には陸海の軍楽隊がありました事故、警視庁の楽隊をたのみまする外、最近皇宮警察でも楽隊を編成致しまして楽部の指揮の元に勉強を致して居りましたので先日次長官長等と試みにきいて見ましたが、田島は音楽の事は分かりませぬが時間の割合にはよろしいとの事で、数曲目に限つて練習致しますれば出来さうとの事でありましたので、之も参加する事に致しました。両陛下は三時頃に出御、四時前後に入御といふ事に準備を致して居ります。

服装は平服説もありましたが、矢張りモーニング平服羽織袴等を列記する事に致しましてございますと申上ぐ。

猶、秩父宮様の相続税の問題は金額は前回申上げましたやうに二十九万円だそうでありまするが、新しい相続法では御子様のありませぬ節は御兄弟にも相続権がありまするので……尤も控除額がありますので税金は零でありますが、一応相続財産の一部を陛下高松三笠両殿下御取得になりまする事故、そして勿論御取得の御意思はなく妃殿下に全部でありまするので其点次長より両殿下の御了承を受けましてございます。陛下は相続税金を秩父宮へ賜ります事故、勿論御許しある事でございますが右様の次第故、其事を申上げておきたいと存じましたと申上ぐ。

先日は三笠宮様、秩父妃殿下を御招き遊ばしまして、非常に皆様難有く御喜びのやうに拝しました。三笠宮様には、次長が秩父宮の相続税の事で早速御話に出ました際、非常に御喜びの旨を伺つて参りましたし、秩父宮妃殿下の御喜は田島直接承りましたと申上げし処、三笠さんの警察の方の話は別段ないかとの仰せ故、別にございいませぬ。警視総監と次長とで一度正面切つて申上げるかとも申して居りましたが、総監は只今渡米中でもありまするし、其後は別に新しい事はございませぬが、実は前回田島がこちらへ出ました日に島津〔忠承〕日赤社長が御進講致しました節、三笠宮様の御関係の都立の教授〔阿部行蔵、東京都立大学教授〕は、中共引揚で島津も承知の事と存じきいて見ました処、よく存じて居りまして、近世史専攻の人と申して居りましたのみならず、三笠宮様の此等の人との関係も相当よく承知致して居りました。御洋行の御話は此間御上りの節は少しも出ませんでございましたかと伺ひし処、それは少しもふれなんだとの仰せ。

それから、元皇族等に関して別に何もないかとの仰せ故、別にございませぬが、軍人恩給の問題[184]で皇族の内、高松宮様は恩給を御受けになり得られまするし、三笠宮様は一時金だそうでありまするが、皇族としては恩給の積金は遊ばして居りませぬし、皇族費は国家の支給でありまする故、御遠慮の方可然と考へまして、その事を次長より申上げ両宮様とも御了承であります。法律的には旧恩給の復活ではなく新規の立法であります故、積立金の有無は問題にはなりませぬが、恩給の本来の性質上その方がよいと存じます。積立のない点は皇族も元皇族も同一でありまするが法律的にはよろしい訳でありまするので、元皇族は御自由といふ事に相なつて居ります。山梨大将など久邇宮様へ上りまして、いつも金額まで申上げて直きおとれになりますと申し上げて居りますそうでもあります故……と申上ぐ。それから元皇族と申せば、先達て東宮妃の問題で次長の処へある雑誌記者とか参りました節、其記者が久邇さんへも上りました節、久邇さんの御話に雑誌や新聞にうちの娘も出てるが、陛下は科学者でいらつしやる故、うちの娘はそういふ事はないと仰せになつたとかいふ事であります。

それから、東宮様の御健康の問題につきまして、小泉よりの最近の手紙によりますれば、ストツクホルムで御送りしました時と瑞西で御迎へしました時とは明かに御疲れの御様子を拝し、又飛行機で少し御戻しになりましたそうで、二日間位食欲もありませなんだが、其翌日からか御元気で伊太利の少女とテニスを遊ばし仏語でパルドンとかドマーヂユとか仰せになりますのを、部屋で書き物しながら小泉は伺つたと申して参りました。同じ滞在客の子供が東宮様のサイドの方〳〵とついて廻り、球拾ひを致し、メルシと仰せになり、小泉の妻が感激したとの事でありました旨も申上ぐ。然し米国へ余程日程が重いやうでありますまず故、御健康の為には適当にすべきやう、田島と致しましても三谷に申送りました旨も申上ぐ。

元皇族の事につきましては、九月一日の大震災の三十年で山階、閑院、東久邇御三家[185]の御祭祀の状況も各差ありし事、実状申上ぐ。

九月一四日(月)　御召し御座所　一・四〇―二・〇五

あの、四国の国体旅行には、長官からきいた処では工場とかはなく、運動競技の外は社会事業だといふ事だつたが、御巡幸といふ様な事も一巡したとすると、今後地方の実業を奨励する為に工場などへ行く事はなくなるのか、教育事業とか諸種の実業とかを見るといふ事はどうなるのだろうとの仰せ。今回は四国四県へ国体の為に御出掛けでありまするが、汽車の時間も相当入りまして運動競技を各県に割当てましたのを御覧の外はあまり時間はありませず、社会事業を一、二と致したのでございます。四県の均衡の問題もありまして結局一番時間のない県が標準となりまする関係もございます。名古屋の国体の時は三菱電機の工場、広島の時はマツダ三輪車の工場等御覧を願ひました事もありまして……と申上げし処、アそうか、今回はむしろ例外といふ訳かとの仰せ。例外と申しませうか、右の様な次第で、今後工場は御出掛け願はぬといふ訳ではございませぬ。今回岡山は倉敷紡績などの申出もあり、又宮廷列車輸送関係上、岡山宇野間は自働車で御願を致しまする関係上、倉敷は御通過にも成りまする故御視察可能であり、又運動競技はありませぬ故時間もありまするが、主として四国へ御出掛けの際御通過県の方が却て意味があるやうになりまするのも一寸困ります故、矢張り社会事業と岡山の海洋研究所位の方がよろしいかと存じて居ります。あ、そうか。よろしいとの仰せ。

それから、植樹祭の催しが来年は宮城県の申出がありましたが、国体に昨年御出掛になりました計りで如何かと存じて居りました処、兵庫県から武庫山とかで申出がありました。どうなりますか分りませぬが、若し兵庫県となりますれば植樹はほんの小時ですみます故、どうしても電機会社か何か御覧を願ふ事になりますし、神戸地方には沢山ありませうかと存じます。それから、昨年まで皇后陛下は松島へ御出になりませぬとの事でありましたが、外国人等の拝謁が多く外人等の方が旅行をよく致しまする故、御話題の関係からも御旅行が――物見遊山のやうな外見になりましても――ある程度必要にも思はれますると申上げし処、それは私と良宮と分れて行けばよいとの仰せ。ハイ、それは自働車の関係で一寸困りまする。今回も運送費の関係で供奉車は一両と致し、他の一両は地方で借りる事に致しました様な次第で……と申上げし処、そうか、車で具合がわるいかと仰せ。要しますに、地方御視察の機会は今後とも色々考慮は致して居りまして、今回のやうな時計りではございませぬと申上ぐ。それならばそれでよろしいと御了承に拝す。

それから三笠さんの事ネー、那須へ御出の事を喜んで居られたとの事だが、それが御考の上にすぐ影響するといふ事もなからうが、わるい影響のなかつた事は確かだとの旨仰せ。それは勿論であります故、御洋行問題の打合会のもの宮様の御提案でありますす故、軽井沢から御帰京後、早速一、二回開いてその結果を見たいと存じますと申上ぐ。そうして貰ふ〔ん〕だネー。然し三笠宮さんのグラ〳〵するといふ事はわるい御癖だが、又それだけに那須へ来られたりした事で左がかつた事にもグラ〳〵が来て御変りになるとい丶がとの仰せ。ハイ、それは結構でありますが、そのやうな場合にもグラ〳〵の御性質では又逆にグラ〳〵も考へられます故、矢張り御身分の御自覚の上に進歩的の御考を御持ちになつても先天的に駄目といふ事をハツキリ御承知になります事が必要で、その為御洋行はよろしいと存じます故、その方をやつて見たいと存じます。御洋行となりますと政府の予算を貰ふ必要がありますが、東宮殿下の今回のやうには参りませぬ。吉田内閣でもどうもうまく参りませぬ。別に連年といふ意味のみでもないかと思ひます。去りとて御供の数も多少あります故、政府以外の金では到底及びませぬ、殊に御留学で長期に亘りますると……と申上げし処、それは私は一応御巡遊になるのがいゝと思ふ。留学はよして……との仰せ。左様でありますが、此点は三笠宮両殿下ともハッキリ御留学希望の旨軽井沢で仰せでありました。妃殿下が御同行云々の点は三笠宮様の御話と妃殿下のおことばとは少し違ひまして不思議に思ひました。それ故今後御洋行の相談会の時は必ず妃殿下も御同席願ふといふ事に致しましたと申上ぐ。

陛下は「三笠さんは神がかりといふか出鱈目で夢見たやうな事をいふ癖がある。御結婚問題の時も学習院の門であつたとかいふ理由で、細川の娘〔で〕松田に嫁してる人(186)と結婚したいといはれて色々調べたが時間が合はない。全く夢見たやうに門であつたなどといはれる。自分で思ふと何でもそれにくつつけるといふのか。今度も私は秩父宮妃殿下にいつて三笠妃殿下の希望をきいて貰つて見ても三笠さんのいふ事と違ふ」との仰せ。いつもの御繰返し故、兎に角例の会合を一、二回開きました結果で又何とかと申上ぐ。(那須にて小泉の手紙にて東宮様の御健康を申上げし処、其時は何の御話もなく、翌日東京へ還御の際、原宿より皇居への車中、侍従次長(陪乗)に東宮のスヰスに於ける不例は全く飛行機によつた為だといふ事が分つて安心したといふ事を長官に伝へよと仰せあり。今朝は又どうもそう計りでもないやうだと侍従次長に御話ありしとの事故)東宮殿下のスヰスの御疲労は矢張り御疲れかと存じまするが(其朝野村大夫宛黒木〔東宮侍従〕の手紙にて御洗面の際青くなり倒れられたとの事は申上げを控へ)、御元気で米国へ御出掛になりましたやうで、但し米国の御日程は大変かと存じますが、予定はあれ以上米国との関係で削除出来ませぬ以上、少しでも御疲れの時は削除を其時に臨んで致すより致方ないかと存じます。秩父宮様の御話では、主役ではないとの仰せでありましたが、実際其通り戴冠式は何でもありませんでしたが、其後各国では総て主役でありまするから御疲れかと存じますと申上ぐ。

今日岡崎外務大臣にクラーク叙勲の事をきゝました処、一両日に分ると申して居りました処、先刻電話で喜んで勲章を御受けすると申して参りました故、賜物はなくても一応よい訳でありまするが、総理と相談の結果、其上に御願致したいと申して参りますが、それは明日以後と存じますと申上ぐ。それから二十二日御陪食直前十一時にM.S.A.の最近の様子を申上げる事に話しましたと申上ぐ。エ、よろしいとの仰せ。

九月一五日(火)　御召し御座所　一・四五―二・一〇

今日の〔伊勢神宮式年遷宮用〕神宝は三笠さんは拝見されたかしら、まだ私はその感想をきいてないが……との仰せ。今日は是非拝見したいといふ御話で、皇后陛下と御一所に拝見遊ばしたと存じますと申上ぐ。それについて、随分神宝が高価なものらしいが、それを又贅沢なものといふ風に御考へか、神様の為に結構なものだと御考へか、後者ならば結構だが前者だと誠に困る事だと思ふとの仰せ。それは万が一にも前者の様な御考はないと存じます。七千万円で昨年三階を仮宮殿に改造しました際は御手紙を頂きましたが、今回は国家予算ではありませぬし、八千万国民の浄財によるものでありまするし、元来神様の為のものに昭和時代工芸の最高峯といふ文化財といふ意味もありまする故、その御心配はないと存じます。実は先達来新聞に散見致しまする皇太子殿下の自働車の件[187]は、松本大使帰国の時に早く打合せまして、戴冠式には多数の人が各国から参り、借上自働車などうまく参りませぬので、一輌御買上の事に致しまして、英国の御旅行後は御売払もつまりませぬので御持帰りといふ自然の事と存じて居りました事に田島の不周到の点もありましたがと存じまするが、皇太子殿下の記事は何でも新聞が大きく扱ひまするので不図も有馬丸の神戸着から横浜の荷卸し迄大々的に掲載され、如何にもクヰンと同じ車を只御買ひになつたやうにとられまして、新聞の外、投書も相当数参りますので[188]此事を三笠宮様も何か仰せになりはせぬかと存じて居りますが、まだ何も仰せありませぬ。此神宝の事は万に一つも仰せになりまする事はないと存じますと申上ぐ。自働車は売る方がいゝかとの仰せ。その必要はありませんが、暫く御乗車になりませぬ方が賢明と存じて居ります。三笠さんがそういふ風ならいゝが、相手を構はず例へば阿部〔行蔵〕の様な人に単純に此神宝の立派な事を御話になつた場合に先方がそれを利用するとすれば三笠さんの触れた事を種にする故、話す先とか場合とかを三笠さんは考へぬと何の気なしに話されても結果のわるい事があるとの仰せ。それは宮様は従来相手の事やその話の結果を余りお構ひなかつた嫌はありましたが……と申上ぐ。

それから、大公使をよぶのはどうなつたかとの仰せ。前回にも申上げました通りセイロンが問題でありますが、今日アグレマンのありました仏蘭西〔Daniel Lévi ダニエル・レヴィ、新駐日フランス大使〕は来月東宮様御帰朝頃赴任のやうでございますし、ノルウエーの新公使〔Svend Borchmann Hersleb Vogt スヴェン・ボルクマン・ヘルスレーブ・フォークト〕もその頃でありますから、セイロン一人で御陪食といふ場合はおきませぬ故、アリソンと蘭と埃及で二十四日に一度願つて結構でありまするが、御文庫への移転は不調法のない様に致したい侍従職の心得でありまして日数を欲しいらしく、その為には二十三日葉山へ御出を願ふ事は秋季皇霊祭でも先例もありまする故御願したいのでありますから、之が来月に延びる方がよろしい様であります。尤も二十九日の神宮勅使発遣の儀は延されませぬので、この儀は皇居で御願する方がよろしくございます故、此為には二十四日を来月八、九日頃に御願出来れば猶よろしいといふ事でいろ〳〵打合せ致して居りました訳でございますが、式部の方は二十四日でも来月八、九日頃でも何れでも結構であります以上、そして二十九日には小直衣《このうし》で御出ましを願ひまする次第で既に御許しを得て居りまするが、時間は十時として御許しを得ましたが、御帰りは庁舎の方へ願ひまして、式後に御文庫へ御帰り願ひますれば御掃除もよく出来まする訳でございますので、時間を若干変更を更めて御許し願ひ、神事は午前の方よろしいとの事でありますが午後の先例もあります故、十時は何れに致しましても御変更の御許しを得ます事として、二十三日は御祭後に葉山へ御出願ひ、二十九日御還幸といふ事に願ひまして、自然外交団御招きは来月八、九日の内といふ事に只今打合せました次第で御許しを得たいと存じます。アリソンは皇后陛下に拝謁致し居りまするが和蘭大使はまだであります故二十四日と致しますと、その前にその事を致さねばなりませぬし、埃及もといふ事になります故、旁に外交団は来月八、九日と御願致したいと存じますと申上ぐ。よろしいとの仰せ。仏蘭西やノルウエーの新任大使は東宮ちやんの帰朝頃では招く時には間に合はぬなーとの仰せ。ハイ、代理大使といふ事になりませうと申上ぐ。又雨の時期限を急いで仕事に無理をしてあとで困るといふ事をいつたやうに、移転の仕事も時間を余り少くするとわるいからとの仰せ。其点は御所の仕事は手を抜きますやうな事はございませぬが、御引越しも充分注意を致して致しますと申上ぐ。

セイロン公使の事につきまして、先日〔秩父宮〕妃殿下のおきゝになりましたシーボルト夫人の赤との評は秘密の事かと存じましたが、昨日外務省の儀典課長の田村〔幸久〕も承知して居りました。シーボルト夫人もアリソンに対して反感〔ママ〕で、現在の地位に不平で色々にいふ人のやうでございますと申上ぐ。シーボルトもそうだらうとの仰せ。どうもビルマ人は日本人のやうではなくラングンは何かひどい処のやうでございます。それから岡崎外相が昨日申して居りましたが、李承晩は日本の憲兵の為に指の爪を皆はがされて、六年の労役のあと日本や朝鮮には居らぬといふ約束で追放されたといふ事でありますから、日韓の問題は感情的に中々困難のものがありますやうでございます。それから、岡崎は金〔溶植〕といふ公使も普通の公使と違つて駐在国の事は一切かまはず、大統領の事ばかり気にして後向外交とか申して居りましたと申上げし処、自分の地位の為だネーとの仰せ。

九月一五日(火)

第二回　願出御座所
四・〇五—四・一〇

折口信夫〔歌人、国文学者〕の死去の為御歌会(189)の選者が一名欠けまして、只今尾上八郎〔尾上柴舟、歌人、国文学者、書家〕、窪田空穂〔歌人、国文学者〕、吉井勇〔歌人、劇作家、小説家〕、土屋文明〔歌人〕の四人となりました故、候補として尾山篤二郎〔歌人、国文学者〕といふ事で、入江、高尾、三井の〔詠進歌〕委員一致、松平〔康昌〕委員長よりも左様の御許しを得たいとの事であります。こういふ各が派のある事でありますから他の選者の総同意がありませぬと面白くありませぬといけませぬ故、此際内々御裁可を得ました上、選者連の意向をとりまして異議なければ書面で御許しを得たいと存じますと申上ぐ。矢張り五人にするかとの仰せ。ハイ、矢張り五人がよろしいと存じます。他には遠山英一〔歌人、元御歌所寄人〕……あ、元の御歌所のとの仰せ。イエ、間違へました。松村英一〔歌人〕であります。此人は窪田空穂の弟子であります故、適任者ではありますが師弟揃ふのは如何といふ訳で窪田氏退任の時の人としまして、今回は尾山がよろしいとの事であります。古い歌人で昨年〔昭和二五年度〕大伴家持研究の業績とかで芸術院賞を授けられて居りますと申上ぐ。あ、よろしいとの仰せ。それから召人二人、之は今少し先きでもよろしう御座いますが、今後は御歌会始は正月可成早く行はれる昔の風に致したいと存じて居ります故、之は香取秀真彫金家が一人、又一人は画家の小杉放庵といふ事に願ひ度いと存じます。香取の子〔香取正彦、鋳金家〕は鐘作りで〔昭和二七年度〕芸術院賞を頂きましたと存じますが、秀真は専門では芸術院会員でありますが、古い正岡子規の弟子でありまして歌もすぐれたものがありますそうであります。又小杉も歌は中々上手との事であります。今年は会津八一〔美術史家、歌人、書家、当年歌会始の召人〕が其一人でありましたが、此人も専門の学問は他にあります人でありますと申上ぐ。あ、それもよろしいとの仰せ。

九月一六日(水)　願出御座所　一・四〇―二・一五

クラーク大将叙勲の上は外に何か賜ひまする必要はないとの外務大臣の意見でありましたが、総理は勲章の上に御紋章付のものを賜る様希望のやうでありますから総理と協議の上の返事を欲しいと申して置きました処、今日信任状の捧呈式の時に矢張り皇后陛下から夫人へとして賜りたいとの申出であります。政府の助言と承認による叙勲も陛下の栄典授与の発露であります故、皇后様から夫人としてならば結構かと存じます。猶、マッカーサーの時は銀花瓶、夫人に蒔絵香棚でありました――リッヂウエーの時は銀花瓶でありました。両方共勲章といふ事はありませんでしたと申上ぐ。よろしいとの仰せ。それから外人に対しては勲章は勲一等でも親授式といふはございませんでございませうと申上げし処、ないとの仰せ。吉田、岡崎としては或は陛下の御前でといふ様な事申出るかと存じますが、或は儀式でなく尤も米国は議会の承認を要するので本当の授与といふ訳でもありませぬが、其点は政府も式部もよく研究するといふ事になつて居りますと申上ぐ。

それから、二十三日の葉山行幸啓の際の御道筋は、先日還幸啓の時御気付きになりましたと存じますが、道普請の為に藤沢迄東海道を御出で願ひ、それからいつか秩父宮の藤沢〔鵠沼〕別邸へ行幸になりましたあの道筋を鎌倉経由で御願致すのでありまして、鉄道と警察とでよく協力致しまして、踏切が四ケ所位ありますかと存じますがどこも御待ち願ひませんですむ様に致します筈でありまするが、その為余程時間を正確に致す必要があるかと存じます故、多少時間が或は変りますかも知れませんと申上げし処、それでは三時が又変るのかとの仰せ。イエ、大した差ではありませんが、此際踏切の数も多く、横須賀行の列車は相当頻繁であります故、万一列車と鹵簿のかち合ひまする場合が起きますれば正常ダイヤで運行する列車を踏切で臨時で止める事はよろしくないと存じまする故、其際は踏切でお待ちを願ふ外ないかと存じます。多分そういふ場合は起きない様に手順がつきますと存じますが、此点予め御許しを得たいと存じます旨申上ぐ。それはそれでよろしいとの仰せ。

それから、皇太子殿下が羽田着の時はまだ陛下の御名代としての御復命前でありまして、本来は何も仰せになりませぬのが本当かと存ぜられますが、今日此時節に報道機関を通じて国民一般に何も仰せにならぬといふ事はどうも矢張り宜しきを得たものとも申せませぬので、御許しを得まして羽田でステートメントを御出し願ふ外ないかと存じます旨申上ぐ。御了承に拝す。

それから之は一寸田島も自信のありませぬ事でハッキリ申上げ兼ねますが、三谷侍従長は皇太子殿下随員主席として責任の重い旅を六ケ月致して参りまして或は相当疲労致して居るのではないかと存じます。あまり神経を使はぬ人ですし、報告によりましても一行中平均しての食欲は一等だなどともあります故、案外疲労ないのかも知れませぬが、十二日帰朝、十九日四国供奉といふ事につきましては特に御許しを願つてはとも存じまする。それから御出発の日の午後行はれまする、常磐松に於ける皇太子殿下御主催のレセプシヨンには十二日の帰朝と共に主席随員を免ぜられまする発令はありますが、残務と申しますか此日は出席致します方がよろしいかとも考へられまする。この問題は何れがよろしいか田島も迷ひまするので存寄り丈けを申上げまして御考の上、御思召を拝したの様に取計らひたいと存じますと非常に弱く申上げし処、長官は三谷の疲労の理由でいつてるのか、それとも十九日の会に出る為に行かれぬといつてるのか、あとの理由なら疲労はなくても供奉出来ぬといふ事になるではないかとの仰せ。イエ、十九日出席の為で申上げてるのではありませんので、之は両陛下は京都、岡山に御泊りになりますので目的地の四国の供奉にはあとからで充分間にあひますと申上ぐ。そうか、それはそうかとの仰せ。之は只今申上げました通り、ハツキリどの方がとの田島の考へも致しませぬから……と申上げし処、イヤ、それはこういふ風にして貰はふ。私としては三谷も疲れて居らうから供奉はしなくてもい丶といふ私の意思を長官からそれとなしに三谷に話し、そうして三谷があの人も責任心の強い人だから、御供するといへばそれをせぬでもよろしいといふも却つてわるいから、その結果でどちらにでもしようとの旨仰せ。それでは、田島から陛下の御仁慈の思召を内々に伝へまして、その上は三谷の考へによりて或は供奉を御免し願ふ事もあるといふ事に御許を得まして取計ふ事に致しますと申上ぐ(当然疲労故、無理にも休ませろと思召でなき事は判然陛下の侍従長が本職である(本人は責任心も強いからとの仰せも去る事ながら)供奉は当然であるとの御心よりの仰せと拝察する。但し同情思やりなき事も仁慈うすしとなるも困るとの御心境か)。そうしてくれとの仰せ。

それから或は御覧になりましたかと存じますが、産業経済新聞にブラジルサンパウロ四百年祭が来年行はれ、学者の会議には日本から湯川〔秀樹、京都大学教授〕博士が行くとか、桂離宮のモデルを出すとか、親善使の宮様には高松宮が御出になるとかいふ記事[190]で政府も一億とか予算計上云々との事が出て居りましたので、此事は一寸高松宮様からも伺ひ、高松宮様は御出にならぬといふ事を承知致して居ります故、或は三笠宮様とも考へまして先刻岡崎外相に予算の事など尋ねました処、一向何も知らぬ。民間で六百万円寄附金を募つて何かあるといふ事はきいてるがといふ話でありましたし、又あそこはいまだに裏面には勝組負組[191]の争ひがくすぶつて居り、皇族方の御出掛けはよくない旨申しました故、此事はマーそれだけに終りました事でありますが新聞に大きく出ても居りました故、一寸申上げ置きますと申上ぐ。

あの、少年団〔ボーイスカウト〕の会合には私が余り出ぬ様にと吉田がいつたとかいふ事を長官がいつてたやうだが……との仰せ（一寸合点出来ず、水交社[192]をフリーメーソンの本部に無理に安く買ふといふFisherといふ米軍将校（フリーメーソンではマ元帥よりも上位）が少年団も肝入りしつゝ、あつた事の関連上、Fisherの関係する少年団も余り陛下の深入りない方がよいといふ様な印象を水交社問題で吉田首相のいつた事をおとりかと想像する外なし）。その事はFisherの人物の為に吉田が一寸申した事かと存じまするし、大した事ではなく、又今日の少年団は独立後は専ら三島〔通陽、ボーイスカウト日本連盟総長、元参議院議員〕が致してます故、陛下が少年団の御願ありました場合は出掛けになれぬといふ事は勿論ないと存じまするし、日比谷の時にも御出掛けにはなりましたし……又只今は少年団は特に陛下には御願に参つて居りません。三島が少年団の事でもありまして、御若い皇太子殿下に総裁になつて頂くとかいふ様な事を申して居りますが別に今申出はありません。又申出ありますれば御出掛になつてわるいといふ様な事は只今は何もないと存じますと申上ぐ。あ、そうかとの仰せ（実は少々唐突と吉田首相が少年団御出席はどうかといつた事を奏上せし記憶は一寸無し。只少年団の中心的肝入りFisherとフリーメーソンの中心と同一人の為にフリーメーソンについての行動について吉田が反対せし事は記憶あるも、強く少年団に結びつけての事は記憶なし。但し陛下が其時の話を左様におとりになつたかと思はれるも一寸見当付かず、Fisherの混線で錯覚的に三笠宮御留学に骨折りし事あるFisher〔Gehlen Fisher ゲーレン・フィッシャー、宗教家〕の事を思ひ、三笠宮様は其際の行懸りでエール大学の便宜提供の問題は少し残つて居りますと申上げし処、イヤ、三笠宮の事ではない。少年団の事との仰せのトンチンカン少々ありし後の以上の拝答となる）。

それから又全く別の事だが、松岡のいつた労資関係のいゝといふ会社を神奈川の知事〔内山岩太郎〕に田島がきいたら、それは今はそう特によくない、それよりまだその点でい丶のは他にあるといつて来たといふ事をきいたが（此事は記載洩れと思ふも、十四日拝謁の際一寸ふれし事と思ふ）、そのい丶といつて来た会社の工場は神奈川県のどこにあるかとの仰せ。ハイ、四つ位ありましたかと思ひまするが鶴見辺のもあつたと存じますと申上ぐ。それなら葉山の往還にそこへ立寄る事は出来るナとの仰せ。ハイ、それは可能でありまするが只今は御止め方よろしいかと存じますのは、長くさはいで居ります日産自働車の工場も神奈川でありますし、秋季労働攻勢とかいろ〳〵只今労資間の動きの多い時でもありますから、只今は其時期ではないかと存じます。ＩＬＯのアジア大会[193]といふものが始めて行はれ只今開会中で、前田多門〔日本ＩＬＯ協会会長、元文部大臣〕が議長を致して居ります。又之はひそかにき丶ました事でありますが、労働省内に労働懇談会式のものが小坂〔善太郎、労働大臣〕の発意で近く出来、それにも大臣の依頼で前田が会長になるとかいふ事でありますます故、ＩＬＯの会のすみましたあと前田でも御進講申上げますれば、最近の労働問題は或はよくお分りになるのではないかと存じますと申上ぐ（之は田島此時拝謁の直前、稲田侍従次長御召しにて労働問題に付、小坂労相の報告をきくか、書面で報告させるか、或は侍従次長労働省についてきくか長官とよく相談せよとの御話ありしとの事侍従次長より聞き、最近の新聞には吉田好みで各省大臣所管事項奏上ばやりとの記[194]事散見する事多き折柄、陛下は報告をきくだけと思召でも世間の目は元の天皇の万機総攬のやうな印象を吉田の「臣茂」の如き印象と共に一般に植えつけ、反対党内閣の時など丁度往年の社会党内閣の時の如く絶対天皇に報告拝謁などせぬといふ反動現象になり結局面白からぬ結果となる訳故、水害状況などは御仁慈といふ事で解決つくも通産の問題とか労働の問題とかはあまり政務奏上とならぬ方よしとの事を侍従次長にもいひ同感にて、其線にて三つとも此際止めの旨奉答する旨打合せし後にてもあり右に申上ぐ）。

猶、先日御許しを得ました世界物理学者の一群二十余名は、十四日生研を拝見し、大変喜んで居りました旨で、今日学術会議々長亀山〔直人〕博士御礼に参上致しました。其節の話に、瑞典の学者は我国王〔Gustaf VI Adolf グスタフ六世アドルフ〕は考古学者、日本天皇は生物学者、東西の二人の王様学者とか申して居りました由、又此学術会議の模様を御進講申上げてよろしければ、或は実力は湯川博士以上と称せられる朝永〔振一郎、東京教育大学教授〕博士がよろしからうと亀山は申して居りましたと申上ぐ。陛下は、それは一つ朝永にきこうとの仰せ。

九月二二日（火） 願出御座所 一〇・二五―一〇・三五

神社関係の事でございまするが、戦後に勅使御差遣がおやめになりました靖国神社の例祭[195]には御願ひしたいとの申出がありますので、これは復旧を御許し願ひたいと存じますと申上ぐ。先方から申出あるのかとの仰せ。左様でございますと申上ぐ。よろしいとの仰せ。之は十月十八日でございまするからそれから始めさせて頂きます。次には、伊勢神宮の新嘗祭にも以前は勅使差遣がありましたが、神嘗祭は神宮の重大なる御祭で荷前の納献もありますが、新嘗祭は戦争後中止されて居りまするが之も願出がありまするので復旧の御許しを願ひたいと存じます。よろしいとの仰せ。実は他にも同様のものがありまするが、之は今年ではございませぬ故、総合的に研究致して居りますが今日御許しを得るものではございませぬ。それは鹿島、香取の二神社でありまするが、之は武の神と一応なつて居りまするがそうではないとの説もありまする。実はその内一社は来年、他社は其翌年かに十三年振りかの大祭がありますそうで、或はその大祭だけにでも復旧を御願致してはとも考へて居りますが、まだきまりませぬ故、之は更めて御願を致したいと存じますと申上ぐ。それは戦時中に始まつた事と思ふ故、今の二社とは少し違ふ。それを此際復旧するのはもう少し……との仰せ。ハイ、其点は只今申上げました通りで御許しを願はふとまだきめました訳ではありませぬ故、前の二件だけ御許しを願ひたいと存じます。よろしいとの仰せ。

それから今日クラークの勲章の事[196]でございますが、先日一寸御耳に達しました後、内閣も賞勲部と相談、式部も賞勲部と相談の上、談合致しますやうに申しておきましたが、やつと只今になりまして御親授を願ひたいと申出ましたが、前回伺ひました通り前例はありませぬし、今後の関係もありますので総理に渡して貰ひたいと存じまするが、吉田が外交関係上是非陛下に御願致したいと申出でました節は、前例はありませぬが御許しが頂けませうか。其点の処を御思召を伺ひまして、可成ならば首相から渡して貰ふ様に話したいと存じますが、御思召の程は如何でございませうと申上げし処、前例は外国人に親授といふ事はない。皇族は勲一等以上は私が渡したがこれは式ではないから今新例は此際開きたくない。然し国交の為になるといふので総理が是非御願したいといふなら式でなく渡しても已むを得なければしてもい丶が……との仰せ。式となりますれば憲法の条文で内閣の助言と承認で閣議を経ねばなりませぬし、その事は此際出来ませぬので、文化勲章のやうに御前で総理からといふ事も考へられまするが……と申上げし処、それはいかん、式でなくて総理の渡す処に私が居るのはそれはいかん。総理が渡せば官邸より宮中といふので意味があるからそれにした方がい丶との仰せ。ハイ、田島は実は総理の希望は不賛成でございまするが、時間の迫つて居ります際、総理が非常に強く主張致しました場合に枉げて御親授といふ事も願ひ得まするかを承りおきまして、総理と話を致したいと存じまして……申上げし処、それでは、前例は外国人はないし今迄は皇族だけだから、それを準じて已むを得なければ私が渡しても仕方がないが、それは国交上総理が非常に熱心に希望する時であつて、可成総理が宮中で渡すといふ事にしといて貰へれば問題がなくてよいとの仰せ。ハイ、承りました。総理によく話を致しまして又申上げますとて退下す。

九月二二日(火)　願出御座所　一二・一五—〔空白〕

先刻の問題は、総理が陛下の出御前に二の間で渡すことにきまりましてございますと申上ぐ。そうか、問題がなくてよいとの仰せ。

九月二三日(水)　御召し葉山御座所　五・一五—五・三五

秋季皇霊祭拝礼後直ちに帰宅した処、小畑〔忠〕侍従より電話。葉山に供奉後拝謁の時間ありやとの御尋ねありし為、夕食後帰京の途に就く旨申上げし為、御直着〔ママ〕(197)御召しにて御前に出づ。あの中共の問題だがねー、外務大臣にきけば貿易はやるといふ話だし、又先方への視察団の行く事をいつてやつたら、きてよろしいが、日本へも視察団を出したいと中共からいつて来たのに対し、日本は今其時期でない旨断つた処、それでは今でなくてもよろしい。日本の中共視察はよろしいといつて来たと昨日岡崎の話であつたから、それはどういふ訳かときいたのよ。そうしたら、それは矢張り共産主義制覇の意思で一歩づゝでも日本に近づかうといふ意味だといふ旨をいつてたが、どうも共産主義の平和の内での攻勢といふものは中々根強いのに、日本ではどうも皆が一般にそれ程恐ろしいと思つて居ないやうだ。清水〔董三、在中華民国大使館参事官〕といふのが私の通訳をした事もある人間だが、それが今芳沢〔謙吉〕の大使をしてる蔣介石政府〔中華民国政府〕の処の大使館に居るらしいが、それの得た情報によれば、中共内部の人心が、必しも此間日本から引揚問題で行つた人の話すやうな人心把握とか総てよくなつたといふ事も、一部的の観測に過ぎぬ旨の話もあつたとかいふ話である。中共との話合など余りしないでもと思ふのに、どうして中共と何かと話合ふのかと岡崎にきいたら、兎に角引揚の問題を停頓させたくない為にいろ〳〵苦心するといふ様な事をいつてたとの旨の御話。

どうも困つた趨勢でありますが、ソ連、中共といはず、共産系のものは日共でも宣伝はどうも上手で、平和といふやうな美名で、内心に相当世界制覇の野心を包蔵しまするが、中々上手で積極的でありまするに反し、之に対する方は宣伝は余り上手でなく、一面反動とか逆コースとか俗耳に入り易い攻撃の言葉をも使ひまする上に、新聞雑誌等に現に筆を執りまする比較的若い連中は多かれ少かれ進歩的と申しますか、共産主義に真向から反対するといふよりは、言葉の上のいゝ言葉では多少同感的になりますし……と申上げし処、日本の新聞雑誌が広告で立たないで読者への発行部数によつて立つて居る為、一般の歓迎する様な方に傾くので紙数がへつても正論をするといふ事がないからいけないのだよ、とのいつもの仰せを又御繰返しになり、又小声で因果応報といふ事が仏教にあるが、一面からいへば因果応報で云々と仰せになりしも、どういふ意味か一寸解り兼ね伺ひ直せしも一寸意味とれずその儘とす〔侍従次長には芳沢の話をきゝたいがとの旨仰せられ、長官の意思をきけとの仰せありしとの事なれども、進んで芳沢にも一度御あひになりましてとは態と申上げず……。最近吉田の指金で大臣が交々陛下に政情報告に出て云々新聞紙で問題にしつゝある折柄、比較的少き方、永久に如何なる内閣の時にもの事を考へればよりよきに無之哉。尤も水害等国民罹災の状況等はよろしきも、政治外交に御興味御関心あるは当然ながら、英国の如き習慣が自然に生成する迄は、自由党内閣の時ははげしければ、社会党内閣ともなりし時、片山内閣の時の如く頓と参内せぬやうになる事も考へられる故、岡崎外相が二十二日拝謁奏上して、インドネシヤ等へ旅行する旨も申上げし此際はどうか……との考へもありたれば、積極的に仰せなければ進んでは申上げずと思ひし故、但し拝謁の後退下後侍従次長と話合ひし処、侍従次長としては何とか申上げねばならぬらしく、田島全く知らぬ人でもなき故、ふらつと芳沢氏訪問し其上の事にと打合す)。

今日も御祭りの参集所で木村〔篤太郎〕保安庁長官は二十日の航空祭の話を致して居りましたし、又堤〔康次郎、衆議院〕議長が孝子の表彰をやるといふ事で大達〔茂雄〕文相も賛成してるが、あれはいい事だと木村長官が申して居りましたやうで、保守派の中の人々はちやんと色々考へております点もあるやうでありますが、どうも一般大衆への働きかけは少いやうであります。〔田中耕太郎〕最高裁判所長官に、判事の中に所謂進歩的のものが出るのはどうかといふ話も出て居りましたが、最高〔裁〕長官は何等権限なく、総て合議故何も出来ぬとかいふ事も出て居りました等申上ぐ。

それから、ニクソン〔米国副大統領〕が来るといふが、その食事が若し夜なれば之は燕尾服だと思ふが、勲章のない国の人をよぶときこちらが勲章をつけるかどうかとの仰せ。ハイ、先日の英国戴冠式の御祝に少数日本側を英国側大使連合で帝国ホテルへ招きました節は、打合せまして日本側は勲章をつける事になりましたが、宮様は御佩用なく首相始めはつつて出ましたが、米国の場合の事はよく又研究致しまして申上げますと申上ぐ。そして、ニクソンよりも前に、皇太子殿下御帰朝及今年始めての園遊会行事、又其前には伊勢遷宮もあり、又四国行幸啓もあります故、それらの後にニクソンの事も追々充分研究致します旨申上ぐ。

長官のいつかいつてた戦犯の問題は、外務大臣にどうなつてるかと聞くといふ事であつたが、外務大臣にあつた時は一寸思出さなかつたが、先達て法務大臣には一寸きいたがあの後に話があつたかとの仰せに付、鮎川〔義介〕は田島の憲法の解釈を不可解と思ひまして二、三の人にききました様子で、矢張り同一解釈でありましたとの事であります。山梨〔勝之進〕は同郷の関係もあり、今村〔均、元陸軍〕大将にもあひに参りましたそうですが、要するに、自由を奪はれたものとしては種々の不満が出るのは当然でありまするが、去りとてその通りに内外の情勢が許さぬ事情も又ありまするので仲々六ケしいと存じます。お金の問題も、比島等帰還の時期を一寸失しましたので、まア其儘でございますと申上ぐ。

御文庫は昨日御覧になりましたのでございませうかと御伺ひせし処、私はいかぬが良宮が行つた。物を入れる場所が少しせまくなつた為、置場をかへなければならぬとの事だとの仰せ。ハイ、木ズリを打ちまして壁紙を張りました為に少しづゝせばまりました。其影響かと存じますが、その方はどうにも致し方ありませぬが、何か御使い勝手のよろしいやうに直します事があれば、御帰り前の方がよろしいのでありますがと申上げし処、置き処をかへる事を……とのみ仰せ。

九月二七日(日)　願出葉山御座所　一・三〇―一・五五

台風十三号[198]に付天機奉伺の後、厚生省の報告今朝の分未着の為、昨日の分最近のものながら之又正確ならず、何れ三十日頃に大体判明する様存ぜらるるも、今回其範囲広きも、府県単位に考ふる従来のやり方を以てすれば侍従御差遣を願ふ程の府県はなき見込の旨、金一封の個所は愛知、三重、京都、兵庫等、五、六県になるべきかと考へらるるも、何れ更めて申上ぐる旨、京都事務所よりの電報にて御所、離宮、陵墓に若干被害ありとの事ながら詳報なき旨、及四国は左程被害大ならず、行幸啓に変化ある事なき見込の旨申上ぐ。

次に昨日クラークの副官テート大佐来庁、クラークの田島宛、此書面持参致しましたとて逐字訳にて申上ぐ。之に付加して、日本の風水害の見舞をも申添へて居りました。就ては明日、田島、クラークに御茶によばれて居ります故、早速申上げました旨、又風水害の見舞の御礼の事を口頭で申しましてよろしいかと存じますと申上ぐ。そうしてくれとの仰せ。猶テートの話によりまするときは、大将は朝鮮でヴァンフリート〔James Alward Van Fleet ジェームズ・A・ヴァン・フリート、前米国第八軍司令官、陸軍〕大将が少し李大統領を甘やかしました後始末が捕虜の解放のやうな難問題になり、多少腐つて居りました処、大綬章を頂き非常に喜びました様子であります。文章及演説で今後活躍するらしいとかで、同大将の感激しました事は日米の関係の為によかつたと存じます。

非公式の話だがと申しまして、テートがドレス〔正装〕の時に付ける小さい勲章はどこで売つてるかときいて居りましたが、大綬はドレスでかけられる故そんなものはないかと存じますが、売る店は教へておきましたと申上げし処、あれは日本で正規に決めたものではないから大綬でも造ればあらうとの仰せ。それから芳沢大使御進講の事は侍従次長より申上げました通りでありますが、田島が先日同大使を訪ねました節、日本はどうも桃色以上のやうに見える。吉田首相は反共には相違ないが何も対策はやつてない。外相もそうだ。台湾の大使館では蔣政府の国事情報は勿論、他からも情報をとつてをるので、先達て国会議員の小金〔義照、衆議院議員、自由党〕などの来た時にもその話をして、それは少しも知りませんでしたとの話で、今回の帰朝も日本の朝野啓蒙の為で、左派は別として各政党にも新聞関係にも財界にも話す積りで材料をこんなに持つて来た故、陛下の御耳に達する事が出来ればそれは誠に難有いといふ事で三十日に御きめを願ひました。清水〔董三〕参事官と両人で申上げる事でありますが、清水参事官は或は背広しかないかも知れず、旅行中の事とて御許しを願ひたいと存じますと申上ぐ。よろしいとの仰せ。それから奄美大島の話は侍従次長を経て申上げました通りで、只今諸般の手続取運中でありまして、今年一杯には全部完了するとの事でありましたと申上ぐ。

それから、秩父宮様の相続税の金額が其後種々調査の結果、税法が余程六ケしいと見えまして、税務関係の人と役所の主計課長とであらゆる材料を出して計算して貰ふのでありますが、一応二拾万九千で確定との事が、又々七万九千とかいふ先達て御許しを得ました数字に成りました。一応の税のわかる人にも分らぬ程複雑な規定のやうであります。先達余り六ケしくきめすぎたといふ事を、主税局すら徴税の実際の役に代つた人間が感じてたとの事をきゝました程でありますと申上ぐ。どうもそういふものはもう少し簡単にする事を考へるといいネー。専門家を煩はす事の出来ぬ人は多く払ふ間違もあらうし、又一方脱税になるやうな事にもなる恐れがあるから……との仰せ。

それから、米副大統領ニクソンの来朝は、外務省から通知がありまして、十一月十六日午餐に御招きの事に既に御許しを得ましたが、鴨の希望もあり、十七日はまだ一日あいて居りとの事で、先方さへよければその日と一応考へて居ります。宮様に御出掛願ひます事がよろしいかとも考へて居りますと申上げし処、或は皇太子がいゝかも知れぬとの仰せ。又私はいゝネーとの仰せ。それは全然其必要はありませぬと申上ぐ。夫人同伴の上に、代将とか国務省の人とか又政府の飛行機で軍人が操縦して参ります故、或は其内適当のものは御召しを願ふかと存じます。まだ時もあります故、外務省とよく連絡致しましてと申上ぐ。

又、昨日は、昨年大宮様の御遺産を藤楓協会に賜りました際の賜茶の当日といふ事で、下村宏〔財団法人藤楓協会会長〕が田島の処へ参りまして、癩患者の先達来の動きの事を申して居りましたが、一部共産党の者などの策動に社会党左派などに煽されての行為の様でありますが、騒ぎますものは大抵新しい若い者とか申す事でありますが、何分収容されて居りますものが東京見物出来るといふ様な意味で、法律は通りましたが、まだ〳〵今後もあんな運動をするのではないかと思はれますとの旨申して居りました。又畏れ多い事でありますが、彼等の内には大宮様の御歌の攻撃をやるものもありますとか、又長島の愛生園の光田〔健輔、国立療養所長島愛生園初代〕園長の寿像をこはすといふ様な事で、之には古い連中は反対でも矢張り甘くやるだけの事はなく、療養所の中は非常に不愉快のもので、下村なども来てくれといはれても馬鹿〳〵しいから行かぬと申して居りました。そして下村は、厚生省の人に米国の四十八州の内でどこか一州癩患者を解放したところがあるがそこの様子を調べてくれと頼みましたそうですし、今一つ、当日本で実際伝染率の統計数字如何を調べて貰ふやうに頼んだとの事でありますが、これはどうも反対運動の為に動かされて従来の方針を多少かへる意図のやうにも思はれまするが……と申上げし処、それはどうもどういふ訳かなー、木戸〔幸一〕が下村の事をいつてたが、矢張り世間の動きにあれして……する人なのかなーとの旨の事仰せあり。調査を頼みました事は田島も一寸意外にも感じました次第でと申上ぐ。

午後再び海へ採集御出ましの御意図を伺ひし故、他の事は何れ又と申上げし処、きこうとの仰せ故、実は行幸先の松山で護国神社の建築が出来ました際でありまするが、是非此際御参拝を願ひたいとの事が下検分の際に強く要望されましたそうですが、今回は国体への御出席故と断りましたので、高橋〔英吉、衆議院議員〕とかいふ自由党の代議士が田島に面会に参りまして頼みまする故、今回はその御時間もなし、他との釣合もありといふ様な意味で返事しました処、先方から神社がいろ〳〵六ケしいといふなら分るがといふ様な話で、実はそういふ点もあると申しまして帰りましたが、又重て益谷〔秀次〕元国務相が参りました故、神社関係は憲法上中々機微な事、先達来神宮ＰＴＡ〔ママ〕の問題もある際等々の事を申して返しまして大体落付いてる事と存じますが、昨年靖国神社へ御参拝願つて居りますが、その前に明治神宮との仰せもありました通り、神社関係では護国神社へ御参拝ならば此社へとのいふ様な事もありませうし、従来宮崎でも熱田でも神社御参拝はいろいろ六ケしい御配慮の下に御願ひして居りますので慎重にと存じて居りますと申上げし処、それは一つ行けば今後地方の護国神社は皆といふ事になるし、今いふ様な訳で慎重の方がよいとの仰せ。それから又一つは、三里塚〔下総御料牧場〕解放の声が中共よりの引揚者の入植といふ問題にからんで又起きておりますやうでありまして、共産党の扇動でありまするが、入植者の為を謀つて牧場がなくなりますれば失職者が数十名出ますし、之等の人に開放する方が先でありまするし、従来調査の結果、今日だけは一応やつて行く事になつて居りますので、其意味で断る応対を致すつもりでおりますと申上ぐ。それはそうだ、開放すれば其人達の方が先だとの旨仰せあり。

それから、そういふやうな空気があるのだが、私はどうも政府も恩威共に行ふといふ事が必要だに係らず、恩の方が足らぬのではないか。癩の問題でも無法の事は厳に取締ると共に、彼等の為に恩となる事は精々やるといふ行き方、一般に社会事業的の施設をもつと大にやる必要があると思ふとの旨いろ〳〵仰せあり。又その意味で今回の台風で被害者数が相当多い時に、船で私が出ていゝかとの又重ての御尋ね〔頃日電話にて侍従次長に別に御懸念に及ばずと申上げあるに〕に付、その点は遊山を遊ばすのでなく学問の御研究故、少しも差支ありませぬと申上ぐ。今回の台風の実は左程ではありませぬが、雨の為に相当収穫のへつた処や、災害の伴つた処がありますようでと申上げし処、台風の右は風で左は雨だよ、それだから舞鶴なども雨の害がある云々仰せあり。此度の災害は先程申上げました様に府県別では大した事なく、一般に広範囲でありります故、或は厚生大臣にでも御言葉を賜る事は如何かなどとも考へて居ります旨申上ぐ。

外相留守中、代理がおかれる様子で緒方〔副総理〕とか犬養〔法務大臣〕とかとの事であります。九日は其代理が参ると存じます。又御研究所拝見のこと、海洋学者及高等学校の先生のことは既に御許しを受けた事と存じますと申上ぐ。きいたとの仰せ。

明後日還幸啓は又御迎へに上りますと申上げし処、其前に又何かあれば来てくれとの旨仰せあり。

恩威並び行はれる云々の御話の節、人体には塩は絶対必要だが砂糖は左程でない。然し人は甘いものを欲する。その辺六ケしいがよく考へねばならぬとの仰せあり。又政府要人の拝謁多き事を新聞などひにくる事も近来散見致します故、保守党の内閣の時計りの事を考へず、通してよろしいやうに考へる必要もあります旨申上げし処、それはそうだとの旨仰あり。

一〇月一日（木）　願出御座所　二・四〇―三・一〇

皇太子殿下御帰朝に関連致しまして二、三申上げますが、御帰朝の際、各国元首に対して御親電を御出しになりますか否〔か〕の点は、陛下の時、秩父、高松宮が特命で御出での時、又コンノート親王〔Arthur of Connaught アーサー・オブ・コノート、英国王族〕等来朝[199]の時等、彼我の前例を調べましたが、重複して御出しになりました前例は殆んどございません。各国それ〴〵御離れの時出て居りますから、今回は御親電には及びませぬ旨式部官長も同意見でありますから左様に願ひたいと存じます。先日英国女王よりの御親電にも、贈物に対して御礼だけで皇太子殿下御差遣についての御礼は一言もありませんでしたと申上げし処、それがよろしい、十六日に各国大使にあふのだからとの仰せ。左様でございます。其節は御食後先例の様に御話の機会がありますから、御直きに各国元首の信任状ある使臣に仰せあれば、これ以上の事はありませぬ故、結構と存じます。猶皇太子殿下からの御電報といふ事も前例ありませぬので、何も御差出しにならぬ事に致したいと存じます。よろしいとの仰せ。〔欄外「伊、西独等贈物も矢張り大使に仰せあればいらぬと存じます旨付加申上ぐ。」〕

次に、学習院では、記念日が十月十七日で例年皇太子殿下が御出ましになつて居りましたそうですが、今年は其日に学習院として御歓迎申上げる会を致したいとの事でございますが、御在学の学校の事で、御疲れがなければ御出まし願つた方がよろしいかと存じます。いゝだらうとの仰せ。それから東宮様の御土産と申しますか、御旅行記念品の内、両陛下始め内廷の事はしばらく別と致しまして、三宮始め元皇族又臣下の分等、東宮職から書類が出て参りまして、尤も黒木の方から申越しましたものに大体よりましたのでありまするが、随員の分がありませぬので照会致しました処、遠慮を致して居りましたか、申出もありましたが、是等は一応準備さへありますれば御帰朝後に書類を以て御許しを頂いて遅くないと存じますから、之は今少し先の事に願ひますると申上ぐ。

次に先刻小泉から手紙が参りまして、申上げてくれともございますのでとて大体読みあぐ。随員評判よき点も申上げ、陛下も首席随員につきては宸襟《しんきん》〔天皇の心〕を御なやましでありましたが、三谷で結局よろしかつたかと存じます。其他の随員の選任も少人数であり可なり苦心を致しましたが、まづ〳〵よかつたかと存じますと申上ぐ。猶小泉は明後三日帰朝致しまするが、随員といふ訳ではなく、御教育上一応此際洋行可然との事であります故、御一行として考へる事は勿論いけませぬが、若し御思召がよろしいとの事なれば、結局は東宮様御教育上の必要で参りました次第故、帰朝の時御酒でも賜りましては如何と存じまするが、これは一に御思召による事でございますと申上ぐ。食事はいゝか、御陪食の中に入つてるかとの御尋ね。其点は東宮殿下の御一行ではありませぬ故、只今は考へて居りませぬが、別途に又御願致しまするか、考慮致しますが、差当り、三谷に対しては御酒と御肴とを賜りまするのを御酒だけ賜れば如何かと存じます次第で、他の随員も御酒は賜りますから……と申上ぐ。そうか、御酒よろしいとの仰せ。

それから、母子教育会の理事長新居善太郎〔恩賜財団母子愛育会理事長、斎藤実総理大臣秘書官〕が参りまして、目下総裁は三笠宮妃殿下、会長は一万田〔日本銀行総裁〕でありますが、皇太子御誕生の節、御思召を時の首相斎藤〔実〕に御伝へになり出来ました会でと申上げし処、そうだとの仰せ。東宮殿下御成年、立太子礼、又御洋行といふ此際を期として、益業務を盛にやりたいとの話でありました。別に具体的にハツキリしては居りませなんだが、そういふ事がありましたから御耳に達しますと申上ぐ。

それから、海洋学者が御研究所を拝見致しまする際、御説明等で或は拝謁するといふ問題がありまするが、之は拝見が主でありまして、時宜により御説明又は御下問に奉答するといふに過ぎませぬ故、外務省を通すといふ様な事のない手続と致しましたと申上ぐ。

それから、マサチユーセツツからの献上の手紙は、現品を皇太子殿下御持参かと存じますから御礼はその上で……と申上げし処、かの有名なウーヅホールの時テレビで見たが、何とかいふ魚といふ話だが、それではあれは皇太子にではないのかとの仰せ。それでは、まだあの陛下へのスミス〔Edward H. Smith エドワード・H・スミス、ウッズホール海洋研究所〕所長の御手紙を御覧になりませぬのでございますか、陛下への献上[200]でありますと申上ぐ。そうか、そうなのかとの仰せ。

それから之は、心得の為に思召を伺ひたいのでございますが、先日学習院の評議員会へ参りましたが、新制大学としまして学習院[201]は健全な発達を致して居りますらしく、殊に成績のよい入学生がふえて来てるといふ事と、卒業生の就職率が非常によろしい二点は結構と存じて居りますが、学校の設備に不充分の点があり、教室の増築等約二億で五ヶ年計画の整備案の話もありました。整備の内には体育館といふのもありましたが、或は覆馬場がその役に立ちますれば御下付は如何かと存じまして御思召を伺ふのでございますがと申上げし処、東宮ちやんさへいらなければよからうが……との仰せ故、それは主馬寮の方のは其儘で吹上の方のだけでございますがと申上げし処、そうか、それなら勿論よい。然しこれは議会の承認だけでよろしいかと存じて居りましたが、法律を制定しなければならぬといふ説もありますので、研究を致しまする。又学習院側へは一言半句もこれにふれたことは申して居りませぬが、研究だけは致しますると申上ぐ。学習院は今の話で資金がいるだらうが、昔の皇室のやうにお金は自由にならぬけれども、皇太子始めの通学の関係、私も母校だから若干の事はしたいと思ふからその点も併せて研究してくれとの仰せ。

それにて退下せんとせし処、あの水害のはまだか、どうなつてるとの仰せ。あ、それは書面を以て差出しましたが、まだ御手許迄届きませぬのかと存じます。先日も申上げました通り、侍従御差遣のやうな個所は一県もありませぬので、金一封の程度を厚生省、国家警察の報告で昨日検討致しまして全員の案を定め、愛知、三重、京都等五万円外、二、三県三万、二万等書面で御許しを得ますことに致してありますと申上ぐ。そうか、まだ来ぬ、それでは侍従差遣の所もないやうならば、私が四国行の時に行くといふやうな必要はないネとの仰せ。勿論親臨のやうな事はございませぬと申上げし処、或は知事が汽車へ来た時にでも状況でもきけばいゝネとの仰せ。それは至極結構でございまして、京都などは御所へ拝謁に出ました節にでも御言葉あれば結構と存じます。山陽及四国は今回の災害は比較的少いのでございますから御予定通りでよろしいと存じますが、範囲は非常に広うございます故、十五日閣僚に御陪食を賜ります節、総理なり厚相なりに状況を御尋ね頂く事もよろしいではないかと存じて居りますと申上ぐ。

退下せんとせし処、お立ちになり御近きにて、昨日の清水の話、個人の自由のない事は言語道断だけれども、中共政府の施設はすべて宣伝で失敗だとはいへぬ点もあるので之は中々六ケしい。物が着々進むのは事実上統制の強い力で引ぱらねば上らぬ。自由、民主といふ方向でゆくと中々ものは進まぬ。之は六ケしい。スターリンでもヒツトラー〔Adolf Hitler アドルフ・ヒトラー、ドイツ第三帝国の総統〕でもムツソリニ〔Benito Mussolini ベニト・ムッソリーニ、イタリアの統領〕でも全体主義で引張るのが仕事は進む。英米のやうな思想系統のものは自由でしかも仕事が行くかも知れぬが、国によつてはそれでは中々国運を急に引張るは六ケしい。之は六ケしい問題だネとの仰せ故、昨日控室に参りましてから今日の御話のやうであればグイグイ短い年月に可なりの見るべきものがあり、中共などすぐにもどうにかなるものだとは到底思へませぬ故、余程覚悟を固め警戒を人心に与へねばなりませぬと同時に、日本のやうな今日の有様では中共は中々成功してるといふ印象を若いものに与へすぎてもよくありませぬし、啓蒙の仕方も六ケしいと思ひます旨を申した次第でありますが、之は重大な事でありますと申上ぐ。いや大変きいて参考になつたが、あゝいふ風だと政府も余程考へねばならず、政治に入つてはいかぬが皇室などでもどういふ風にしたらいゝか政府の人とも相談し、又宮内庁の中でよく研究相談してくれとの仰せ。承りましたとて退く。

水害の事のあと、陛下は既に御覧かと存じますが、歴史教育の逆コースになることには反対だから、よろしく政府は考慮すべしといふ意味の意見書を歴史学者から政府に提出致しましたが、其中に三笠宮も入つておいでの記事が各新聞に出て居ります(202)。その仲間は桃色の人が居りますかも知れませぬが、いつか学士院賞を頂き又御進講にも出ました家永三郎〔歴史学者、東京教育大学教授〕とか、或は柳田国男〔民俗学者、國學院大学教授〕といふ様な名前もあります故、必しも不真面目なものではありますまいと存ぜられます。文章も極端ないひ廻しでもありませぬので事柄自体はよろしいかも知れませぬが、皇位継承に御関係のあります皇族が矢張り政治に御関与のやうな形になります事は、違法ではありませんでも不穏当になるかも知れませぬが、今回のは政府への要望の形で政府も関係がありますす故、打合せて或は宮内庁の役人のみの考へでもありませぬ、政府側の話もありまして申上げますと申上げました方がよろしいのではないかと只今研究中でありますす故、陛下は又御配慮の事かと拝察致しますが、時間を少し御与へ頂きたいと存じますと申上ぐ。よろしい、よく一つ政府とも相談し、庁内でも考へてくれ。私も逆コースといつて軍国主義の時のやうな事に帰る事は勿論いけないが、国の歴史を知る様になる事をも逆コースの言葉で反対するのは勿論いけない。三笠さんがさういふ仲に入るといふ事はどうも事柄はたとひ穏当でも……といふ様な旨仰せあり。清宮様が普通の歴史上の人物も御存知ないやうな教育は、いつかも仰せのやうに改良せられる事は望ましいと存じまするが、此学者達はさういふ要望はせず、改正に際していはゞ反対するといふのはどうかと存じますが、学者の一般でいへばいいかも知れませぬが、宮様として名を御列ねになりますことはどういふものでございませうか……と申上ぐ。

一〇月二日(金) 御召し御座所 一〇・一〇―一〇・五〇

私の思違ひかも知れぬが、東山御文庫拝見願が出てるが、阿部といふ教授は東大とあるが、あの三笠宮の関係のあるのは阿部何といつたか。東大ではないと思つたがとの仰せ。あの阿部は都立大学で行蔵と申しますす故、それは違ひませうと申上ぐ(書類何と記憶なきも、阿部行蔵ならば何か気付きし筈故、違ひませうと申上ぐ)。あ、そうか、行蔵ではない。それに東大とあつたから別人だ。それにあれは日本歴史ではなかつたらうからとの仰せ。行蔵は近世史とかきいて居りました。それならよろしいが、若しあの阿部なら東山御文庫など見せぬ方がよいと思つたのだとの仰せ(後で侍従職限りの書類たる事発見せし故、次長に話して今後廻して貰ふ事とす)。

それからあの中共の事だがネー、どうも説得であつて圧制ではない、自発で命令ではないといつてるが、あれは表面の話で、実際は圧制命令で専制なのだし、米国は主権はあると称してやつてるがソ連はそうでないし、共産国の方が侵略だともいへるし、言葉の上で平和といふけれど、何か政府の施策に反すればすぐ反革命とかいつてつるし上げをやり、個人の自由はちつともない。一面、ナチでもフアシヨでもヒツトラーやムツソリニーのやつた事は早く業績は上る。今伊太利でもムツソリニのやつた事蹟は見るべきものが残つてるといふ話だ。その方が物を運ぶには早いよ。第一次〔世界大戦〕戦争でも第二次〔世界大戦〕戦争でも、独乙は最初の内は非常な勢で戦に有利だが、英米等の自由諸国の根底のある最後の抵抗にあつて遂に破れてしまふ。一応手取早く成果が上るのは独裁的な強圧的のやり方の方だ。中共の事なども、実は侵略主義だとか、実は自由はない圧制だとか、人権など重んじないとかいふ実情を、もつと国民に宣伝といふと語弊があるが分らせるやうにしなければならんと私は思ふのだがネー。之は大事の事だ。緒方でもいゝからよく話して、そうして何とかしなければいかんと思ふとの旨繰返し仰せあり（拝察するに清水参事官の話にて中共一応着々成功しつゝあり、而も宣伝上手にて発意のやうな顔して圧制があり、各人仲間のつるし上げのやうな方法で政府の手でやらぬやうな風にして反対者をどん〳〵口をきかしめず、絶対服従せしむる事の危険と不合理とに御宸念の御様子と思ふ）。

新聞に一寸出て居りましたが、政府の情報機関整備のやうな計画もありまする事[203]は、吉田内閣の只今の点に対する重大施政のやうに察せられますが、之が予算の関係で中々出来ぬ様子でありますが、政府に質しますれば此事を多分答へるのではないかと察せられますが、いゝ機会に緒方にも話して見ませうと申上ぐ。（猶重複ながら一昨日御進講のあとで芳沢、清水両氏に、只今の御話では中共は着々致して居り、日本人は反共と口ばかりで申して之に備へる何物もないやうでは困りますが、其警戒を喚起せしめんとして御話になつて警戒心を起さず、中共には叶はぬと先を見たやうな思想にしては却て逆でありますがと申しました処、その点は注意して一般に話すときには加減し、陛下に申上げる時はあゝいふ風に実状の儘申上げるのだと申して居りましたが、中々之は六ケしい問題と存じます云々。此問題に関しては繰返しいろ〳〵仰せあり。

三笠宮様の昨日申上げました事で、朝日新聞は今朝御付してるものがわるいといふ様な意味、それから毎日は記者が御尋ねしてインタヴユーの記事を相当長く掲げて居ります[204]。御覧になりましたかも知れませぬがと申上げし処、まだ見ないとの仰せ。毎日のインタヴユーもそう極端の事は何も仰せになつては居りませぬが、朝日の記事では皇室を重ずる大達文相などが心配してる様子に見えます。之は歴史社会科の問題で、新聞だけでなく月刊雑誌などの題目にならねばよいがと存じて居りますと申上げし処、日本の地理や歴史を知らずに居るといふ事はどうしてもいかぬが、去りとて戦前の様に軍国主義に歴史を利用するような事は勿論いけない。論旨はよくても多少文部の政治問題化する恐あるものには余り御発言の必要はないのでありますが……。昨日の仰せもあり、今朝も相談致しましたが別に妙案とてもありませぬ。先達ての桃色の時は警視総監にでも正式に申上げて貰ふかとの説もありました儘、総監が洋行して其儘になつて居ります。最近帰朝しましたが、今度も或は宮内庁以外の人から申上げるのがよろしいかとも考へますが、差当りは先達て御話申上げまして、洋行についての御話合の会を御約束でございますから、近日開く事を考へて居ります。只今御旅行中でありまする故、御帰京の上早速開きまして、その節にいろ〳〵御話してと先づ考へて居ります。先づ徐々にと申上げし処、徐々はいゝが徐々とやつてる内に他の方が早く成長してしまふと手遅れだと困るとの御話。大体昨日と同じ趣旨の御話繰返し御話あり。別に長官からきく事はないかとの仰せで、ありませぬ旨申上ぐ。

退下して階下に参りし処、又山田〔康彦〕侍従御召しとの事にて御立話あり。今朝の新聞で、六千万石を割つた米作の発表があつたが[205]、此間長官は風水害全般について、首相、厚相に十五日の日私が一寸話すといふ話をしてゐたが、其時に農林大臣に、此食糧不足の問題を話し、又きいたらどうかと思ふがとの仰せ。それは勿論結構の事と存じますと申上ぐ。そうか、それならそうしようとの仰せ。退下す。

猶、再御前に出る前、陛下より、米大使館がメッセージを来日野球団に出したといふ事が新聞に出てたが[206]、その競技の時私が出てやらなくてもいゝかとの仰せ。実は招聘致しました新聞社が毎日でありまして、書面をもつて、皇太子殿下が紐育でそれらの選手の一部におあいになつてる事等をあげまして、皇太子殿下の台臨を仰ぎたい旨の願出があります故、東宮殿下に御出ましに願へればよろしいと存じますと申上ぐ。

一〇月七日（水）　願出御座所　二・〇五―二・三〇

起立のまま、〔赤間文三〕大阪府知事、〔青木理〕三重県知事御下賜金の御礼に参上の旨申上ぐ。（それより一昨日来からくすぶりの、羽田迄御迎への皇族、旧皇族の事に及び）皇太子殿下の御帰りの際、羽田迄御迎への事に関しまして、私共の申上方が不備でございました為に陛下に御心配をおかけ申上げました結果となり、誠に恐れ入りますが、那須に御出の節、侍従次長に持参して貰ひました書類に代表の文字がありましたのが少し表現がよくありませんでしたので、後の書類にはそれをとりました位でありますが、従つて最初から全員御出願ふ事は、皇居へ御帰り願つて乾盃の御席に御列《つらな》り願ふ関係上少し都合がわるいので、御希望の方々少数と存じて居りましたのでございまするが……と申上げし処、私は代表で皇族は義宮さんだときいて居たので、高松宮妃殿下などが行くといふ事をきいて驚いたのだよ。驚いたのだよ、長官から義宮が代表ときいてたから……との仰せ。田島も申上げました事は手続がございまするのでそれも調べましたが、この事は那須へ上がりました時に委細侍従次長より申上げました通りで、只一つ御注意の事で御返事致しましたのは、飛行機の後れた場合にどうするかとの御下問に対して、十四日の菊栄親睦会分を十八日に御延し願ふ外ないと申上げましたのみで、義宮様といふ事を……と申上げし処、田島からきいた。義宮をとはいはなかつたかしらぬが義宮になるだらうといつたとの仰せ。

御記憶は陛下の方がおよろしいのでございますから田島の記憶違ひかも知れませぬが、那須ででございませうかと申上げし処、那須だつたか東京だつたか知らぬが、田島からきいたと強く仰せ故（記録を見た上の事なれど、陛下御思ひ込みの様子にて相当語気強く仰せ故）、それでは田島の思ひ違いでございましたかも知れませぬ。左すればその為に御心を煩はしまして申訳ございませんでしたと申上げし処、私は自分で行きたいのだが、色々の都合で行けぬのだが、一等親が行かずに二等親が行くなどといふ事はおかしい。私は兄弟姉妹は始めから行くがい〻と思つてたのだが、皇族代表義宮だといふからそうかと思つてたのに、高松宮妃殿下や秩父宮妃殿下が行くときいて驚いたのだよ、と又強く御主張。

〔実は羽田迄御出掛が左程重大な等親問題などではなしと思ふも、又最初より一人の総代で制限する意味もなき事先刻申上げし通り故〕それでは陛下の御思召を伺ひまして此事は考へたいと存じまするがと申上げし処、義宮さんは行く。それから照ちやんなんか六人は菊栄親睦会の枠外で皆行く。それから皇族さんも行かれるといふ事だとの旨仰せ。それでは清宮様は学校等の御都合でなくても之はよろしうございますかと伺ひし処、それは都合でゆけぬのだからよろしいとの仰せ。元来が車の数とか、大勢さんですと皇太子殿下の御行列前に皇居へ御出発願ふ手順がうまく行くかどうかを心配する事から起つて居りまするが、照宮様等御六人御出でならば菊栄親睦会のお方でありまするから、他にはなくともよろしうございませうかと伺ひし処、イヤ、竹田〔恒徳〕さんが仄《ほのか》にきけば照ちやんなんかは行つたらい〻ではないかと仰つたとかきいて、直接ではないが私は実は多としてる。それに竹田さんは西洋で東宮ちやんと最近もあつてるのだから、私は竹田さん御夫婦が行かれるがい〻と思ふ。六人は菊栄親睦会の枠の外だとの御話。宗親係の方での話では、竹田宮も御希望がないとの事でありますが、陛下は御六人の外に誰方かあつた方がよろしいとの御思召でございませうかと伺ひし処、私は竹田さんがい〻と思ふが、或は長老で賀陽〔恒憲〕さんといふ事かも知れぬ。どちらにしても誰方か行かれた方がい〻と思ふとの仰せ。それでは之は陛下の思召と先方様へ申上げましてもよろしうございますかと伺ひし処、よろしいと強く仰せあり。

それでは今一つ御思召を伺ひたいのでございますが、高松宮様にはハツキリ伺ひませぬが、妃殿下は叔母さんの四条〔糸子〕夫人の喪のやうな場合にも除喪[207]とかいふ事まで言及になつて居りまして、陛下にも其話をなさいましたやうにも伺ひますし、秘書課で調べました結果は勅諚で除喪といふ事になるとの事で、其事を申上げましたやうな次第で御希望になつて居りまする以上、最初からの考へ方で御出になると存じます。秩父宮妃殿下もおいでのやうであります。先刻三笠宮様の御思召を伺ひましたらば、宮内庁のいふ通りでどちらでもい丶と仰せでございましたが、三宮様の内二宮様御出でならば三笠宮も御出願つた方がよろしいかとも存じますが……と申上げし処、それは矢張り三宮共の方がい丶やうに思ふ。三笠さんだけいかぬとなればなぜだと考へるものでもあればおかしいから、私は三笠さんは行かれた方がいいと思ふとの仰せ。それでは只今の思召のやうに取斗ひますと申上ぐ。申上げ方に粗漏がありまして御心配をおかけ致しました段、御詫致しますと申上ぐ。

三笠さんだがネー、先つき〔藤原末作〕大阪〔高等検察庁〕検事長が中共引揚の話しをした時に、阿部といふ教授[208]と口迄出たけれど、まア止めたが、其後三笠さんはどうかしら。警視総監が行くといふより、或は検事長から話した方がい丶かも知れぬがとの仰せ。それは今日あの席で検事長に阿部を御質問になりませなんだ方がよろしかつたと存じますが、陛下は三笠宮の御顔を御覧になりましたかと伺ひし処、見ないとの仰せ。田島は三笠宮様が北海道のスパイの話[209]を〔草鹿浅之介〕札幌〔高等検察庁〕検事長からきいて御出での時と、大阪が舞鶴の話[210]を申上げました時とは確かに御顔付が違つたやうに感じましたと申上ぐ。

今日は各地の検事長に全部に話がまわりませなんだが、一個所は相当長く話しましたが、大臣は次長検事と相談してやつて居りましたが、〔岡本梅次郎〕広島〔高等検察庁〕検事長なども山口の事など申上げるやうにも申して居りました故、残念だつた人もあつたかも知れませぬと申上げし処、そういふのは此次にさせるとい丶ネーとの御仰せ。

侍従次長に此旨話し、侍従次長の希望にて次長に話し秘書課長に命じ、以上の通り三笠宮、三内親王の御嫁様先及竹田宮に通し取斗ふ事となる。但し翌八日又々侍従次長を通じ長官に話せとの事にて、「照宮様に奥より御連絡。車は宮内庁にて差廻すとの事にいつたから……」との事に、又其旨次長、秘書課長に通ず。

一〇月九日(金)　御召し御座所　四・二五―四・四五

今日もそれから此前にも……七日の日にも総理にあつ

たが大変な違だ。昔の総理大臣のやうだよとの仰せ（一寸その意味分らず）。あの先達来、吉田は私との話に何だかどうも角のやうな形式的の話のやうだつたが、重光との会見がよかつたのか、七日の内奏も今日もその前とはすつかり違つて昔の総理大臣のやうだよとの仰せ。ハア、先日内田〔信也、前〕農相辞職の時など、陛下が新聞に色々出てるがと御聞きになりましても病気でございますと申上げたきりとの事承り、田島は多少憤慨致しましたし、保安隊に関してM.S.A.の事をおきゝになりましても一向前同様といふやうな事を御返事し、岡崎外相の方の話は余程よく分り、変りつゝあるといふ様な御話もありましたが、そういふ御感じが一昨日今日の内奏ではないといふ事でございますかと伺ひし処、そうだよ、重光会談で安定したといふのか非常な変りだ。政局の安定を得られないのでイラ〳〵してたのかしらとの仰せ。左様でございますか。余程安定しましたやうな話でございましたかと申上げし処、イヤ、改進党の党内がごた〳〵して、果してうまく行くか分らぬとはいつてたが……との仰せ。芦田とか三木〔武夫、衆議院議員、改進党顧問〕とかいふ様な連中が只今日本に居りませぬ(211)ので、或は必しも重光の考通りにも参りませぬかも知れませぬが、吉田の外国行は何と申して居りましたかと伺ひし処、政局安定の見通しが付かねば出掛けぬ。付けば国会は副総理が居ればいゝから出掛けるといふ様な事をいつてたとの仰せ。

今日ネー、和蘭の大使もセイロン公使も矢張り中共との交通の事をいつてたから、私はそれはいゝが治安の問題がチヤンと行かねば、中共との貿易も必要には違ないが、すぐいゝとはいへぬといつたよ。日本は中国と近接してるので、西欧の国だのセイロンなども中国と近接してる訳ではないからあゝいふが、華僑は日本に沢山ゐるし、同人種で顔付だけでは日本人と一寸区別つかぬしするから、これらの国の人のいふのとは違ふ。仏人が独乙の再起を恐れるのも近接するといふ事の上から他国の人とは違ふ。柳条湖事件は明かに日本のやつた事だが、盧溝橋事件はあの当時から日本側でもなく支那側でもなく第三者がやつたといふ様な話をきいてた……との仰せ故、それは日本軍部がやつた事をかくす為に申したのではないかとも考へられますがと申上げしも、イヤ、第三国だとの話が当時もあり、私はどうもくさいと思ふ。事変を起させる為に第三国がやつたのだとの説もあつた[212]。日本の立場がちやんと危険がないのでなければいかん。この話は吉田にも一寸そういつておいたとの仰せ(意見は何とも申上げず、中共貿易はいろ〳〵六ケしい程度の仰せの方よく、今日仰せの如きは少しお正直過ぎると思ふも)。昨日前田〔多門〕にも一寸いつた[213]が、昔、軍の為の日本の為に日本がこんな目にあつた。日本の為の軍といふ観念さへあればこんな事にはならなかつたから、労働の話も日本の為の労働であつて欲しいので、労働の為の日本では困ると一寸昨日前田の話の時にもいつたのだとの仰せ。それはその通りで、政党も日本の為の政党で、政党の為の日本では困りますと申上ぐ。それはその通りだ。昨日前田の話の、米国人が皇居を見ての感想を演説してくれたのはよかつたネー、労働の会議でそういふ演説をしたのはよい事だ云々の仰せ(別に御召しの御用件らしきはなき様子に付)。

明日は土曜日で明後日は日曜でありますす故、愈皇太子殿下の御帰りは迫りましたがそれに対しまする事は万般御示しの点も万般整ひましてございます。只一つ、之は御聞流し願ひまするが、羽田の御先導につきまして、税関と航空庁との間でどうしても話がつきませず、〔大蔵、運輸〕両省次官でも話合がつきませず、次長は数日来閉口致し居ります。停車場の駅長のやうなもので、空港では航空関係の人がすべきかと思ひまするが、昔波止場は税関の管理で、御乗船の時は税関長が御先導致しましたが、先達東宮様御出掛の時は横浜市の管理で市長でありました。空港は税関も何か主張があるらしく、それには従来何か権限争ひがあるらしく、その結果が今回の御先導問題になつて居りますらしく、とても六ケしいので宮内庁で可然きめてくれとの話の様でありますが、それも困りますので官房長官の方と連絡して、次長が只今何とか結論を得る事と存じますと申上げし処、そうかい、地方の御巡幸でもよくあり、御先導者が交代したりするが、まアわるい事ではない(皇室を重んずる意味の事)が、そうかいとの仰せ。

一〇月一四日(水)

願出拝謁御座所
一〇・一〇―一〇・四五

ニクソン米副大統領が来朝致しまするので、〔一一月〕十六日午餐に御招きの事は御許しを願ひました通りでありますが、十五日の夜、到着の晩に米大使が宴会を致しまする席へ皇太子殿下に御出でを願へぬかと内々式部官長迄話しがありまして研究を致しましたが、先達てあちらで御会ひになつて居り、又副大統領の地位故、御出になりましてもわるい事はなく、何れ御帰朝後の皇太子様をアメリカ大使は御招きしたいとすれば之でそれに御充てになるといふのも一方法との論も立ちまするが、一方皇太子殿下のアメリカに於ける事とバランスをとりますると、大統領に代つて皇太子様を御招きしましたが、新木〔駐米〕大使の皇太子様を迎へての宴にはダレス国務長官だけが出て居りまする故、御出の必要ないとの意見も立ちます。猶、その席次の点も、大使館では米国の領土同様で皇太子様を先にすべきと思ひますが、又大使が副大統領を重んずるかも知れず、其節は翌十六日の席次をその様にすればいゝといふ様なもの丶、其点も考へられまする故、実は最初の意見は官長であとの意見は次長でありますが、田島は次長の考への方が正当でより慎重と存じます故、十六日に何れ御会ひするし、又腹の中に更めて招きあれば御出掛願ふといふ事で結構かと存じますと申上ぐ。新木の方とのバランスは其方がいゝ。果して来て居らぬか。居らねば其方がよいとの仰せ。招いて来ませんでしたか招きませんでしたか分明しませぬが、何れにしましても出席ない事は事実故、次長説の様に取計らはして頂きますと申上ぐ。よろしいとの仰せ。

日英協会、日米協会は、非公式に皇太子様を御招きしたい申出を致して居りますので、大体方針をきめねばなりませぬが、日仏協会等もありまする故、一つ御出掛になれば若し申入があれば之を断ることは出来ませぬ故、其点を考慮せねばなりませぬが、先づ日英協会日米協会は御受けになり、他の申入がありますればそれは御断りはしませぬが時日を多少遷延するといふ様な事ではないかと存じて居ります。又御出発前、英大使館御招待がありましたが今後如何でありませうか。米国はマーフィ〔前駐日米国大使〕に断りました故、今回は如何かと存じまするが、徐々にこういふ生活から学生々活に御戻りになると致しまして、申入があれば御受けの方がよろしいかと存じて居りますが、之もよく相談の上更めて御許しを得たいと存じますと申上ぐ。

次に、園遊会には国家的の事ではありまするが、陛下の御催しの事で宮内省関係の人を若干入れます事は当然で、那須で侍従武官長の経歴者も侍従長等の経歴者同様、資格のある事に願つて居りましたが、段々具体化致しますると、侍従武官長は陸軍の人であつて宮内省の人ではないのでありますゝ故、如何といふ議論が出ましたが……と申上げし処、それは従来からいつも六ケしい点だとの仰せ。ハイ、そうでありますが、只今奈良、宇佐美〔興屋〕、蓮沼の三人でありますゝ故入れまして、一年に一度ではなくとも回つて来る事と致しました。先づ老人からと考へて居りますと申上ぐ。

それから、東久邇〔稔彦〕様御病気の事につきまして、侍従次長を経て仰せの事は承つて居りますが、田島は双十節の日〔中華民国国慶日（建国記念日）、一〇月一〇日〕、盛厚さんに御目に懸つて順天堂病院に御見舞致しました次第で、急を要しませぬがよく研究致したいと存じますと申上ぐ。そう之は急かぬが篤と研究してくれ。昔は随分色々の事もありしたけれども、終戦の時の首相はあの方でなくてはならぬのであつたので、国家に功績はあるといはなければならぬし……との仰せ。〔照宮さんからの話で、総て動く事になるのを侍従次長はひどくいやがる口調もある事故〕東久邇さんは明治天皇の内親王様〔聡子〕のむこ様でありまするし、又重ねて照宮様の舅さんに御当りの事故、事情を調べまして研究の上考へたいと存じます。昨日首相にも一寸話しまして、吉田は外相として東久邇内閣に列して居りました関係もあり、従来も出て居ります故、何れ研究の上と申上ぐ。

それから実は、先達て警視庁から聞きました、三笠宮様と阿部行蔵との関係を少し突止めたく、犬養法相に頼んでおきました処、昨日恐悦申上げに臨時外相として参内の前、一寸田島に報告がありましたが、アカハタ編輯の経歴もあり、純然たる党員であるらしくあります。然も同志社大学出身の為か四谷教会の牧師ともありまして、此点は一寸世間を欺き易いかと存じますと申上げし処、どうも新教の人は自由が多く許されてるから、其点はカソリックは先づそういふ点はないとの仰せ。〔欄外「三笠宮は国体に行く様だからその点等その前に話した方がよいと思ふとの仰せ。ハイ、よく考へまして……と申上ぐ。」〕

それから、三谷侍従長は疲れて居らぬやうでもあり疲れて居りますやうでもあり、予ての御仁慈の意味を腹蔵なく申しました処、此際神嘗祭を失礼させて頂き少々休養し、十九日の常磐松のお茶には出ます方がよろしいと本人も存じて居ります故、松山の国体の式までに馳せ参じ、其後は御伴致します事に話し合ひまして、既に三谷より申上げ御許しを得たかと存じますと申上げし処、きいたとの旨仰せあり。

退下せんとせし処、あのネー、之は今私がタッチ出来る問題でない事は分つてるが、此頃来色々考へて見るとつくづく思ふのだがネー。日本の将来といふものは中共といふものを控え、共産主義は近いて来てるので此点は米国が共産国の専制的の勢力と離れて又力があるのと日本は違ふ。実は御陪食の時に、和蘭大使は和蘭でも一時社会党で王室の事を彼是いつてたが今は変つた。それは結構だといつたが、之に反してセイロンの公使は中共との貿易の事をしきりにいつて居つた故、一寸此前総理のきた時にきいたのよ。そうしたら〔奥村勝蔵〕外務次官から返事があつて、赤ではないが多少どうも中共には偏した考をもつて居る様ですから気をつけますといつて来た。私も随分軍部と戦つたけれども、勢あゝなつたのだが、その事を私が今国民に告げて二度繰返さぬやう、その時の軍部は軍部あつての国家日本といふ考へであつたやうに、今労働者は組合あつての日本といふやうな考へでは困るし、前田〔多門〕にも一寸いひ、又田島もいつてたやうに、政党あつての日本といふ考へ方で日本の政党といふ考へがなくては困る。此事を戦争に至る迄の軍部と私との関係など、国民に今話したいのだが、勿論それは出来ぬ事は承知だが、国の前途の為心配だとの旨仰せあり。

ハイ、それは仰せの通りでありまするが、陛下がさういふ政治にふれた事を仰せになります事は絶対に出来ませぬので、矢張り小泉の留守中田島が二回計り致しました様に、陛下の軍部に対して御経験の御心情をありの儘に記録して残します事を遊ばして頂く事は後世の史家をまつ事でよろしいと存じますが、今仰せになりましては、憲法上わるいといふより不可能である事を何等かの方法を以てしても論議となりまする故不可なる上に、陛下は軍部とは御反対でありました事は可なり全国民の一部には知れて居りまするが、さりとて正面からは陛下は仰せになれませぬので、如何に御本心反対であつたといふ事は判明しましても、形式的には宣戦の詔勅は陛下によつて発せられました事故、政治の実際の事の分りませぬ者は陛下の御決断がそこにあつたと信じまする事は当然であり、田島の如きも開戦に至るまで戦争になれば大変だなーと心中思ひ居りましたが、一旦詔書渙発されますれば承詔必謹の昔の精神で、八日には詔書を捧読致したものであります[214]。陛下の為に一命を捧げるとの信念で戦死しました者の遺族などには形式的の事がどうしても抜けませぬ。そういふ仰せを今仮りに遊ばす事が出来ると致しましてもなさつてはならぬ事かと存じます。

現に只今、皇太子殿下の御人気は大変なものでありまするが、一面沈黙して居りまする一部の者には、此反動として面白からぬ事を考へて居りまする者も居りまするので、現に変な投書も参りまして、東宮様御帰朝の日にも御無事ならん事に苦心致しました。陛下に申上げましても只々御心配を御掛け致しまする事故、今日迄申上げませなんだが、警察へ申して警戒が厳重になり又不評を招くもいやでございまするし、さりとて警察に申しませんで若し何か事が起きましては申訳ない事で色々考へました結果、御帰朝差迫つて軽く参考迄に警察に知らせました。幸ひ何事もありませなんだが、戦死者の遺族などで生活に窮しました身分としますれば、経済的には戦前と同様ではありませぬにしましても、御困りにならぬ皇室に対して変な感情を持ちまする事も残念ながら人間としてあり得ますし、現に毎度の事ではありますが、四国行幸啓につきましてもいやな情報はありますると申上げし処、少々暗い御顔色に拝し、どうしても身に近接する事情はどうしても感情的に動くは人の常だ。英国でもニユーカツスルなど捕虜で日本人にひどい目にあつた者は中々忘れ難いからネーとの仰せ。

どうか日本も先刻仰せになりました日本の為にといふ事で、労働者も何も自分の事斗り考へずになるやうに致したいと存じますが、其点は英国国民性と申しますかは羨しいやうで、数日前の外務省の情報にもありまして御覧かとも存じますが、英国の労働組合はどうしても貿易の伸張が英国に此際緊急の事故、賃金上げはしばらく控へるといふ様な事を申合せて居ります。労働党もこういふ組合の上に立てば国家本位の事をする事になりますが、日本は其点どうも……と申上げし処、御同感の様に拝す。

此日、皇太子殿下御帰朝後恐悦申上以外初の拝謁に付、余り御疲労もなく結構な事と存じます旨申上げし処、どうも疲れてないやうだ。自働車の運転とかいふ話だから、疲れたものがそんな事出来る筈ないから疲れてないよとの仰せ。御心配申上げ、モントレー及ハワイの御休養は相当とつて頂きましたが、何れにせよ御元気な事は難有い事でございますと申上ぐ(陛下は皇太子殿下御無事御帰朝、世評喧々、御成長振りに御満悦至極の如く拝す。此点田島としては又相当考ふる事を要すとひそかに思ふ)。

一〇月一五日(木)

願出拝謁御座所
閣僚招宴御登直前立ち乍ら

今日は円陣でなく食後の場合をしつらへましたが、前回大野国務相など陛下御立ちに係らず椅子に掛けましたやうな事もありまする故、むしろ陛下は御椅子に御かけで各大臣の話をおきゝ願ひたいと存じますと申上げし処、腰掛けて前回立つてやつたやうにうまく全閣員と話せるかとの仰せ。ハイ、それは田島の方でその順序はうまく取計らひますと申上げし処、それならよろしいとニコヤカに仰せ。

それから先日も申上げましたが、二十三府県に亘る広き凶作風水害[215]の事は、厚生大臣、農林大臣に御話願つて結構と存じます。此御話のありました後に首相は内奏等で拝謁致して居ります故、其要はありますまいが……と申上ぐ(其点は万々御承知の事に拝す)。猶申上げたい事が一、二ありますが〔このあと記述は欠落している〕。

一〇月一五日(木)

御召し拝謁御座所
三・一〇—三・五五

閣僚等御陪食後、東宮殿下東京都奉迎会[216](二・五五御

発)へ御出掛迄御話中なりし故、御出掛後御召しあり。

実は三笠宮様の件は昨日仰せもありましたが、犬養法相の調査で、阿部の人物が歴とした共産党員であるといふ事だけでありまして、三笠宮様と如何なる関係にあるか具体的に確たる事が分明でありませず、今猶調査中でありまする。今日の程度で三笠宮様に申上げましても何の効果もなく、あれこれと反対の抗弁を遊ばすだけでありますが、何か動かぬ証拠が出てどうしても御反省を願ふといふ時に申上げました方が有効と存じまする上に、馬術大会で関西へ御出掛けで、実際上十九日国体行幸啓前に申上げる事は不可能でございます。然しこれは結局矢張り過般達しました結論の御洋行が良策と考へられますので、幸ひ十一月匆々、宮様の所謂準備委員会の話合の会合を致す手筈になつて居りますし、四、五年先との御手紙も確たるものではございませぬので、御決心がつけば、予算の方は又政府へ頼む事も絶対不可能ではないかと存じます。皇太子殿下の御外遊の費用は、一億一千万円の内三千万円見当概算では残るのではないかと考へられますが、是は勿論政府へ返上致します。別に財源といふ事にはなりませぬが、政府にも話していゝかとも存じます。又内廷の方の一千万円、皇太子様御持参の分は五百万円位で無論御済みと存じます。陛下は先日内廷費の八百万円増加の時、三千万円で別に不足なき故不要との仰せもありましたが、皇族費増加とのバランスもあり、既に国会を通過しまして来年からは三千八百万円、今年も三千六百万円はあります。若干増額しませうが、五百万円位は年々基金に繰入れが出来るのではないかと存じます。左すれば内廷費の内から三笠宮様の御洋行費に若干賜りまするやうになりましても別に内廷に御困りの事はないかと存じます故、語弊がありまするが、三笠宮様に対して左様の御仕向になりますれば、又宮様の御言動にも影響もあるかとも存ぜられます……の旨申上ぐ(反対の御言葉はなく、むしろそういふ事も……との御考への様に拝す)。

それから次に、今回岡山へ御立寄につきまして是非とも御願致したいと存じまする事は、例の池田隆政氏の動物園の事でございます。田島は迂闊にもそういふものゝ出来ました事は一向存じませず、それが地方の問題となりました事をきゝまして、そんなものが出来たかと承知しましたやうな次第でありますが、之は色々之とからんでの他の複雑な関係もあるやうでありますが、田島が公明に考へまして、常識上池田氏の仕事としては牛羊の牧畜は望ましい仕事の部分と存ぜられまするし、たとひ小鳥でも商品として扱はれる事は鶏の卵を扱ひ雛を扱はれると同じで何れも結構でありますが、動物に関連して、河馬とか虎とかいふものを動物園として経営される事は如何かと存ぜられまするので、之は外の関係と切り離して左様に存じまする事は侍従職の者は全体、次長でも徳川〔義寛、侍従〕でも、又下検分の入江〔侍従〕でも、又表〔長官官房〕の方の総務課長でも一致した常識意見でありまする故、今回岡山で池田家を御訪問になりますれば同一構内とかで御覧になりませぬ訳には勿論参りませぬが、余り之をおほめにならぬ様、少くも御奨励になつたといふ感じのありませぬやうに願ひたいと存じますと申上げし処、それは一つ良宮ともよく話してだが、やめてしまへといふ様な意味をいふ事も……との御話に付、之は侍従職として熱心でありまして、皇后様には侍従次長か女官長が申上げる事になつて居りまして、陛下がやめよと仰せ頂きます事は余り強過ぎますが、少くも御奨励ではないといふ事だけは是非御願ひ致したいと存じますと申上げし処、見にゆかぬ訳にも行かず、まアあまり進まぬ様にすればいゝのかとの仰せ故、積極的に仰せ頂く事は出来ませぬが、池田氏の方から進んで陛下にあの事業について御意見を伺はれるやうな場合には好ましくない旨仰せ頂きたく、進んで御話出ませぬ時は特に御不賛成の仰せなくとも、御賛成御奨励にならぬやう御心積りを願ひたいと存じますと申上ぐ。まア心の積りをそういふ積りで居ようとの仰せ。

それから、あのチヤーチルが、新聞で見ると、三国外相会議は出来ぬと承知して主張してるやうだが、アトリーもそれを承知で賛成してるやうだ[217]。英国はあゝいふ風に方向のいゝ方は実際の結果が具現せんでもいゝ事はいゝといふ様だが、日本では何か現実に具現したものがないと、すぐその空であつたといふ事に不満をもつ傾向がある。例へば、岡崎外相にしろ、今直ちに東南〔アジア〕との関係が具体的に実を結ばねば非難される事となる。

それが十年先きか、五年先の為に捨石になるといふやうな事は考へない勝ちだ。そこで皇太子の外遊は非常に好評だが、その皇太子の外遊の結果といふやうなものは十年、二十年の後に出るものであるにも係らず、世間は早速に何かの具体的の事実の動きがないと承知せぬ国民性故、その善悪は別として、宮内庁としても皇太子の好評の事に相応して宮内庁として、何等かの施策を考へぬでもい丶のか。欧州の宮廷の様子は松平官長も調べに行つたし、又今回皇太子が自分でも調査して来たらうから、或は東洋のタイの王室の在り方などを、松平で重過ぎれば後藤〔鎰尾〕式部官でもやつて調べさせるといふ事はどうだ……といふ様な旨の御話あり。

　少々突飛と申すか、脈絡なき事、若しくは皇太子殿下の御外遊そのもの丶目的を何と御考への上の御発言か了解に苦しみ、何と申上げてよろしきや苦慮せしも、具体的の方法を研究してくれとの仰せは承りまして研究も致しませうが、田島が此席で直ちに考へられる事は、皇太子殿下の今回の御外遊は第一は御名代としての御使命でありますが、それをもふくめ其後各国御巡遊の事の目的は、一にも二にも皇太子殿下の御見聞を御広めになり、将来の広い意味の御勉強の為だと存じます。自然の結果として自然に外交上に役立つたといふ事よりは、何となし国際間の親善の結果が生れたといふ事でありまして、其為の御外遊といふ事ではないかと存じます。日本も戦敗後の国の地位が低下し、大使などもその国の政府、王室との接近など、皇太子殿下御外遊を機として行はれましたといふ様な関係は自然の結果としてあり、大公使館は之は難有く思つてるかと存じます。其上皇太子殿下の御外遊によつて、日本の存立又は地位をそれ〴〵の国で高めて頂いた結果は自然には出て来ましたと思ひますが、皇太子殿下の御好評が何か宮内庁として手を打たなければ不評に変ずるといふ様な事は一寸考へられませぬ。此場の考へでありますが……とて此意味を申上げし処(多少陛下の今日の立言はおかしいと御反省ありしか、重て強く研究してくれとの強い御希望もなし。之は東宮御好評につれ皇室を重からしめたいとの、語弊はあれども失地恢復的御考へのビトレー〔裏切り〕かと拝察、危険に存ず)。

一〇月一七日(土)

御召し御文庫 一一・二〇―一一・四五

早くいへばよかつたのだが、一寸思ひ出さなかつたのだが、此間吉田にあつた時、しきりに保安隊を見てくれといつてた。そして葉山の御序の節、久里浜の保安大学校[218]を見てくれといつてたから、よく研究してくれとの仰せ。吉田は越中島[219]へも御出願ひたいといふ事を申して居り、林〔敬三〕などは時機を考ふべきだと申して居るといふ事を予てきいて居りましたが……と申上げし処、越中島の時には私にもいつたが、御序があつたらといふ事を必ずいつてたが、今度は御序があつたらといふ事は決していはないよ。それで私は東京都の御巡幸といふ事もないから、まア自衛隊とか何とか組織でも変更の機会位かと私が思つてるので、吉田は組織変更の機とはいつた訳でない。御序の時といふ事をちつともいはないから一つよく研究してくれとの仰せ。これは余程適当の時機を捉へませぬと中々六ケしい問題かと存じます。却て新軍備促進の事の遅れる結果が時機を誤ればないとも限りませぬ旨申上げ、研究致します事は承りましたと申上ぐ。

それから、先日申上げました、皇太子殿下が日英協会、日米協会へ御成りの事は、昨日、侍従長、次長、官長、大夫と相談の結果、御成り願ふ事がよかろうと結論に達しまして、他日日仏、日瑞等の申出ありますれば、断るのはバランスを失しまするが時日を遷延致しまする事は可能で、或は其内に気が抜けるといふ事がありまするので、理論的には総て御受けするといふ事で、実際的に先づ此二つを期間を少しおいて御受けになりますといふ事がよからうといふ事になりました。席上御ことばは、日本国内で日本人も多数居ります処故、日本語で願ふ。必要あれば通訳といふ事に皆一致しました。大使館の招待はまだありませぬが、あれば協会と同様の方法といふ事に是亦一致致しました。英国は御出発前に御出になり、米は断りましたし、又ニクソンと同席も断りましたが、松平は先約と称してやわらかに断りましたようでございますが、事実之は田島失念致して居りましたが、三宮様の御招待が十五日でありまして、松平の申しました事は口実でなく事実でありましたが、そんな訳で米国が或は第一となりましてもそれは差支ないとの一致した意見でありました旨申上げ御了承を受く。

国会もまだきまらず、只今も次長が内閣へ出向いて居りますが、多分二十八日御帰京の日程には変化ないと存じて居りますが、若しもの時は或は夜行で少しおそく御着き願ふかと存じますと申上げし処、鉄道が夜行は困るといつたから飛行機だとの仰せ。四国からは出ませぬがと申上げし処、大阪だとの仰せ。多分変更ないと存じますが又臨機に考へまして……と申上ぐ。

ニクソンの来た時は、私がテーブルスピーチをやる必要があるか研究してくれとの仰せ。大統領が死にました時副大統領が大統領になります点は君主国の皇太子に似て居りますが、去りとて万事皇太子と同格とも参りますまいがよく研究しますと申上げし処、プリンス〔・〕オブ〔・〕ウエールス〔元英国国王エドワード八世〕[220]の時はやつた。同国でもそうだつた。今度の東宮ちやんはどうかしらんが、兎に角よく研究してくれとの事に付、承りましたと申上ぐ（帰庁後官長に伝ふ。官長はいつもの外賓と同じとの説）。猶、外務省では国賓とは何をいふかが疑問で、外形的に霞ヶ関離宮を宿泊に提供する等の事があれば判然致しますが、帝国ホテルの宿代負担では判然致しませぬ。又現に印度の婦人議員〔アムー・スワミナダン（下院議員）、カムレンドウ・マテイ・シャー（下院議員）、エズズ・ラスール（上院議員）の三名〕の如きも宿代は払つて居ります。左様な事で外務省の一部では馬車で迎引は如何と申して居りますそうですが、儀装馬車は如何かと存じて居ります。総てニクソンにつきましては研究致して居りますと申上ぐ。

三番町の昨日の東宮様初の新聞記者会見の方針、外人記者又は内地でも宮内庁詰以外は断る事、昨日のは誠によく、今後の事など之からとの御返事など、よかりし事等申上ぐ。

一〇月三〇日（金）　御召し御座所　一一・四五―一二・〇〇

三笠宮が歴史教育の意見書に名を列ねて居れる事だが、生物の方の事と歴史とは多少違ふかも知れぬが、生物学などの方では、其後に進歩した為に前に教へた事が事実でなかつたといふ事はあるから、歴史の学問の上から立証されれば別だが、古事記にはこうある、日本書紀にはこうあるといふ事で日本歴史を教へる事は私は少しもわるいと思はぬに、歴史教育をする事に反対といふのはどういふのか……との旨突然の仰せ。あの意見書は柳田国男のやうな学者も名を列して居ります故、赤がゝつた人のみではありませぬし、大体余り逆コースで戦前の通りに旧に復するのは困るといふのかと存じますが、充分其辺の詳細の事は存じませぬ。〔欄外「此点一寸誤解?」〕又、教育審議会で天野〔貞祐、中央教育審議会委員、元文部大臣〕、前田〔多門、中央教育審議会副会長、日本育英会会長〕等が論じて居りまする様でもあり、只今の大達文相は相当考へをもつた人らしくあります故、社会科の名の下に歴史は教へる事になるのではないかと存じますが、其後の文部省の方針等知つた者も居ります故、よく取調べまして経緯を申上げますと申上ぐ。

三笠宮は高松で御訪問(221)あり、相当御長く御話しでありましたが、考古学の村(222)へ御出での御話はありましたかと伺ひし処、それはあつたとの仰せ。一寸きゝます処によれば、考古学のあの村へ御案内しましたのは一寸赤がかつた教授であり、又あの村の教育委員の一人は共産党員とか聞きました。それから一万円を其考古研究に御寄付になりましたそうでございますと申上げし処、そうかとの仰せ。勿論学問上の友だけならばよろしいが、その人物が右翼か左翼かに偏して居れば学問の上だけの事にならぬ影響を与へるからそこを考へねばならぬ。私はそれ故、海運会社の社長〔小畔四郎、変形菌研究者〕が学問上の事はいゝが右翼に過ぎるので断然研究所へ出入せぬ事にした〔一一月二四日条参照〕。その点を考えねば……との仰せ。

それから、ベースボールは毎日と読売と両社でアメリカのチームを招いて居りまして(223)、両方とも十一月の神宮等御出掛前の日取でありますし、両者の内一つとは一寸参りませぬので、東宮職の方とも打合せの上、両方共おやめといふ事となりました。又大統領のメッセーヂ等の御話も陛下からありましたが、調べて貰ひましたが、余り重きをおく必要はないやうであります故、おやめでよろしいかと存じますと申上ぐ。そうか、東宮ちやんがいかなければ無論私はいかんでもいゝナーとの仰せ。勿論でありますと申上ぐ。

それから松井〔明〕随員の報告を差上げ、別に新しい事もありませぬが、各国を概観したもの故、御一覧を願ひますとて差上ぐ。

一一月三日（火） 御召し御座所 一一・一五―一一・三五

あの十五日の晩ネー、高松さんも亦断つたとすれば……との仰せ。それはまだ承つて居りませんがと申上げし処、だつて十五日は三宮さんで皆を御よびになつてるのだから皇族はだめでないかとの仰せ。それはそうでございますが、高松宮様へ米国側から御案内申上げましたかどうかは承つて居りません……と申上げし処、それは私も知らんが、若し話があつた場合、皇族は誰も行かぬといふ事になるがそれはいゝのかとの仰せ故、それはそれで結構だと存じます。官長は米国大使館にて御先約ありといふ事で東宮様の御断りがしてありまするので、決して新木大使の宴会にニクソン副大統領はよんでないといふ事など角立つた事は申してありませぬ故、事実三宮様から陛下始め御招きの御前約がありまする以上、当然の事でそれは少しも御配慮には及びませぬと存じますとハツキリ申上ぐ。そうかと御疑念晴るゝ御様子に拝す。

実はニクソンの事は、外務省と式部とで只今協議中でありますが、台湾では非常な歓迎を受けました様子で、外務省では儀装馬車をとの意見もあるとの事でありますが、儀式のない儀装馬車といふも如何なものか、儀装馬車を用ふれば何か午餐以外の御会見の式がなければとも考へられますので、全般的に只今研究中でございますと申上ぐ。

実は、松平官長の孫がハシカ〔麻疹〕でございまして、五日の園遊会に御遠慮すべきか如何かを、只今は効力は失して居りますが、伝染病に関する皇室令の規則[224]によりますと二週間は遠慮すべきであります。法律の効力はないに致しましても、いはゞ慣習法として之に従ふのが本当と存じまして、田島は一旦遠慮する事に定めました処、衛生事務の責任の手塚〔悦郎〕博士の手許で宮内庁の規則を改正して制定すべく準備中のものには削除ときめて居りますし、東宮御所の佐藤〔久〕侍医の如きも実例は絶無と申してよろしく、既に黒木の家族に出ました折も塚原〔伊勢松、侍医兼宮内庁病院長〕と相談の上、遠慮の事はしなかつたとかで、あちこち一致して無用を申して居ります。医学的には正当のやうでありますので、田島も最初の考へをかへまして、御思召を伺ひ度、出来れば御遠慮致しませぬ御許しを願ひたいと存じますと申上げし処、あ！赤線の問題はあれは今迄も守られて居ない。侍医頭限りで今迄も規則通りにやつた事はないよ、と至極あつさりした御返事故、実は仮りに田島の孫の場合を仮定致しますれば、他の園遊会参会者より伝染致しまする場合がありと致しましてはそれは分りませぬ故、結局宮内官の家族にハシカがあればその為といふ事になりましても弁解はなき事態となりまする故、御遠慮したく当人は思ふかとも存じましたが、只今の仰せにより松平は五日にも御前近くへ出ます事を御許し頂く事に定めさして頂きます。旧規定では勅許によりとなつて居ります故、御願を致しましたと申上げし処、八田〔善之進、元〕侍医頭の処で然るべくやつてたよとの仰せ。

それから、北海道の願書が出てるが、あれは二度行くのか、五月と八月といふ風に……との仰せ。実は北海道と致しましては、国体は極つて居りましても、行幸啓を予て願つて居ります関係上、予算の点もありませう。先日〔田中敏文〕知事が参りまして、国体にお出まし頂けるだらうかとの話でありました故、名古屋開催の〔昭和〕二十五年以来、広島、東北、四国、此四年間、いつも国体に御出ましになつて居る故、内外の他の事情形勢で北海道は稍特殊の処故、その観点からの事柄が起きねば、先づ前例によれば御願ひ出来ると想像される。内外の事情によつては御出にならぬ事はあり得るとして……云々と申してありますが、知事は分りましたと申して帰りました。其後道議会の決議書を送つて参りましたが、田島と しましては、一度、即ち国体の八月二十二日の開会式の前後に亘り各地を御巡り願ふのがよろしいと存じて居ります。一知事の下で各地に競技もありませう故、自然御巡りになるかと存じますが、北海道としましては作柄によりまするので、よければ多く御巡りになり、わるければ国体開催地と少し、又ひどくわるければ国体自身の開会式にも御やめといふ事も起きるかと思ひまするが、何れにしましても途中が遠くもありますし、旁《かたがた》一度がおよろしいと考へて居りますと申上げし処、それでは余程日程を楽にして貰はぬと良宮が疲れるとの仰せ。それは下世話の足の御弱い方の方に陛下の御日程をも調節しまして陛下も楽に御行動頂くのがよろしいかと存じますと申上げし処、それでは良宮はどこか温泉にでも居て、私だけ行く所は行くとするかとの御話。いや、それは今回の行幸啓でも分りまするが、各地とも御揃ひの両陛下を御迎へ致したいので、ある地は陛下御一方、ある地は両陛下では中々六ケしい問題が起きそうであります故、矢張り御疲れのないやうな御日程としまして、両陛下御同列がおよろしいかと存じます。そして北海道こそは海陸長途であります故、飛行機がおよろしいかと存じます。其頃にはダグラスのいゝ飛行機も輸入されるかと存じます故、飛行機がよろしいと存じますが、まだ時日もあります故研究致しますと申上ぐ。

リツヂウエーの手紙を侍従次長を経て差上げましたがと申上げし処、あれは訳文を付けるやうにいつておいたとの仰せ。前回にもリツヂウエーは田島より陛下の仰せの旨を伝へるといふ形で書面を出して居ります故、今回も内容にもよりまするが、左様に取斗ひますと申上げし処、長官名でよろしくやつてくれとの仰せ。

猶、昨夜吉田より、直訴事件(225)につき御話する旨の来書のありし旨申上ぐ。

一一月三日(火)　御召し御座所　二・〇二―二・〇三

文化勲章受章者御陪食の席より御帰りの節、一寸長官との仰せにて御座所に参入す。

岡山の事ネーとの仰せ故、一寸池田動物園の事かと直覚せしも左にあらず――三笠さんが今食堂でも盛んにそれ斗り(226)いつておいで故、私は一寸大達文部大臣にはいつたが、余りあれ斗りに熱心では困る故、長官から三笠さんの事を文部大臣によく話してくれ云々の仰せ。

大達文部大臣は参集所にて受章者と会談中(三笠宮は陛下と共に御退席後、入御の途中、化石の話をきゝに矢部(長克)博士の処へ御出になり御話中)なりし故、一寸他の椅子の処へ文相誘導し、斎藤昇(国家地方警察本部)長官よりきゝし考古学発掘の村の教育委員に日共党員あること、誘導者も赤がかつた人である事、一万円寄付の事などを話し、阿部教授の事、目下どの関係か調査依頼中の事など話し、陛下より話せとの御話の事を話す。文相了承。

一一月四日(水) 御召し御座所 一〇・四〇―一一・二五

あの伝染病の規則ネー、あれは服喪の規程と同じで実に困つたもので、あの為に隔離して親子兄弟が分れて住むやうな事になるのであれは困る。あの規則は迚も八釜しいもので、今義宮さんの居る所のあの病室のやうなものもあの法律で出来たし、呉竹(227)にも病院といふのがある。然しあれは実際には遠いもので、八田侍医頭の処では可然裁量してたよとの御話(親子兄弟の分れ〳〵との連絡など直接因果関係なきやうなれども、非常に御関心のかつてあつた問題らしく、昨日以上にあの規則に拘泥せぬでもよき事仰せあり)。田島は法文の厳重を見、慎重説でありましたのは、実際どうなつてたかの知識がありません為でしたが、再考致し御許し願つてよろしふございましたと申上ぐ。

それから、昨日吉田が直訴の事をいつて、警察がわるいので今後は厳重にするといつてたので、あまり厳重にしては皇室と国民の間に垣が出来ては困るといつた処、それは我慢願ひますといつてた。尤も立掛けて立つてる時でそれなりになつたが、一人の人の誤ちから千人の人に迷惑をかける事になる。一度間違つた事があるといろ〳〵の事に必要以上の注意をしすぎるやうになる事は、此事でなく政事全体一般に之は余程注意すべき事である。一つしくじつたとかやり損ひの事があると、その取締りの為に千人も万人もの人の為に迷惑をかける事になり勝ちだ。之は充分考へぬと政治はいかぬと思ふ。私は外遊から帰つて警衛の事などあちらの見聞を取入れ、余程簡単にするやうにいひ、又一部その方向に実行されつゝあつたのに、虎の門事件(228)の為にすつかり駄目になつて了つた。然しこれは旧憲法時代で、皇室と国民の間に若干の藩屏といふか、いろ〳〵の垣根が法制上も認められてあつた時だが、今は全然違う建前で、皇室と国民とは最も多く接近すべき時に、警衛の責任上そうはなるか知らぬが、皇室が国民と接近しやうとする事には非常な害になるので、此点は余程よく吉田にも考へて貰はぬと困る。我慢願ひますといつて大に厳重にするつもりらしいが、之は長官からよく総理にいつて貰ひたい。現に毎日や読売のやうな新聞が「菊のかーてん」などと書き出し[229]ては誠に困るとの仰せ。内容を読みますれば宮内庁のやり方の批難ではありませぬが、どうも標題がわるうございまして……と申上げし処、見出しだけで中を読まぬ人も多く「菊のかーてん」といふ言葉で想像して、皇室が国民に接近したがらぬとの印象を与へる事になつては困る。長官から総理に此点の事をよく話してくれ。吉田は菊のカーテンの新聞などは読んではないだらうしネーとの仰せ。よく吉田に話しますと申上ぐ。

それから、三笠さんの事だがネー、大達はあゝいふ人で皇族のいふ事は何でもまともに其儘受取るやうな人だから昨日一寸私もいつたのだが、三笠さんは考古学その事だけがよければその為に裏面ではどういふ影響があるかといふ事を少しも考へないのは困るネーとの御話。これは御聞き流し願ひ、陛下の御耳に迄達しまする事ではないと存じまするが、実は靖国神社で今回奉賛会のやうなものを作り、六億とかの募金を致しまするので、会長は戦争未亡人でもあられまする北白川祥子[230]さま〔北白川宮永久王妃、のちの女官長〕が御成りになりまするそうですが、総裁は皇族といふ事で高松宮に筑波〔藤麿〕宮司の方から御願に出ました処、他にも募金のもの沢山おありで御断りになりまして、三笠さんに御内話になりました処、軍人であつた関係もあり、合祀の事の必要は大に認め結構な事だが、再軍備と関連が裏面にある事故いやだとの仰せでありまして、田島は此御考は内部の御話としてはよろしいとしまして、外部殊に神社側などには聞えぬ方がよろしいと存じて居りまして、宮司の方も三笠宮様には一蹴されそうだとも申して居ります故、直接は三笠宮はおあひにならぬ方がよろしいかと田島は考へて居ります。然し戦死者の事でありまして、百八十万体とか観念上の合祀だけで実際上はまだ何もしてなく、その手続には余程お金も入〔要〕るやうで、之はどうしても国としても捨て置けぬ事のやうであります故、皇族が皆総裁におなりになりませんでは之はまづいのではないかと考へられます故、高松宮様がおなりになりますか、どうしても駄目ならば女性でも秩父宮妃殿下にもおなり願ふ方がよろしいのではありますまいかと考へて居ります。之などは三笠宮様は表面の事でなく裏面の事を想像しての御議論で、表面、裏面の問題でなく、御興味をひく事は進歩的と一般に申しますか、非戦、平和、反米といふ一連の事にすべておくつつけになつて御考へといふ事になるかと存ぜられますと申上げし処、矛盾だネー、或事は裏を考へ、或事は表面だけを考へ、矛盾だとの仰せ。

外に元皇族等に関連してきく事はないかとの仰せ。ハイ、山梨が参りまして、久邇〔朝融〕さんの御邸の方の担保の問題は或は御損になるかも知れぬとの話やら、御邸は仕方ないとして、近江の山林だけでは手のつかぬ様にしたく、山の名をとつて金勝林業会社とかを作り、社長は栄木〔忠常〕であります故、宮様は今回はどうする事も出来ず、御邸はどうなりましても一億に近い此山林はどうにもならぬやうになつたと申して居りました。然し従来はチヨイ〳〵伐木して税金も納めず、収入としておいでのを会社となりましてはそうもなりませず、納税には困るとの話もありました。然し従来の無税がむしろウソであります故、税金の軽減を適法に考へれば随分あります故、其上若干の納税は已むを得ぬと申しておきました。

それから一時相当邦昭さんの結婚問題が活発でありましたが、先達来一寸其話が消えましたが、之は山梨には申しませなんだが、皇后様に直接御話のあります前には一寸活発でなくなりましたが、又最近は熱心のやうで其候補者の話がありました次第であります。

それから、東久邇稔彦王の御眼は如何でございますか、其後は御見舞も申上げませぬが、何れにしましても御全快はない事でありますが、此御病気に対しまして考へまする様御話の件は、年末迄には何とか方法を考へて申上げたいと存じますが、前回の盲腸等の時の経費とか、今回の順天堂病院とか又医師の礼とか調べましても、きく人によつて違ひまして、元宮家の会計など一寸分りかねますと申上げし処、盛厚さん自身からきいたが、おもう様の分は盛厚さんが監理してるといつておいでだつたとの仰せ。イエ、市兵衛町の地面の売れました際に盛厚さんが其代金を監理されたといふ事は伺ひましたが、万事盛厚さんが会計御監理とは存じられませぬと申上げし処、盛厚さん自身から私はきいたのだが……との仰せ。然し承りますれば、泰宮様と稔彦王とも別の会計とも伺ひまするし、其辺中々六ケしいやうでと申上げし処、照ちゃんの話では、どうも稔彦さんと泰宮さんとは一つ所にねもなさらず、其点泰宮さんの方にもどうかと思ふが、先の女は切れたのに又最近女が新たに出来たど照ちゃんはいつてた、との仰せ。田島はそんな新しい女の事は一切存じませぬが、左様でございますか、と申上げし処、照ちゃんはおたゝ様には私は申上げるが盛厚さんは出来んなどゝいつてた。どうもお二人の間も中々六ケしいやうだとの仰せ。何れにしましても年内迄には御仕向願ふ事を考へまする。内廷としましては只今は余裕も出来ましたし、八百万円の今年からの増額は別に相当する支出がちゃんとある訳でもありませぬ故、若干は今後と雖も、明治天皇の内親王様関係とか陛下の内親王関係とかにつきましては若干内廷の御負担といふ事を考へねばならぬかと考へて居りますと申上ぐ。

それから、皇太子殿下の御外遊の費用は未だ概算未済でありますが、概算三分の一は余りましたと存じます。内廷費で一千万円御持ち願ひましたのは、万一国費で不足の場合を考へましたが、其方は只今申上げます通り四千万近く余りました故、其必要なく国費で支弁されぬ性質の東宮様の御買物及御土産品等は五百万円でありますから、内廷費も五百万円は返る訳でございます。国費の四千万円弱は奇麗に大蔵省に余りとして返すつもりでありますと申上げし処、それは奇麗さつぱり余りは返すがよろしいとの仰せ。しばらくありて、そうしておけば義宮さんの洋行の時にも亦いゝわネーとの御話。

一一月六日(金)　願出御座所　一〇・〇五―一一・〇〇

昨日はお天気がよろしく、先づ大体よろしく行はれましてございます。式部官長は御先導の外、色々御願致しました事御聞き願ひ難有うございましたと特に御礼を申上げてくれと申出でゝ居りました。難有うございましたと申上ぐ。

それから、今日は田島進退の事につきまして御願を申上げたいと存じまする。実はいつか一度申上げましたかとも存じまするが、片山内閣の時に進駐軍側から宮内府首脳部更迭の口頭の話がありまして、片山はなし得ませんで芦田内閣(231)となりまして、芦田から田島へ話がありましたが、宮中の事など皆目存じませぬので拝辞致しましたが、芦田の話の内に、五月三日の憲法一年の日までに出来なければ進駐軍の側から指名して来るといふ様な事を一寸きゝましたのが気になりまして、進駐軍をたよつて猟官みたやうな事をする人間は断じて碌《ろく》なものではないので、そんなものが出る事になるならば田島の方がましだから出ると思ひました故、田島に最初話があり断りましたのは四月の央《なかば》かと存じますが、それで五月三日になりましても更迭の様子がありませぬので、田島の只今述べました意味を芦田に通じました事から、遂に御受けする事になりました次第でございます。

或は田島を勧める為にそういふ事を芦田が申したのかも知りませぬが、最初拝命致しまする心持は左様な訳でありまして、一面追放者が多き時代、代用的の意味も考へましたのでありますが、当時の進駐軍は中々また八釜しく、勿論市谷裁判〔極東国際軍事裁判〕決定〔判決〕前で陛下の証人問題等も多少あります時代、この事はいろいろの人の骨折で事なくすみ(232)、退位問題などもまだ色々論ぜられて居り、殊に中国御巡幸後之を非難して居りまする処へ、陛下は全国御巡りの御思召もあり、人数を少くして九州御巡幸といふ事になりまして一寸事は一段落の時、吉田首相に辞任を申出ましたが相手にされませんでした。其後火事を二度出しまして進退を伺ひ、又煙突男の赤旗を庁員から出しまして(233)之は引責辞任を申出ましたが、御寛大な処置で職に在りまして今日に及びました。引責の時は折角御言葉を頂きましても再度考への上と申上げたやうでございますが、実際御暇を頂きます決意を致しましたのは今年五月一日であります。

それは其前に加藤武男に内廷財務の顧問を頼みましてまだ承諾の内意もくれませぬ内、突如として三菱銀行の平重役になつてくれと頼まれましたのでございます。特別職は首相の許可あればよろしいので、岡崎外務大臣は自転車会社〔日米富士自転車会社〕の社長でありますし、山県厚生大臣は汽船会社〔新日本汽船会社〕の社長でありまするので、全然先方からの依頼であり、平取締役は御用を欠く程の時間をとる仕事ではありませぬので、首相の許可を得る手続を早速致しました処、其晩許可の曙愈々書面を出さねばならず、それを次長、秘書課長に話します場合の事を考へまして、始めてこれはいかぬ、そんな書類の手続を部下に頼みましたらば其瞬間から長官たるの資格がなくなりますといふ事に始めて思ひ至りまして、夜中の三時頃に手紙を書きまして翌朝早く願出取消の事を致しました。これでは実は記憶力のわるくなりました事は顕著でありまするが、これ式の事の判断を誤りますやうでは、今回は幸ひ私事に関する判断であり、又後れても途中で思ひつき止めましたもの丶、元々鈍い人間がこういふ判断力さへ失つては到底此重責に居る事は出来ぬと決意を致しました。其日午後緒方氏が吉田首相の使者で来まして、宮内庁長官が三菱の仕事をするのは止めた方がよからうが、然し月給が足らねば機密費とか何とか〔向井忠晴〕大蔵大臣と相談して出すやうにしようといふ様な首相の話であつたとの事でありましたが、それは吉田流で出来る事ではありませぬので、決意は此際致したのであります。尤も社会党か何かの内閣で変な人を後任にする様な場合には頑張つて止めませぬ旨を申しました。其直後は千葉県行幸啓の御伴を致しましたが、其内に自由党が多数をとりましても過半数でなく、重光と話合ひも出来まして五月十三日に小泉の外遊前に此事を申しました処、小泉は今暫く留まる様申して居りましたが、此事を安倍に話しましたと見えまして、安倍が田島を訪問しまして思ひ止まれと申して居りましたが、田島は決意を致しまして吉田首相に会見を申込みましたがどうしても会見してくれませぬ。緒方は口も堅いし私と思つて話してくれとの事で、已むなく緒方と話すると致しました。或は緒方に仕事を分け、重味をつける積りであつたかとも存ぜられますが、それまでは申込めば一両日に必ずあつてくれた吉田でありますが、此時以来田島は吉田を訪問致しました事はございませぬ。尤も内奏等で参内の節には別に何ともいはず、前後に或時間話を致しましたが。緒方には六月六日と十日と二日に亘つて、先方では合計八時間とか申して居りますそうでありますが、本当は二回で五時間位と存じまするが、途中電話等で妨げられまするのがいやで、主客転倒ではありますが、緒方とは懇意の為め、田島の官邸の方へ来て貰ひましてよく色々話しました。其後只今申しましたやうに吉田に緒方は全部通じてくれたらしく、葉山へ吉田参内の節にあひましたが、大体田島の申出を了承してくれまして、七月二十九日には東宮殿下御帰朝後取運ぶといふ事にまで運びましたのでございます。

実は先程申上げましたやうに御退位の問題も昨年五月三日の御ことばで段落がつきまして、あのおことばの文案には田島も随分一生懸命になりましたが、あの時も拝命の経緯から申しましても丁度其日に引責すべき事故も起きましたので、退くべきだと考へまして御恩命に対しても直ちに御受け致し兼ね、再考の結果又寛大のまゝに留任致しましたが、それは此時秋の立太子礼御成年式の準備中であり、まだ正式御決定ではありませぬが御外遊の事も御内定の時の事とて、その済みまする迄と思ひました処、今年五月一日の先刻の事がありまして、御外遊から御帰りになりますれば其段落に御暇を願ふときめて居りましたのでございます。処が宮内省が宮内府になりまする時、提案に先立ち(昭和)二十二年三月に吉田首相が上奏しました文章[234]の中に、「宮内府職員の人事につきましては、陛下の思召及宮内府長官の意見に基き、これを決定することが適当でありまして、運用上充分その実をあげることが出来ると存じて居ります」とありまして(始めてウンと仰せあり)、運用上陛下の思召に基き長官を通じてといふ事になつて居りまするが、之は反面法規上では思召に係らずする事が出来るといふ事にもなるのであります故、運用上陛下の思召に副ふやうな慣習にせねばならず、長官以外の進退は思召に副ひ、長官の意思が役立ちまするが、長官の進退そのものにつきましては、普通の場合につきましては長官が後任の適否につき意見を申上げ得まするが、政府側で長官を罷めさせませうとか、或は宮内庁と申しますか陛下の思召と申すかで長官を更迭致します要のありまする時に御相談対手になりますものが必要かと存じます。侍従長は本来側近奉仕でありましてかかる事には不適でありまして、昔の内大臣[235]のやうなもので政治に関係なきやうなものがある事は望ましいと存じます。長官が一般の責任でありまするが、重大なる事、例へば皇太子殿下の妃殿下の選択の範囲の問題とか、妃殿下御教養方針の問題とかいふ事、最も重大なのは長官人事に関する事でありまする。此事はかつて加藤武男を内廷財本(内廷会計の重要事務)の参与に御願致しました節、陛下が田島の永く居る事は望むが、田島が去つた後、田島の頼んだものが長官の依嘱では去るといふ事があるが、御沙汰書で極ればそういふ事がないといふ仰せで、加藤には御沙汰書を頂きましたが、其節付加して只今のやうな構想を申上げ、それには小泉が唯一の適格者である事、安倍能成もよろしいが一寸容易に「平和」などを申し、常識上一寸困る点のある事等申上げましたが、其節陛下は何んとも御返事はありませなんだが、小泉につきましては吉田は絶対賛成でありまして、受けてくれゝば結構だが受けますかといふ事でありました。帰朝後数回小泉と話合ひまして、漸く思召があれば恐れ多いが御受けするといふ返事をきゝましてございます故、此点は何卒御許しを得たいと存じます。

田島拝命の時は何も存じませなんだが、後に慶民（松平慶民、元宮内大臣、元宮内府長官）にきゝました処では、宮内大臣の後任を定めまする時は、宮内大臣の前歴ある生存者全部の賛成ある慣習だつたとの事であります故、今日は牧野伯、松平恒雄、石渡荘太郎、松平慶民、相次で皆故人となりまして、慎重にすべき長官人事の之に当る人がありませぬ。旁《かたわら》、小泉一人で結構であります。将来と雖も二人か一人で結構で、多勢は不用であり、又害があると思ひます。陛下の思召、長官及既に参与たる人の一致の人でなければと存じます。其意味で小泉は沢山が認めてる人格でありまして、此際御許しを願いたいと存じます。これの御許しは田島の進退とは理論上別の事で、疾くに御願してよろしいのでありますが、内諾を得ましたのが最近でありました。之と関連しまする（事実上此際）田島の進退を別にして御許しを得まする事は平素の申上方と違ひ何だか心苦しく存じましたので、三日の日、吉田首相に近日辞表即ち書面を正式に御手許に差出しますから、予て御内意を承つて居ります通り陛下へ御取次を願ひたく、又平素陛下の側近に御仕へする立場上、どうしても正式書面を首相に出せば同時に陛下に田島よりも御願すべきである故、田島はつまらぬ人間にせよ役目は重い事故、大体緒方副首相に懇談済でありまするが、正式書面提出は首相に一時間、二時間の時間を貰つて委曲を話したいと文化勲章の式の前に申込みまして、臨時国会終了直後と打合せしました処、吉田は徳島の事御詫に拝謁致しました節、田島の進退の事をも申上げましたらしく、侍従長に御下問と相成りました事を侍従長よりききまして、吉田はこういふ手続の事など無茶で誠に已むを得ませぬが、田島と致しましては陛下の御耳に達しました以上、田島の有りの儘の事を今日申上げぬ訳には参りませぬ。首相と打合せ通りなればこんな事にはなりませぬが、首相が打合せ通りでありませぬ為、陛下に相済まぬ、後れて御役御免《〔ゆる〕》しを願ふ、田島の事情を申上げますことが後れました次第でございます。

支那では七十致仕といふ言葉が御座います。(236) 田島は明年七十才でございまして、記憶力の減退は甚しく、御前で人名等思出せず誠に失礼の事もありますのでございますが、先刻申上げました通り、判断力につきましても自信がなくなりまして、矢張り七十致仕と申す事には一応実際上経験からの格言かとも存じます。実は先達て葉山で失礼な話で恐入りますが、田島拝謁の際覚えず水ばなが出まして、どうしたとの御尋ねを賜り、少々風気と其節は御返事申上げましたが、実は風邪でなく鼻汁が無意識に出ますし、眼も眼ヤニの様なものがどうも多く、口中も少しおかしい様な事がつゞき、又午後は申訳ありませぬが疲れまして机に対せずソハアー《〔ソファー〕》に横たはりまする事も時々ありまして、身体もたしかに弱りましたが、医者にきゝますれば病理的ではなく生理的の衰弱との事であります。病軀任に堪えませんといふ事が御役御免を蒙りまする時は一番正当な事由の筋でありまするが、田島はウソは陛下に申上げられませんので、身体は弱りましたが病気ではありませぬ。右申上げました通り、精神的にも肉体的にも衰弱致しまして重き責任を荷ふ事が出来ぬと存ずる次第でございまする。

猶、私事に亘りまして誠に恐縮でありまするが、田島は祖先の御陰で幼少より富める訳では勿論ありませぬが、貧乏でもなく、働きませんでも質素な生活ならば出来る家に成長致しまして、衣食住の事は余り気に致した事もありませんでした。処が戦争になりまして皆疎開を致しました節も比較的呑気でありまして、一面田島は因果の法則を信じて居りますので日本国が誰彼れといはずこういふ戦争を始めた以上、日本人は全部その結果を甘受せねばならず、日本人全部貧乏になつても仕方なく、疎開先で却て焼けたといふ話もありまするし、おかしな話でありまするが、田島は別にわるい事をした覚はありませぬ故、田島の家は多分焼けぬだらうなどといふ様な馬鹿気た事もありまして、結局焼けて丸焼となり、頼みに致しました倉も焼けました為、陛下は御存じありますまいが、所謂筍生活を致しまする資料がありませんので、食衣の為には焼けませなんだ地面を筍にするより致方なく、戦争で頓《にわか》に貧乏人となりました。それでも長年の情勢でそれも余り気になりませなんだが、老人となりまして乞食になつては困ると最近非常に気になるやうになりました事も事実でございます(恩給年限には不足とか、経済上の事は陛下には別世界の事らしく、これ以上は申上げず。又宮内庁の現給では生活が一杯で家など及びもつかず、家なきは安定を欠く事、老境に入つては特に然りなどいふ事は申上げず)。陛下には有りの儘を申上げませねば済みませせぬ故、有りの儘に申上げますが、皇太子殿下御帰朝後は田島の身体上の調子は大変よくなりましたのでございます。殿下の御旅行中の事、別して飛行機の御旅行、それも離陸着陸時に故障の多いとの事で、羽田に御着きになりまして陸地に御下りになります時までは何だか心配で気掛りでございましたが、身体の具合が事実御帰朝以来頓によくなりました事を考へますれば、どうも此事が気がゝりであつたせいかと存じまする。

猶、御恥かしい様な事で申上げますも如何でございますが、田島論語の勉強を予て心懸け居りまして、資料の抜書とか参考書をよみます事は本務の余暇で結構出来ましたが、もう年でもありまして少し整理しまとめをつけませうと致しまするると、田島の只今の心身の様子ではとても出来ませぬので、本務をやめなければと存じて居りまする。之は単なる余計な野心とでも申すべきで、申上げる程の理由にはならぬかと存じまするが……と申上ぐ(一言も仰せなく只御聞取になるのみ。何だか申訳なく、恐れ多き気で一寸わるい事でもしてるやうな後めたき気持す。何の御応へもなし)。

宸襟をおなやましまして何とも申訳ございませんが、そして吉田と打合上手順が違ひまして、正式に吉田から田島の進退内奏ありませぬ内に以上申上げるやうな事になりまして誠に恐入つて居りますが、只今までに当然付随する事を一つ申上げませなんだが――そして順序が今回のは先走り過ぎた事でありまするが、五年有余側近に奉仕致しまして、何事も申上げつけて参りました故に、後任の事をも此際付加へさせて頂きまするが、田島の願ひが御許しを得られました場合、当然起きるのでありまして、むしろ問題はこゝにあるのでございまして、緒方と二回に亘り、長時間他の色々の問題、宮内庁、皇室、皇族の将来の問題、例へば元皇族の御扱の問題等と共に話合ひました節、田島の考へを政府側に申伝へました。一つには、政府で一寸考へつきそうな人で又一寸適任らしく見えて到底駄目な人を注意的に申しました。

名前をあげまして恐れ入りますが、高橋誠一郎〔日本芸術院長、文化財保護委員会委員長〕、これは学者でもありますし、文部大臣の経験もありますし、何でも受ける人であります。文部大臣でも芸術院でも文化財の委員長でも何でも引受ける人でありますが、こんなつまらぬ人間はありませぬ故、こんな人は考へぬやうに申入れました。次に渋沢敬三〔国際電信電話社長〕であります。民族学とか魚の種類とか学殖も趣味も広く、日銀総裁、蔵相の経歴もあり、渋沢〔栄一〕の孫でもあり、一寸批難のないやうでありますが、大勢におされる性質でありまして、固き所信を死守するといふ点がありません。池田成彬も彼に嘱目しまして、あゝいふ位置へと推輓《すいばん》も致しましたが、池田の晩年実績上を見ましてどうも見当違つたかと申して居りました。現に新木の前に米大使として吉田から勧誘された事もありまするが、大事の時に毅然と出来ぬ人は長官としては困ると存じますと申上げし処、いろ〳〵学問的の事もあつてい丶人だがネー。そういふ風では困るとの仰せ。

それで絶対不適の人で一寸適当に見えるやうな人の事を申し、適当の人として考へますればズット前には緒方〔竹虎〕、その後には石黒忠篤〔参議院議員〕にネライをつけた事もありましたが、二人とも申分ないと思ひますが、政治に入つて了ひました。政治の関係ある者は絶対に避くべきだと存じます。また人物としても、たとひ吉田の如き人が政治に関係なく勤王で皇室中心であり、臣茂などと申しましても、あゝいふ大人物一方では長官は務まりませぬ。長官は政治に関係あつては困りまするが、経世済民の志はなければ駄目でありますが、御家庭の仕事がありまして、申さば小人物的の要素が必要であります る。

之は人伝の話で、且田島自身の事で恐れ入りますが、三淵〔忠彦、前〕最高裁判所長官の死去後、田中〔耕太郎、最高裁判所長官〕と共に田島と真野〔毅、最高裁判所判事〕が新聞の噂にのりました事がありまするが、あれは三淵長官が松本〔烝治〕博士に、法律の専門でなくても田島のやうな男と話されたとかが噂の種であつたやうでありますが、其折にも後任がなくてはといふ様な事をきゝましたので、長官の役柄は中々六ケしいと存じます。外部から考へますれば、新木栄吉は信頼するに足ると存じまして緒方に話しました。米国大使の重職にありまするから六ケしいかとも考へましたが、一面グルー〔Joseph Clark Grew ジョセフ・クラーク・グルー〕元大使夫人があまりよくいはぬとか白洲〔次郎、外務省顧問〕が悪口をいつてるとかいふので政府としても転職口があればよろしいのではないかと存じ、人物は手固く、操守が堅く、常識があり、信頼に足ると存じましたが、是はあとから吉田は不賛成と申して参りました。理由は分りませぬがと申上げし処、陛下はそれにあれは脳溢血だから駄目だとの仰せ。

それから今一人、日高信六郎は田島は個人的によく存じませぬが、三笠宮様洋行の際の御供として適任者はないかと申しました節、侍従長と式部官長と符節を合する如く日高を推しました。事実その後いろ〳〵の方面をきゝました節に、何れも信頼すべきやう報告に接しました故、申入れましたが、吉田からの返事に、長官はいかぬ、東宮大夫ならばよいといふ様な事でありました。――東宮大夫は野村が立太子礼の前に病気となりまして辞意申出がありましたが、まア務めて務まらぬ事もありますまいと力をつけました処、無事御役を仕終ふせました為、却て其後は元気になりましたので辞表は次長の手許に預つてありますが、今すぐとの要求でもありませぬので、小泉と最近打合せの結果、元々小泉の常時参与の時に小泉の推挙で大夫になつて居りまする以上、小泉の説は重んずべきでありまして――。差当り当分は現状で見送る事になりました。

それで庁内の候補者と申しますれば三谷と松平と宇佐

美の三人でございますが、結局宇佐美が一番よろしいとの結論でございます。同僚の事を批評がましい事申上げまするは如何かと存じまするが、大事な公器の為には私は許されませぬので申上げますが、三谷は侍従長としては一寸類のない程適任でございまするが、長官としてはしくじるのではないかと存じます。文官試験は一番の秀才であり、人物も温厚で頭もよく、それらの点は申分ありませんが、東宮殿下の首席随員となります時も田島は色々苦心致しましたが、覚悟して奏請致しましたがあの際にもあの人では？との声もありました。野村〔吉三郎、元海軍〕大将が外相をしてた時条約局長であつたらしいのですが、次官になる人ではないといふ様な事を申しました。実は田島は三谷の兄〔三谷隆正、一九四四年死去〕とは親しい友達で、三谷も旧くより承知して居りまするが、終戦後帰朝しました際、清水組に関係して居りました際、安倍が学習院長として女子部長を物色して居りまして、田島に仲介をたのみましたが、適否は分らぬ故、両者会見だけの取計をしまして会見の結果、両者の意思合して女子部長となり、先生の間にも至極好評でありましたそうですが、積極性が如何もないとの事でありまして、不破〔武夫〕といふ学習院次長の死後次長となりましてからは、人物のいゝ丈けでは次長の役目は不充分で、安倍も少し困つてたのではないかと存じます。田島拝命の節、同時更迭で宸襟をなやましましたと後できゝましたが、侍従長としては最適の人だと存じまして芦田に話しまして今日に至つて居りますが、恐らくは侍従長としては最適だと存じます。然し長官としては三谷は不適だと信じます。

松平は内大臣秘書官長にしましても、式部官長にしても、組閣の時に走りまわるとか、平素情報を集めるとか、又式を行ふとか、西洋人との交際とか、此方面では誠に忠実でありますが、きまりきつて毎日起る役所事務のさばきといふ事は如何かと思ひます。華族出身として異数の人と思ひますが、華族さんには違ひがありませんので、毎日の地味な事務を処理しさばく事は如何かと思はれますし、現職は適任と存じます。

結局宇佐美が一番適任と存じまするのは、林〔敬三〕前次長が政府に懇望されて警察予備隊へ参ります時、後任の推薦を依頼致しました時、宇佐美を極力推しまして、何だかぼや〳〵してる様であるが、いつの間にか奇麗に仕事がチヤンと出来上つてるとの評でありましたが、田島が三年有余一所に仕事しまして其評の通りだと存じます。又其時に、田島は同年輩等の者が知事位には皆なつて居るのに知事にならぬのはどうかと調べました処、其頃の内務大臣の気に入らなかつた為ときゝまして、あの内務大臣[237]の気に入らぬのなら却ていゝ人物の証拠だと思ひました。田島は其内務大臣は承知致して居りますがつまらぬ人と存じます。万事一所に仕事を致しました上で信頼出来る仕事振でありまして、年の若い点が多少御懸念かと存じますが、宇佐美より若い者が数人政府の大臣を致して居りまするし、人物としては申分なく、常識も操守も信頼出来得る事と存じます。

　外国人との交際は不得手かと存じまするが、大学は一度英文学に志した程で、馴れゝば出来ると存じます。それに外国人交際の事は田島は必然の御役目かと存じまして、それは牧野伯や松平恒雄両氏皆外国向きの方々と拝命の時接しました関係上、左様に存じまして不得手な事を御役目として一生懸命下手ながら力めて参りましたが、一木〔喜徳郎〕とか湯浅〔倉平〕とかいふ内務省出身の宮内大臣は余りその方の事は致さず、式部官長に大体頼んであつたとかきゝます故、此点も多く心配はないと存じます。バランス、先輩、後輩の関係がいくらかありますが、それは何とでもなると存じます。若過ぎるとの或は御考がありますかも知れませぬが、白耳義の宮内大臣〔Edmond Carton de Wiart カルトン・ド・ヴィアール〕が七十四才とか吉川情報[238]に書いてあります処から、かかる老人は珍らしいので外国では相当若い人が要職にあるのではないかと存じます（外国見聞なく洋行云々の事は申上げず）。右様の次第で、吉田は直接宇佐美と左程接触はございませんが、宇佐美後任といふ事で考へて居りますやうでありますし、小泉も宇佐美説に賛成でありますと申上ぐ（内部の三人の人事につきては陛下何も仰せなし）。

　後任の事は、先程申上げましたが、田島の退任奏請と共に首相より任命方内奏ありました後に陛下からその内奏に対して御返事あるべき事で、田島が今日申上げまするは如何と存じまするが、吉田は手続の事は打合せましても今回のやうになりまするので、一部は遅れ、一部は先走つた事になりましたが御許しを得たいと存じます。只今申上げましたやうな次第でございますが、小泉の御沙汰を拝しまする事は何卒御許しを得たいと存じますと申上げし処、小泉の事はよろしいとの仰せ。田島の進退の事も御許し願ひたいと申上ぐるは時期尚早(首相正式内奏前)に付、御許しの程を願ひますと申上げず、前条の次第でございますから……と申すのみなりし処、長官のやめる事は皇太子の結婚の事もあり私は不本意である……。然し今きいた事情をきけば已むを得ぬ事と思ふとの仰せ。恐れ入りましてございまする。つゝまず有りの儘に申上げました次第で、御許し頂けますれば、恐れ入りますが誠に難有うございますと申上ぐ(少時沈黙す。恐縮して)。

吉田のいつてた警衛の事だがネー、終戦直後の事は別として、戦前と戦後の近頃と比較して国民の顔色はたしかに親しみのあるものに変つたと私は思ふのだが、折角いゝのに徳島のやうな狂人のやうなものが一人出て元の様に戻る事は私は残念で困るが……との仰せ。それは四日に思召を伺ひました故、書面の方がハツキリ致しますので、直ぐ吉田に宛て書面を出しておきました。又其事を次長にも話しました処、総理はあゝいふ風で命令しても、実際動く所で加減する事は出来ます故、次長がいゝ具合に斎藤国警長官に話すと申して居りました。此方が有効かと存じます。これなど宇佐美の仕事振の一例でございます。従来と雖も、吉田総理は一本槍の人でありますので、皇室を思ふ精神はよろしいのでありますが、あの流儀に従つて万事を処理しますれば、内閣の変更の時、宮内庁と申しますか皇室が却て反動であふりを蒙ります故、宮内庁としては独自の立場で、どんな内閣が出来ても守る線の事を考へませんと、永い目では却て困る事になると思ひますので、時にはヒイキの引倒しにならぬやう吉田の考のみには従はぬ事に考へて居ります。今回の四国行幸啓と三年半前の御巡幸の時と比較しまして、学校生徒の奉迎など随分変りましたし、日教組(日本教職員組合)の先生が居るかも知れませぬが、一応チヤンとして来ましたが、之が又形式的になつては困ると先日も総理に話しました際、それは仕方がないと申して、逆コースなどいはれても意に介する要はない旨申して居りますやうな風でございますと申上げし処、宮内庁は独自の立場でをるべき事御賛同の仰せあり。これは（警衛の問題）小事のやうで重大な事で、皇室と国民との結び付きに関して重大な問題だとの旨重ねて仰せあり。

それからあの三笠さんネー、長官もいつてたが、矛盾な話で、ある事は裏など考へずに表面だけ見、ある問題には裏がいかんといひ、実に矛盾だ。どうも三笠さんには困るとの仰せ。個々の問題に困りましても仕方ありませんので、矢張り田島は何とかして御洋行が一番よろしいかと存じます。先達ての文書で、四、五年先との御考へも動いて居りますので……と申上げし処、御留学とか歴史とかだけれども、それより御視察的の方がよく、又歴史よりも王室と国民との関係を諸外国に亘り見て来て頂きたいよとの仰せ。三笠宮様なども、宮内庁の者より外部の者を信用なさる傾向がありますから、矢張り外部の事をきかれます。

一般的に田島は退職者挨拶の場合に長年の勤務の慰労の旨に付加して、外部でそれぐ〜の立場で宮中皇室の為に御尽し願ふ事があると思ふと申して居ります故、田島も今回御暇を頂きましたらその積りで居ります。外部からの御奉公をいふ事がありますが、陛下の仰せもありましたが、関屋〔貞三郎、元宮内次官〕[239]のやうに宮内庁を利用し過ぎるやうな事は絶対に致しませんし、表立つた時の外は参上も致しませんが、外部の者で出来る事の御奉公は致したいと思つて居ります旨申上ぐ。関屋はネーとの仰せ。それから〔日本〕育英会長の前田〔多門〕の会務報告の拝謁の書類につきまして、何か特に思召がございませうかと申上げし処、イヤ、大臣などが事務上の報告的の拝謁は、事実上行はれゝばいゝので書類はいらんと思ふとの仰せ。それは先年、吉田総理が松井〔明、前総理大臣〕秘書官を使ひとし内謁を願ひ出ました時、吉田に抗議しまして吉田も詫状をよこしまして、首相が代理を出しますは他の国務大臣に限るといたしまして、本来国務の御報告は国務大臣、国会運行の状況奏上は両院議長、裁判の状況は最高裁長官が、いはゞ何もなしに御都合伺ひ拝謁する事となつて居りますので、国務に関した事ではありますが、前回は大臣でなく会長としての奏上は総務課扱で拝謁を願ふといふ方がよろしいと存じまするし、前回も左様になつて居りますからと申上げし処、そうか、それならそれでよろしい、侍従にいつてくれとの仰せ。承りました。申します。

一一月八日(日)

願出御文庫ホール　両陛下に
一一・三五—一二・〇〇

今回は誠に申訳ない事を致しまして御詫びを申上げます。(240)又昨日偏頭痛の為失礼を致しまして、今日に及びまして御詫をも申上げます。今朝来、次長、管理部長、業務課長に官舎へ来て貰ひ、只今まで原因、今後の処置等相談致しまして遅れながら御詫に出ました。何とも申訳ありませんと申上ぐ(いつも御詫の時は「いや」と仰せになれども、今日はハツキリそういふ御言葉を拝せず)。(座せよとの御示しにて椅子を賜ひ)実は大林組に比較的安くきまりました節、陛下から安くても手を抜かれては何にもならぬとの仰せがありまして、当時田島は御文庫は大林組が防空壕建設の時の施工者でありまして、それの改修は面目上も大林でといふ考がありまして破格に致しましたので、只今の建築業者は皇室の御仕事は利害以上に名誉として致します故、其手を抜く事はありませぬ旨御答致しました故、今回其点早速取調べましたが、大林組が頭をはねて下請に出しました事はなく、大林の仕事を致しまする左官に致さしめました直営でありまして、手を抜くといふ事はないと存じまする。

実は只今現場を見まして余りにもひどいので驚きました次第で、電気ストーブの水入れの蓋が曲つて居りますので、御食事中とか或は御寝中にあんな事がありましたらば腹を切りましても追付きませぬ事で何と御詫の申上様もありませぬ。誠に申訳のない事でございます。原因をよく〳〵聞訊しましてございます。防空の建物として厚いコンクリートの下にモルタルがありまするが、それに漆喰が塗つてありました訳でありまするが、モルタルの上に漆喰を塗りまする事は普通の事で当り前の事で、仕様設計書も又施工の者もその事について少しも疑念なく建築の常道通りであつたのでありまするが、そのモルタルが特殊のもので防水的のものをふくんで居りましたといふ事が分りまして、外にどうしても原因がありませぬ故、その理由が普通のモルタルでないといふ事以外にありませぬので、結果から押しましてその防水のものを混じましたモルタルが漆喰との接着が不充分で、乾燥につれて間隙が出来まして自重もあり落ちたとしか考へられませぬとの事であります。昨夜食堂のみならず御居間其他全部点検致しました処、部分的に皆将来落ちる可能性のある音が致します由で、此際全部手直し致します外ない事の結論に達しまして、期間は一ヶ月位かゝるとの事でございます。従つてどうしても二期庁舎の方へ御動座願ひ、御不便を御掛け致しまする事何とも申訳ございませぬ。どうも早く塗りました処が一番わるく、あとで塗りました処の方が只今としては安全なのでございまして、月日が立ちますれば只今の特殊のモルタルと漆喰の密着がうまく行かぬと推論しますれば、何れスキが出来まして不安故、此際全部致す外ございませぬが、側面の壁は壁紙のありまする部分は木摺りを致しますが、下張りがありまして危険はございませぬ。仕切上の壁紙のありませぬ小壁の処も、自重の点は別としましても理屈は矢張り不安でございます故、之も一度に此際手直し致したいと存じます。一ヶ月より多少時間がかかりますかと存じます。

猶、此事に関しまして、昨夜之を聞きまして第一に念頭に浮びましたのは、時節柄宇都宮釣天井のやうな事[241]でございます。皇宮警察はそういふ事が主管事項でありますか為に勿論注意致しましたそうでありますが、他の御部屋の状況等から考察致しまして、又諸種の事情からそんな種類の事は全く心配ない結論に達しまして之は安心を致しました。猶此事の対外の関係は、陛下も新聞等に注意せよとの仰せを承りましたが、勿論進んで公表は致しませぬが、二期庁舎へ御動座となりますれば宮内庁詰の記者が知らずに居る筈はございませぬが、話題を大きく致すことは愚であります故、一部壁の剝落といふ事で余りに大袈裟にならぬやう致したいと存じます。

又国会は終了致しましたが、自由党の勤王建前の人は国会当りで大に取上げて論ぜられぬとも限りませぬので、それらの点、無用に問題の大きくならぬやう致したいと存じます。勿論内部の責任の処置は明かに致します積りで、田島自身の責任軽からぬ事も充分自覚致して居りますと大要申上げし処、水分が防空壕で今迄も多いのでそれの為ではないかとの仰せ。その点は工事中田島も見ましたが、各処に穴をあけまして従来も水のたまりまするのを此際一掃致しましたのでありますが、御座所近く及此廊下のあたり等、馬けつ〔バケツ〕にぢき一杯となりまする程最初は出ました個所もありましたし、従来水の洩れました辺の穴はほとんど出ませんでしたが、結局水の洩れるものは洩れ切りました上に壁を塗りました事故、水の為とは考へられません。むしろ防水の効能のものがモルタルに交へてありまして、普通のモルタルでないものの上に漆喰を塗りました為としか考へられませぬ位故、その点は御心配ないと存じます。尤も昨晩御寝願ひました拝謁室は、一旦塗りましたのがしみになりましてやり直しましたのでございますが、之は水でなく何か油様のものでしみが出るやうでありまして、他の室の漆喰とは多少違ひました方法に手直し致しました。御巡覧を願ひました節、あの部屋だけは其手直しの為室内へ御入りを願ひませんでしたのは其為でございますと申上ぐ。

そうか、それならい丶がとの仰せ。今回の失敗に鑑みまして、陛下御指摘の点でございますが、割安とは申しましても御料の為の仕事に手を抜く事はございませぬが、慎重の上にも慎重にし、安価でありましても手直しを致しますれば結局余計にかかります。今回の如きは大林と致しまして手直しの代金は頂けぬ筈でありまするが、手直しの為に御動座願ひまする間接の無用の人手間や間接の経費の事を考へますると、慎重の上に慎重にして手直しの事など絶対におきませぬ様十分の慎重を致す事に致しまして、今回の禍を転じて福とするだけの反省と戒心を要する旨を申しました事でございますが、何とも申訳ない次第でございますと申上ぐ。

手直しの方法の事は今朝も色々評定致しましたが、結局モルタルの特殊の為に漆喰の接着具合がわるいと致しますればそれをやめるより致方ありませんので、ホールの此天井のやうなすべすべした平たんな天井は漆喰をやめますれば不能〔ママ〕でありまして、見た目には少しわるうございますが、不安にはかへられませぬので、モルタルの上にペンキを塗り付ける外はありませぬ。謁見室は漆喰塗とペンキとの中間のもののやうでありますが、安全を考へますれば少し見た目がわるくもペンキで御許しを願ふより外ありませぬが、モルタルの面を少しよく致しますれば、ペンキを塗りまして相応見られるやうになりますとの事であります。小さいつぶ〳〵を作りまして光線で奇麗になりますそうでございます。仮宮殿の北の間の天井がそれだそうであります。

それから工事の仕方でありますが、御手廻りの品は二期庁舎へ御運び願ひまするが、工事中御文庫に御留め置きになりまするものもおありと存じまするが、それらの品の安全と無闇に工人の好奇心の対象になりませぬやうに植物の点は充分注意致し、大体ベランダー側を工人の出入に使ひまして、御廊下等北側の戸は全部鍵をかけまして入口は南方よりと致しまして、御部屋の工事中は御部屋は空に致しまして、御廊下等に御品をおきかへまする積りでございます。御部屋廻りの出来ましたあとでホール廊下を又御部屋の鍵をかけて中に入れ何もなくしまして工事致します二段のやり方でございますと申上ぐ（御了承に拝す）。

丸きり違ふ事だが、阿部行蔵が検挙されたが三笠さんは……との仰せ。到頭新聞に出ましたやうになりました[242]故、むしろ此機会に、正面からあゝいふ人と御近く遊ばす事は御考へを願いたい旨申上げたいと存じて居ります。例の御洋行相談会は、第一回は宮内庁の者だけ、学者とすれば小泉を加へました位で近く開きまする事になつて居りまする故、その際少し卑怯でありますが、役所の者大勢でああいふ人と御近いのは困ります旨申上げたく、此機会を逸しないやうに致したいと存じて居ります。前回メーデー事件の時の他の都立大学教授〔寺沢恒信、東京都立大学助教授〕の釈放を御申出になりました事がありましたが[243]、其事はいけなかつたと其時の事で御自覚でございませうから、今度又も釈放など阿部について遊ばす事はないと存じて居りますと申上ぐ。

退下に際し、偏頭痛の事御軫念頂き、よくからだに無理せぬやうとの仰せ。恐懼の至り。

一一月九日（月） 御召し御座所　三・二〇―三・五〇

三笠さんが今日ニユース〔映画の上映〕へ来られるから話は出まいと思ふが、一寸きいておきたいと思つたのだが、それはどうかとの仰せ。実は今日高尾が御目に懸る事になつて居りますので、まさかとは存じまするが前回のメーデーの首謀者の一人の時のやうな釈放を話込まれる事のないやうに、御話の序にその事に釘を刺す様申して置きましてございますが、その結果はまだきいて居りませぬが分り次第申上げますと申上ぐ〔高尾秘書課長は宮様に御伴し、菊栄親睦会の二十九日の会合の場所三井クラブ(244)へ出向き、まだ帰庁なき故、退下後その事侍従経由で申上ぐ〕。

今日は拝謁を願ひまして、二つ御裁可を得たい事がございます。一つは先日御許しを得ました小泉の件でありますが、御許しを得ましたので其形式を次長、秘書課長と相談致しました処、参与といふ事は参与すべき事項が一寸形の上でははつきり致しませぬので、矢張り侍従職御用掛といふのが一番よろしいといふ事になりました。実は東宮様御教育の参与は御沙汰書が出て居りますが、義宮様の御教育についても小泉にたのんでありまする。之に対しては実は形の上では何も出て居りませぬ。義宮様の事は東宮職でなく侍従職でありまする為に、その御教育に関しますれば、表面それは当然侍従職御用掛でありまする。鳥野〔幸次、元御歌所寄人〕の御歌の関係、服部〔広太郎、生物学者〕の御研究の関係、皆侍従職の御用掛でありまする故、内容が何でありませうと侍従職御用掛といふ事ならば問題はありませぬ。但し先達て申上ましたやうな意味もありますれば、長官から辞令書で御用掛を命じまするといふも妥当で無之《これなく》、小泉の地位上之は辞令を用ひませず、御直きに御親ら仰せ頂くといふ事に御願致したいと存じます。此事は次長、侍従長とも相談致しました結果故、御許しを頂きたいと存じます。尤も左様願ひまする事の御許しを受けまする書類は作成、御覧に供しまする次第でございますと申上ぐ。よろしいとの仰せ。

次に、いつかも一寸申上げましたが、三階の仮宮殿が装飾がなさすぎますので吉田も申しまするしと申上げし処、吉田が何か八釜しくいつてたとか……との仰せ。吉田の説もありまするが、事実余り装飾がございませんので、岡野〔清豪、通商産業大臣兼経済審議庁長官〕が文部大臣の時に文部省所有のもので適当なものはないか実物を見ましたが、大きさが合はなかつたり致しまして宮内庁として考へる外なく、上野〔直昭、東京〕芸術大学長に相談に相談しました結果、安田靫彦〔日本画家〕と思ひましたが、前田青邨〔日本画家〕に相談となりまして、此二人に現物を見て貰ひ、二十一枚が必要といふ事になりました。外務省でも在外公館の為に先日絵を調べたやうでありますが、二十万円位一葉で致しますので、之よりは宮内庁のは大きいのもありますので、先づ〔昭和〕二十九年度に予算三百万円を要求致して居りますが、果して認められますか、減額して認められますかそれは分りませぬが、出来るだけ努力は致しまするが、あまり後れましては困りますので、絵かきは中々時間がかかりますので、今日御願致したい事は万一予算を認められませぬ時、又は減額されました時に内廷費支弁に願ひ、御物として御貸下げの事に致したいと存じます。昔と違ひ献上などといふ気分はありませぬが、宮殿の絵をかきまする事は名誉には違ひないので、大家の誇に致します様で、又精魂こめてかきまするると存じまするので、御物としても恥しからぬものかと存じますと申上げし処、既に中間の報告申上げし経緯もあり、只内廷費の事だけ新しき問題故よろしいとの仰せにて御了承を得。

一一月九日(月)　願出御座所　五・〇五—五・一五

高尾は三笠宮様に御伴致しまして二十九日の会の場所に参つて居りまして、只今帰りましてき丶ましたが、殿下は、つるし上げられた婦人がスパイかどうかといふ様な御話でありまして、そんな事よりも阿部がつれて行かれる以上余りいい人物ではありますまいと申上げ、釈放問題など起きるかも知れませぬが……と申上げ、高尾もそんな事を繰返されては駄目でございますと正面からは申上げませんでしたやうでありますが、それでその辺の事は御分りになりましたと思ひますとの話であります。既に申上げました通り二十日前後に……と申上げし処、日はまだきまらぬかとの仰せ。ハッキリしました日は未定でありますが、次長、秘書課長それから洋行帰りで侍従長、学者は此次と致しまするが、学者兼宮内〔庁〕側で小泉博士とそれだけで第一回を催しますから、其節多勢で申上げようと存じて居ります。

それから、つい只今き丶ましたが、久邇朝融さんが又変な事をなされそうで困つて居ります。今日山梨〔元海軍〕大将が外務次官とかを訪問し、アルゼンチンに海軍の金沢〔正夫、元〕中将とか元代議士の中村嘉寿等で御出掛けになるといふ事で一応御止めしてるが、旅券などあつたら止めておいて貰ひたい旨申込があり、外務省としては外貨等の事なくばいかぬとかいひ兼ねるといふ様な話をした旨外務省から次長に電話がありましたそうですが、之は同じ事の繰返しで誠に困ります。小川友三〔元参議院議員〕と中村嘉寿と違ひますだけで、何だか訳も分らず御出掛になりますのは如何のものかと思ひまするし、平素の御行状から察しますれば、外地で余り香しからぬ事になると存ぜられ、愚策中の愚策でありますが、場合によりますれば陛下から御言葉でも拝せねばとも考へられますとの旨申上げし処、外務大臣などはどう考へてるだらうかとの仰せ。ブラジルの時は勝組負組等あり、元皇族などはおいで願ひたくないと申して居りましたがと申上げし処、私が只止めなさいといふよりも、外務大臣等から外交上の障りの事でもあると〔いえば〕いゝが……との旨仰せあり。

一一月一〇日(火)

御召し御座所　一〇・三五—一〇・五〇

ゆふべ三笠さんからは勿論話は出なかつた〔阿部行蔵のこと〕。然し考古学の方には利用される事を少しも心配されない癖に、昨夜の話にも二十九日の菊栄親睦会の会場がいつも光輪閣ではどうかとの高松さんの御話で三笠さんが色々研究されたが、目白の方の椿山荘とかの話も出たが、それは商売だから会場にすると商売用に利用されるといかんといふので、昨夕きめられたのは三井クラブで、利用されないからいゝとの話だが、どうも矛盾の話で、ある事には利用される事を気にし、ある事には利用されるかも知れぬといふ事を考へにならぬ。どうもおかしいとの仰せ。それは一般の事柄で御興味のない事には利用されやせぬかといふ事を御戒心になりますが、御自分の御好きな事には利用されるかも知れぬといふ警戒心が御好きな事の為に浮ばぬといふ事ならば、まア理詰で御注意申上げて分つて頂けるかとも思はれ、まだよろしふございますが、普通何でも利用されるとわるいと御気付きの方が、考古学等の名前のものには利用される以上に興味や同情をおもちの為に利用されるもいゝとかいふ様な御気持がどこか御腹にありますやうでございますとそれは困ります事と存じます。

それから、よろしからぬ事を申上げて誠に恐縮でありますが、東条内閣の時に一寸運輸大臣を致しました五島慶太〔元鉄道院職員、元運輸通信大臣、東京急行電鉄会長〕と申すのは、私、鉄道勤務の時の同僚で知つて居りますが、今日其息子に手紙を持たせて参りました事は、久邇さんが先達てお金を借りて御貸しになり、その事で山梨等が苦心して居ります男と一所に五島を御訪ねになり、五島は東京横浜鉄道の実権者でありますし、その会社は不動産の分譲事業などを致して居りますが、それに各宮家の名前を列ね、それらの方々の全部の不動産を管理しますか、処分しますかの組合を作り、其理事長に五島になつてくれとのお願で、東横は其やうな仕事を致して居ります故、儲け仕事でもあり田島の処へ様子をきゝに参りました故、其男は久邇さんに債務がありその債務の返済を迫られてる男であつて、そんな計画など迚も無茶苦茶のものである事、五島も久邇さんの事は多少承知して居ります故、最近の此男に関する事のあら筋だけ話しまして、タッチせぬ様ハツキリ申して置きました。

此方はまづ之で止まると存じますが、昨日申上げました南米行の事を此前北米行で御承知の上、又人の口車に乗せられ、又今朝の五島の話はあんな男と取引なさいましてはいけませぬと山梨等がその出来た事の後始末に苦心して居りまする最中に、その男と一所に又その男に乗せられて御行動なさいます事は何と申上げてよろしいか分りませぬ。皇后様の御近親故皆色々苦労致しまするが、結局こういふ風では久邇さんの御行動で皇室の御名誉になるやうな事が出来ぬ〔ママ〕とは保証出来ませぬので、久邇さんとしては御不名誉でも或は準禁治産の宣告といふ事も必要になるのではないかとさへ思はれまする。勿論只今すぐにその手続がよろしいと申上げる訳ではございませぬが、少くも準禁治産の具体的方法、手続を調べまして、そういふ事が出来るかどうか法律的に調べて見るだけの階段〔段階〕には到達致したのではないかと存じますと申上ぐ。それは一つ手続だけの事は調べておいて貰はう、との仰せ〔三十年勤続宮内庁職員奉拝の為の御時間にて退下す〕。

一一月一一日(水)　願出御座所　一・四〇―二・三〇

御文庫御迷惑相掛けました手直工事の件、八日一応ペンキの旨、御詫の節申上置きましたが、鈴木鎮雄〔元内匠寮工務部長〕及大林建築首脳技術者を交へ重て熟談の結果、鈴木はモルタルに防水加味の事必しも原因と考へられず、ペンキにては薄くも膜を作り外部との通気なきに付、むしろ石膏吹付けならばその儘故、分子間に間隙あり膜にならず安全は第一なる事、但し面のでこぼこに其儘となる故、砥の粉を塗る事、之も間隙あるとの事、可成砥粉で凸凹を少くして石膏を吹付ける施工事御許しを得たい旨言上、よろしいとの仰せ。

次に、ニクソン副大統領は「政府の賓客(245)」とする事で、十六日午餐の前に正式御会見になります事となりまして、儀装馬車を用ふる事、午餐はインフオーマルにて随員は御会見の時より多数とし(御会見の時は准将一名)、特に背広の御許しを乞ふこと、帰途は急ぐ為と帰路はインフオーマル故、儀装馬車等用ひぬこと、飛行場へは〔式部〕官長送迎に出る事、御答礼に官長御遣しの事(先方の日程上御遠慮とのこと)等申上げ、巨細の順序未定ながら一応申上ぐ。送迎は皇族でなくてよきや、前例等参酌よろしいと存ずる旨、四年間だけのいはゞ皇太子で、王国の皇太子とは違ふ事申上ぐ。テーブルスピーチの要なきや、前例等よりなしにて結構の事、猶調査のこと申上ぐ。範囲は未定なるも接待上土屋〔隼、外務省〕欧米局長御召さると万よろしく、従つて次官もとのこと等申上ぐ。大体御了承。

それから、小泉の問題は次長、秘書課長に事務的に話しましたが、内廷の事柄に参与といふやうな事は体をなしませんので、侍従職御用掛に御願致したい旨申上げました通りで、御伺ひ物の書類を持参しましたとて奉呈して御了承を得、但し御用掛といふ事は役人ではないが、非常勤でも何か束縛を云々といふ事はないか。又小泉は新聞雑誌に書くが、御用掛の為に其自由を奪ふ事はないかとの二つの事心配なきやの旨、御下問あり。何れもその事は少しも差支ありません事申上ぐ。よろしいとの事。

それから、昨夜山梨大将訪問致しました処、中村嘉寿の方の件は外務省で旅券の事はどうなりませうと、予ての方針で山梨等相談役一同不賛成故、どうしても行くと仰せあれば、連袂辞任してあとは御勝手にと出る旨覚悟の程をきゝました。柔い言葉の奥に、山梨氏は決心があります。此問題は、陛下を場合により御煩しする事などは考へなくもよろしいと存じます。只今岡崎外相に、一寸外交上困るといふ理由はないかときゝましたが、それは一寸ない。然し万一旅券の願が出れば止めおいて、宮内庁側と協議するとの事でありました故、お出になるやうな事は起きぬと存じますと申上ぐ。

それから、昨日申上げました五島申出の一件も山梨に話しましたし、栄木にも通じてまして、準禁治産申立の手続の研究は大体頼みましたが、実際は容易にこんな事は出来ませぬが、その調べはしてもいゝと存じまする程の事でありまする。江州の山林を会社組織に致しました故、安心のやうでも無担保で手形を出さるれば、準禁治産でない限り支払の義務があり、皇室が御親類といふ事で敢てやる者がないとは申し切れませぬし……と申上げし処、よく〳〵の事故、〔準〕禁治産などは勿論実際にはやるべきでない旨御話あり。それは勿論と申上ぐ。

あの、今岡崎に色々話をきいて、一寸岡崎にもいつたのだが、勿論岡崎も同意でも返事は出来ぬと思ふが、私は日本としてはどうしても米国とはよくしていかねばならないと思ふが、どうもアメリカ側の過失……一寸法務大臣にきいたが、松川事件[246]はアメリカがやつて共産党の所為にしたとかいふ事だが(田島初耳にて柳条湖事件の如き心地し、容易ならぬ事と思ふ)、これら過失はあるが汚物を何とかしたといふので、司令官が社会党に謝罪にいつてるし、日韓関係の事もアメリカは骨折つてるし、奄美大島は返すし、沖縄は先日の国体にも出るやうな事を沖縄に対してもしてるし、してるのは自国の為といふ事は勿論あるが、日本の為になつてるは確かだ。之に反してソ連は千島を未だ返さず、万事ソ連はひどいのに、此両方の対照的にも関らず、平和の美名の為に迷つて、日本では親ソ反米の空気が相当ある事は慨《なげかわ》しい事だと思ふ。此反米感情を和げ、正当に日本はアメリカと仲よくやつてく事が必要だと思ふに、ソ連や中共側の宣伝に躍らされてるのは困つた事だ。之に対処する宣伝等、人心をひつぱる事をせねばならぬと思ふとの旨御仰せり

(いつもの仰せ御尤もながら六ケしき事。但し今日一寸承りし事実ならば、之は米国又日本の親米の立場には非常に困る事と思ふ旨一寸申上ぐ)。

此日の記事は紙面を考へ要約なり。(247)

一一月一三日(金) 願出拝謁御座所 一一・〇五―一一・三〇

ニクソン米国副大統領に対する事が固まりましたが、大体前回申上げました処と大差ございませんが申上げます。第一飛行場への御使は、前例をも猶一応取調べましたが、松平式部官長に御命じ願ひたいと存じますと申上ぐ。次に大使より、東休所にて副大統領を御紹介申上げるやうに申上げましたが、是は直接大使の御紹介なく御挨拶といふ事になりました。東休所へ先へ御出まし願ひ、入口で御迎え願ふ事でございます。そしてその後、先方は随員一名代将を陛下に御紹介申上げ、陛下は供奉の長官等を副大統領に御紹介頂く事になります。その後長官は、大使及随員を二の間の方へ誘導致します。両陛下は夫妻を謁見室に御誘導になりまして、こゝへは通訳のみでございます。そして食事の方へ御出ましを願ふのでございますと申上げし処、それはいつ私が行くのかとの仰せ。ハイ、それは次室に式部官長侍従長等控へ居ります故、官長が出まして申上げますが、そこでいつもの三ノ間に留りまする総理等御陪食諸員の参集の部屋へ御出ましになり、拝謁の上食堂へ御誘引願ふ事であります。

斯様に午餐だけでなく一度御会見になりますので、いはゞ儀式とも可申、儀装馬車といふ事になりましたが、随員は御紹介願ふ代将の外の者も召されまする事となりまして、これらは平服でもあり、午餐の方はあまり正式でもありませぬので、帰りは自働車といふ事になりました。先方も次の日程がありますので、その方がよろしい様であります。猶御答礼も御使は官長でよろしく、皇太子に準ずるとは申しながら、四年の任期中の事でありまして、その後は何でもありませぬ。その辺違ひまするので、官長で結構でございます。接伴長は欧米局長ときいて居りましたが、松井かも知れず、土屋か松井かあとで申して参りますそうでございます。大使夫人は病欠でありますが、召し状は一応夫人宛となつて居ります。高松宮様は御旅行の由で、妃殿下御一方御出席であります。

テーブルスピーチを遊ばした例は午餐にはございませぬ故、晩餐にはありますそうでありますが、今回は不要と存じます等大略申上げ、総て御了承の旨を拝す。

二時三十分よりレッペ〔Walter Julius Reppe ワルター・レッペ、マインツ大学名誉教授、化学者〕博士の拝謁ある御予定故退下せんとせし処、「まだ時間がある、一寸」との仰せ。あの東宮ちやんの日英協会や日米協会の挨拶は、長官もいつてた通りで私も日本語がいゝといつたが、会長は日本人か。日米協会は日本でありますと申上ぐ。それは英語でするかと仰せ。英語と存じますと申上ぐ。それならば、皇太子一人日本語といふもおかしいかとも思ふ。出来るのだから英語がいゝかとも思ふとの仰せ。その点は多少疑問でありまするが、一応最近御伴をしました侍従長、又日本で西洋人との交際を心得て居ります官長と相談の上、日本語を一応最上ときめ御許しを得ました次第でありますから、まづ之と願ひまして、小泉は意見は意見として日本語説了承致しましたが、意見はかへて居りませぬ故、御病気の為日英協会は延びまするし、日米協会は来月四日でありますから、それまでに猶一応再検討致しますと申上ぐ(御迷ひの御様子故、一応前日申上げし線として再検討する事とす)。

退下せんとせし処、又御止め相成、久邇朝融王は利益で動く人故、結局不利益だといつたら分りそうなものだが……との仰せ。勿論そういふ事は申上げますが、高利貸等よからぬ輩の利益として申上げるウソの利益の方がより大きく、勿論実際はそうなりませぬが——その甘い言葉に乗せられ、真の不利益といふ事の判別力がおありになりませぬ故、駄目でございます。此前手形におこりになり乍ら、又担保付手形で借金をなさいますので、口車に乗られます。利益を重んぜらるゝ方に、正常な事は利益にうつりませぬ。然し今回は山梨も最後の決心は固く、只それまでは涎言(248)でありますが、まづアルゼンチンも止めと存じますと申上げし処、いふ事をおきゝになられば、準禁治産となりますと申上げたらどうだとの仰せ。事実それはよく〳〵の場合でありませねば出来ませぬ故、山梨として申上悪いかと存じますと申上げし処、イヤ、なるかも知れぬと一寸警戒の手段としていつて見る事はどうかとの仰せ。中々六ケしうございますが、手続の具体的の事を調べて貰つて居りますから、一つ考へて見るには見るつもりでございますと申上ぐ。

一一月一六日(月)　御召し御座所　一一・一〇―一一・三〇

大達〔文部大臣〕の話をきいたが、大体同感の事ばかりで大変よろしいと思つた。どうも日教組などは六ケしいといふ事と、文教委員会の連中も中々理屈をいつてるといふ話をきいて、私は独乙流の学問をした人が多く、文理解釈のせまい見解の為ではないかといつたが、大達はそうではない、雷同的でつまらぬ迎合の精神からだといふのだが、それは誠に困るので大達の考は私は正しくていゝと思ふが、大達一人で頑張つても、天野〔貞祐〕の場合でもそうであつたが、吉田始め閣僚が之をバックしなければ困難な事は出来ないから、その点一つ吉田にいつて貰いたいとの仰せ。それは又時機を見て適当に申しませうと申上ぐ。付和雷同の人だから、矢張り陸軍の勢のいゝ時にはその議論に賛成のやうな人が、同じ人が又時勢に迎合した事をいふらしい。大達は陸軍の盛んな時にも之に抗した人だ(249)。何か之に付随して仰せありしも失念す。

それから別だが、其後癩の方はどうだとの仰せ。其後別に聞きました事もございませんが、先達ての話では法律に不満で請願とか何とか運動して、療養園以外へ出る事は彼らの最も欲する処で、議会など始まりますれば何か運動はするらしく思へますと申上げし処、〔山県〕厚生大臣に田島が話をきくか或は厚生大臣が来て話すか何か考へてほしいとの旨仰せあり。適当に又考へませう旨申上ぐ。

それからこれも全く別だが、ソ連からの帰還とか中共から交渉の為の向ふの人が来るとか、一寸新聞には外務省も許すだろうとあつた(250)が……との仰せ。田島は一寸気がつきませなんだが、それらの点も適当に又政府へ連絡致しまして申上げませうと申上ぐ。

猶、先刻松平から、本日ニクソン副大統領についての事は申上げましたが、大統領の親書と写真を持参して差し上げるといふ事がありますそうでございます。之も何れ、侍従長からか官長から申上げませうがと申上ぐ。あ、そうかとの仰せ。

一一月一八日(水)　御召し御座所　一・五〇―二・一〇

あの、木村〔篤太郎、保安庁長官〕(251)ネー、あれは新聞に色々出てるが、何か長官はきいてるかとの仰せ。田島は新聞以外には何も聞き込んで居りませんが、新聞だけでは何かどうも面白くない事が出てる、いはゞ陸軍大臣や海軍大臣のやうな位置でネーとの仰せ。弁護士時代に顧問料を貰つたことは自分も認めて居りますが、別に保安庁には関係ない事で何でもないと存じますが、所得税を脱してるとかいふ改進党代議士〔栗田英男、衆議院議員〕(252)の告発のやうであります。それから国宝の刀剣を貰つたとかいふ事が出てまして、之は明かに国宝登録に移転あつたといふ事が出てましたと申上ぐ(何か残念そうな御気配に拝するも材料もなく、又調ぶべき事にてもなく、何とも申上げず)。

あの、それから二十六日に……あの三笠さんとの仰せ。ハイ、二十七日でございます。若し前に二十六日と申上げましたならば、田島の申違ひでございますと申上ぐ。その二十七日によく話て……あの歴史の意見書に連署された事は別にわるい事ではなく、又署名してる人もいゝ人だといふけれども、丁度安倍はいゝ人で平和を本当に熱望してる故にいゝには違ひないが、一部のいはゞわるい人が之を利用するといふ事まで考へれば、安倍はいゝ人でもやつてる事は困るといふ事になると同じで、三笠さんの連署された意見は赤でも何でもなくても、赤の人が利用される機会を作るやうな事になれば、矢張りよくない事をされた結果となるから、どうも困つたもんだとの仰せ。ハイ、その道理でありまするが、岡山の考古学の問題と関連して話しました時に、大達はあの文書は少しもわるいものでないと事もなげに申しておりました故、あの書面は赤的のものではなくよろしいと存じますが、利用するものがある以上は、只今仰せになりましたやうな結果にはなります故と、其辺の事も食事の間にいろいろ申上げます積りでありますす故に、申上げやうと存じて居ります。又それと似たやうな事でありますが、只今教科書は国定ではなく各本屋の競争でありますが、いはゞ本屋の競争を利用する為と思はれまするが、三笠宮様を編纂員の一人と御頼みして、それの部分は既に出来て御名を出すかといふ事で秘書課長まで御話があり、御出しにならぬ方がよろしいと申上げましたそうでありますが、之も二十七日に事後に仰せあつても困ります。そういふ事は、可成御名前をお出しにならぬやうと申上げようと存じて居りますと申上ぐ。それは困るネー、本屋は広告に使ふかもしれぬ。椿山荘が商売に利用されるとわるいからとて、菊栄〔親睦〕会の会場を御避けになる丈けの御考ならば、本屋に利用される事が御分りにならぬ筈はないと思ふ。どうもやつて御了ひになつてからばかりでは、朝融王と同じだ。困つて了ふとの仰せ。〔欄外「歴史の学者といはれるも、まだ始めて年数もたゝぬし、専門の学者ではなし云々の仰せもあり。」〕

それから、そこの左の方の写真が、ア〔イゼンハワー米国〕大統領の写真でございますかと申上げし処、そうだとの仰せ。実はア大統領の親書に対しまして、御答書の問題を訳文は既に御手許に……と伺ひし処、まだ見てない、答書案と一所に出すのだらうとの仰せ。親書は別段の事はございませぬ故、御答書も儀礼的でよろしいと存じますが、御写真は大統領に贈られまするかどうか二説ございまするが、次長、官長は御贈りの必要はなく、皇太子様御出の時、陛下より屛風を御持参になつておりまするに対して、ニクソンに託して大統領より何も物品の贈進はありませぬ故、大統領の写真をそう考へますれば、御写真を御贈りになる必要はないとなりまするし、侍従長は返礼の品と写真は見ず、返礼はないとして、写真に対しては御写真を贈られる方がよろしいとの意見らしく、御贈りになつてわるいといふ事は決してないとの意見のやうでありますが、田島は次長、官長の意見のやうでよろしいかと存じて居りますが、陛下の御考へは如何でございませうかと申上げし処、伊太利などは写真を交換といつて来てるが、大統領は写真を送つて、そして何ともいつて来てないのは無限の要求かも知れぬと思ふが、屛風に対しての事もある故、なくてい丶かも知れぬ。然しだまつているのは無限の要求ではないかと思ふよ。総理の親書や写真の来た事を知つてるかしらとの仰せ。それはこちらからは通知してありませぬが、外務省から報告してますかどうか……と申上げし処、それを一つきいて見れば、国交上写真をやつた方がい丶かどうかも、自然にそれとなし分るだらう。其上の事だから、一寸長官からきいて見てとの御話。それでは岡崎にでも一寸尋ねて見ませうと申上ぐ。

それから、その親書の答書はどうして届けるのかとの御下問。(かゝる事務的の事は御下問に及ばぬとも思ひしが、御下問故)その点は、只今矢張り次長、官長とも相談して居りましたが、只今の処では、明日午前は実業家との会見、午は日米協会やら議長レセプシヨンやらで東京であります故、届けたらばどうかと申して居りました所でございます。勿論旅行の丁度半分位とかの事で、持つて回りますかどうかは先方の自由で、大使館へ頼みまして直送致しまするかどうかは、先方の意思次第と考へて居りますと申上ぐ。

それから、中共の人の入国を外務省が許したと新聞にあつたがとの過日の御下問の事を、先刻信任状の式のあと岡崎に一寸きいて見ましたが、先方の団体の入国を許した事はない、但し中共の赤十字の社長(李徳全、中国紅十字会会長)が来たいといふ話はありますが、今日迄は許して居りませんと申して居りました。但し外相は、中共にまだ日本人が残留してますから、その点も考へて余りきつくもとか……何とか付言致して居りましたと申上げし処、そんな事につられていゝかなー。日本の国内を余程しつかりしておかないと、そういふ風に入つて来るとどうも……との仰せ。ソ連の帰国を許しますのは油断のならぬ国で、赤に染上つたから帰すのではないかと思ひ、先日岡崎にきいて見ましたが、上の方の人はそんな事はないと思ふ、若い方は知らぬが……と申して居りました。反響を見る積りか……との仰せ。

一一月一八日(水) 願出御座所 四・二〇—四・二五

ニクソン副大統領が、陛下へ大統領の親書及写真を持参致しましたことを、首相は知つておるでせうかと田島が岡崎外相に電話致しました処、多分知らないだらうと思ふとの事でありましたから、外相からその事を報告し、陛下からの御答書等について、首相の意見がもしあれば知らして欲しいと申して置きました処、先刻首相と打合せました結果、アイゼンハワー大統領は日本の為に非常に尽力してくれて居ますから、是非写真を賜ひますやうにといつてたとの事を電話して参りました。先刻申上げました通り、両説何れでもよろしい事でありますが、総理が国交上願はしいと申しますならば、屛風の御贈進に対しては先方は答礼なしとして、御写真と御写真といふ事ならば別に卑屈とも存ぜられませぬ故、御贈進の事は御許しを願ひたいと存じますと申上ぐ。よろしいと大声に仰せあり。

次に先刻も御話がございましたが、御答書でも問題でありました届ける方法は手続の事でもありますし、今回の御写真は直ちに調ひまするか如何にもよりまするが、式部の意見もきゝまして適当に処理致したく、其手続は御任せの御許しを得たいと存じますと申上ぐ。よろしいとの仰せ。

一一月二〇日(金)　御召し御座所　一・一〇—一・三五

(昨日午前御召しの節、外出の為此日となる)あの急ぐ事ではないが、三笠さんの事だがネー、本の問題(253)。もし三笠さんが、私が本を出してるから(254)と思つて出してもい丶と思つてられるやうな事はないと思ふが、若しあるとすれば、それは私を例にされても全然違ふ。今まで出てる本は、私の著書といふ訳ではない。将来は知らぬが、今までのは研究所の結果で、主として調べた人があるのだ。将来或は私の本が出る事があるとしても、それは私一人ではなく富山〔一郎、魚類分類学者、侍従職御用掛〕なり誰なりと相談してから出すので、三笠さんのやうにいきなり自分の考への本を出す事はないとの仰せ。ハイ、それは陛下のは自然科学でございまして、国史のやうな問題になるやうな事ではありませぬし、只今仰せの通り、今迄のは陛下の御著述でもございません——将来も若しありましても、只今の御話の通りでありますから、若し三笠宮様が陛下の事を仰せになりますれば、それは違ひますといふ事を申上げる事は心得て居りますと申上ぐ。

又、私があの、歌を出す事があるが、あれを又例にされるかも知れぬが、之も長官なんかの見てい丶ものを出すといふ事にしてるので、私だけのものを私だけの意見で出すのではないからと仰せ。それは同じ御歌でありましても、陛下の御立場にそぐふ歌だけを世に発表するやうに致して居ります故、それも事情が違ひます。若し三笠さんから御話がありましても、其点は心得て居りますと申上ぐ。

　昨日のニクソンの会の演説は、今日新聞で御覧の通り(255)でありますが、一時間余に亘つて通訳もなく、田島などでは迚も全部は分かりませぬが比較的分り易く、ダレスなどよりは分り易くありましたが、一九四六年は、ソヴエトロシアを見誤つて、武装せぬ事に日本をしたのは誤りだとハツキリ申しましたり、自由国家として残る為には防衛力を持たなければといふ事を力説致しましたり、中々ハツキリ致して居りました旨申上ぐ。大変よかつたネー、あそこまでいへば……の旨仰せあり。

　今日部局長会議で、新嘗祭に外套を着ますことの相談を致しましたが、帰一致しませんでございましたと申上げし処、それは経済の問題だとの仰せ。一寸面喰ひ、経済と申します？と申上げし処、下に着るものさへ買へれば外套なしでい丶のだよとの仰せ。イエ、それは違ひますので、洋装は着込みが出来ませず、上へ着るもので装束とは違ひます。あ、そうだ、婦人の洋装はそうだとの仰せ。婦人の洋装は勿論駄目でございますが、親王妃の御参列のないのは其為でございませうかと申上げし処、それはそうではないと思ふ。古い昔は知らぬが、明治以来の沿革と私の知つてる限りでは、新嘗祭は皇后が直接関係ないのだ。現に御大礼の時の大嘗祭にも、良宮は悠紀《ゆき》〔・〕主基《すき》の(256)歌をきく為に一寸出るけれどもすぐ帰つて了ふ。親王妃もそういふ訳で参列しないのだと思ふとの仰せ。明治に徳大寺〔実則、（当時）内大臣兼侍従長〕はフロツクを二枚着てたとの話も出ましたが、新嘗祭の時の話と致しますれば、侍従長として装束でせうし、チヨツトおかしいと思ひますが……と申上げし処、それ〔徳大寺〕は或は内大臣を兼ねてたから、重きに従つて侍従長の方は侍従次長にさして、内大臣として参列してたかも知れないネとの仰せ。それに関連しまして、外套が西洋風で戸外はよろしいとなりますと、陛下の多摩御陵御参拝又は何か事がありまして寒い時期に伊勢御参拝といふ様な時、戸外は外套を召しますかといふ問題となりますと、何だか一寸感じでそぐわぬものがありまするし……と申上げし処、陛下は神宮は外套の儘といふ事は到底御考へになれぬ御様子にて、それはどうも……との仰せ。

これはいろ〳〵理屈の立て様はありまするが、どうも感じの方の問題もありまするので、秩父宮御葬儀の時外套の例は一応出来ましたが、いろ〳〵考へまするとー寸す〔ぐ〕御許しを特に御願するとも考へられませんと申上げし処、瓦斯かなんかで暖くすればよいとの仰せ。庭燎(257)との関係又炭火の危険もありまして……と申上げし処、大嘗祭の時は電気で暖かくしたが、暖い日で必要がなかつた程で皆困つた。電気のふとんだよとの御話。ハイ、左様でございますが、大嘗祭は外国使臣も出まして、そういふ事がありましたかも知れませぬが、電気で暖をとります方法は結構ではありまするが、経費も考へねばならず、マーよく考へる事に致して居りますと申上ぐ(今日の御口振りにては、外套着用は不賛成かと拝察す)。

それから此間の病気の問題ネー、あれはどうもおかしい。此間田島にはいはなかつたが、私は終始おかしいと思ふのは、医者が一番患者に接するのが、左程の予防的の事をしなくて遠慮をしないといふ事だ。こんな不思議なことはない。ある時私がきいたら、医師は専門の知識をもつてるから消毒等然るべくやつてるから御遠慮しないといふ事だつたが、宮内庁の高等官ともなる人なら相当の人で、自分の医学の専門でなくてもきいて適当の事をし得ると思ふので、何も遠慮する事はないと思ふ。あの遠慮の法律で、一家親子等離散の事になるよとの旨の御話。ハイ、それは下々では離散などは出来もしませぬが、医学上すらも不必要な御遠慮は改正すべきでございまして、あの皇室令は廃案であり、まアその法律を慣習法のやうな気持ですべてやつて居りますが、既に衛生の主管課の方で改正の案も出来かゝつて居りますから、時宜にかないましたる様改正案を作りますやう致しますと申上げし処(皇后様風疹の疑から、何か最近御感じでもありしかと推測するも、之にはふれず)、イヤ、チブスとか何とかいふものは厳重にする必要があるが、あんまり理屈のあはぬ事は改めた方がいゝよとの仰せ。昨年の赤痢の時、田島も侍従長も致しましたが、あの赤痢は弱い菌で何の必要もないといふ様な事でありましたやうな訳で、実際に致したやうに致しませぬと、無用な厳重な縄張りをして、只今御話のやうな医者の場合のやうな、理屈上大穴があいてるのもおかしうございますから……

申上げし処、おかしいとの御話。
それよりも、服喪の法は既に改正案が出来上がりまして、伊勢の方も宮内庁さへ御きめになればそれに追随するとの話で、これは短縮のものを近く御裁可を得たいと存じて居ります。英国の如きも、国王の場合でも短期であり、又其時に御きめといふ事であります故……と申上げし処、然し、此間丁抹《デンマーク》の国王〔Frederik IX フレデリック九世〕が喪章をつけてる写真を東宮ちやんに関連して見たよ。あれはメリー〔太〕皇太后の為か、自国の皇太后〔Alexandrine アレクサンドリーネ、前皇帝クリスチャン一〇世の王妃〕の為かよく調べんと……あゝいふ風に日本風のけがれの観念なしに、外賓にもあふのならば短くする必要もないが……との仰せ。然しそれは大体短縮の方に理由もありますので、其方向に進みまするが、只今の点は又よく調べませうと申上ぐ。

昨日、日米協会でハル〔John Edwin Hull ジョン・エドウィン・ハル、米国極東軍司令官兼国連軍最高司令官、陸軍〕大将にあひました節、二十六日の戸外におでましの競技は医師の意見で残念だがと断つておきました。二十五日の英大使館の晩餐があります故、一寸よく断つておきました。あ、そうかとの仰せ。

それから、ニクソンの事について、何か長官が直接話してきいた事でもあるかとの仰せ。別に何もございませぬ。今朝式部官長が羽田へ送りました時の御礼は、既に御聞きの通りでございます。夫人〔Thelma Catherine Patricia Ryan Nixon テルマ・キャサリン・パトリシア・ライアン・ニクソン〕は日本タイムスに、王室へ上るのは始めてゞ、スリルト《thrilled》といふ言葉で気にしてたやうでありますが[258]、松平の話によりましても、御仕向を喜んでおつたやうでございますと申上ぐ。夫人も苦労した人だといふ事だが、素直でよさそうな人だネーとの仰せ。ハイ、大学教育も受けて居りますから……と申上ぐ[259]。

一一月二四日（火）　御召し御座所　一〇・一〇—一一・〇〇

此前長官が二十三日に外套を着るかといふ話をしてた時に、一寸思ひつかなかつたからいはなかつたが、英国の第一次欧州大戦の休戦記念日十一月十一日に、女王が果たして外套を着らるゝか調べて欲しいと思ふ。あれは戸外で記念塔の前へ行かれるが、此間一寸ニユースで見たやうな気もするが、之を一つ調べて欲しい。ジヨーヂ五世の〔七〕なくなられるのも、帽子をとられてそれが元で病気になられたといふ事をきいたやうにも思ふ。英国でも戸外で外套を着ないとすれば、日本で之を先づ行ふといふのはどうかと思ふとの旨仰せあり。先日の御話は、式部も掌典も意見一致して、田島としても御許しを願ひたいといふ程度に熟した話ではございませぬので、宿題としてよく今後研究を致しまするが、問題となつて居る事を申上げました事故、研究の一環として只今仰せの点も調べて見たいと存じます旨申上ぐ。

それから話は全く別だが、三笠さんの新嘗祭に関する本(260)を貰つたからはしがきを読んだが、書いてある事は別段わるい事は何もないが、都立大学の阿部行蔵の話によつてといふ事が明記した事が、あれはどうもない方がよいと思ふ。あゝいふ人の名前を態々出す必要はないと思ふ。影響がどういふ風かといふ考へがもう少し欲しい。極右の人では怪しからんと思ふし、左翼の者は益々之を実際以上に利用するかも知れぬし、どうも……との仰せ。

先日……今日は保釈と出て居りましたが……拘引される前に御書きになりましたかとは存じますが、既に阿部の評判はあるのでございますから、そういふ事を御書きは無益で有害かと存じますが……と申上ぐ。

それから、病気の遠慮の問題あれば、東条の時で八釜しく書かれてあるかも知れぬが、実際は侍医頭八田〔善之進〕であつたが、その運用上適当にやるといふ事で、法律は八釜しく書いたのだが……との仰せ。それと今一つは注射――特に予防注射は副作用があるとわるいとか何とかで懸念があつて、あまりやらぬ方針であつた為に、自然と病気のある事について厳重に近づけぬといふ思想もあつたかと思ふ。先達ては思ひ出さなかつたがとの旨、仰せあり。秩父宮様の解剖の時か何かにも、その注射を宮中では避ける風があつたと一寸話が出た事がありましたが、そういふ事が矢張りありましたのでございますかと申上げし処、それは其後変つて、ヂフテリヤについて良宮が注射した事はあるから今はそんな事はないが、そういふ風の考へが一時はあつたやうに思ふとの仰せ。それは衛生の係で新しい時世に叶つたものを立案中であります事は、頃日も申上げました通りでありまして、立案を急がせる事に致しますと申上ぐ。

先日、認証式の行はれました前後に吉田にあひまして、先達ての御話の木村の事、大達の事も申しましたが、陛下にも申上げましたかと存じますが……と申上げし処、私が聞いたが木村は大丈夫だといつてた。大達の事もいつてたとの仰せ。どうも吉田は、閣僚の詮考もどうも人事に興味のありませぬのでせうか。大達も内務省の役人の内ではい丶といふ話であつたが、人物はよく知らぬやうな口調でありましたが、やつてる事はい丶ようだとの話で、首相閣僚バツク必要の旨申しました処、此前にもい丶考の文部大臣が居たが弱くてと、天野の事を暗にいふ様でありましたが、どうも大臣といふものを旧憲法下とは違ひ、首相の一存で自由にする事になつてるとは申せ、あまりにも重視しませぬやうで落第すればそれきり、及第すれば本当にそれから使ふといふやうな風で、池田〔勇人、元大蔵大臣〕などは其一人かと存じますが……と申上げし処、吉田はどうも楽観に過ぎる。外交の事はい丶かも知れぬが、国防作戦の事は知るまいに簡単に楽観してる。ソ連が日本へ来る間には、近い欧州へ出ると簡単に片付けてるが、現に千島や南樺太に空挺隊をおき、一葦〔衣〕帯水の処であり、本州には来ぬにしても北海道に来ぬとはいへぬと思ふに非常に楽観で、ニクソンにも楽観だといはれたがそれで当然だといつたし、どうも……との仰せ。田島にも、ニクソンをやり返してやつた楽観論を致して居りましたが、樺太等ソ連のみでなく、中共といふ者が今は近い処に居りますし、現に北鮮〔北朝鮮〕に侵入しました事故、総理のやうな楽観はどうかと思ひます。首相は、中共はソ連の思ふ通りにはならぬ、漢人は文化がソ連よりも古いしといふ話をして居りましたがと申上げし処、イヤ私達でも教へられたのは、元でも清でも中国本土を征服しても、結局土着の漢民族に同化させられていつたと教へられて来たので、先達て歴史の人の話をきくまで、そうだと思つてた位だから、吉田など勿論その古い思想に支配されてるに違いないから……との旨仰せ。

先達ての歴史家達の話も、従来の漢民族に北部よりの侵入の元や清が全然同化されたのではないといふ程度のものではないかと存じまするし、従来の漢民族が同化したと絶対にいふのはどうかといふ程度で、両方それは一部づゝの真理を申すのではないかと存じますが、それは兎に角、吉田は人事があまり上手でなく、又粗枝大葉でありますが、それと同時に勇気は敬服すべきものであります故に、どうか周囲に知識を供給する人が煩わしいのでありますが、愛憎で白と黒とハツキリ致します為に、とりまきはあまりいゝ人が居りませぬ様で、惜しい事でありますと申上ぐ。

池田勇人の御進講は二十六日十時と定まりましたそうでございますが、大臣でもございませぬので御進講の形と致しましたが、陪聴者は余り多くない方がよろしいと存じまして、長官と侍従長と考へて居りましたが、二十六日は陛下の思召で閣僚を鴨へ御呼びになつて居りますので、田島はそちらへ参ります故、侍従長一人侍座するといふ事に御願致したいと存じますと申上げし処、ア、そうか、閣僚は二十六日だつたのか、よろしいとの仰せ。

それから三笠さんの本の事に関連して、私の変形菌で一かどの大家――素人では――であつた人は、近海郵船の社長小畔四郎[261]といふ人だ。右翼で軍人などと交通があり、侍従主管の方がより知つてた位で、会社の部屋の金庫に標本を入れて置く程で、その方ではむしろ本職より有名であつた位だつたが、私は同好の人であつたけれども、右翼共の者の利用する事となるを恐れて、決して出入りせぬやうにしてしまつた。名前は稲の田のアゼといふ字だよとの仰せ。

それから文藝春秋か何かで、何とかいつた世界にも書く人で、安倍や何かとも一寸一所のやうな何とかいふ人のを一寸よんだのだが……そう中野好夫(元東京大学教授、雑誌『平和』の編集代表)だ[262]。中野の結論は、基地問題を論じて共産党が為にする為に問題を起したといふ様にいふ人があるが、そういふ事はない。他に色々の原因、理由があつて、あゝいふ問題になつたのだといふ事のやうだが、断然殺人の悪事をした人でも、弁護士が弁護すれば弁護の理由はあるやうに、又盗人にも五分の理といふ事(陛下は一寸、一寸の虫にも五分の魂といふたとへをおひきになりしも、之はこの諺の錯覚と思ふ)があるから、世の中の事は全部正しいとか全部正しくないといふ事はまづないので、一部は真理をいふが一部不完全は免れぬといふのが物の常で、基地の問題でもそれ〴〵の立場上より論ずれば、一応尤と思ふ理由もあらうが、全体の為に之がいゝと分れば、一部の犠牲は已むを得ぬと考へる事、その代りは、一部の犠牲となる人には全体から補償するといふ事にしなければ、国として存立して行く以上やりやうない話であるのを、憲法の美しい文句に捕はれて何もせずに全体が駄目になれば、一部も駄目になつて了ふといふ事を考へなければばと私は思ふのだが。一部一部、自分の利害の上から考へて、自分の利益、権利といふ方に重きをおいて、全体の為にする義務といふ考へがないから困ると思ふ。〔南〕アフリカのスマッツ将軍のいつた、専制主義も民主主義も程度の差であるといふ事は、誠に真理の一面を保つてると思ふ。日本の国防といふ事を現状に即して考へて、日本としてなすべき事たるが分かれば、誰かがどこかで不利を忍び犠牲を払はねばならぬ。その犠牲には、全体が親切に賠償するといふより仕方ないと私は思ふがネーとの御述懐。それは仰せの通りと存じます。日本の国防の必要も、壱岐対馬の人には痛感されて居りまする故、其点では一寸変な申し方でありまするが(パラドキシカルの意)、竹島など朝鮮〔大韓民国〕がうるさい事を申しまするのは、日本の防衛問題を促進しまするには貢献致しまする結果を持ち来しますと申上ぐ。陛下はそうだ、そういふ意味で、朝鮮人の学校の問題など、私の仮装行列とかいふ事件[263]はもつと世の中にパットなつた方がいゝ位だとの仰せ。それはそうでありまして、朝鮮の北の方のものはかゝる無礼を致しまするのは当然で、日本人全体としての問題とはなりませぬ事で、共産党といふものはこういふ無茶をやるものといふ事を宣伝する事になります故、却てよろしいかも知れぬとの論も成立ちまするが、陛下は此問題特に大達文相からでもおきゝでありましたかと申上げし処、イヤ、一寸新聞で見ただけだとの仰せ。〔宇佐美〕次長は昔、東京都の教育長を致して居りましたので、その報告をきいて居ります。校長は進退伺を出して居るとか申して居りましたと申上げし処、校長などには責任はない。そんな事より、あゝいふ学校はつぶした方がいゝ。大体国費を使つて赤の学生を養成する結果となるやうな大学もどうかと思ふが、こんな朝鮮の学校に国帑を費す事はどうかと思ふ旨の仰せ。

　更めて確りした処は御許しを得ますが、来年一月の諸行事は今年通りと致しまして、御講書始[264]は十日、御歌会始[265]は十二日に御願しやうかと存じて居ります。それから秩父宮様の御一年は、妃殿下は手伝ふ人の迷惑にならねば、可成一月四日に正当になさりたい御気持で、それは可能でありまする為に、四日はその行事がありますと申上げし処、内部の事だが奏上の事と……との仰せ。ハイ、只今は政治上の事はありませんので、掌典長が神様の事を奏しまする丈けで国事ではありませぬが、陛下の御勅使を遣はされまするのを、時間的に考をめぐらす事がよろしいので、短時間で奏上をおきゝになりまして後、御使秩父さんへ御遣しの順序のは、時間を考へて居りますやうであります。大宮様〔貞明皇后〕の場合は、御一年後の翌日か翌々日かに御魂移しがありましたが、習慣上一月は十五日迄正月気分であります故、御霊移しは十五日過の十六日に御願したいと存じて居ります。国会の開会式……と申上げし処、臨時のはすぐあるだらうとの仰せ。ハイ、通常国会の開会式の召集は暮れの内でありましても、年末年始の休会明けに行はれる事が適当のやうで、陛下には直接御関りはありませぬが、その日には葉山から御日帰り願ふと致しまして、十六日過ぎには葉山へ御出で願ひたい胸算であります旨申上ぐ。

　そう、外に突発の事があれば……その御話故、近衛の長男〔近衛文隆〕がソ連より帰りましてどうなりますか、どんな事を致し又はいゝますか新聞は目をつけて居りますが[266]、之などは……申上げし処、皇室だけ残し、皇族は少く、華族はやめてといふ事は、新聞紙なども其主張の下であらうに、皇室、皇族関係の記事は非常に欲しがるといふのは非常に矛盾だが……との仰せ。近衛の長男がどうなつて帰りますか分りませぬが、新聞は物見高くニユースヴアリウがありさへすれば、皇室でも何でもかまはない、利用しようといふ商業主義で日本はあります故、目下の処どうも困るが、米国などの新聞の様に広告で計算を立て、読者層に余り期待せぬやうだといゝが、それはそういかぬし困つた旨の御話あり。地方新聞の新年号についての最大の注文は、皇室に関する記事との事でありまして、地方はどうしても保守党が多いやうでございますと申上ぐ。

一一月二五日(水)　御召し御座所　一一・一〇―一一・三五

(十時半首相拝謁後、侍従長御召しになりし後)今日は吉田が来て、いろ〳〵宮内庁の事が多かつたが、ビクトリヤ勲章のやうなものを私が望むかといふ様な話であつたが、吉川〔式部職儀式課長〕に調査をたのみ、朝海〔駐英公使〕に又たのんだといふ事を田島からきいたが、その結果はきいてないので……。あ、左様でございましたか。実は陛下から御伺ひしました以外の事は、結局少しも分りませぬので、日本で申しますれば、一般勲章は賞勲局のやうな所でやるが、この勲章はキング、クヰンの意思のみと申しまして、どういふ風かといふやり方が分らなければ何にもなりませなんだので、或は申上げませんでしたかと存じますが、吉田と話を致しまして、皇室があるきりで、元皇族とか新御親族等に対して何か考へねばチヨツト困りまするやうな場合があると存じまして、昔の麝香間祇候とか錦鶏間祇候[267]とかいふ様なものを、鳳凰間とか千種間祇候のやうなものを考へますとか、或は功労勲績がなくとも、只名誉を表はすやうな勲章のやうなものとかで、日本にもヴイクトリヤのやうなものといふ御考へもあるといふ事は田島は伝へましたが……と申上げし処、吉田が御考へかどうかといふから、そちらでよく研究して貰はなければいかんが、私は政治等にはあまり意見をいふべきではないが、よければ調べた結果、よければい丶かと思ふ程度の事を話しておいたとの仰せ。それから吉田は、位はどうかといふから、政治には関係せぬといふ前提で私の考へをいへば、勲章も今度は何等〳〵といはぬといふ事だとすれば、位に何位といふはおかしいやうに思ふといつたが、何か吉田は位が非常に熱心で、勲章でない場合に非常にい丶といふから、私は只そんなら正一位とか従一位とかいふものをおいたらと一寸いつたが、之も研究の結果でなければ何ともいへぬ事で、もし何か話があつたらそういふ意味でおるから、承知しておいて欲しい旨の仰せ。承りましたと申上ぐ。

一寸仰せになる事なき御様子に付、あのニクソンの両院議長歓迎会の節、東久邇盛厚さんにおあひ致しましたらば、稔彦王が明日とか明後日とか御退院の事を承りました。予て御仕向の事を考へまする様、仰せを承つて居りまして、侍従長、同次長とも相談致して居りますが、一寸聞きまするど、入院費は病院へ一八〇〇とかで、其外の費用も入ります故、中々かゝりまするど存じまする。金額の点は今少し相談の上申上げまするが、そして時期も相談の上申上げまするが、之は稔彦王へ御直きに御上げ願ひましたらばと存じて居ります。秩父宮様の手術料の時のやうに、御手許上げと致しまして賜ひましたらばよろしいかと存じます。之は御了承の様に拝す。猶、盛厚さんの御話の節、責任が自分の方へ全部かゝつて来るといふ御話がありました故、照宮様もおいでありましたが、それは結構ではありませぬか、御孝行が出来まして結構と存じます、沢山御孝行願ひますと申上げました。又其時、あゝいふ御育ちでは、日本銀行五年の御生活であるが、どうも此上して、もといふ様な御話で、もう少し大所高所よりといふ様な意味で外務省云々との御話がありましたが、それは矢張り外務省の事務ならば同じでありまする故、世界の大勢に御通じの意味ならば、あそこで出します宣伝用の印刷物がありますから、あれを御貰ひになればと申上げまして、それはそうして欲しいとの事でありました。又、日本銀行もそういふ御考へならば、サラリーマンは御止めになりまして、一流会社は無理でありますが、基礎のある二流位の会社の重役になられて、一週に一度とか、一月に一度とか勤務される所へ出られたらばとも思ひますと申上げ、よろしく照宮さまとも御相談の上と申上げておきました。その結果の御話があれば、どこかへ頼もうかと存じて居りますと申上げし処、こちらからそう〳〵生活のことに出すといふ事は出来ぬから、サラリーマンを止めて月給がなくなつては困るとの旨仰せあり。ハイ、それは重役で毎日御勤めになりませぬでも、重役として同じ位の収入はある処へと存じて居りますと申上ぐ。あ、そうかと御安堵の様に拝す。

それから、新木〔栄吉〕が不賛成で、田島も同意見でありましたビニールの何とかいふ御仕事は、当時新木等田島の心配も杞憂で、どうにかうまくいつてるらしい御話でありました。只、田島の処の敷居が高くて、一寸行き兼ねてるのは、外のある仕事に去年か投資なすつたのがすつかり駄目になつたとの御話でありました。どれ位の程度の事か分かりませんが、そう大した事ではないかと存じますが、御失敗のやうでありましたと申上ぐ。

それから、又あの、宮内庁の問題に戻るが、今、吉田が、長官からきゝましたが、陛下が御自由の金が欲しいとの仰せだときゝましたといつたが……との仰せ故、それは少し違ひまする。吉田は事務的には少しも分つて居りませぬ……と申上げし処、吉田がそういふから、私はそういふ事がどういふ意味か知らぬし、政治上に関する事は私はいはぬ立場だといふ前提でこういつた。救恤金などでも国会のワクがあるが、あゝいふのも自由にしたいので、自分の為に自分の用に自由にしたいのでない。又皇室費を昔の様に一本にして欲しいのだといつたら、吉田は昔はそうでしたかといつてゝ知らなかつた。自分の為に自由になるお金の意味ではないといふ旨をいつたが、どうも現状の事も吉田は十分知らぬやうで、私のいつた事をどう吉田が了解したかも分らぬが、私は今のやうにいつたのだから……との旨仰せ。ハイ、承りました。予算で貰ひまする以外、全く陛下の御自由なものはホンノ軽少でありまするので、何かとお金は入用なので、今少し何とかいふ事は吉田に申しました事はありますが、吉田が今日申上げました事は、どういふ点でありまするか、何れ又只今の仰せを承りおきまして心得まするト申上ぐ。

（此前後、三谷侍従長、小泉氏に電話し、此日午後三時参内の旨、三谷氏より知らさる。之によつて恐らくは、宮内庁の事いろ〳〵と陛下の仰せになりし吉田首相奏上事項中、田島辞表のこと、後任のことなど申上げしに無之哉《これなきや》と想像す。）

一一月三〇日（月） 御召し御座所 四・〇五―五・〇〇

此日、国会開会式より還幸後御召しありしも、国沢新兵衛〔元満鉄副総裁〕告別式に参りし為、帰後拝謁。三笠さんの事はどうだつたとの仰せ。食後、最初田島より外国へ御出ましの事を口を切り、人間三笠宮として御研究の為、御留学御希望のやうでありますがといふ事を申上げし処、宮様は、私はどこまでも学問も皇族として皇族のワク内でやるのだとの御話があり、一寸田島は拍子抜け致しました位でありますが、甚だ結構な次第でありますと申上げし処、ソウカイ、それは結構だネ。三笠さんはふら〳〵なさるからそれでズツトその御考ならいゝが、ネーとの仰せ。その点でございます。どうも時々御変りになりますのであてにはなりませんが、色々申上げませうと存じて居りました事は拍子抜けで、申す必要もありませんでした。歴史等の御話は皇族のワク内の為にしておいでの様子で、高松宮様は社会事業とかいろいろの事を遊ばしますので、同じ事をやるよりは各皇族各分担してやるのがいゝので、私は障害者の為とかいふ風にしてるし、学界を皇族として私は何かしたいと思つてるとの旨御話がありました。小泉も学者として当夜出て貰ひましたので、小泉は留学の経緯をお話致し、まア先生に面接は出来まするが、いはゞ本を買つて帰る位といへぬ事もありませんので、別に御留学といふ事に重きをおかれる必要もない旨及足一たび国外へ出て日本を眺めまする時に、国内に居て御感じられぬものを感じまする故、是非一度御外遊は必要の旨を申上げました。三笠宮様は単なる旅行を短期にする事はいやだといふやうな意味、及び従来の経緯を田島にのべよとの仰せもあり、田島がそれを申しませなんだらば、御自分で在米邦人の好意の申出、グルー〔元駐日米国大使〕協力、エール大学の便宜等の問題がそのまゝになつてる為に、之を全然打切るかどうかといふ旨を仰せありました。

それから費用の問題に話がなりまして、政府に頼む為には、何か公的な催に御出席といふ事でないと政府の予算がとれぬ事、及政府の予算も中々大金に上ります故……と申しますのは、皇族として海外に御出になります以上、御共も可然人が必要であり、又妃殿下も御一所の方がおよろしく、妃殿下にも御共が是非入用であります故、少くも四人の旅費となりますと中々の金額に上ります。皇族の海外旅費といふものはありませぬが、普通の人間の仮りに三倍と致しましても、お二方で六人となり、之に御付の最小限二人を加えて八人となります故、そして先達ての皇太子殿下の供奉員が約三百万円でありますから、二千四百万円、之が半年の御旅程でそれだけになり、仮りに一年としましても五千万円近くとなります旨等を次長、秘書課長より交々申上げ、三谷侍従長も最近洋行者として列席して貰ひましたが、欧米では是非妃殿下同伴でなければおかしいと思ふ話、三谷の御付の場合でもなぜ一人かときかれた位だといふ様な旨等いろ〳〵申上げまして、結論は何も出ませんでしたが、留学といふ事は経費其他いろ〳〵の面から御一考の要ある旨は、御了承になつたのではないかと存じまする。そして皇族としてのワク内でといふ事を最初に仰せになり、留学でも普通人のやうには出来ぬ事も、これは御承知の様子でありました。田島は、元皇族をかついで在外邦人がお金を出すといふ事が一再ならずありましたが、選挙費などを作る必要の人の利用的態度など想像されて御止めを願つた事もありますので、宮様としては御出掛になります以上、皇族としての御体面、従つて御費用の入りますことも申上げました。或は小泉の申上げました事で、留学についても御考へになつたのではないかと存じます。妃殿下は余り御発言ありませなんだが、絶対に御子様を内地に残しては行かれぬとの御話もありませなんだ等、御外遊に関しての金曜日の会の様子、可成詳細申上ぐ(妃殿下の御質問、三笠宮御子様の王か親王かの事は申上げず)。

それから、新嘗に関する本のはしがきの事[268]も田島より申上げ、本自身又研究も至極結構でありますが、はしがきの中に、明かに阿部行蔵の名前を御挙げになつて居りますが、阿部は新聞にも出て釈放にはなりましたが、あゝいふ次第故、あれの名前をおあげになりましたのは……と申上げました処、実際阿部といふ人の話で発足したといふ事実を書いた丈けの話で、あの会合はあの人の力によつて出来たが、会が始まつてからは阿部といふ人は都立大学へも寄りつかず、平和運動に熱心になつてからは学校へも来ないよとの仰せ。都立大学には参りませんが、宮邸へは時に参上致しましたかと伺ひし処、都立大学へも行かぬ位で、勿論私の処へも来ぬといふ御話でありました。兎に角、一寸彼是申上げる必要のない御話振りで誠に結構でありましたが、一つ式年祭は其意味でやめたらばとの御意見は、先程の皇族のワク内としましては如何なものでございませうと申上げました時に、あれは(皇紀)二千六百年とかいふのは明かに史実に反してる事[269]に基いての事は、あれはおかしいから止めたらと思ふとの御意見を御のべになりましたと申上げし処、どうも其点は、私は賢所などを祭る事を宗教、神道宗教と認めるといふ考に私はいつも反対して居るのではあるが、一面宗教的だといはるればいへぬ事もない点もあるのは其点で、二千六百年といふ様な歴史の面に史実に反するといふ事はあるが、史実に反してるからとて直ちに式年を廃しなくても、それは伝説といふもので国家的に意義あれば、何もやめなくてもいゝと私は思ふのだが、此論になると又一面賢所などの御祭りをやる事を宗教だと見られても仕方がないといふ結論になり、之は一寸おかしな話だが困る点だよ。現に私達などは、キリストの十字架も史実でなく、従つて復活なども考へられず、之は史学ではないが宗教としては認めてるのだから……との仰せ。其点はキリストの処女マリヤから生れましたとか、奇蹟とかいふものは事実としては認められませぬ事が、宗教では立派に立つて行きますから、式年祭を八釜しくいはぬと致しますと、宗教的となりまするが、去りとて今史実によつて式年祭おやめといふ事も如何かと存じますのでございます云々申上ぐ。そうだよとの仰せ。大体此間の会合では、三笠宮は皇族云々との事は一貫して仰せになつて居り、具体的に経費等の点を考慮して御留学はどうかとの御考へにおなりになつたのではないかと存じますが、時々御意見も変ります故、将来の事は何とも申上げられませぬが、余り時間を隔てずに同じメンバーで今一度願ひ、固めたいと存じて居ります。

猶、こゝに一つ関連して申上げますが、先達てサンパウロで四百年祭を催し、高松宮が親善使節とかにおなりになる云々新聞にありました節、岡崎外相に尋ねました処、そんな予算はまだ組んで居ないし、ブラジルは勝組負組が居つて、皇族などの御出掛は不適との事で打絶えて居りました処、最近一億四千万円とかの予算をきめて表慶使節を送るとかの話をきゝました故、之は一つ外務省の方の其後の意向をきいて貰はうと存じて居ります。又何れ政府の予算で宮様が御外遊になりましても、或は補足的に内廷の許す範囲で若干の御補助といふ事は必要かと存じます旨申上ぐ(何の御応へもなし)。

それから、殿下がヘブライの歴史については、日本には他の人もありませんやうなお話で、それに関する米人のある著述に御興味をお持ちになり、歴史の方面にはその方の人は無く、宗教学専攻の東大の人二人と共に御翻訳になりましたそうでございます。近く原稿が出来上るらしくありますが、(270)此訳をなさる事も、原著者との結び付きも、至極自然に出来たやうに伺ひました。之は御帰り後に次長等と話しました節、折角宮様の始めての御仕事に万一誤訳などあるとの批難のありませぬやう、一度誰か翻訳の原稿を拝見するやうに運びました方がよろしくはないかといふ話が出まして、之は次長が秘書課長から殿下に御話致します事になつて居りますと申上ぐ。そうかい、それはまアよかつたが、時々御変りになるから、まアそれはよかつたとの仰せあり。

それから、正月の御行事は大体今年通りで、日取りは十日御講書始、十二日御歌会始、其後に葉山と考へて居りますするが……。あ、それはきいた、よろしいとの仰せ。

歳末の方で御願ひ致したいと存じますが、恒例で首相以下閣僚、両議長、最高裁長官の御陪食をお願致したく、二十二日頃を予定致して居りまする。それから一つ新例でありまするが、今後恒例に致して頂いてもよろしいかと存じまする事であります。それは警視総監の拝謁を、首相等との午餐のあと位に願いたいと存ずる事でありまする。地方への行幸啓の際、警察隊長、市警の課長など拝謁を賜ひ、御下賜もありまするが、都内の行幸啓は年間数回に亘りまして、その御警衛の責任者は総監でありまするが、曽て拝謁の機会はありませぬので、之は均衡から申しましても御願するのがよいのではないかと存じます。又都知事は、何と申しましても輦轂《れんこく》の下〔皇居のある場所〕の知事でありまして、警視総監のやうな御警衛については無責任でありまするが、警視庁も都の自治体警察でありまするし、英国の戴冠式の時などは、ロンドン市長は特別の待遇を与へられるやうでありますし、御住居が兎角《とにかく》東京都でありますから、同時都知事に拝謁を賜りまする事はよろしいかと考へまする。御異存なく拝す。猶、拝謁致しまする丈けでは如何と存じまするので、鴨を二羽賜ひましたらばと存じます。之は拝謁後、侍従からでも思召を以て賜ひますればと存じます。尤も総務課で案はたてまするると存じます。そこでバランスの問題でありますが、国警長官は全国的の国警の責任者でありまするが、地方行幸啓の場合、御供致しまして拝謁の機会を賜はつて居ります故、年末恒例の要はないかと存じますが、賜物の鴨の方は同一に御願したいと存じます。他の海上保安庁とか消防とかも権衡を考へましたが、是はよろしいかと存じます。それから行幸啓の際の鉄道でありますが、之も警備とは稍性質も異りまして、総裁は其必要ないかと存じます。右御了承に拝す。

之に関連しましてでございますが、昔は内務省があり、知事会議(271)といふものがあり、御陪食の栄に浴し、県治の状況をおきゝになつて居りましたが、先日、八ブロックの代表知事を一回願ひました外は、行幸啓先又は途中で知事が拝謁致しまする丈けであります。文化国家といふやうな立場から、学士院とか芸術院とか御優遇は元より結構と存じますが、日本国民に御接しになります御趣旨で、園遊会も民間人を多く致しましたが、一般人としますれば、結局知事が代表となりまする訳でありますが、公選になりました為に、知事といへば市長、市長といへば町村長と、どうも公選関係で線の引き処で六ケしい旨、一寸自治庁と内々話会ひました結果、分りましたので……と申上げし処、公選はどうもいかんよ。吉田もそういつてた。矢張り官選の方がいゝネー。然し官選でも、政府が変る度毎に変るのも又他の弊害として大きいので、其辺をよく〳〵研究しないと公選〔は〕いけないともいひ切れないけれども……との仰せ。それは誠にその通りでございます。兎に角、知事を年一回位および願ひまする事は結構でありまして、数回に分けて全部の話をおきゝになりますか、三年位で一巡しまます様にブロック毎に代表をきめますか、何か工夫は致さねばならず、直ちに五大市長とかの問題も起きませぬやうせねばなりませぬが、来年四月以降にそういふ事が行はれまするやう研究を一つさして頂きたいと存じます。地方行幸の時など知事は御陪食を……といふ事も考へまするかと申上げし処、昔はあつたのだが大膳でないから陪食でないなどいふ話もあり、止めになつた。大演習(272)の時は、軍人の外に知事のみならず地方の有力者といふのをよんだ事もある。よく研究してくれとの仰せ。承りました。

それからViningの頃、参与の陪食がありましたが、ローズ〔Esther Biddle Rhoads エスター・ビドル・ローズ、皇太子家庭教師〕になりまして、特に米国から招いた訳でもなく、参与のも〔ママ〕其後御座いませんが、一年に一度位は賜りまして結構かと存じます。其後医務の勝沼及財本の加藤等新しき人もありますので、一度御願致したいと存じます。良宮もかとの仰せ。ハイ、両陛下に御願申上げたいと存じます。加藤は未だ皇后陛下に拝謁致して居りませぬ故、御陪食の前に一度拝謁を願ふ手順に願いたいと存じます。御了承に拝す。

　それから、朝日新聞の事[273]でございますが、田島は庁内の何人にも何等申しておりませぬ。侍従長も吉田の申上げました為に、陛下からの御下問で始めて承知しましたやうな次第で、何人も存じて居りませぬ。処が両陛下歌舞伎座へ行幸啓の日に、吉田が東宮様を御招きしまして外交団に御茶を致しました。東宮様は御病気で御出掛けございませんでしたが、其時総理は松平信子に大蔵大臣と宮内大臣〔ママ〕にいゝ人はないかといふ事を申しました事を信子からきゝました。又岡崎外相が先日三谷に、田島はやめるのかと聞いたといふ事を、陛下から侍従長が承りました後に、三谷が申しました、左様な次第でございます。どうも小泉がいふ筈はないから岡崎だナ……との仰せ。どうも政府の側でございますと申上ぐ。さう……との仰せ。

　それから、盛厚さんの損したといふ話はどれ位か、経済上に響く様では困るだろうが……との仰せ。其額は伺ひませなんだが、敷居が高くて田島の処へは御出になりにくいとの御話で、或は相当額かもしれませんが、又案外小額かもしれませぬ。日本銀行のサラリーマンをやめて、同額位とれる重役におなりになる御希望かどうか、照宮様とよく御相談の上、御腹がきまりましたら田島の処へ御出で下さいまし、どこかへ御話致して見ませうと申上げてありますから、それで御出になりました節に金額を伺つて見やうと存じて居りますと申上ぐ。その重役といふ〔こと〕になれば、洋行位は出来るやうになるかとの御尋ね。それは六ケしいと存じます、長年御貯蓄になりましても、一寸六ケしいかと存じます。然し会社によつては、業務上御出掛出来るやうな所があるかも知れませんと申上ぐ。若し其去年の末の損といふのが大きかつたら、何とかしてやらなければ……との仰せ。そういふ事は田島はいけませんと存じます。下世話に人の尻拭ひといふ事を申しますが、何か下手な事をなすつて両陛下の方で御尻拭ひをして頂けるとなりましては、盛厚さんの御為になりません。どうしても愈窮された場合は別でありますが、あゝいふ若い方が依頼心を御持ちになるやうな事はいけませんと存じますと申上ぐ。東久邇の大宮様は侍従長にきゝましたが、大変御喜びでありましたそうでございますと申上ぐ。エ、との仰せ。

一二月一日(火) 御召し御座所 一〇・四〇―一一・〇五

あのネ、世間でインフレ、インフレといつて八釜しい(274)のだが、そういふ時に七日から葉山へ行つてもいゝかしらとの仰せ。それは御懸念ございませぬ。供御は東京でも葉山でも同じでありまして、旅館に御仕払なりますのではございません。御供の旅費だけ位の問題でございますから……と申上げし処、マーそれと船を動かすから……との仰せ。それは問題になりませぬし、今回御出を願ひまするは、田島等の不調法で御文庫に御住居出来ませぬ事態を起し、此庁舎に御住居は御無理でございますので、公式の御用務なければ、ずつと御用邸に御願すべき情況の元にありますので、侍従長から話がありました節、田島は即座に同意致しました次第で、それは御懸念に及びませぬと申上ぐ。そうかとの仰せ。

それから今朝、秩父宮妃殿下から一寸御話があるとの事で承りましたが、昨夜ニユースに御上りになり、陛下から三笠宮様の事をおきゝになりましたとか御話でございましたから、田島からも委細申上げておきました。猶、妃殿下の御話をした金曜日の会合のあとで、三笠宮妃殿下から秩父宮妃殿下に御電話がありまして、昨夜の会合の結果、余程具体的に予算等の困難の事、又留学等の意味など、余程御考になつた御様子の様だとの御話を伺ひました。此際あまり時を経たず、一回催しまして、ある程度の具体的の方針決定を見たいと存じて居ります。それからブラジルの問題は、昨日外務省へ照会して貰ひましたが、予算はまだでありますが、閣議で表慶使節派遣と見本市開催の事はきめたとの事でありまして、表慶使節には皇族を予定してるかときゝましたが、それはそうではなく、只今の処は考へて居らぬとの事でありましたが、皇族では各国との関係上絶対にわるいのか、或は場合により皇族でもよいのか重ねて話合ふ様に申しておきました。三笠宮の御意向が第一でありまするが、若し可能ならば、南米へお出で、北米へでも……と申上げし処、それで欧羅巴《〔ヨーロッパ〕》をズット一巡しておいでになれば……との仰せ。

それから昨日の新聞の事でございますが、拝謁後部屋に新聞記者が四、五名待つて居りましていろ〳〵尋ねられましたが、田島は要領を得ぬ話をのみ致しておきました節、色々先方の話によりますると、内閣が出所のやうでございます。〔福永〕官房長官か〔田中不破三、官房〕副長官か人は分りませぬが、兎に角内閣の方であります事は確かでありまして、十日位前にも一寸そういふ噂がそちら方面から飛び、その儘になつて居りました処、土曜日に緒方が小泉を訪問しましてから、急にあんな風になつたのだそうでございます。芦田は、田島拝命の時など非常に慎重で、内閣には首相一任といふ事の了解を得まして、一人で彼は致しました。吉田は自分では田島にあひませんで、緒方は口が堅いから何でもいつてくれといふ流儀であり、一方官房長官がこんな流儀で誠に困りますと申上ぐ。そうか、そんな風で松平信子にも話してるのだなあとの仰せ。

新聞の事で序だが、御文庫の事が中外商業……今は何とかいつた新聞……〔日本経済新聞でございますと申上ぐ〕、その新聞に大きく出て[275]たがあれはどうか。何か新聞の方にあつたのかとの仰せ。ハイ、勿論かくしは致しませぬが、大いに書いて貰ひたくもありませんので、その当時各新聞は余り書きませぬ方針で、一寸毎日が書きましたが他は書きませんでした処、共同〔通信〕の田中徳がこれは大事だと、おそく一週間も立ちましてから共同で流しましたので、共同の種で日本経済は書きましたのでございます。共同は地方へは供給されますから、名古屋の新聞なども大きく書きましたと申上ぐ。あ、そうだ。それだからおそくなつて岡山から見舞が来たよとの御話。

田中は近頃一寸神経衰弱気味と申しませうか、他の新聞記者連中とは少し感じが違ひます事が多いやうで、昨日も四、五名参りましたが、田中は一所に参りませなんだが、先達て来、バッキンガム宮殿に皇太子殿下御参入の節、松本大使一人で首席随員が御伴しなかつた事はどういふものかといふので、端的に申せば三谷攻撃を次長の処でもやり、田島の処にも参り致しましてくどいのでございます。その話の点は、首席随員も御伴した方がよりよいと田島も存じますが、どうも田中はくどいのでございます。御文庫の事件も、一寸他の記者とは感覚が違ひましたやうでございます。田中はむしろ、宮内庁のやり方が田中の考へより急進すぎると思ひます事もあるらしく、此頃の園遊会は陛下が国民の一般層との御接触の一端でありますから、召されない人達にはその様子が伝はる方がよろしい。勿論、会そのもの丶空気の乱れますやうな事がない程度に、記者写真ともある程度——陛下は御気付きなかつたと存じますが入れましたのでございますが、之など宮内庁側の開けすぎ、進みすぎだと申して居りますやうな訳でございますと申上げし処、田中も少し年をとつたのだネとの旨仰せあり。

実は、其御文庫の件に関しまして、近来は畢竟、監督不行届といふ様な昔風の事は人事院の出来ました以来やらぬ方針となりましたそうで、次長からも進退伺は出ません。田島も首相へこの為の進退伺は致しませんで、〔鈴木菊男〕管理部長は書面を以て注意、深尾〔代治〕業務課長及長崎〔桂介〕建築係長(276)の両人は懲戒規程の一番軽い戒告を以て処分致しました。近来は下手な処分を致しますと、人事院へ訴へるとかいふ事でございます。左様の次第で、田島は別に進退を伺ひは致しませぬが御迷惑を御掛け致しまして恐縮を致しております。御許しを願ひますと起立御詫申上ぐ。

一二月三日(木)　御召し御座所　一〇・四五—一一・三五

只今盛厚さんと御話を致して居りまして、遅れまして失礼を致しました。盛厚さんの先達ての額は、意外に大きうございました。五百万円を、女中してたもの丶知人の知人とかで人造石油事業に五百万円投ぜられ、インチキでありまして、百五十万円御回収されましたそうですが、あと三百五十万円こげつきの様であります。堤の紹介とかの弁護士をたのみ、回収を謀り、不動産でもい丶からとらうとして居られるやうであります。先達ての御話に、敷居が高くて田島の所へ来悪《きにく》いとの事で少額ではないか〔ママ〕と存じましたが、マア百万位かと思つて伺ひましたが、五百万円で驚きました。又日銀のサラリーマンを止めて他の会社の重役といふ事も、右から左といふ訳には参りませぬ故、今月三万日銀では貰つておいで丶、内一万円は特別のものでありますが、之だけ以上の収入のある日銀程ではなくても、確固たる会社の重役の口がきまつてから移られなければいけませぬ事、三万円の月給は五分利で換算しますれば、七百二十万円の財産を持つて居る事でありますす事も申上げました。例の内職の方は案外よろしく、二、三人の人を使つて夏分は六万円、冬分は一万円とかの収入で、之は成績よろしいのでありますが、今迄は税金は一切之について出してないので、多少不安があるのみならず、一、二年後まで果してこの通りかは、危んで居られる口振りでありました。新木が反対しましたのは、内親王様たりし方の御内々の仕事として似付かはしくない事でありますが、大体入るを図つて出づるを制するといふ御精神がないからおきます事で、出るだけのものは已むを得ないとして、その額丈けの収入を計りたい御気持ちがあります故、今回のやうな間違が起きるのであります。新木などを御出しになりますからと申しました処、先方が出たとの御話故、結局新木が出るやうに宮様の行動があつた為だと申しました処、新木は堅すぎて話しにくいといふ様な御話、少し話しにくい様な人の意見をきかれる事が必要で、御希望のやうにチョイ〳〵御機嫌伺ひに出るやうな人で心易く御感じになるやうな人は相談相手にならぬ人が多く、そういふ人でしつかりした人はあるかも知れませぬが、無理でございます。大名の家にはまだ〳〵い丶人がありますと申上げし処、陛下はそうだ、従来事務官として宮家についたものは、属官上りのやうな、まアどつちかといへば大した人でないのがついてたしするから、い丶人は従来の関係ではないだらう。それに入るを計つて出るを制するといふ根本的の御考へがないからいけないのだとの仰せ故、皇族さん方は大体今迄人だのみで、何の御心配がありませんでしたが、こういふ時世になりまして、御存じない割に入る事を欲せらる丶為、引か丶られるのは独断ならば当然であります。新木など去られて、こんな事になります。

秩父宮様は、田島拝命の当初、銀行出身の為に何か御役に立ちますなればと申上げましたが、自分の処は財産もないし相談する迄もないといふ仰せでありましたが、全部御自分で切盛り遊ばしてたらしく、其後一、二有利に回る御相談がありました時も、田島に大丈夫かと御尋ねあり、田島が大丈夫と申上げまする以上は、徳義上保証人となつた様な気持になりまするので、少額である程度以上はおよろしいと申上げた事もありましたが、一つもこげつきなどは出来ず、此間相続税の時に初めて拝見しまして、つまらぬ株が少々あります事を発見致しましたが、之も少いので、只今石坂〔泰三、東芝社長〕の手で整理致して居りますが、斯様な次第で、〔秩父宮勢津子〕妃殿下は会計の事は何も御存知なく、従つて只今は石坂、田島等で御相談を承つて居りまする為、少しも危気もありません。大体宮家の方々は、御自分御承知ない会計の事を御自分でおやりになりますから、こういふ事になりますと申上げし処、秩父さんは強い方で、御自分でおきめになると随分はげしくいはれたのだがとの仰せ。ハイ、それは田島も御泊りの時、外の問題で随分ひどく仰せになりました事もありますが、一応は筋の通つた事でありますから、後刻又斯様な面からの見方もありますと申上げれば、そうかと仰せになる事もありました。現に皇太子様の御洋行の時でも、宮様はとても御熱心に仰せになり、三笠宮様御希望も御承知の上で、今回は皇太子だときつく御主張で、田島への御手紙にも理路整然ときつく御主張になりましたと申上ぐ。

盛厚さんは外に、犬に共同で五十万円計り投資の事もきゝましたがと申上げし処、それで御経済の方は御困りになるのではないだろうかとの御心配気の御様子に拝せしも、之は盛厚さんの御考のおよろしくない為におきました事で、陛下が照宮様等の御話で御慈愛の御手をおのべになります事は、却て盛厚さんのお為になりませぬ故、此度の御失敗は、御自分である程度迄御受けにならねば駄目だと存じますと申上ぐ。

それから、昨日拝謁を願ひましたのは、皇太子殿下を一ヶ月に亘り御供しました米国の儀典課長シモンズ〔John Farr Simmons ジョン・F・シモンズ、米国国務省儀典局長〕が、今回来朝の海軍長官アンダーソン〔Robert Bernard Anderson ロバート・B・アンダーソン〕と一所に参りますので、最初は此海軍長官と懇意の為一行に加はるので、朝鮮へは参らず、京阪神へ行くといふ様にきいて居りましたが、結局朝鮮へ参ります事となりまして、六日夕着、七日午後朝鮮へ立ちまして、十日午後日本に帰り、同夜の米国大使館の皇太子殿下の為の晩餐会へ列席しまして、十一日は午後帰米の日程らしく、十一日午餐を常磐松で皇太子様御主催で遊ばす事に之はきまりましたが、七日の午前が只今申上げました次第であいて居ります丈けであります故、此時若し約束がなければ、鴨場へと存じ御許しを得たいと存じましたが、内意を大使館にきゝました処、七日も一杯つまつて居りまして鴨は出来ぬ事になりました故、マー只今としましては、御許しを受ける必要はなくなりましたが、度々日程の変ります事故、万一又出来るやうになりますやうな場合に、陛下の思召による招待を致しましてもよろしいか御伺致しまする。尤も長官又は官長限りで招けぬ事はありませぬが……と申上げし処、それはよろしいが、七日は長官か官長は〔Sanga Nilkanhaong サガー・ニルカムヘエング、離任の〕タイ大使の午餐の関係がある……との仰せ。ハイ、其事は分れまして、代理者を以て出来る事に、打合せは式部とも致してあります故、よろしうございます。そうかとの仰せ。それでは、若しそんな事になりましたらば、陛下の思召によるといふ事に致しますと申上ぐ。それでは、私はあふといふ事はないネとの仰せ。ハイ、別に海軍長官もシモンズも、シモンズは儀典課長とは申しますが、田村〔幸久、外務省儀典課長〕のやうではなく大使の格の人だそうでありますが、何れも拝謁の事は御願ひ出て居りませぬ。願出のありませぬものには別におあひ願ふ必要はありませぬ。皇太子様は十一日に午餐会を遊ばしますし……と申上ぐ。そうであるが、若し願出あれば、まア葉山であつてもいゝとの仰せ。葉山は戦前には御願致しましたが、其後は御願致さぬ事に致してありますからと申上げし処、イヤ、戦前にはなかつたが、戦後はあるよ(277)……との仰せ。ア、左様でございます、戦後占領中はございましたが、独立後は葉山は願はぬ事に致しました。ア、そうだとの仰せ。

先達て、絵かきで名前をお忘れのは宅野田夫〔日本画家〕ではございませんかと申上ぐ。そうだ、宅野だ。あれは右翼で相当皇室利用的だ。大宮様当りにも出ましたやうで。いや、大宮さんはそういふ点は、一寸何かあると随分御許しになつて利用をされなすつたとの仰せ。おかくれになりまして申しては何でございますが、御婦人の為か、御隠居の御身分の為か、宮城とは随分違つたやうな事がありますやうに存じた事がありました。

それから、三笠宮様の事は一寸よろしい朗報でございますが、殿下が昨日次長を御訪ねになりまして、高松宮様からの御話で、ブラジルへ高松宮様はおいでになりませぬが、三笠宮様に如何との仰せで、三笠宮様は皇族は南米へは誰もいつてないからいつてもよい[278]との旨を仰せられました由で、丁度一昨日申上げました通り、次長で外務省の方へ問合はした材料がありましたので、表慶使節は出る計画のやうでありますが、皇族は一応予定してない事を申上げました由で、宮様は往復とも船でおいでになりたく、又北米等へはよらぬとの御話でありましたそうでございます。船はどういふ理由か存じませぬが、北米へ御寄りにならぬのは、それで御外遊はすんだとなつてはとの御懸念かとも邪推致されますが、次長は南米へ直接のものは少く、北米は自然御立寄となりませうと申しました由でありますと申上げし処、皇族さんは皆矢張り、御自分は御自分で独特といふやうな御考へがあるので、高松さんもだれも、南米へ御出がないからいつて見ようとの御気もあるのだよ。それが出来て、欧米御廻りといふ事になれば一番いゝネーとの仰せ。ハイ、次長は兎に角、御本人様御希望も承りました事故、外務省と今少し話合を進めて見ますやうに申しますし、そうして貰ふ事に話しました次第でございますと申上ぐ。

長官の方からきく事はそれだけかとの仰せ。左様でございますと申上げし処、あの、あの、三笠さんのその事だがネー。此間長官なんかとの会合の時より前の前の話だからネー。その点は前だからネー。その点はあれだが、キングに三笠宮をめぐりて民謡の座談会といふのが出てる[279]。内容は一々見てないからどういふ風にかいてあるか知らぬが、皇族が民謡に関しての座談会にお出にならねばならぬといふ事はないやうに思はれる。これは此間の長官などの会合の前の事だから、その点はそうだけど、あの会合のあとであれば仰つた事と矛盾すると思ふ。前だから、此間の会合の言葉を以て直ちに矛盾とはいへぬが、今度又近く第二回でもあれば、どうも皇族はそのワク内でとの此間の御話とはチト違ふといふ事をいふ機会があつたらいふとい丶といふ旨の御話、繰返し御話あり（内容も分らず、一寸解し難きも、三笠宮が皇族としてのワク内で終始考へて居られるとの先夜の御話を御喜びと同時に、そうならば民謡座談会などでキングに出る事などは、陛下としては内容は兎に角、皇族のワク内といふ事に副はぬのではないかとの御気持ちと拝す）。

三笠宮様は先日の会合で、田島一人で御洋行の御希望に対していろ〳〵申上げて居りました場合と異りまして、次長、秘書課長より交々予算関係の理由の点、予算請求の金額の問題の点をおき丶になり、具体的に之は中々六ケしいと御感じになりました御様子でございます。御留学といふ事につきましても、中々容易でないと御気付きになつたのではないかと存じます。あの会合のあと、秩父宮妃殿下へ三笠宮妃殿下から御電話の節も、余程具体的の実状がおわかりになり、容易な事ではない事が御分りになりました御様子のやうな事を伺ひましたと申上ぐ。

退下に際し、先程の盛厚さんの事は、陛下と遊ばされまして、照宮様の将来の御生活等色々御心配かと存じまするが、適当な人があれば捜しまするし、日銀の方の事も田島で出来ます事は試みますから、余り御心配ありませぬやうにと申上ぐ。

一二月七日(280)（月）　御召し御座所　三・一五―三・三五

（十二月四日朝、小泉氏、吉田首相と朝食を共にして話し、〔田島の後任として〕岡部〔長景、元内大臣秘書官長兼式部次長、元文部大臣〕を引込め最初の通り宇佐美〔宮内庁次長〕を内奏すること話済みとなり、その結果を小泉より奏上の結果、陛下然らば宇佐美を洋行をせしめ、其間田島在職の事如何との仰せあり。其旨小泉より話あり、矢張り最初の方針の通りにて、仰せにはそむけど、此際の方よからん旨申し、猶一晩熟考すと約す。翌五日小泉氏来室、昨夜同氏も熟考の結果、万一の雑音を恐れて、此際の方よしと思ふやうになつたとの話。田島として、昨夕の時と同じ説の旨いふ。其結果上奏す。此時、小泉奉答に当り、元来小泉は田島に未練あり。昨日もよく話したが云々奏上せし処、未練といふ言葉にて、陛下は私も田島に未練があるので、せめて宇佐美洋行中でも東宮妃の問題のきまる迄とも思ふ。本当は長く云々の御言葉ありし旨、拝謁後、小泉氏来室話あり。恐懼感激といふのはか丶る時の言葉と思ふ。然し、これにて万事事実上決定せりと思ふ。かくて六日は日曜、七日はタイ大使送別宴に御陪食の吉田首相は、其後に行はる丶人事官及公使認証式に先〔立〕ち内奏せるとき、宇佐美の事を奏上し、本人に吉田があふと申上げしも、陛下としては考へておくと仰せになりしと仰せあり。)

あの、長官更迭の事だがネー、本来小泉に話してから長官にいふべきだが、小泉をよんだ処、今外出中であつて来られない故、長官にいふのだが、実は後任長官として宇佐美次長をといつたが、吉田は私は宇佐美にあつた事はないのだが、小泉の言を信じて奏請するのだといふのだよ。それで私は「考へておく」といつたのだが、どうも吉田の口調では、あふのは首実検の意味でなく就任せよといふらしく思はれる。宇佐美も不意では困るであらうから、あの田島からでもいつておいた方がよくはないか……との旨仰せ。(田島も一寸面喰ふ。吉田が小泉と会談の結果、納得して宇佐美となり、其事を小泉より奏上してよろしいとの前提で、洋行後として其間田島留任と仰せあり。それも止めて、此際直ちに更迭よろしと小泉が最終的に奏上済なるに、吉田の奏請に際し「考へておく」との仰せはおかしきも、後任問題の話は、本来田島が長官として御下問あるべき事を、今回は退任と不可分の後任との事より、自然小泉が一括しての担当者なりし故、小泉を通じての話以外は承知せず、従つて何とも申上げ難く、只拝謁直前に、兎に角吉田首相に「考へておく」といつておいたとの仰せを承り、一寸戸惑ふも、陛下がまだ「考へておく」との仰せ以上に、田島直接には宇佐美でよしとは伺はぬに付、一寸考へしも)それでは田島より、何もまだ申しません方がよろしいと存じます。陛下が考へておく、と仰せになりましたのを、首実検でなくそれ以上に宇佐美に話します事は勝手でございますから、吉田の自由に任せ、田島は申しますまいと申上ぐ。そうか……? と稍御不安の御様子に拝す。あのネ、実は先達ては岡部長景をどうかといつて来たが、それは私は困るといつたが、今日吉田は、私は勿論岡部の長短ともよく存じて居りますが、人物はよろしく人品がよろしく、かつて宮内省に勤務致した事もありますので、どうかと存じて申上げましたが、欠点は私もよく承知で、頭はよくないといふのだよ。人間の長短のあるのは当り前の話で、その職務にとつて長短の重点をよく考へていふべきであるのに、此推移の六ケしい国家の殊に皇室の難局に際して、頭のよくないものがどうしてやつて行かれるか。いくら人物がよくても、短所が頭の点にあると思へば、重きの措き所を考へて岡部を申出るといふのはどういふものかネー。現に三谷侍従長は人物もよろしく、頭もよろしいといふ長所があつても、物事のさばきがうまく出来ぬといふ短所があれば、長官には出来ないではないか。こんな点問題なのではないか……との仰せ（此時始めて陛下より、直接後任問題につきての御話を拝す。小泉氏より間接に経過はきくも）。

それからネー、此間御相伴の時に話が出てた三里塚〔御料牧場〕の話ネー（一寸記憶なし。恐らくは次長御相伴の時の話題ならんと想像す）。国会などで利益が上つて来てい丶とか、もうかるやうにとかいふ話だといふ事だけど、私はもうかるとい丶などとは思つて居ない。それよりも、あれで牧場関係の事の奨励になる事が、一番大切だと思つてる。その為に、もうからなくても収支償はぬのでもい丶と思つてる。私の食物をあそこからとるといふ事も、又余りがあれば皇族さん方へも御分けし、又その外宮内庁の職員にも適当に分けて、幾分の福利増進になればい丶と思つてるので、もうからねばならぬといふ考へは私はちつとも考へて居ないとの旨仰せあり（四時御出発、葉山行幸啓の直前にて、猶、承認式の為のモーニング御着用にて、御着替の時間もあらんと考へ、元来一寸突然ともあり、之に対しては特に御答へせず）。ハイ、実は三里塚につきましては、将来大に考ふべき事がありませうと存じますが、差当り入植の話がありますと申上げし処、職員か何かとの仰せあり。イエ、引揚者の一部のものが入植といふ問題で、例の共産党が尻押しを致し何か企てて居るらしく、只今調査中でございますと申上ぐ。そうか……との仰せ。

同月同日　願出葉山御座所　七・四五―八・一五

実は先程の事でございますが、吉田は手続上の事は時々普通に考へられまする事と違つた事を致してまするから、実は供奉の車中で再考致しましたが、或は今夜の内に宇佐美に話しておいた方がよろしいかとも考へ始めました。宮内官の任命の事は、吉田第一次内閣の時の上奏文の通りで、陛下の思召、長官の意思に基き、内閣で任命致しまするもの故、陛下の御許しがなければきまらぬ問題と存じまするが、陛下は明かに「考へておく」と仰せになりましたにも拘らず、総理はどういふ意味であふといつたか分らぬが、口調では首実検ではなく宇佐美に話してすぐ手続するつもりらしく思はれるとの仰せでありましたが、陛下御自身の御考へは如何でございませうかと伺上げし処、私は田島が長くやつてくれる事を望んでおるのだが、已むを得ねば宇佐美でいゝと思つてるとの仰せ(甚だ恐懼す)。そういふ御考へでありますれば、今日迄小泉が此問題の事は直接伺つて居りまする次第故、只今帰京後小泉に電話致しまして、小泉が話した方がよいとの意見でありましたならば、田島より宇佐美に、吉田にあふ前に一寸内話致しませうと存じます。御出発前には如何かと存じましたが、車中で再考致しまして、小泉に話しまして、其上で本人に話す事に致したいと存じますがと申上ぐ。それではそうしてくれとの仰せ。

それから、さつき聞いた三里塚の問題が共産党の動きならば、その為に解放するとか何とかいふ事は不可である。然し、今日吉田がいつてたが、大覚悟で大臣や議員の俸給を減ずることを自由党から提議するなどゝいつてたから、そんな場合だつたら皇室も三里塚を解放するとか、私が那須や葉山へ行くのも夏に限るとか、何とか制限するといふ事も必要になるかも知れぬし、又何か政府の覚悟に即応した事をせねばならぬと思ふが、よく考へておいてくれとの仰せ。あ、そういふ様の覚悟の事を申して居りましたらば、皇室として、之にあはせて何か国民の目によくうつる手をうたねばならぬと思ひますが、減俸といふ事でありますれば、実は比較しますのが倫を失した事ではありますが、内廷費増額に関して皇室経済会議のありました際に、之を仮りに目安と致した事もありますので、矢張り減額するといふ事が一番目に立つ事かと考へます。三八、〇〇〇〔、〇〇〇〕―円では多少余裕のあります現状で、削減致しましても実質的に御困りはないと思ひます。又、那須葉山の行幸啓も目立ちませぬ様に致します事は必要でありますから、その場合でその時に応じて願いますればよろしいと存じます。三里塚の問題は、現下の問題を只今調査中でありまして、三里塚を手離すといふ問題は、余程研究の上と存じます旨申上ぐ。

それからネー、皇太子の進学の事なんかどうなる？との仰せ。それは先日も小泉、東宮大夫、次長、侍従長とも相談致しまして、誰も大体の方向は一致して居りますが、具体的に其方針を実際どうするかといふ事は、今年一杯には何とかかせねばならぬと申して居りましたような次第で、今年一杯には御きめを願ふことになりますと存じますと申上ぐ。

それから、又サンケー週刊か何かに東宮妃の事が出てるが(281)、之も長官一つ何とか……との仰せ。その点は今日では調査の材料だけは致してありますが、それ以上の事はこれからと存じますと申上ぐ。それから盛厚さんの事は？との仰せ故、日銀へ参りました事を申上げました通りでありますが、重役の口とてそう〳〵すぐとも参りませぬが、日銀では考へてくれてると存じます。重役も結構でありますが、日銀でないと却つて又わるい結果がないとも申されませんし、毎日の御仕事があつた方がよいとも存じます。何にせよ、適当な御相談相手のあります事が望ましいのでございますが……と申上げし処、御信任になる適当な人があるとい、ネーとの仰せ。

一二月八日(282)（火）　願出葉山御座所　七・四〇―八・一五

昨日帰京後、早速小泉と電話の結果、宇佐美に話した方がよろしいとの事になりまして、長官々舎に来て貰ひ、九時から十二時近くまで、始めて田島の辞任の事や宇佐美後任に擬せられある事、吉田首相から明日にでも話があるかも知れぬ事、田島は宇佐美後任を希望する事等申しましたが、若し御話がありました場合承けますとは結局申しませんでしたが、絶対に受けられませんといふ言葉も少しも出しませんので、総理から話のあつた場合にはｎｏといはず考へますといつて帰るといふ事だけは話しあひました。そして今日は外交団の鴨猟が越ヶ谷でありまして、八時半に田島は出掛けました処、矢張り来る筈になつて居りました次長は参りませんので、之は首相に呼ばれたナと想像して午後帰りました処、案の定八時半鴨場へ行きませうとしました時、首相から電話で十一時半に目黒の公邸に来てくれとの事で参りましたそうでありますが、総理は陛下の御許しを得、長官、小泉も賛成故、是非後任を受諾せよと申しましたそうで、御受けして帰りましたといふ旨の事をきゝました。又、緒方〔副総理〕より田島に電話がありまして、宇佐美は内諾したそうでありますから、閣議に金曜日にかけ、認証式も行ふ事になりますからとの話でありましたから、首相に対しては昨日「考へておく」と仰せになつた旨、陛下より田島はお直に伺ひました故、小泉が首相と会談の結果、陛下にも内情は御承知かとも存じますが、形の上では陛下は考へて置くと首相に仰せになりましてある以上、此儘では閣議等御進め願ふ前に、私は今一度陛下に拝謁して思召を伺はねばならぬ旨を申しました為、どうしても参内拝謁する事が必要となりまして出ました次第でございますが、今日お前に出ました田島に対し、昨日考へておくとの仰せの御考になつた結果、よろしいとの仰せを拝したといふ事に御許しを願ひたいと存じますがと申上げし処、首相がそういふ風にやつた以上、マア仕方ないとの仰せ。それでは御考への結果、宇佐美でよろしいとの御許しを頂ました事に致してよろしうございますかと申上ぐ。よろしいとの仰せ。

それからネー、労働問題のこととの仰せ。(一寸マゴつきしも)賃金引上げとかストライキの問題でございますかと申上げし処、此間池田〔自由党政調会長〕にきけば、独乙では非常に復興が進んで居るので、日本も何とかせねばといふ事を吉田にいつた処が、独乙は資源が豊富であり工業設備が近代化され、又市場の関係もいゝからといふ事をいふから、たとへ資源が少くも、設備が古くも、市場がせまくも、労働意欲が盛んで安いいゝ品物をつくれば市場は出来るし、資源も得られるし、設備の改善も出来るし、何とかなると思ふといつても、吉田は研究しますといつたきりで、日本の現状では之で仕方がないといふ様な風に思つてるやうだが、私は此際何とかして労働問題を円満にして振興したいやうに思ふのだがネーとの仰せ。独乙は例の経営参加といふ事で、労働者がストライキなど少いときいて居りますが……と申上げし処、池田の話では、池田もそう思つてシヤハト〔Hjalmar Schacht ヒャルマル・シャハト、元ドイツ帝国銀行総裁、元ドイツ経済大臣〕に聞いた処が飛んでもない、そんな事があるものですかといはれて、池田もビツクリしたといつてたが、シヤハトのいふ事であるから間違いないと思ふが、之は日本で一般に思つてる事と違ふよ。成程賃金問題などに関しては、重役会へも出るとかいふ事はあるとかいふ話だが、経営の事は参加しないとの話だとの仰せ。田島は経営の具体的の事には参加させませぬが、大方針は労働者の参加をまつときいて居りましたがと申上げしも、シヤハトの話では絶対にないとの話であつたとの事にて、此事余程御驚きと見え繰返し仰せあり。

それから、昨夜も話した、吉田が減俸するといふ時の事ネーとの御話、昨日と同様の旨御話しあり。同様の御返事申上ぐ。よく宇佐美に話しておいてくれ。それから田島は東京に居るか、やめてからもとの御尋ね。ハイ、東京に居りますと申上ぐ。それならば又考へた事は宇佐美に話すやうにしてくれとの旨仰せあり。

盛厚さんの事は……と又も御尋ね故、昨日申上げました通り、其後何もありませんと申上ぐ。

それから、シモンズは、田島が先日申上げました通り変更したのを又変更しまして、矢張り京阪神へ行き朝鮮をやめるといふ事でありました故、桂離宮等希望すれば便宜計らふ様申しやつておきました。鴨も希望があるとの事でありまして、海軍長官も一所に鴨に参りますか否かは分りませぬが、十一日東宮様の午餐の関係もありますし、又一般の外交団の鴨もありますので、手分け致す事に致して居りますと申上ぐ。

一二月一二日(土)　願出葉山御座所　七・四五―八・〇五

シモンズの事は侍従長からおきゝになりましたでせうかと伺ひし処、イヤ、きかぬとの仰せ。十日夜、アメリカ大使館でシモンズにあひましたが、大変接待にはよさそうな人で、陛下も東宮様御接待につき多としておいでの御様子に拝すると申しました処、非常に喜んで居りました。昨日は鴨へシモンズ夫妻が参りまして、アンダソン海軍長官は参りませぬ事となりまして、侍従長がその越ヶ谷へ参り、田島はアメリカ大使等の新浜へ参りました。式部官長は東宮御所へ早く新浜を切りあげて参りましたと、シモンズの事大要申上げしも、先日の如き御熱心さなく、御不興気にフン〳〵と仰せあり。何か御不興気に拝す。

それから、今日は次長の後任の問題で田島上りましたが、宇佐美の責任で新次長は詮考致しまするので、九日に早速林前次長を訪ねましたらしく、方面は矢張り昔で申せば、内務省系統が一番よからうといふ事でいろ〳〵研究の結果、二人の間では瓜生(順良《のぶよし》、国家地方警察東京警察管区本部長)が一番よろしいといふ事になりましたそうであります。瓜生は、陛下も九州四国御巡幸の時等に管区本部長として御伴致し、御承知かと存じますがと申上げし処、顔は知つてるやうだとの旨、一寸仰せあり。そこで斎藤国警長官に割愛方を尋ねました処、最初は一寸六ケしそうでありましたが、宮内庁の事ならばと斎藤も本人さへよしとなればと承知を致しましたそうでございますが、此三人は旧内務省系の若い方の元締とか中堅とか申してよいかと存じますが、此三者一致、瓜生が最善との事でありました。実は田島も次長の後任、次長はいろ〳〵考へて居りまして、御巡幸中の時の事などで之に目をつけて最善と存じました故、皆意見一致しましたので、昨夜おそく宇佐美が本人を訪ねて意思をきゝ合せました処、本人としては御きまりになれば喜んで御請け致しますと申しましたとの事であります。瓜生は石川県大聖寺の出身で、明治時代の海軍大将瓜生(外吉)大将男爵の一族のものでありまして(283)、思想系統等勿論心配の事はございませんが、家族を調べました処、藤田勇の女が妻でありまするが、藤田勇といふは一寸右翼的に知れた名の人がありますので(284)詳しく調べました処、それは同名異人で、瓜生一族とは係続きの人で、その勇その人は既に故人でありますので、其点は杞憂となりましたし、宇佐美訪問の時一寸あひましたが、おとなしい女性と見受けました由、子供も出来がよろしいとかきゝました。特高の履歴はありまするが、パージを免れました程リベラルな態度でありましたとか、河合栄治郎(経済学者、自由主義思想家、元東京帝国大学教授〕の著書の検閲の際の事で実証があり、特高勤務あるに係らずパージを免れました事は、むしろ穏健の証かと存ぜられます。これらの調査に周到に時を費しまして、やつと昨夜本人の内意をきゝます事になりました次第で、此上政府に此旨を通じますると政府は秘密を保つてくれませぬ心配があり、陛下の御耳に達し、御許しを得ませぬ内に政府側から洩れまする事は恐れ多いとの事で、今日田島代つて御許しを得たいと存じ上りました次第で……と申上げし処、それはネ 、私は本人を知らぬから何ともいへぬが、そういふ風に皆してい丶といふなら、私も別に異議もないとの旨仰せあり。

実は内務系統としては、鈴木俊一と申しますのは中分ないのでありますそうですが、自治庁次長で一寸抜けられぬ地位でもあります上に、昭和八年度出身でありまして、三井〔書陵部長〕、鈴木〔菊男、管理部長〕より後輩の点も考へねばなりませず、之は此際不向きであるといふ事になり、今一人大野木〔克彦〕と申しますものが行政管理庁次長に居りまするが、文学士で少しおとなし過ぎ、結局内務省の空気をよく知る三人では瓜生最適との事で、田島も御巡幸中に目を付けておきました人で結構と存じます故、それでは御許しを得まして政府側へ通告致す事と致させて頂きますと申上げ御了承を賜る〔此日何か御不興にてフンフンとの仰せ多く、何か御不満あるやに拝察するも何とも分らず〕。

それから、ヴアイニングより先日手紙が参りまして、東宮様御渡米中の感想を自由に述べて貰ひたい旨申送りましたものに対しまするが、既に高木〔多都雄〕御用掛を経て申上げましたとかで別に新しい事もございませんがとて、殿下御成長中の意味の条、V夫人の家の客として又大宴会の主賓として何れも御立派に御振舞の事ある点、ロックフエラー三世〔John Davison Rockefeller III ジョン・デイヴィソン・ロックフェラー三世、ロックフェラー財団理事長、日米協会理事長〕よりも態度御立派なりし事、一部に几帳面に過ぎるとか生真面目とかいふ声もありましたが、それはニヤニヤしたお面をかぶる公人が多いアメリカの事であるからといふ条の事など、手紙を主として大意申上げしも、いつもと違ひフンフンとのみにて、御面倒臭げにおきゝに相成る。

拝辞せんとせし処、御止めに相成、あの宇佐美は年も若いから……あまり早くやめるといふ事はあるまいナとの旨仰せあり。ハイ、長官は出来れば長く在職する事の方がよろしいと存じておりますと申上げし処、田島は年も随分違ふやうだから、田島よりは長く十年、少くも八年位は在職せねばと思ふ。長官はチヨイ〳〵代つては困るとの旨仰せあり(何か矢張り今回の更迭に関し、御心中御不満の結果、今日御不興かと拝察す)。宇佐美は年も若く御座いますので、十年位は御勤めすると存じますと申上ぐ。そうかそれならば……との仰せ。

それから少時の後、それから人は銘々小さい方のやり方は違ふのは当然で已むを得ないが、大体の方針やり方については今迄とそう変る事はないだろうか(……と御疑問の如く、又変つては困るとの御気持らしく、之もはゞ御不興気に御尋ねにて、何となく総て田島更迭を願出し事に職由する様に思はれ、何だか退職願出が悪事を働きし如き気持に一寸襲はる)。ハイ、其点は田島は三年も一所に仕事を致しまして、大抵の事は皆万事話し合つて参りました故に、庁内の事は総て承知致し、大本の方向は従来と何等変化はないと存じます。只今仰せの通り、事の運び方など細い事は多少人各のやり方で違ひませうが、人物は宇佐美は田島などに比し大きくございまするし、事務も思慮も周到緻密でありまする故、決して間違ない事と存じて居りますと申上ぐ。そうか、それならよいが……との旨仰せ(相変らずいつになく御不興気に拝す)。

それから、三笠さんの事は其後どうだとの仰せ。ハイ、十日米大使館で外相にあひました故、表慶使節に三笠宮といふ事を考へてくれと申しました処、予算を宮様以外で組んであり、それ以上に増加は困難との旨申して居りました故、特に首相にも相談して欲しい旨申しておきました。

翻訳の方は、術語は専門家に御訊しになつて居り、文法的の事を万全を期する旨申上げました処、願つたり叶つたりとの仰せで、黒田〔実、式部官〕が拝見する事になつて居ります。学者関係の事は羽田亨〔東洋史学者、京都大学名誉教授、当年の文化勲章受章者〕にあひましたが……

(285)

と申上げし処、羽田は私もよく知つてるとの仰せ。此羽田が先日御陪食の時に申上げました本の編輯事務で、月に一度上京致しますとかで、民科〔民主主義科学者協会〕と称しまする若い歴史学者のグループが羽仁五郎〔参議院議員、日本史学者〕等の一派で、兎角新しがり進歩振りの事もよく承知し居りまするし、三笠宮様に御目にかゝつた事もありとの事であります故、之は東洋史の専門であります故、此次の会合位には同席を頼みませうかと存じました次第でございますと申上げし処、国会議員のあの羽仁五郎か……との仰せ。

それで、第二回の三笠さんの会合はまだかとの仰せ。ハイ、それはまだでありますが、第一回には宇佐美も出席し、今回の南米のことも充分承知致して居りますから、何れ宇佐美が第二回の事は考へると存じますと申上ぐ。それから東久邇盛厚さんは、今回の事は余程御心配と見えまして、直接田島へでなく植〔秀男、長官〕秘書官を通じて御話があります位でありますが、日本銀行との関係等もよく宇佐美に話しまして、今後充分宇佐美に御話頂いてよろしいやうに致してありますが、或は場合により、何かの問題だけについて田島で御手伝出来ます事は致して結構と存じて居りますと申上ぐ（総て今回は終始御不興にて、何だか憂鬱に感じ恐懼にも感ず）。

一二月一五日（火）　御召し御座所　一〇・四〇―一一・二〇

あの、もう長官と話す時もないと思ふが、更迭するとして差当りの大問題は、まづ三笠さんの事だが、あれはどうなつたらうとの仰せ。それは先日申上げました以後、何もございません。羽田亨は、先日申上げました通り、毎月上京致しますやうで、其際の連絡先きも聞いてありますから、学者としては御話になつてよろしいかと存じ、新長官にも話して参ります。南米の事も次長はよく承知で、外務省とも話しをしても居ります故、田島退きまして何の差異も生じません。

そうか、三笠さんの事は先づそれでいゝとして、久邇さんの事はあれは山梨がやつてるが、あれはどうなるだらうとの御話故、抑最初に富裕税に関して顧問が欲しいとの仰せ。富裕税のみならず、一般ならば考へませうと申し、その結果青木一男〔元大蔵大臣、元久邇家経済顧問〕、塚越〔虎男、元皇室経済主管、元久邇家経済顧問〕を推薦致し、それも双方合意の上までは単に御引合わせをしましたのでありますが、其結果憲法が出来ましてそれを朝融さんが破られ、手形を発行されて青木等は御不信任とて憤慨して辞任しましたが、之は当然の事でありますが、田島も其憲法の立会人となつて居ります為に、田島も青木等と一所に去る事になりまして、河上弘一〔元日本興業銀行総裁、日本輸出入銀行総裁〕を殿下の方から御たのみ、蔭ながら口添しまして出来ましたが、それにより前海軍及学習院の関係で、山梨が邦昭さんの就職の心配などを致しました事もあり、田島の引きましたあと、自然山梨が引受けたやうな形でありますが、宮家から御依頼になつた訳ではありませんので、御礼は長官の交際費より支弁致して居ります。此額も、実は次長、侍従次長等と相談の上であります。その為、暮れの御礼を先日秘書官にもたせて出しました処、一度ゆつくり田島とあひたいとの事でありましたので、先週の土曜日山梨田島を訪ねました処、従来は久邇家の家職がまづ山梨に通じ、山梨がある程度こなして、あと田島に連絡するといふ最近の扱振りであつたのを、今後は久邇さんの家職は直接新長官に通じる、新長官からの話で山梨が動くといふ事にして欲しいとの話でありました。田島として、上述の次第で頼んだ迄の経過が自然であります為、ハツキリしては居りませんが、了解がありまするが、新長官はその点少し違ふとの考へからららしくありますが、山梨が久邇さんの事から手を引いて了ふといふ様な様子はありませぬ故、就任後早々、新長官が山梨を訪問して敬意を払ひ御頼みしますれば、只今申上げました順序の問題も解決し、大体今日迄の従来通りになるのではないかと存じます。

それならばいゝけれども……との仰せにて〔御親戚方の御世話は、長官の本然の職務外にて、田島が特に久邇さん等の事に骨折りしにて、新長官が之に手を染めぬでも長官の職務懈怠とはいひ難く、今後如何相成るやと御心配になり居るのではなきやと拝察されし故〕、宮様方の事は、之は勿論宮内庁で御世話致しまする立前でありまするが、元皇族様となりますればそうでもありませぬが、皇后陛下のお里とか、内親王様の御嫁入先は、元皇族でありませんでも、宮内庁としては両陛下の御近親として御世話すべき事は長官としての職務の一つでありまして、之等の普通事務は、宗親係——秘書課長の部下で扱ひまするが、此久邇さんのやうな問題の機密に属しまする事は、宮内庁内でいへば結局侍従次長、侍従職の所管かと存じます。それに長官、次長はすべて之を処理致しまする職務でありまする故、久邇さんの事もよく次長に話してありますし、土曜日訪問の最近の経過も話しまして、山梨訪問の手筈になつて居ります故、何の御心配も入りませぬと存じます。それならばよいが……。そして、盛厚さんの事はどうかとの仰せ。之も其後何等進展はございませんが、先日も申上げましたやうに日銀のサラリーマン生活をおやめになり、そしてどこかの重役におなりになる事を申上げましたが、時間の間隙が出来る事は又間違の本となります故、是も如何かと存じますが、兎に角日銀へは此希望を申入れまして、出来ればその重役になられる会社の社長が宮様に同情をもち、会社の社長と重役といふ関係以上に社長が盛厚さんの御輔導顧問になるといふ様な人柄の処はないものかと思つたのでありまするので、此事も併せて日銀には申入れまして、新木のやうな一寸偉すぎる人よりもといふ様な事を盛厚さんはいつて居られましたが、相当の礼を払はれないでいゝやうな顧問は駄目でありますが、同時に信頼される人でなければ矢張り実は挙りませぬから、先程申上げましたやうな関係になればと思つて居ります。こういふ様な丁度いゝ会社、社長を見付ける事は中々至難で急には参りませぬが、然しそういふ処が見つかりますまでは、日銀の方の関係は絶つ事はそれは絶対にありませぬ故、兎に角三万円程度の収入は日銀に関連して確保されてるやうなものでありますが、先達ての人造石油の投資失敗の五百万円は殆んど全財産と申してもよろしく、それの後始末は一応堤の紹介の弁護士でやつておいでとの事で、只今宮内庁で何か進んで手を打たなければ大変になるといふ事は只今の処ありません。然し結局此五百万円の焦付きは大影響がありまして、日銀の収入以外は例のビニールの内職でありまするが、之もいつまで続くか分らずと盛厚さん自身もいつて居られ、又続けば終始税務関係の心配もありますので、何とか此際此五百万円にこりられて、今後充分御慎しみになる様、先日も申上げました通り、今回は二度目で充分御困りになつて、御自分の失敗の結果でつまられて了ふまでは皇室では何も遊ばすべきではなく、どうしてもどうにもなりませぬ事態が起きました時に、何とか手を考へる外なく、只今としては日銀へそれだけの話をしてあります以上、何も致すべくはなく、五百万円の焦付の後始末がどうなるのかを静観する外はないと存じます。

前回にも申上げました通り、新長官には此事情は詳細話してありまするし、只今申上げました陛下の御近親に関する事は、長官の職務の一部としてすべきといふ立場より、近日田島が宇佐美を日銀当局に紹介しまして、田島同様の連絡のとれるやうに致したいと存じて居ります。宇佐美は何事もよく出来まするが、財界関係の事だけは田島の方が馴染みが多いかと存じますので、宇佐美が長官個人としての友人と致しまして、田島が場合により宇佐美の依頼で陰で御役に立ちます事に動きます事は、少しも辞する所ではありません。之も目下として何も動くべきものはなく、日銀の返事と五百万円の跡始末の様子を見つゝ、とう〳〵窮された上での方法を考へるべきだと存じます。それらの様子は宇佐美には総て申してありまするし、御安心頂きたいと存じますと申上げ(又陛下御近親に関する事は長官の職務で、何人がなつてもその事は致す義務のある事、宇佐美はよく承知して居り又よく引継ぐ事を申上ぐ。余程御分りの様子に拝す)。

それからあの、池田の問題ネとの仰せ(池田勇人の帰朝談に関する続きの御話かと誤解せしも)、岡山の池田〔隆政〕の問題だがネーとの仰せ。それにつきましては陛下には申上げませんでしたが、田島独自の責任で先日キリン小屋の火事の時、火事見舞の御手紙を出しまして、同時に若し之が猛獣小屋の火事で、順宮様等池田家の人は勿論、近所の人でも若し人間に被害があれば容易ならぬ事になります。本来産業動物園と伺つて居りましたが、供奉で拝見しましたらば、産業らしい所は少く、むしろ浅草の興行物のやうな感じで、之は御一考を要しますとの旨を申送りました処が、その返事はキリン小屋で小火事だ心配ないといふ事だけで、将来御一考云々に対しては一行半句も書いてありませんでした。

順宮様の御里として、宮内庁の役人が彼是申せば内政干渉だなどといはれます故、之以上は何も申されませぬが、あの動物園について批難せぬ者は絶無と申してもよろしく、先日御供の節、谷口〔久吉、元山陽新聞社社長、ラジオ山陽社長〕等の言をきゝましても、非常に批難を致して居ります。〔横山昊太、岡山〕市長は先日来訪しまして、旧池田藩士で岡山在住のシツカリした人が一人欲しいと頻りに申して居りました。〔三木行治、岡山県〕知事は動物園攻撃には弁護に立つやうな事もしてくれますが、本心は矢張り池田家があれをされる事には反対らしく、まア一番同情ある反対で、一番公平な立場をとつてるのではないかと存ぜられ、此問題は矢張り知事に頼るのが一番よろしいかと存じて居りますが、その知事等はあの有様では経済上の実体が誰が金を出してるのか、相当日々の観覧者で現金が入りますが、果してどういふ計算か只今では分りませぬ故、一部では使用人には給料の支払遅延があるとも申しますがそれは分りません。何れにしましても之をハツキリさせる為に株式会社にして、その社長に隆政氏をして、その月給の形で只今の個人経営の利益のある処を得られるやうにでも仕組むのではないかと思つて居ります。

或は市営に移りますかでありますが、兎に角、天子様のムコ様が遊ばす品位のある仕事ではありません事は、確信を致します。牛、羊、鶏等の本当の牧畜業で御損をなすつても、それは恥ずかしい事ではなく、こんな興行物のやうな事で儲かりましても、あまりいゝ話ではありませぬ。隆政氏が青年で活動的で、少しあせり過ぎる点はありますが、まアお若いからと致しまして、宣政氏〔隆政の父、元侯爵〕は之は実につまらぬ人間のやうで、あの当時松平康昌〔式部官長〕や友人の入江〔侍従〕などの話に聞きました以上につまらぬ人間で、之はかまう事は入りませぬが、之が隆政さんの方の邪魔にならぬ様せねばならぬと思ひまして、此事は式部官長にも一度話した事があります。池田家の顧問でありました宇垣〔一成、元陸軍〕大将も、宣政氏の態度に憤つてやめましたらしく、次田大三郎〔元内閣書記官長〕の如き池田家の学資で修学した人でありますが、之も只今は池田家の相談人を辞して居りますやうな訳で、宣政は最早問題にする事は不用で、隆政さんが若いとはいへ間違なくしたいと存じまするが、東京と岡山とでは如何ともし難く、只警戒しつゝ、静観より外はないと存じます。

動物園の点を陛下から特にやめたらと仰せにもなりにくいかと存じますが、御奨励になる様な御言葉だけは絶対におかけなき様願ひたいと存じます。先日北海道の土地の事を御進講申上げました町村敬貴なども、動物園のやうな事をなさるなら牛や羊や鶏の事なら拝見して、又何か御来庁になる事を申上げてもと思つたが、止めたといふやうな事を申して居りましたやうな次第で、動物園については誰一人賛成するものはない様でございます。此点も宇佐美にはよく話してあります故、侍従次長とよく協議致し善処する事と存じます旨申上ぐ。

又しても之が今差かゝつての諸問題との仰せあり、遂に孝宮の方はとの仰せあり。孝宮さんの〔鷹司〕平通はサラリーマンで、別に事業をなすでなく、入間野〔武雄、元帝国銀行頭取、日本専売公社総裁〕がついて居りますが、経費の点は相当収支があはぬ為か、二十の扉[286]などに少し出すぎるやうでありますが……と申上げし処、そうだよとの仰せ。之等は支出を償ふ為の収入を謀る為かと思ひますが、只消費経済面の普通の事故、問題は小さく、陛下は皇后様より御聞きかと存じますが、先日女官長を経て皇后様から、孝宮様のハンドバッグ等があまり同じ品で、お金はどうにかならぬかとの御話が侍従次長を通さぬでわるいが……とて御話がありまして、盆暮二万五千円の賜りを十万円に御増額になればと申上げ、そういふ事に御きめになりましたと存じます。尤も孝宮様だけといふ事はよろしくありませんので、三内親王様皆御一様に十万円に願ひ、又御保管は女官長の手許として、御必要の御品御入用の時の御金と致しますればといふ事になつて居ります故、鷹司の処は一番平穏無事かと存じますと申上ぐ(葉山にては不機嫌に、御子様方久邇家等の事務の心遣ひは田島が個人的にやるもので、宇佐美が長官になつても必ずしもやつてくれぬかも知れぬ。左すればどうしようとの御思ひの余りの御不機嫌かと、之は全く邪推ながら邪推せられ、此等の御話で大分御安心らしく、今日はいつもの通り親しき深き御話振りにて、葉山の前後の時のやうな御態度少しもなし)。

それから、あの北海道はどうなるのかとの仰せ。ハイ、それは先達て非公式に〔田中敏文〕知事が田島の意見をきゝに参りまして後、道会の御願書面となつて表はれまして、只今の処では次長とも話し合ひまして、八月二十二日の国体に御出席を兼ねて、予て残されました御巡幸を此際併せて願ふ事がよろしいかと存じます。併し保安課の方の国際事情、又国警の方の治安事情等で行幸啓に不適の情況が出現しますれば別でありますが、さもありませんければ是非御願したく存じて居ります。又往路又は往復ともか、飛行機を御用ひになりましたらば如何とも存じて居ります。其場合には日本航空でよろしい飛行機を用意致す必要がありますので、少し早目に御決定を願ふ事かと存じて居りますと申上げし処、飛行機は往路がいゝと思ふ。又日程は良宮と一所だから其のつもりで……との旨仰せに付、それは心得て居りますので、皇后陛下におよろしい程度にして日程を作る事と存じて居りますと申上ぐ。之で国体のブロック別は一巡で、明後年からは府県単位でありますそうで、結局秋は国体主催県へ国体の為行幸啓あり、又其県、或は場合により多少近県を行幸啓になり、皇室と国民との接触を図るといふ事になるかと存じますが、其節も行幸啓で皇后様の御足並に日程は考へる事と存じます。そうかとの御満足げな御様子に拝す。

それから、春の植樹祭でありますが、大体明年は兵庫県にきまるらしくございます。武庫の山との事でありますす。神武天皇祭の関係で四月四日とは参りませぬが、六、七日位の所かと存じまするが、是も全体的にどこかといふ事になります故、秋の国体に対して春の植樹祭となりまして、其際国民と陛下と御接触になる場合が春秋二期にありまして、而もその場所は宮内庁以外の機関できまります故、却てよろしいかと存じます。皇后様予て御参宮の御思召があります故、兵庫県よりの御帰京の途次、御遷宮後の初参拝として両陛下御親拝になりますれば筋は通ると存じますと申上げし処、四月六、七日からの事で参拝となると良宮の方が都合がいゝかどうか、近頃は殆どないからいゝと思ふが其点日取を……、まアいゝだらう。それから良宮はまだ故、真珠を見に行く事にしてとの仰せ。御木本へ再度行幸は少し過ぎまする故、皇后様御一方がよろしいと存じますと申上ぐ。賢島のホテルなら、私は採取しても真珠は船だから、自働車の都合の方はよろしい……との仰せ。自働車の事迄陛下に御考へ頂きまして御恐れ入りますと申上ぐ。

田島との最後の話だからと最初にも仰せありし通りに、て、あの、あの、此間文藝春秋を見たが、あの悪口で有名な批評家の阿部真之助が吉田の論を書いてるに、(287) 阿部は悪口をいふ人ときいてたが、悪口は勝手だが事実が根拠ない事は困る。例の近衛の上奏の事を書いて木戸が侍立したとあるが、木戸は侍立した事はないし、又書いてある様な上奏もないのだ。実にあゝいふ事は困るとの大憤慨。それは皆直接にきゝませんければ、相当関係者でも話は違ひますものでございます。現に先日広田〔弘毅、元総理大臣〕の追悼会の節、当時藤沼〔庄平、内閣〕書記官長の追憶談の中で、広田内閣できめました文化勲章の話を致しまして、陛下御親ら橘の意匠を遊ばしたやうな事に話しました。之などは大体としては間違ませぬが、先日陛下から伺ひましたとは多少違つて居ります。之などはどう違つても大した事ではありませぬが、又聞きの又聞き等で事実は随分間違ますもので、果して歴史がどれだけの真実かとも一面に於ては思はれまする次第であります故、それらの事を一々とりあげましても切りのない事でありますから、陛下百年の後に昭和の天皇はかゝる思召であつたのかと本当の事が分りますやう、陛下の御手記を御残しになります事が一番よろしいかと存じます。小泉洋行中、田島が二回代理致しましたが、あの仕事は小泉も是非願ひたいと申して居ります故、之を又御始め願ひましたら結構かと存じますと申上ぐ。

その阿部の吉田論の話より、吉田、重光、芦田等のいろ〳〵の人物長短論を遊ばされ、又例の東条、近衛の長短相補はばの御説及、其意味にて吉田、芦田相結べばとの例の御話又繰返し仰せあり。自然田島も最後の拝謁と存じ、吉田の長所、短所等の事を申上げし処、先達ての位階の事の意見など突然きかれても困る……との仰せ。そういふ場合はよく又考へてからいふと仰せになれば、よく又実行に関係ありまするときは御決断のなき時はよく考へる、そして考へた結果をいふ迄は手続を運ぶのを待つて欲しいと仰せになる事がよろしいと存じます〔之は吉田が宇佐美の事を申上げし時、陛下は「考へておく」と明かに仰せになつたのをどん〳〵進行せしめ、葉山に最終的に八日伺ひし時、吉田がそこまでやつて終へば仕方ないとの仰せになりし事を心にもちて申上ぐ)。

猶、今後憲法改正の重要問題につきまして、陛下の思召を伺ひまする事もありませうかと存じますが、再軍備の九条以外、天皇の行はせられます国事其他いろ〳〵のあの憲法の行過ぎ是正のやうな場合には、余程御慎重な事が必要かと存じます。吉田と申しますか、自由党の保守的立場で吉田流に勇敢に運びまする事は、総て皇室のお為、よかれかしとの至情より出ます事に相違ありませぬが、それが矢張り過ぎますれば振子の原則であふりを食ひまして、結局困る結果になります故、従来と雖も吉田が皇室の為を思つてくれる事をも或は反対して参りました事もあり、意見の必ず一致せぬ事もありました。宮中は政府と連絡はとらねばなりませぬが、政府より独立した超然たる存在でなければならぬと存じますので、例へば吉田は東宮様の御小遣迄も国費で支弁すればよいとの意見でありますが、内廷基金勘定の株式を売却して一千万円作りました事などには反対意見のやうでありますとかきゝますが、内廷費、宮廷費の区別を終始扱つて居ります身としては当然すぎる位で、吉田一人何も知らずに忠義的に考へましても、却て皇室に累が及ばんとも限りませんのであります。

それでございますから、憲法改正などにつきましては、矢張り党派を超越した一貫した立場でないと、永い目で見て皇室の為によろしくないかと田島は存じて居ります旨申上ぐ。陛下は、政府とは連絡は充分緊密な事必要であるが、政府とか政党とかよりは独立したものたる事は必要だ。経費の点なども無駄遣をする意味ではないから、自由に出来る皇室費で昔の様に一本だといゝと思ふ。今更林野を返して貰つて其収入などといふ事は考へられぬが……との仰せ。

先刻、世間の噂話は道聴塗説[288]で信憑し難いにもかゝはりませず、矢張り世間の人は新聞の記事を一応信じまする証拠には、先日の東宮様の自働車の問題でありますが、今年の共同通信社の入社の問題に之について論じたものが多く、皆反対論でありましたさうですが、入社決定後、決定した十二人にロンドンにての御乗用であり、これ一つが日本の威厳なやうなものであつた事等、売るよりは御持帰りといふ様な真相を社の人が話しましたら、そうでありますか、それなら世間の批難は当りませんと皆申したといふ事であります。之などは確かに田島の失敗でありまして、東宮様の御帰朝後に回送の事に取計ひますれば、新聞の注意を引かず国民に誤解をも与へずすみましたので、誠に相済みません事だつたと存じて居ります。それ故、先づ一時焦点を避けて倉庫へ仕舞つてありますが……、実は御料車のキヤデイラツクが那須へ回送済の場合に、東京で御乗りになります灰色のパツカードはもうとても駄目でございまして、昨年夏……と申上げし処、一昨年夏か……との仰せ。一昨年でありましたか、赤坂警察署前で御乗換を願ひました事もありました様な次第で、ステツプの処なども大変であります故、東宮様が御召しになりましたものでありますが、東宮様でありますから、此灰色パツカードの代りに御料車として御使用の御許しを得たいと存じます。之は東宮職、侍従職とも相談の上でありまして、東宮様は御練習用に小さい車を欲しいとの御話もありますとの事で、之は亦予算を考へまして何とか致しまする事として、御料車の事を御許し願ひたいと存じます。只今は御紋章を附する工程にありますす故、そつと御料車と存じて居りますが、新聞は両陛下に御献上、殿下の御孝心などと書きたがつて居りますとかいふ事であります。御了承に拝す。

次長が長官になりますに付、先輩がありますので、其間の協調が如何かと憂慮致して居りましたが、それは杞憂に帰しまして、侍従長、官長、侍従次長皆協力して致すといふ事になりまして、大に安心を致しました。それから陛下より年の若い長官は今回が始めてかと存じますが、田島のように老人が世の進展を若い者にきいて探つて致しますより、若い人が参考に老人の考へもきく方がはるかによいといふ事も申されるのでありまするし、五十才と申しますれば、田島などに比して若いのではありますが、日本人全部から見ますれば勿論老人の方に入りまするし、その点も何等御懸念ないかと存じますと申上げ、新長官につき御安心あるやう申上ぐ。

陛下の御健康をお祈りし、皇室の御繁栄を遥かに御祈り致します旨申上げ退下す。陛下も難有き御言葉を仰せありしかと思ふも、一寸その時センチにて判然せず。

一二月一六日（水）　一一時四〇分頃

退官辞令を緒方副総理より手交され、その前に新長官の認証式は挙行され、表御座所にて新長官に次ぎ拝謁仰せ付けられ、永きに亘り御苦労であつたとの旨、健康に気をつけてとの難有き旨拝す。昨日非公式に長時謁したるとや、センチにて、余りはつきり御礼、御詫等申上げず。次で皇后陛下に同様拝謁す。陛下よりも長くいろ〳〵仰せありたるやうなるも、御小声にて伺ひきれず。田島の方は充分勤務中不行届の御詫び。それにも係らず御寛容なりし事の御礼、今後御無沙汰可申旨等十分申上ぐ。陛下には十分申上げ得ざりし事も申上ぐ。

注

一九五三(昭和二八)年

(1)　マーフィー大使(当時)は、四月二〇日付覚書で、昼食会時に、天皇も皇后も飛行機に乗ったことがないことを知ったこと、皇后が安全性の高いアメリカの飛行機に乗ることを熱望していることを記した(Memo, "Desire by Emperor and Empress to Make Airplane Trip," April 20, 1953, RG 84, Records of the Foreign Posts of the Department of State, Japan, Tokyo Embassy, Classified General Records 1953–1955, Box30, National archives II at College Park.)。

(2)　皇太子明仁親王は、英国女王戴冠式に昭和天皇名代として出席するため三月三〇日に外遊に出発していた。

(3)　チャーチル首相は、主要新聞の社主を出席させ、スピーチで日英友好を示すことで、皇太子への理解の深化と反日キャンペーン解消を目指した(波多野勝『明仁皇太子エリザベス女王戴冠式列席記』草思社、二〇一二年、二一一〜二一五頁)。

(4)　外遊中の皇太子は、イングランド北東部の都市・ニューカッスル(Newcastle)への訪問を予定していたが、同地の元日本軍捕虜団体の抗議を受け、四月三〇日に訪問が取りやめられた(「ニューカッスル市訪問取止め」『朝日新聞』一九五三年五月一日付夕刊)。

(5)　イギリス全土で勃発した炭坑夫によるストライキが長期化し、その解決に至らず、イギリス政府が難局に陥る状況であったという(『昭和天皇実録』一九二一年五月一二日条)。

(6)　保守勢力が振るわず革新勢力が躍進した、一九五三年四月の第二六回衆議院総選挙を経た五月初旬当時、辛うじて第二党としての議席数を守った改進党は、あくまで重光葵総裁を首班とする内閣樹立を目指し、吉田茂率いる自由党と対決する姿勢を明確にしていると報じられていた(「首班、重光一本で　改進党理事会で決定」『毎日新聞』一九五三年五月一日付夕刊、「自由党の協力望む　重光首班実現せば安定　改進党顧問　大麻唯男氏」『朝日新聞』同年五月五日付朝刊など)。

(7)　三月一一日の昭和天皇と皇太子との午餐会に吉田茂首相、大野伴睦衆議院議長、佐藤尚武参議院議長、田中耕太郎最高裁判所長官、犬養健法相、岡崎勝男外相ほか閣僚等が陪食した(『昭和天皇実録』同日条)。

(8)　東久邇盛厚の一家等が出演した、天皇誕生日記念のラジオ番組「私の見た天皇」(NHK第一、一九五三年四月二九日)のことを指す。同番組については新聞のラジオ評が、「おじいちゃまと相撲をとったりする」盛厚の子どもたちの話が「よく感じを出していた」と評価していた(『朝日新聞』一九五三年五月四日付朝刊)。

(9) 四月二四日に投票が行われた参議院選挙において、全国区より立候補した宇垣は五一万票以上を集め最高点で当選した。宇垣は一九三七年、大命を受けながらも陸軍の反対により組閣に失敗している。

(10) 「二枚舌」「真相」というのは、一九三一年三月の陸軍部内のクーデター未遂事件(三月事件)の際、宇垣は当初クーデターに同意していたのに途中で変心したことが原因で陸軍に忌避され、組閣することができなかったという説を指すと考えられる。昭和天皇は「世間が真相を知らない」と述べているが、森正蔵『旋風二十年 解禁昭和裏面史』(鱒書房、合本版一九四七年、初出一九四五年)四四頁にこの説が書かれており、公にはなっていた。

(11) 第二六回衆議院総選挙で改進党公認で初当選した元外交官の須磨弥吉郎は、外交通と報じられ、自身も対アジア外交推進を抱負として語っていた(「初登場② 世界を相手に相撲 改進・須磨弥吉郎氏」『朝日新聞』一九五三年四月二二日付夕刊、「新人と返り咲き 改進党の巻 期待される須磨」『読売新聞』同年四月二三日付夕刊、「国会一年生 須磨弥吉郎 思想と外交は別 中共と経済提携説く」『毎日新聞』同年四月二八日付夕刊)。

(12) 東西冷戦下、共産主義陣営が主張する平和共存政策の呼びかけを、西側諸国からみていった言葉。

(13) 朝日、毎日、読売三紙のラジオ・テレビ欄を確認する限り、NHKテレビ五月三日夜八時三五分からの「会いたい人」と思われる。金森徳次郎の名前は確認できるものの、九州大学教授については不明。

(14) 原文では九日と記載されているが、千葉への行幸啓は六日から八日の三日間であるため、八日の誤記である。

(15) 一九二九年以来となる第五九回式年遷宮。一〇月二日に内宮遷御の儀、五日に外宮遷御の儀が行われた。本来は一九四九年に行われるべきだったが、占領により四年延期していた。

(16) 皇居内の皇霊殿の西側にある建物で、新嘗祭・神嘗祭が行われる。

(17) 一九五三年から五四年中のReader's Digestを確認したが、記事は発見できなかった。

(18) 園遊会は天皇・皇后が各界の人物を招く饗応行事で、日中戦争時の一九三七年以後中断されていた(川上寿代『事典 観桜会・観菊会全史——戦前の〈園遊会〉』吉川弘文館、二〇一七年)。

(19) 一九五三年五月二日、英国海外航空会社(BOAC)所属のコメット旅客機がインドのカルカッタで墜落した(「コメット旅客機墜落 乗客ら四二名 カルカッタ西北で」『朝日新聞』同年五月三日付夕刊など)。

(20) 広島で被爆したドイツ出身の神父フーゴー・ラサール(日本

名：愛宮真備)が中心となって建設を進めていた世界平和記念聖堂のこと。一九五四年八月六日に献堂式が行われた。

(21)　一九四七年五月二日に廃止された皇室親族令において、皇太子の結婚の礼は附式の定めるところにより賢所大前において行うとされていた。賢所大前の儀はその中心的儀式。

(22)　原文には五月一二日、一三日と記載されているが、「田島道治日記」の一三日の記事に「首相と談話。拝謁」とあり、『昭和天皇実録』によれば一二日は午後二時ごろから三時過ぎまで天皇も吉田首相も日本学士院にいるので、一三日の記事である。

(23)　横河工務所創業者横河民輔の東洋陶磁器のコレクション。四月一一日から五月三一日まで東京国立博物館にて特別展が開かれた(「中国二千年の陶芸史　横河コレクション①」『朝日新聞』一九五三年四月八日付朝刊)。

(24)　山県厚相は五月一八日に皇居を訪問し、中共地区からの邦人帰国、及び援護状況について内奏。昭和天皇からは厚生行政全般について御下問があり、ハンセン病、結核対策、国民健康保険の実情、母子対策などについて詳細に説明をした(「陛下、厚相をお招き　中共帰還状況などご聴取」『読売新聞』一九五三年五月一九日付朝刊)。

(25)　革新勢力が躍進した第二六回衆議院総選挙以降、自由党は第二党の改進党に対し、同じ保守政党として協力を要望していたが、改進党総裁の重光葵は確たる言質を与えず、特別国会が召集された五月一八日の新聞各紙朝刊は両党の関係は未だ不透明と報じていた(「改進党強硬で　成果を期待し得ず」『朝日新聞』一九五三年五月一七日付夕刊、「大勢は「吉田首班」へ　特別国会きょう召集」同紙同年五月一八日付朝刊)。

(26)　三好英之(参議院議員、無所属)と武知勇記(衆議院議員、自由党)は、保守合同を推進する岸信介の意を受け、吉田茂と重光葵との会談実現を図っていた(「吉田、重光会談裏面の動き　口説かれた首相　立役者は旧再建連盟」『読売新聞』一九五三年五月一七日付朝刊、「解説　流れた「吉田・重光会談」」『朝日新聞』同年五月一八日付朝刊)。

(27)　宮城《きゅうじょう》事件とも称される。一九四五年八月一四日から一五日にかけて、戦争継続を主張する一部の陸軍将校が企てた反乱。近衛兵を率いて宮城を占拠し、「終戦の詔書」の録音盤奪取を図ったが、東部軍に鎮圧された。

(28)　一六日に、大磯の吉田邸に向かう佐藤栄作自由党幹事長の車と緒方竹虎副総理の車、これらを追いかける記者団の車両群が時速八〇〜一〇〇キロメートルで走行したことが一七日朝の新聞で報じられた(「大磯へオートレース」『読売新聞』一九五三年五月一七日付朝刊)。田島は吉田の車のことと取り違えている。

(29)　本件は、第三巻一九五二年五月一二日条参照。

(30)　第二次世界大戦後、ソ連は満洲などに在留していた日本人を拘束。捕虜となった日本軍軍人をソ連領内やモンゴルに抑留して強制労働等に従事させ、捕虜が日本へ送還されるまでに多数の死者を出した。一九四六年一二月より一部抑留者の帰国が始まり、五六年の日ソ共同宣言締結で終了した。
(31) 意思能力が不十分な者や見境なく財産を浪費する者に対して、保佐人の許可なく財産上の行為を行うことを禁じる当時の民法上の制度で、家庭裁判所によって認定された。現在の成年後見制度にあたる。
(32) 皇族(旧皇族)の家の事務・会計を管理・監督した人物。
(33) 旧朝香宮邸は外務大臣公邸、さらに当時の首相公邸として使用され、現在は東京都庭園美術館となっている。
(34) リッジウェイは講和条約発効直後に北大西洋軍最高司令官となり、この年五月一二日付でアメリカ陸軍総参謀長となった(「グランサー大将起用　北大西洋軍最高司令官」『朝日新聞』一九五三年五月一三日付朝刊)。
(35) 「諄々と説く知性型　原副議長」(『読売新聞』一九五三年五月一九日付朝刊)。
(36) 二宮尊徳の唱えた報徳思想のこと。報徳思想普及のための全国組織が大日本報徳社で、敗戦時、河井弥八はその社長(奈良岡聰智「解説 河井弥八と戦後日本の出発」『河井弥八日記　戦後篇I』信山社、二〇一五年、五七〇~五七一頁)。
(37) 「噂に上る　皇太子妃候補の令嬢集」(『婦人倶楽部』一九五三年六月号)で、皇太子妃の候補とされる女性数人を写真付きで報じており、久邇朝融の三女通子、四女英子が紹介されている。
(38) 天皇の三女・鷹司和子は未婚の頃、東本願寺法主(真宗大谷派管長)大谷光暢の長男でいとこにあたる光紹との婚約が報じられたことがあった(例えば「孝宮さまの御婚約　御内約順調に進む　選ばれた東本願寺の大谷光紹氏」『読売新聞』一九四九年一一月二三日付朝刊)。
(39) 五月二〇日午前一〇時、首班に指名された自由党総裁の吉田茂と改進党総裁の重光葵が会談した。吉田は自改両党の連立政権を提案し、政策協力も求めたが、重光は連立を拒否し、政策についても野党として是々非々の態度を堅持するとした(「政局安定に協力要望　重光氏連立内閣には応ぜず」『朝日新聞』一九五三年五月二〇日付夕刊、「吉田・重光会談　是々非々で協力　重光総裁　連立要請に答う」『読売新聞』同年五月二〇日付夕刊)。
(40) 人造繊維レーヨンの一種ステープル・ファイバーの略称。
(41) 中山は、六月四日から二七日までジュネーヴで開かれたILO(国際労働機関)会議に日本代表として出席し、会議終了後、西ドイツ、イギリス、フランス各国の経済、労働情勢の視察を行い、八月三日に帰国した(「中山氏、欧州視察」『朝日新聞』一九五三年六月一日付夕刊、「逆コースの感深む　中山中労委会長帰国談」同紙同年八月四日付朝刊、「中山委員長帰国」『読売新聞』同年八月四日付朝刊)。
(42) 本巻一九五三年七月二五日条参照。
(43) 注39参照。
(44) 岡崎外相留任は改進党工作のカギであり、自改連立内閣成立の場合、重光に近い駐英大使松本俊一が入閣すると報じられた(「第五次吉田内閣の性格　改進党工作へ含み」『毎日新聞』一九五三年五月二二日付朝刊)。
(45)　内閣親任式の後、祝酒が振る舞われた(「田島道治日記」一九五三年五月二一日条)。
(46)　注33参照。「従来の堤議長を知る面」とは、一九五〇年に堤康次郎の西武グループが旧朝香宮邸(当時、吉田首相兼外相公邸)の所有権を買収したことを指すと考えられる(猪瀬直樹『ミカドの肖像』小学館文庫、二〇〇五年、第一章参照)。
(47)　皇籍離脱のこと。一九四七年一〇月一四日、皇室典範第一一条の規定により、内親王・王・女王の一四名、同第一三条の規定により、王妃並びに直系卑属の王・王妃・女王の三一名、同第一四条第一項の規定により、寡妃の五名がそれぞれ皇族の身分を離れた。
(48)　東久邇稔彦は、港区麻布市兵衛町(当時)所在で戦後国有地となった住居の所有権の返還を国に求めて提訴していた(伊藤之雄『東久邇宮の太平洋戦争と戦後――陸軍大将・首相の虚実　一九三一～九〇年』ミネルヴァ書房、二〇二一年、三三六～三三八頁。第三巻一九五一年一二月一七日条も参照)。
(49)　下村海南(宏)『終戦秘史』(大日本雄弁会講談社、一九五〇年)。
(50)　一九五三年四月二二日の御進講の際、一万田は有明湾干拓を主張したが、「出来たらい、といふ考の程度」のもので、「利害の研究などした具体案ではな」かったという(『昭和天皇実録』同日条、第四巻同月二四日(第二回)条)。
(51)　一八九五年に発足した学習院女子中等科・高等科の同窓会組織。
(52)　皇太子が往路のプレジデント・ウィルソン号で自らの声を録音したテープを日本に送付したが、行方不明のところ発見され、二二日に東宮職へ届いた(『昭和天皇実録』一九五三年五月二二日条)。
(53)　『論語』憲問編の「古之学者為己、今之学者為人」(「むかしの学んだ人は自分の修養のためにした。このごろの学ぶ人は人に知られたいためにする」金谷治訳注『論語』岩波文庫、一九六三年、一九九頁)のこと。
(54)　一九四九年八月一七日、東北本線の松川・金谷川間で列車が転覆し、乗務員三名が死亡した事件。捜査当局は国鉄及び東芝松川工場の労組員・共産党員の共同謀議によるとして二〇名を起訴し、一審、二審で死刑を含む有罪判決が下されたが、五九年、最高裁は事実誤認の疑いありとして差し戻し、六三年に全員無罪が確定、事件は真犯人不明のまま時効を迎えた(伊部正之『松川裁判から、いま何を学ぶか』岩波書店、二〇〇九年)。
(55)　五月一八日に田中耕太郎最高裁長官、最高裁判事、各地の高等裁判所長官と昼食を共にしている(『昭和天皇実録』同日条)ので、その時のことを指していると考えられる。
(56)　唐志菊三「放射線　天皇の側近　自由なご意志を妨げるな」(『東京新聞』一九五三年五月二三日付夕刊)は、「御殿」増築に関し、国民の住宅難解決まで延期という昭和天皇の意思に反して側近が強引に進めていると批判した。
(57) 「必ずや皇居再建　松本学氏語る」(『毎日新聞』一九五一年一〇月六日付朝刊)のことか。松本はこの当時、皇居再建運動を積極的に展開していた(河西秀哉『皇居の近現代史』吉川弘文館、二〇一五年、一〇五～一〇六頁を参照)。
(58) 在日米軍の砲弾試射場として石川県内灘村の土地接収を政府が一九五二年に通告して以降、地元住民が反対運動を展開し、一九五三年五月二二日に石川県議会も反対声明を出した(「内灘接収反対声明　石川県議会」『読売新聞』一九五三年五月二三日付朝刊)。最終的にいくつかの補償と引き換えに内灘村は接収を認めることになる。
(59) 一九五一年五月、当時内閣官房長官だった岡崎が、貞明皇后の葬儀を天皇の意向で国葬とせずとの虚偽の見解を公表しようとした件(第二巻一九五一年五月二二日(第二回)条、第三巻一九五二年五月一〇日(第一回)条参照)。
(60) 「製紙ストライキで減ページ」(『朝日新聞』一九五三年五月二五日付朝刊)など。
(61) 一九五三年四月の第三回参議院通常選挙以降、自由党と緑風会の間で無所属議員の所属や正副議長の人選が争点化し、盛んに報じられていた。緑風会が無所属議員の多くを取り込んで第二党となり、両党協議の末、同会議員総会長の河井弥八が五月に議長へ就任したあとも、両党間の確執が報じられていた(「参院議長、松野氏が有力　副議長は緑風に一致」『朝日新聞』一九五三年五月一四日付朝刊、「自由党、緑風会へ協調申入れ　参院議長選挙」『読売新聞』同年五月一七日付朝刊、「円滑欠く自由、緑風　松野派の反感強まる」『朝日新聞』同年五月二五日付朝刊)。
(62) 「河井氏、首相訪問」(『朝日新聞』一九五三年四月二九日付朝刊)。
(63) ペリー提督の日本遠征等についての公式記録『米国艦隊支那海及び日本遠征記』(一八五七年)の初版本が献上される(『昭和天皇実録』一九五三年六月三日条)。
(64) 五月二五日、第九回日本芸術院授賞式に出席、及び東洋古陶磁展を見学するため、東京国立博物館に行幸した(『昭和天皇実録』同日条)。
(65) 一九四八年六月八日、毎日新聞社主催の第二回美術団体連合展覧会観覧のため、上野公園の東京都美術館に行幸した(『昭和天皇実録』同日条)。
(66) 本人からの願い出で昭和天皇は一九五二年一一月二〇日に会見した(『昭和天皇実録』同日条)。
(67) 吹上御苑の南隅の一郭にある、振天府、懐遠府、惇明府、建安府、顕忠府等の総称(井原頼明『増補皇室事典』増補版二刷、冨山房、一九八二年、一一九頁)。
(68) 五月二七日午前、餅つきの残り火の不始末で調理場から出火し、約四時間後の鎮火までに拝殿など建造物七棟を焼失。同月一〇日に七二年ぶりの正遷宮が行われたばかりの本殿は類焼を免れた(「出雲大社焼く　今暁、国宝八足門も半焼」『読売新聞』一九五三年五月二七日付夕刊)。

(69)　注73参照。

(70)　一九五三年一一月一〇日に日本赤十字慈善興行の歌舞伎を鑑賞のため、中央区銀座の歌舞伎座に香淳皇后とともに訪問する。昭和天皇の歌舞伎鑑賞は一九二二年四月の帝国劇場における東京市主催の英国皇太子歓迎会以来で、皇后と一緒の鑑賞は初めてであった(『昭和天皇実録』一九五三年一一月一〇日条)。

(71)　ハンセン病の調査研究、患者やその家族に対する援護等を目的とする財団法人で、貞明皇后の遺産や貞明皇后記念救癩事業募金を基に、一九五二年六月に癩予防協会が改組されて設立した。初代総裁には高松宮が就任した(藤楓協会『創立五十周年年誌』藤楓協会、二〇〇七年、三五～四一頁)。

(72)　「失恋男、寺へ放火　富山まで出掛け　帰京し自首」(『読売新聞』一九五三年五月二八日付朝刊)。田島は富山県を福井県と思い違いをしている。

(73)　五月二七日、大津市の近江神宮南側回廊より出火し、正面楼門が半焼した。本殿の銅板泥棒による放火(「近江神宮の回廊、楼門焼く　銅板ドロの放火」『朝日新聞』一九五三年五月二八日付朝刊)。

(74)　原文では一日と記載されているが、吉田内閣閣僚との午餐会は六月一日なので(『昭和天皇実録』同日条)、六月二日が正しい。

(75)　「記者席から　天皇陛下、戴冠式に御関心」(『毎日新聞』一九五三年六月二日付朝刊)が、昭和天皇と歓談した安藤の感慨を載せている。

(76)　第五次吉田茂内閣の通商産業大臣になった岡野清豪は、就任直後から中共貿易推進を唱えていた。一方、吉田首相が五月二六日の記者会見で中共貿易は期待薄と述べたため、岡野は国会でその矛盾について追及を受け、改めて推進方針を言明した(「中共貿易を拡大　岡野通産相言明　決済の障害除去を」『朝日新聞』一九五三年五月二七日付朝刊、「首相、所信を表明　記者会見　政、財界の安定期す」同紙同年五月二六日付夕刊、『第一六回国会衆議院予算委員会議録』第二号、一九五三年五月二七日、二～四頁、『第一六回国会参議院予算委員会議録』第四号、同年五月三〇日、三～四頁)。

(77)　来日中のルーズヴェルト夫人が「婦人民主会」の女性たちに「吊し上げ」にあったとするAP電をニューヨーク・ポスト、ワールド・テレグラム、ジャーナル・アメリカンなどの夕刊紙が報じたことに対する論評(「さろん　ル夫人の吊し上げ」『読売新聞』一九五三年五月二七日付夕刊)。

(78)　第五次吉田茂内閣官房長官である福永健司派の選挙違反に関与したとして逮捕されていた浦和市議の川上長蔵が、五月三一日に留置所で自殺した(「留置所で自殺　浦和市議」『朝日新聞』同日付夕刊)。

(79)　フランス政府は日本人BC級戦犯に対する減刑措置をとり、三八名(うち三名はすでに仮出所)のうち三一名が刑期を満了し、釈放されることになった(「仏関係BC戦犯　一部を減刑化　ドジヤン大使から通告」『朝日新聞』一九五三年六月一日付夕刊、「卅一名が釈放　仏関係BC戦犯」同紙同年六月二日付朝刊)。

(80) アメリカが他国に安全保障上の援助供与のため制定した相互安全保障法(Mutual Security Act)の略称。日米で協議の結果、一九五四年に日米相互防衛援助協定が結ばれた(「MSA」『日本大百科全書』)。

(81) 安倍能成「再軍備絶対に非なり」(『心』六巻六号、一九五三年六月)二一～九頁。

(82) 第四巻一九五三年三月三一日条、四月一七日条を参照。

(83) 在ロンドン松本大使発外務大臣宛電報、一九五三年六月五日(「皇族訪問録昭和二八年」識別番号44529、宮内庁宮内公文書館蔵)。

(84) エリザベス女王宛親電は六月九日に発出(女王からの答電は一六日着)。主な内容は、皇太子への「御懇篤な待遇」と英国民が示した「厚誼」に感謝の意を表した上で、皇太子が英国での「愉快な体験により永く忘れることの出来ない楽しい思出を懐き、かつ自らの勉学教育のため多大な効果を収めて帰国することを確信し、ここに衷心より感佩の意を致す」というものである(前掲「皇族訪問録昭和二八年」)。

(85) 「皇居内が自由に参観できます　来月から見学資格をなくす」(『毎日新聞』一九五三年六月五日付朝刊)。実際に皇居が一般開放されるのは一九五四年六月以降だった(「徒歩コース一時間　初の皇居一般参観始まる」『朝日新聞』一九五四年六月一五日付夕刊)。なお、一九四七年より皇居拝観は復活しており、戦争遺家族の団体や公務員団体を拝観の資格としていた(前掲河西『皇居の近現代史』九三～九七頁)。

(86) 衣類や家財など身の回りのものを売って食いつなぐ生活のこと。

(87) 「活動」は活動写真の略で、映画のこと。「田島道治日記」によると一四日の会は中止され、一五日に昭和天皇を含む皇族が宮内庁講堂に集まって記録映画「女王戴冠」(製作・総監督キャッスルトン・ナイト)を観覧した(『昭和天皇実録』一九五三年六月一五日条)。

(88) 「田島道治日記」によれば、デ・ラ・メアは六月九日、ベーカーは一一日に送別会が行われた。

(89) 一九五一年一一月、天皇が京都大学に行幸した際、学生自治会が天皇に公開質問状を渡そうとして処分されるなどした「京大天皇事件」のこと(河西秀哉『「象徴天皇」の戦後史』講談社選書メチエ、二〇一〇年)。

(90) 浅間山を米軍演習地として接収する動きに対し、火山活動研究の継続を望む地震学会等が反対し、六月一六日に東大の学生がデモを行った(「東大生三千がデモ　浅間山演習地反対」『朝日新聞』一九五三年六月一七日付朝刊)。デモ隊は国会議事堂近くの清水谷公園に集合し、自由党本部を経て文部省に至り、学生自治会委員長が同省大学学術局長に請願書を手交した(「東大生、都心をデモ　浅間山演習地化に反対」『毎日新聞』同日付朝刊)。

(91)「京城覆う休戦反対の叫び」(『毎日新聞』一九五三年六月一四日付夕刊)。

(92) 六月二二日に発せられた(『昭和天皇実録』同日条)。

(93) 六月一三日、皇太子は、パリ西方の郊外マルヌ・ラ・コケットのリッジウェイ北大西洋軍最高司令官邸を訪れ、同夫妻主催の茶会に出席した(「皇太子継宮明仁親王殿下御外遊一件(国別の部)」L-0006、外務省外交史料館蔵)。

(94) 清水幾太郎「占領下の天皇」(『思想』三四八号、一九五三年六月)。清水は、新聞報道を通覧し、一九四五年八月一五日の終戦から昭和天皇の地方巡幸、一九五二年の立太子・皇太子外遊までの過程を、支配階層による天皇制維持の試みと総括した。

(95) 一九四五年八月一四日に内閣情報局が新聞各紙に通達した「大東亜戦争終結交渉に伴ふ輿論指導方針」か(北山節郎編『太平洋戦争メディア資料Ⅱ』緑蔭書房、一九九七年、六二頁)。「国内の輿論は全国民の結束を保持し国体を護持して未曽有の困難に処すべきことを強調すること」などを求めた(高桑幸吉『マッカーサーの新聞検閲』読売新聞社、一九八四年、三四〜三六頁)。

(96) 日露戦争に国際法顧問として従軍した経歴を持つ明治—昭和期の法学者・蜷川新による、戦後における一連の天皇論を指すか。例えば今後の天皇制について、あくまで日本国憲法と人類平等の世界的潮流に沿わなければならないと論じた『天皇　誰が日本民族の主人であるか』(光文社、一九五二年)には、神勅の根拠を失った天皇が「日本民族」に「かならずなくてはならないという理由は、今日では、まったくない」(一八二頁)と述べた箇所があり、こうした論調・記述が本文にあるような昭和天皇や田島の不興を買ったと思われる。

(97) 全く同趣旨の記事は発見できなかったが、ソ連の樺太・千島占領については、沢田廉三「外交秘話　運命の三十八度線」(『キング』第二九巻第五号、一九五三年四月号)が言及している。

(98)「八紘一宇」とは世界を一つの家のように統合するという意味。『日本書紀』にある神武天皇の即位時の言葉の一節「掩八紘而為宇」を元にした田中智学の造語で、初出は『日本国体の研究』(天業民報社、一九二二年)。一九四〇年に近衛文麿内閣が「基本国策要綱」で用いたことにより、戦時中のスローガンとなった。

(99)「社説　真の言論抑圧者は誰か　内灘試射場反対運動の示唆」(『時事新報』一九五三年六月一七日付朝刊)。

(100)「王冠エリザベス女王の頭上に燦然　日本人君が代合唱いつの日か」(『読売新聞』一九五三年六月三日付朝刊)。読売の特派員は、ジョージ六世戴冠式の時に秩父宮雍仁親王は先頭に立ったが、今回の戴冠式で皇太子が一七番であったことを、イギリスが戴冠式を通じて明らかにした「唯一の国際情勢への判断だ」と書いた。

(101)「高山氏教壇に立たず　学習院の新任教授発令」(『朝日新聞』一九五二年四月一日付朝刊)。第三巻一九五二年四月二日(第二回)条参照。

(102) 田中義一首相は当初関係者の厳しい処分を昭和天皇に約束していたが、結果的に軽い処分となったため、不満を抱いた天皇は田中首相を叱責、田中内閣は一九二九年七月に総辞職した。

(103) 一九二三年九月一六日、関東大震災の戒厳令下で憲兵大尉甘粕正彦らが無政府主義者大杉栄やその妻伊藤野枝、甥の橘宗一を殺害した、いわゆる甘粕事件のこと。軍法会議に付された甘粕は、懲役一〇年の判決を受けるも三年後に出獄。のち満洲に渡り要職に就いた。

(104) 茨城巡幸に供奉した安倍能成は、列車の中で煙草を吸うM・Pの腕を叩いて「ノー、スモーク！」と叱りつけた(大金益次郎『巡幸餘芳』新小説社、一九五五年、七八頁)。

(105) 東京都港区高輪にあった建物。一九三一年に高松宮邸本館として完成し、四六年に貿易庁の迎賓施設「光輪閣」となり、七一年に老朽化を理由に取り壊された(「地域のあしあと　仙洞仮御所のあゆみ」『みなとっぷ　高輪地区情報紙』第四二号、二〇二〇年一〇月)。

(106) 六月一七日の参議院本会議で、元参院副議長の松本治一郎(左派日本社会党)が、皇室経済法施行法改正案で増額される皇族費が過大であると吉田首相を批判していた(「野党・激しく政府を追及　両院質問戦　松本氏質問に首相興奮」『読売新聞』一九五三年六月一七日付夕刊)。昭和天皇の発言のうち、「元衆議院の副議長をしてた」が参議院、「昨日の演説」が一昨日の勘違いとすれば、この演説が念頭にあるか。

(107) 旧東伏見宮邸。東京都渋谷区所在。常磐松は当時の住居表示にちなんだ呼称。現在は常陸宮邸がある。

(108) 皇族(秩父、高松、三笠の三宮家)を宮中に招いて一緒にニュース映画を視聴すること。戦前から実施。

(109) 皇族・旧皇族を中心とする親睦的な集まり。

(110) 戦争を振り返る拝聴会。一九五三年五月二一日から田島長官の調査をもとに進められ、永積侍従が速記をとる形式で進められた。同日は一九二八年の張作霖爆殺事件以来を回想、六月二二日は一九三〇年開催のロンドン海軍軍縮会議を回想し、二三日にも実施された(『昭和天皇実録』一九五三年五月二一日、六月二二日条)。

(111) 松平定信は寛政の改革において、倹約による幕府財政再建のため、大奥の縮小などを図ったが、反発を浴びて失脚した(藤田覚『松平定信』中公新書、一九九三年)。

(112) 高松宮は六月八日に埼玉県川越市で行われた第一回更生保護大会に出席し、九・一〇日に周辺地域を視察、八日は宿舎の山屋、九日は秩父宮記念館に宿泊した(「雨中を親しくご巡視　川越　県更生保護大会出席の高松宮」『埼玉新聞』一九五三年六月九日付日刊、「幼稚園児と記念撮影　高松宮　正丸峠越え秩父へ」同紙同年六月一〇日付日刊)。本文には「宿屋以外の料理屋に御泊りになる」とあるものの、同紙にそれに関する記事はない。

(113) 桃李もの言わざれども、下自ずから蹊を成す。司馬遷の『史記』「李将軍列伝」に引用されたことわざ。徳の高い人のところには自然と人が集まってくるという意味。

(114) 宮内省編『明治天皇御集』(文部省、一九二二年、国立国会図

書館デジタルコレクション)には、「仁」を主題にした、田島が言うような趣旨の和歌が数編あり、田島がどの和歌を念頭に置いているかは不明。

(115)　大を以て小に事《つか》える。『孟子』の「梁恵王章句下」にある文言。

(116)　上に居て寛ならず。『論語』巻第二、八佾第三の末尾にある言葉。

(117)　一九二七年に西勝造が創設した西式健康法のこと。

(118)　一九三六年三月一二日、日本倶楽部において催された日本経済連盟並びに日本工業倶楽部連合主催の広田内閣成立祝賀晩餐会を指していると思われる(『東京朝日新聞』一九三六年三月一三日付朝刊)。

(119)　一九二七年の昭和銀行の設立に田島が関わったことを指す(古川隆久「総説」第一巻)。

(120)　ルーズヴェルト夫人と、皇后と一緒に一時間以上にわたって会見した。その際、昭和天皇は「日米両国が戦争になったことを非常に残念に思う」旨を伝えたほか、「戦後日本における女性の地位向上の問題」等について話し合った(『昭和天皇実録』一九五三年六月二四日条)。

(121)　「デモクラシーとフリーダム、他方において指導者原理の両者を適当に混ぜ合せたところにのみ実際的の解決方法が得られる」(下村宏『決戦期の日本』朝日新聞社、一九四四年、一五六頁)のこと。

(122)　第五次吉田茂内閣で農相に就任した内田信也は一九五三年六月、病気を理由に辞任したが、その背景には麦価政策をめぐる自由党との対立があると報道されていた(「内田氏、党と対立　辞任、麦価の紛糾から」『朝日新聞』一九五三年六月一三日付朝刊)。

(123)　秩父宮妃勢津子、高松宮宣仁夫妻、三笠宮崇仁夫妻を招き、香淳皇后と対面後に夕食を取り、皇太子が渡欧の船上で録音したテープを聞いた(『昭和天皇実録』一九五三年六月二三日条)。

(124)　奥宮殿の監守、受付、案内などの雑務を行う仕人《つこうど》を監督する役職(宮廷記者団『天皇』東洋経済新報社、一九五五年、二〇八、二一〇頁)。

(125)　誌名不明。

(126)　昭和二八年西日本水害と呼ばれる。活発な梅雨前線が六月二四日から二九日にかけて九州北部を中心に甚大な被害をもたらし、死者・行方不明者の総数は一〇〇〇名以上に及んだ。

(127)　関西地方で特に大きな被害を出した一九三四年九月の室戸台風の際、多くの皇族が大阪・神戸・京都等の被災地を視察した。ただし、他の目的での旅行中に被災地を経由した、海軍による救護活動に携わった(高松宮)、被災地に所在する師団の師団長であった(東久邇宮稔彦王)などの事情があり(大阪市編刊『大阪市風水害誌』一九三五年、京都市編刊『京都市風害誌』同年)、被災地慰問が主目的ではなかった。

(128)　高良は一九五二年四月五日にモスクワで開かれる国際経済会議の日本代表として、パリからヘルシンキ経由でソ連入りした

(「高良女史戦後訪ソ第1号　モスクワ会議出席」『読売新聞』一九五二年四月七日付夕刊)。

(129)　一九五二年五月に民間有志をもって結成され、受刑者釈放署名運動などの活動を展開した「戦争受刑者世話会」を指す(「一千万円の募金　戦争受刑者世話会積極的活動へ」『読売新聞』一九五二年六月一一日付朝刊)。

(130)　「木戸寿栄子さん」(『朝日新聞』一九五三年六月五日付朝刊)。六月二日に死去、五日に告別式で、当時、戦犯として終身刑に処されていた木戸幸一も特に許されて参列した。

(131)　東辺木「放射線　水害と政治家　敗戦国復興にはなぜサボる」(『東京新聞』一九五三年六月三〇日付夕刊)。

(132)　一九五三年六月三〇日に皇室経済法・同施行法改正案が可決された。その主な改正内容は、独立回復に伴い内外における交際が増加傾向にあることなど経済情勢の推移に鑑み、内廷費の定額三〇〇〇万円を三八〇〇万円に、皇族費の定額一四〇万円を一九〇万円にそれぞれ改めることや、秩父宮妃を念頭に、それまで定額の二分の一相当の金額としていた親王妃の皇族費を、夫を失って独立の生計を営む場合は定額相当額の金額とすることなどだった(『昭和天皇実録』一九五三年七月一日条)。

(133)　「正倉院の新宝庫　現代科学の粋集め完成」(『朝日新聞』一九五三年五月一二日付朝刊)に、「御物は国宝級ではあるが、皇室との特別な関係からそのような法的措置はとられず特異な文化財とされてきた」とある。

(134)　文脈は、皇太子時代のフランス訪問の話で書かれているが、田島が書いた「キリノ」は、イタリア訪問時に宿泊したクイリナーレ宮殿のことを指している。ただし、外交の舞台ではフランス語が公用語の一つであり、この時随行したのは外務省書記官の沢田節蔵と宮内書記官の二荒芳徳である。昭和天皇が「沢田などとブリッヂやつたりして」と述べるように、外遊中の艦内では、随行員と一緒にオークションブリッジやポーカーなどで遊んだ(波多野勝『裕仁皇太子ヨーロッパ外遊記』草思社、一九九八年)。

(135)　皇族、皇族会議、王族および公族、爵位、華族、朝鮮貴族、有位者に関する事務を掌った旧宮内省の一部局。

(136)　七月五日に香淳皇后と貴子内親王とバドミントンを行った際、右脚の肉離れを起こした(『昭和天皇実録』同日条)。

(137)　六月三〇日に生物学御研究所編『相模湾産海鞘類図譜』が岩波書店から刊行された。昭和天皇の研究成果をまとめた本としては二冊目で、七月七日から市販された(『昭和天皇実録』一九五三年六月三〇日条)。

(138)　西日本水害に際し、七月一日、福岡、佐賀、長崎、熊本、大分、山口各県に入江相政侍従を差遣し、視察の上慰問の言葉と救恤金を伝達させた(『昭和天皇実録』一九五三年六月三〇日条)。

(139)　福岡県筑後市にある旅館、船小屋樋口軒(現存)のこと。昭和天皇は巡幸の途次、一九四九年五月二八日から二九日にかけて一泊した(『昭和天皇実録』同日条)。

(140)　「田島道治日記」一九五三年七月六日条。

(141)　この時期、団体等規正令で逮捕起訴された共産党員松本三益が激しい法廷闘争を展開していた(「団規令で激論　松本三益氏初公判開く」『読売新聞』一九五三年六月二九日付夕刊、「松本被告が独演　第2回公判開く」同紙同年七月六日付夕刊)ので、その件と考えられる。

(142)　和歌山県大島に米軍通信基地がおかれることに対し、国鉄労組や地元住民などが反対の行動を起こし、基地反対総決起大会が開かれた(「基地問題・最近の実情　反対運動の性格」『朝日新聞』一九五三年五月一一日付朝刊、「大島基地反対総決起大会」『読売新聞』同年六月二二日付朝刊)。

(143)　皇太子がローマ郊外のアプレウスでメランツァーナ・シチリアーナとポルロ・アロストを食べ、その後二、三度そのことを話題にしたとする記事のことと思われ、大使館員が案内したようだ(「忘られぬ珍味・美酒　イタリアの皇太子さま」『毎日新聞』一九五三年七月一四日付朝刊)。

(144)　公爵。ここでは女王エリザベス二世の夫であるエディンバラ公フィリップのこと。

(145)　新聞および当日から翌日にかけての国会の議事録を調査したが、そのような質問がされた形跡は発見できなかった。

(146)　「話題の大宮御所あと　東宮新御殿の構想　洋式加味の近代建築で」(『時事新報』一九五三年七月一二日付朝刊)。

(147)　学習院大学に在籍する皇太子が、外遊のため進級に必要な授業単位が足りず、同大教授会が対応を検討していた(「皇太子さまの進級　学習院大学教授会で検討」『朝日新聞』一九五三年七月一三日付朝刊)。

(148)　南紀豪雨と呼ばれる。活発な梅雨前線の影響により紀伊半島では七月一七日から一八日を中心に豪雨となり、死者・行方不明者は和歌山県内だけで一〇〇〇名以上に及んだ。二四日に和歌山県に永積侍従を差遣し、同県庁で天皇の慰問の言葉と救恤金を伝達させた(『昭和天皇実録』一九五三年七月二一日条)。

(149)　鹿児島県鹿屋市にある吾平山上陵。神武天皇の父であるウガヤフキアエズノミコトの陵墓とされる。神社は宮崎県日南市にある鵜戸神宮のことだと思われる。

(150)　『朝日新聞』は皇太子の進級問題を時事的に取り上げるほか(「九月の教授会に持越し」一九五三年七月一五日付朝刊、「安倍学習院長協議」同年七月一八日付夕刊など)、七月一九日付朝刊で特集を組み、「特権的貴族学校」としての戦前の流れを断ち切れない学習院大学の体質や執行部と教授会間の対立等があると報じていた(「断てぬ歴史の流れ　皇太子さま進級問題の背景」)。

(151)　例えば、和歌山県の要請により、七月一九日に米軍が救援出動し、軍用機および上陸用船艇で救援物資を急送した(「米軍救援出動」『読売新聞』同日付夕刊)。

(152)　町村は七月一六日に欧州酪農事業視察等について進講し、北海道の土地改良事業や米国の牧畜業、欧州における牧畜業・土地改良事業・泥炭の利用状況などを説明した(『昭和天皇実録』同日条)。

(153) 石原莞爾を思想的指導者として展開された政治文化運動。「民族協和」を掲げ、一九三九年に東亜連盟協会を設立し、各地に支部が結成された。

(154) 戦後、中国本土に残った日本人の帰還が国共内戦・朝鮮戦争等の影響で中断し、民間団体による代表団が中国側と交渉した結果(「留守家族の悲願胸に　引揚げ代表昨夜、空路香港へ」『朝日新聞』一九五三年一月二七日付朝刊、「帰国打合せ代表団帰る」同紙同年三月一一日付朝刊)、三月二三日舞鶴着の興安丸から帰還事業が再開していた(「故国に感激の上陸　中共帰還第一船興安丸帰る」同紙同年三月二三日付夕刊)。

(155) 掲載雑誌は不明だが、同内容の文章 "I Call on the Emperor and Empress" が、Eleanor Roosevelt, *On My Own* (New York: Harper & Brothers, 1958), pp. 118–127 にある。

(156) 米国滞在の日程には、九月一八日午後一時にルーズヴェルト夫人邸で、同夫人主催の午餐と記載。同日、皇太子はハイドパークの同夫人邸を訪問し、故ルーズヴェルトの墓に供花(前掲「皇族訪問録昭和二八年」、三谷隆信『回顧録　侍従長の昭和史』中公文庫、一九九九年、三七〇~三七一頁)。

(157) 日本軍の戦犯を収監していた刑務所の所在地(フィリピン、ルソン島)。

(158) 「オランダ関係一二戦犯仮出所　ハ駐日代理大使　外務省へ同意を通告」(『朝日新聞』一九五三年七月二五日付朝刊)。日本政府は、巣鴨収容のBC級オランダ関係戦犯二一八人のうち、二八人の赦免、一八四人の仮出所をオランダ政府に勧告していたもので、オランダ政府は一二人の仮出所に同意した。

(159) 現赤坂御用地内にあった御所で、一時、皇太子嘉仁親王(のちの大正天皇)の東宮仮御所として使用されたこともあり、戦時中には、同御所の御殿の一部は義宮正仁親王の御殿にあてられたが、一九四五年五月の空襲で全焼した。

(160) 「首相　九月下旬訪米か　米紙報道」(『読売新聞』一九五三年七月二三日付朝刊)、「吉田首相の訪米　某閣僚談　多分九月には実現」(同紙同年七月二四日付朝刊)など。

(161) 三者の会談は一九五一年一月二九日に行われた(「首相、講和特使団と初会談　七原則中心に検討　首相賛否は述べず　ダレス氏と同道、マ元帥にも会見」『朝日新聞』同年一月三〇日付朝刊)。

(162) 注149参照。

(163) 七月一四日、イタリアのフロレンス(フィレンツェ)で皇太子は発熱し、一七日まで休養をとった(前掲「皇太子継宮明仁親王殿下御外遊一件(国別の部)」)。

(164) ベリヤは、一九五三年三月のスターリン死後に要職をつとめるが、権力闘争に敗れて七月に失脚。政府転覆の罪で一二月に処刑された。

(165) 一九四七年末に事実上強制的に王制を廃止させたこと。第三巻一九五二年四月九日(第一回)条参照。

(166) 三笠宮の皇室典範改正案の部分は話が混乱している。三笠宮は一九四六年一一月三日に枢密院に皇室典範改正案を提出し、枢密顧問官に配布された(奥平康弘『「萬世一系」の研究』(上)岩波現代文庫、二〇一七年(原著二〇〇五年)一〇八～一一一頁、改正案の全文は　https://www.nikkei.com/article/DGXMZO0908638OS6A101C1I00000/　二〇二二年二月一七日閲覧)。同案では天皇の即位は、選挙による選出ではなく皇室会議の承認を要件としているので、田島が言及している案が配布されなかったことは確実である。ただし、その時期の枢密院書記官長は諸橋襄である。片山・芦田内閣官房長官西尾末広の苗字に内閣官房長官の旧称「内閣書記官長」を付けた可能性については、西尾と三笠宮や枢密院関係者が親しい関係にあった証拠はないため考えにくい。したがって、「書記官長諸橋」が正しい可能性が高い。

(167)　賀陽宮邦寿王と孝宮との結婚延期のこと。一九四一年四月、邦寿王と孝宮との婚約が内約された。敗戦後の一九四六年に孝宮が学習院中等科を卒業する直前、賀陽宮家から同年末か来春に結婚させたいとの希望があり、昭和天皇は賛成したものの、御養育掛長の藤井種太郎が時期尚早と反対し、結婚は三年後まで先延ばしとなった。なお、時期や理由は定かではないが、この結婚は破談となった(森暢平『近代皇室の社会史』吉川弘文館、二〇二〇年、二二五頁)。

(168)　例えば、「六人のお嬢様／皇太子妃候補」(『読売新聞』一九五一年七月二九日付夕刊)では、伏見章子、久邇通子・英子・典子、朝香冨久子、北白川肇子の名が挙げられている。

(169)　アメリカのダレス国務長官は一九五三年八月八日に来日し、日米間の取り決めができ次第、戦後アメリカの施政下にあった奄美群島を返還すると記者会見で声明した(「ダレス長官首相に通告　奄美群島を返還」『読売新聞』一九五三年八月九日付朝刊)。同年一二月に返還。

(170)　「皇太子様に一室提供　殿下の選ばれた留学生用にスペインの大学生組合の寮」(『朝日新聞』一九五三年八月七日付朝刊)。

(171)　マレンコフ首相は八月八日のソ連最高会議における演説の中でソ連の水素爆弾保有を言明した。同月一二日に爆発実験が行われ、その成功が二〇日に公表された(「マレンコフ首相演説　ソ連にも水爆」『読売新聞』一九五三年八月九日付朝刊、「ソ連、水爆を実験　強力爆発に成功」『朝日新聞』同年八月二〇日付夕刊)。

(172)　一七世紀後半に活躍したオランダの軍人。第二次英蘭戦争と第三次英蘭戦争でオランダ艦隊を率いてイギリス海軍と戦い、名将と呼ばれた(箕作元八『西洋史話』東亜堂書房、一九一五年)。

(173)　一九五一年一一月二八日に約一時間会見し、バークレー副大統領は「今後の日米両国の友好関係増進につき努めたい」旨を述べた(『昭和天皇実録』同日条)。

(174)　大毎は『大阪毎日新聞』、大朝は『大阪朝日新聞』の略称だが、両紙とも戦時中に『毎日新聞』『朝日新聞』に統合されているので、ここでは毎日新聞大阪本社版、朝日新聞大阪本社版を指していると考えられる。

(175)　当該新聞記事を見つけることができなかった。

(176)　エジプトは六月一八日に共和国となり(「大統領にナギブ首相

共和制を宣言」『朝日新聞』一九五三年六月一九日付夕刊)、日本もこれを承認した(「エジプト共和国　日本、承認を通告」同紙同年六月二三日付朝刊)。

(177)　鮎川はA級戦犯容疑者として逮捕・拘禁されたが、のちに不起訴・釈放となった。義弟の久原も同じ。財界人不訴追の背景には、国際検察局の担当者の人員不足や専門知識のないまま短期間で結論を出さなければならない事情があった(粟屋憲太郎『東京裁判への道』講談社学術文庫、二〇一三年(原著二〇〇六年))。

(178)　マヌス島の収容所からの帰還については、例えば、「マヌス島戦犯帰る　〝父よ兄よ〟叫ぶ家族　百四十七人は巣鴨入り」(『朝日新聞』一九五三年八月九日付朝刊)。モンティンルパ収容所からの帰還については、「特赦の前日・モンティンルパを訪う　白山丸で22日横浜へ」(同紙同年七月四日付朝刊)。

(179)　一九四三年五月のアリューシャン列島アッツ島をめぐる日米攻防戦で、日本軍守備隊約二六〇〇人は増援も撤退作戦もなされず全滅した。大本営は初めて「玉砕」と発表した。

(180)　駐米大使の幣原喜重郎が、エドワード皇太子訪米時の米国民の接し方を報告し、米国世論が排日問題も含めて対米関係を論じる可能性を指摘した上で、日米関係が微妙な時に万が一のことが起これば両国世論がエスカレートして両国間に溝が生じることを懸念した。この報告が皇太子裕仁親王(のちの昭和天皇)の訪米中止に影響を与えたと考えられる(前掲波多野『裕仁皇太子ヨーロッパ外遊記』五八～五九頁)。

(181)　一九五二年一〇月に警察予備隊から改組された保安隊は、一九五三年にわたって編制・装備が整備され、基本訓練の完了・保安大学校の開設で教育体制も確立されていった。また一九五三年の警備計画では、ソ連の影響などによる治安状況の悪化が危惧されていた北海道に重点が置かれた(防衛庁陸上幕僚監部総務課文書班隊史編さん係編刊『保安隊史』一九五八年、九〇～九一頁)。

(182)　一九五三年九月一五日、神宮大宮司佐々木行忠より、神宮式年遷宮のために新調し奉納される御神宝二〇点についての説明を受けた(『昭和天皇実録』同日条)。

(183)　ナイチンゲール記章は、赤十字国際委員会がすぐれた看護師を表彰するため一九一二年に創出した章で、受章者は毎年五月一二日(ナイチンゲールデー)に発表された。一九五三年には、日本人から三人が選ばれていた(「藤本さんら三人　輝くナイチンゲール章決る」『読売新聞』一九五三年五月一二日付夕刊)。

(184)　戦後に廃止・制限されていた旧軍人・軍属やその遺族に対する恩給が、一九五三年八月一日公布の「恩給法の一部を改正する法律」に基づいて復活した。

(185)　関東大震災の際、山階宮佐紀子女王、閑院宮寛子女王、東久邇宮師正王が死去。

(186)　侯爵細川護立三女・泰子。照宮成子内親王(東久邇成子)と女子学習院中等科の同窓生。男爵松井明之の長男・松井祥之と結婚。拝謁記では「松田に嫁してる人」と述べているが、「松井」の誤りと考えられる(霞会館華族家系大成編輯委員会編纂『平成新修旧華族家系大成』下巻、霞会館、一九九六年、四七六～四七七頁、「けふお慶びの両殿下　佳き日寿ぐ合唱　照宮さま御学友が今夜放送」『朝日新聞』一九四三年一〇月一三日朝刊)。

(187) 「皇居へ運ばる　皇太子さまの豪華自動車」(『朝日新聞』一九五三年八月二七日付朝刊)。皇太子の訪英にあたり、イギリスでダイムラーの車両が購入された。

(188) 一九五三年八月二七日付『毎日新聞』朝刊投書欄の「皇太子と乗用車」には「私を悲しませた報道の一つは、殿下の御乗用車として英国が世界に誇るダイムラーを購入されたこと」「もし皇太子が外国車族の鼻をあかすために率先して国産車を御使用になったら、その進歩改良のためどれほど役立つことでしょう」とあり、同年九月六日付『朝日新聞』朝刊のコラム「天声人語」では、「かつての御父陛下のような着眼をされて、御帰国後にダイムラー53年型から国産自動車に乗換えられたらどんなものであろうか」とある。

(189) 一月に宮中において行われる歌会始を指す。一九二六年制定の皇室儀制令により「歌御会始」から改称。一八七四年からは一般国民にも詠進が認められ、終戦後に宮内省御歌所が廃止され、選歌は民間の歌人に委嘱された。

(190) 「サンパウロ四百年祭、日本も参加を計画　親善使に高松宮湯川博士ら学者も渡伯」(『産業経済新聞』一九五三年九月一五日付日刊)。

(191) ブラジルの日系人社会では日本の敗戦を事実として受け入れない「勝ち組」と、受け入れた「負け組」との間で分断が生じ、暴力事件に発展して死者も出ていた(宮尾進『臣道聯盟――移民空白時代と同胞社会の混乱』サンパウロ人文科学研究所、二〇〇三年)。

(192) 日本海軍将校の親睦を目的とする海軍省の外郭団体。

(193) 国際労働機関(ILO)のアジア地域大会が九月一四日に東京で開会され、日本ILO協会会長・前田多門が議長に選出された(「ILOアジア地域会議開く　相集う代表二百名」『朝日新聞』一九五三年九月一四日付夕刊、「ILOアジア会議開く　国際色豊かに　議長に前田多門氏」『読売新聞』同日付夕刊)。

(194) 吉田の指示で閣僚が政策について昭和天皇に上奏していることは報じられており、例えば吉田首相の指示で岡野通産相が河川開発の詳細を天皇に報告することになったが、生物学者の天皇に河川開発に伴う動植物の被害について質されるのではないかと気をもんでいると報じられていた(「記者席　陛下への答弁には慎重」『朝日新聞』一九五三年八月二〇日付朝刊)。

(195) 一九四六年四月、GHQより靖国神社例祭への勅使参向は不適当とされ、同月三〇日の勅使差遣は取りやめとなり、五三年の秋季例祭で再開されるまで行われることはなかった(『昭和天皇実録』同日条)。

(196) クラークは、米国極東軍司令官兼国連軍最高司令官離任にあたり、九月二二日に昭和天皇と拝謁、勲一等旭日大綬章を贈られた(『昭和天皇実録』同日条)。

(197) 文脈上、到着してすぐ、の意か。
(198) 九月二五日から二六日にかけて東日本を縦断し、死者・行方不明者の総数は四七〇名以上に及んだ。
(199) 一八九〇(明治二三)年と一九〇六(明治三九)年の二度来日(辻岡健志「宮内省の外賓接待と大津事件」『書陵部紀要』第六六号、二〇一五年三月、四三頁)。
(200) 昭和天皇は一〇月一日、アメリカのウッズホール海洋研究所長から、海洋動物の標本を天皇に献上するため訪米中の皇太子に託した旨の手紙を受け取っている(『昭和天皇実録』同日条)。
(201) 一九四七年より新学制が施行され、学習院は私立学校となり、四九年に大学を開校した。
(202) 日本の独立後、自由党政府と文部省は、戦後教育改革で導入された社会科の再編と歴史・地理教育の強化を進めていたが、教育界や新聞各紙はこれを国家主義的な教育への回帰と批判していた(「「歴史教育」はどこへ? 郷土に結ぶ一方向 国家主義の復活に警戒の要」『読売新聞』一九五三年六月二五日付朝刊、「どうすればよい? 社会科 ▽高める基礎知識 ▽逆コースの危険」同紙同年八月二九日付朝刊)。日本歴史学会有志は歴史教育を「逆コース化しようとする最近の文部省の企て」に反対するとの声明書を作成して署名を集め、一九五三年九月三〇日に同省へ提出したが、同署名には三笠宮も名を連ねていた(「三笠宮らの反対署名 歴史教育の逆コースで文部省へ」同紙同年九月三〇日付夕刊)。
(203) 一九五二年に総理府大臣官房に設置された情報機関・調査室について、機能を拡充したり付属機関を新たに創設したりして強化する方針が政府にあると報じられていた(「情報機関(調査室)強化の動き〝国策通信社〟を設立? 明年度予算に四案用意」『読売新聞』一九五三年九月二五日付朝刊)。
(204) 「記者席 人造米、両相を走らす」(『朝日新聞』一九五三年一〇月二日付朝刊)、「歴史教育について 史学徒三笠宮にきく 事実に即し科学的に 正しい愛国心養成は良い」(『毎日新聞』同年一〇月二日付朝刊)。
(205) 「実収は更に減少? 米作柄の発表 深刻化す農村問題」(『朝日新聞』一九五三年一〇月二日付朝刊)。
(206) 読売新聞社主催の日米野球のためニューヨーク・ジャイアンツが訪日した。リッジウェイ参謀総長が、訪日を斡旋したサンディエゴ・パドレスのレフティ・オドゥールを通じて日本国民にメッセージを送るよう依頼したとの記事は確認できるが(「ニューヨーク・ジャイアンツ訪日に 日米の親善への貢献 リッジウェイ大将メッセージ」『読売新聞』一九五三年九月三〇日付朝刊)、米国大使館がメッセージを発したかどうかは不明。毎日新聞社も全米オールスターチームを招聘し、一〇月下旬から一一月上旬にかけてオールセントラルリーグチーム、オールパシフィックリーグチームと試合を行なった(「プロ野球全米オールスターズを招聘」『毎日新聞』一九五三年九月一一日付朝刊)。
(207) 皇室服喪令では、特別の事由のための除喪は臨時の勅定に依ると定められていた。同令は一九四七年五月二日に廃止されたが、以後も従前の例に準ずることとされた。

(208)　この日、昭和天皇は全国検事長会同の出席者と法務大臣と昼食をともにし、三笠宮も同席した(『昭和天皇実録』一九五三年一〇月七日条)。

(209)　北海道にソ連の指示を受ける日本人スパイ団体があるとされ、検事総長らがこの年八月に取り調べに北海道に赴いた(「北海道の〝スパイ〟事件　道内に秘密グループ？　ソ連船、マンマと捕わる」『朝日新聞』一九五三年八月一六日付朝刊、「検事総長ら北海道へ　密入国事件の事情など聴取」同紙同年八月一八日付朝刊)。

(210)　在華同胞帰国協力会総務局長を務めており、三笠宮とも親交のあった東京都立大学教授の阿部行蔵が、五月一七日に舞鶴での帰国者大会において引揚援護局の職員を軟禁したとして、一一月七日に検挙された(「阿部行蔵氏検挙さる　日共、小松女史もともに　舞鶴援護局女子職員の不法監禁で」『毎日新聞』一九五三年一一月七日付夕刊)。

(211)　芦田均は九月一二日からニューヨークで開かれる万国議員会議出席を兼ねた外遊中で(「芦田氏出発」『朝日新聞』一九五三年九月一二日付夕刊)、三木武夫も九月四日から西欧に外遊中だった(「旅立つものの心残り」『読売新聞』同年八月三〇日付朝刊)。

(212)　日中戦争の発端となった一九三七年七月七日の盧溝橋事件は中国共産党の仕業だとする説が当時から存在していたが(秦郁彦『盧溝橋事件の研究』東京大学出版会、一九九六年、二七六～二八一頁)、本文中の「第三国」とはソビエト連邦を指すと考えられる。

(213)　一〇月八日、前田多門が前出のＩＬＯアジア地域会議について進講した(『昭和天皇実録』同日条)。

(214)　一九四一年一二月八日に「宣戦の詔勅」が公布されたことにちなみ、四二年から終戦までの間、毎月八日は、「大詔奉戴日」と称する開戦記念日となっていた。

(215)　一九五三年は、日本各地で台風や水害が相次いだ上、北海道・東北・北陸地方の冷害でコメの生産量が激減した(「〝凶作〟臨時国会の焦点に　早場地帯の供米量激減」『朝日新聞』一九五三年一〇月六日付朝刊)。

(216)　皇太子の帰国を祝う歓迎会が一〇月一五日に東京の日比谷公園で開かれ、政府関係者や民間人計約五万人が出席した(「日比谷に五万人　皇太子さまの歓迎大会」『朝日新聞』一九五三年一〇月一五日付朝刊)。

(217)　チャーチル首相は、東西の緊張緩和を目的として、米英仏にソ連を加えた巨頭会議を開催することに固執していると報じられていた(「四巨頭会談を固執　異例の声明　チャーチル英首相」『朝日新聞』一九五三年九月二九日付夕刊など)。結局、米英仏の三国外相会議は一〇月一六日から一七日にかけて開催された(「三国外相会議と米のねらい　西欧見解まず調整」同紙同年一〇月一五日付朝刊)。

(218)　一九五三年四月に開校。一九五四年には防衛大学校に改称され、現在に至る。

(219) 東京都江東区。当時、保安隊の駐屯地があった。

(220) プリンス・オブ・ウェールズ(Prince of Wales)は英国皇太子の称号で、「プリンス(・)オブ(・)ウエールスの時はやつた」とは、エドワード皇太子が一九二二年に来日した際、当時皇太子(摂政宮)だった昭和天皇が晩餐会で挨拶した事例を指す(『昭和天皇実録』一九二二年四月一二日条)。昭和天皇はこの前例を念頭に、アメリカのニクソン副大統領が来日した際に自身と皇太子どちらがスピーチを行うべきかを提起している。

(221) 一〇月二五日、三笠宮夫妻は国体開催地の高松で、昭和天皇夫妻と対面した(『昭和天皇実録』同日条)。

(222) 月の輪古墳が所在する岡山県勝田郡飯岡村(現、美咲町飯岡)のこと(「これで三度目・文相の推薦撤回　教育映画「月の輪古墳」に」『朝日新聞』一九五四年六月九日付朝刊)。同記事には三笠宮が現地を訪問し、寄付をしたことも書かれている。「考古学の村」の話は、美備郷土文化の会、理論社編集部編『月の輪教室』(理論社、一九五四年)に詳しく、同書の「はしがき」は三笠宮が書いている。

(223) 注206参照。

(224) 宮内伝染病予防令施行規則(一九二六年公布、一九四七年失効)は、特定の伝染病にかかっていた者やその接触者に対し、宮城への参入や天皇への拝謁ができない期間を設けていた。

(225) 一〇月二四日、国体観覧等のため四国行幸中の昭和天皇に一般男性が直訴を試み、警備職員に保護される事件があった(「雑記帳　徳島で天皇に直訴騒ぎ」『毎日新聞』一九五三年一〇月二五日付朝刊)。

(226) 文脈上、一〇月三〇日条にある「考古学の村」の件と考えられる。

(227) 一九三一年三月に造営された昭和天皇の内親王の住居。

(228) 一九二三年一二月二七日、帝国議会開院式に向かう摂政裕仁親王が虎ノ門付近で無政府主義者難波大助に狙撃された事件。弾丸は外れ、難波は事件翌年に処刑された。山本権兵衛内閣は同月二九日に引責総辞職した。

(229) 「菊のカーテン」は、皇太子の生活圏・あるいは皇室そのものの閉鎖性や国民との隔絶を批判する比喩的な表現で、たびたび新聞記事で用いられていた(「今日の問題　菊のカーテン」『朝日新聞』一九五三年五月三〇日付夕刊、「編集手帳」『読売新聞』同年一〇月一一日付朝刊など)。

(230) 北白川祥子の夫・永久王(陸軍軍人、駐蒙軍参謀)は、一九四〇年九月に張家口の対空監視所での飛行機事故で死亡した(小田部雄次『皇族』中公新書、二〇〇九年、二三八頁)。

(231) GHQによる宮内府改革の要求を受け、芦田均内閣は、松平慶民宮内府長官と大金益次郎侍従長ら幹部を更迭した(茶谷誠一『象徴天皇制の成立』NHKブックス、二〇一七年、一五九〜一九八頁)。

(232) 昭和天皇を戦犯として起訴しないことは東京裁判開始前にアメリカ主導で決まっていた(日暮吉延『東京裁判』講談社現代新

書、二〇〇八年、第二章)が、検事団には天皇の証人喚問を希望する意見は残っていた(「天皇の証人喚問　適当の時期に決定　戦犯検事と一問一答」『朝日新聞』一九四六年五月二日付朝刊)。首席検事キーナンがそれを完全に否定するのは、田島の宮内府長官就任後の一九四八年一一月であった(「天皇不起訴の経緯　キーナン検事談話　4大国で決定ずみ　戦犯的意図なし」『読売新聞』一九四八年一一月二一日付朝刊)。ここに至る経緯については研究が進んでいないため詳細は不明であるが、この時期、寺崎英成(元外務官僚で宮内府御用掛)や松平康昌が宮中とGHQとの主な連絡役で、彼らは田中隆吉(元陸軍軍人)や加瀬俊一(松岡洋右外相の秘書を務めた元外務官僚)の助力も得ており(吉田裕『昭和天皇の終戦史』岩波新書、一九九二年)、「いろいろの人」は彼らのことを指している可能性が高い。

(233)　宮内庁職員の男が庁舎の煙突に登って問題となった事件を指す。同人は共産党員ではないが、共産主義者であると述べていたという。第三巻一九五二年五月三、四、七日条を参照のこと。

(234)　一九四七年三月八日の奏上のこと。瀬畑源「「宮中・府中の別」の解体過程——宮内省から宮内府、宮内庁へ」(『一橋社会科学』第五巻、二〇一三年七月)七～一〇頁参照。

(235)　内大臣は常侍輔弼の任にあたるとともに、御璽・国璽の尚蔵及び詔書・勅書その他内廷の文書に関する事務を掌る内大臣府を統轄した。一九四五年一一月、内大臣府の廃止に伴い廃官。

(236)　前漢時代に成立した、社会制度や儀礼についての書物『礼記』にある「大夫七十而致事」のこと。

(237)　複数の可能性があり、特定できない。

(238)　皇太子の外遊に随行した式部職儀式課長吉川重国が日本に送った通信。妻綾子に宛てた家信であるが、書き写しが宮内庁関係者に送付され、のち『戴冠紀行』(毎日新聞社、一九五四年)と題して出版された。

(239)　関屋貞三郎は戦前から聖徳顕揚、皇室仁慈の宣伝という目的で積極的に講演活動を行なっていた(茶谷誠一『昭和戦前期の宮中勢力と政治』吉川弘文館、二〇〇九年、第五章)。敗戦後の皇室の危機や天皇の戦争責任問題に際しても、関屋は自身の信念からクリスチャン人脈を生かして米国要人と接触したり、皇室と国民との絆の不変性を唱える主張をメディアで発信していた(木下道雄『側近日誌』中公文庫、二〇一七年(原著一九九〇年)、一九四六年二月二六日条、国立国会図書館憲政資料室蔵「関屋貞三郎日記」同年三月一日条など)。しかし、天皇や田島ら側近からみると、このような関屋の積極的言動は、皇室を利用した芝居、過度な宣伝として受けとられていた。第一巻でも、天皇と田島が関屋の活動について語っている(一九四九年二月二一日(第一回)条、一九五〇年六月一三日条、同年九月四日条)。

(240)　一一月七日午後、御文庫食堂の天井の漆喰が剝離落下した事故のことを指す(『昭和天皇実録』同日条)。

(241)　一六二二年、宇都宮藩主本多正純が、宇都宮城の天井に細工をして、徳川秀忠を暗殺しようとしたため切腹を命じられたという俗説のことで、錦絵、絵草紙、歌舞伎などの題材となって広く知られていた。

(242) 注210参照。

(243) 第三巻一九五二年五月一二日、一三日条参照。

(244) 東京都港区三田に現存する施設。三井財閥の饗応施設として一九一三年に竣工、敗戦後、占領軍に接収され、返還後、一九五三年からは三井グループ企業の会員制クラブとなっていた（「綱町三井倶楽部のご紹介　歴史について」https://www.tsunamachimitsuiclub.co.jp/about/history/　二〇二二年二月一九日閲覧）。

(245) 国賓（皇室および政府が公式に接待する外国の賓客）に準じる賓客として接遇。

(246) 注54参照。

(247) 本条を書いていたノートの頁数が足りなくなったため、このように書いたものと考えられる。

(248) 涎はよだれ。「涎言」で無意味な言葉、の意。中国清代の小説『紅楼夢』に用例がある。

(249) 大達は一九三六年、満洲国国務院総務庁長時代に満洲国の統治方針をめぐって関東軍と対立し、辞職・帰国している（古川隆久『あるエリート官僚の昭和秘史』芙蓉書房出版、二〇〇六年、八三～九二頁）。

(250) 「〝日赤の賓客なら〟外務省も承認の意向」（『朝日新聞』一九五三年一一月一五日付朝刊）、「在ソ戦犯の送還きまる　残りは千四十七人」（同紙同日付夕刊）。

(251) 木村が霊友会の顧問弁護士だった一九五〇年ごろから同会の脱税疑惑などのもみ消しに努め、謝礼として献金や国宝の刀剣を受け取った疑惑のこと。木村は一九五三年一〇月二〇日に告発され、東京地検の事情聴取を受けたが、一二月に不起訴となった（「木村保安庁長官を告発　霊友会に関係脱税、収賄の疑い」『朝日新聞』一九五三年一〇月二一日付朝刊、「霊友会、木村告発問題捜査へ　長官を近く召喚？　〝国宝の刀剣をもらった〟」『読売新聞』同年一一月一二日付夕刊、「木村長官に容疑なし　東京地検不起訴を決定」『朝日新聞』同年一二月三日付夕刊）。

(252) 栗田については第四巻一九五二年一二月九日条、同巻注132を参照。

(253) 三笠宮が「はしがき」を寄稿していることから、柴田雄次・柳田国男らの「にひなめ研究会」が一九五三年一一月に出版した『新嘗の研究』第一輯（創元社）のことと考えられる。

(254) 六月に岩波書店から刊行した生物学御研究所編『相模湾産海鞘類図譜』のこと（本巻七月一〇日条、注137参照）。

(255) 一一月一五日に来日したアメリカのニクソン副大統領は、一九日の日米協会主催の昼食会における演説で、今後日本は相応の防衛力を整備する必要があるなどと述べた（「ニクソン副大統領演説　防衛力を増強せよ　自由国家として残るため」『読売新聞』一九五三年一一月一九日付夕刊など）。

(256) 天皇が即位して最初の新嘗祭（稲の収穫を神に感謝する儀式）である大嘗祭の中で、神に供える米と粟を作るための水田（悠紀田、主基田)を詠う和歌が披露されるしきたりとなっていた。
(257) 宮中祭祀の際、照明のためにたかれるかがり火のこと。
(258) "Visit to Their Majesties Thrilling for Mrs. Nixon," *Nippon Times*, 17 Nov. 1953. ニクソン夫人は、同紙で、皇室の方々にお目にかかるのは人生で初めてのことだったので、両陛下との会見は私をわくわくさせたと述べている。
(259) 一一月二〇日条のページ中に宮内庁用箋にペン及び毛筆書きのメモが一枚あり、内容からみて、一一月六日条にある田島の辞意説明のためのメモと考えられる。
(260) 三笠宮は、前掲『新嘗の研究』第一輯の「はしがき」七頁で、中東と日本の農耕儀礼の類似点等について阿部行蔵と語り合ったのが「にひなめ研究会」のはじまりと書いている。
(261) 南方熊楠の門弟。一九二六年に熊楠らとともに、摂政裕仁親王に粘菌標本を献上していた。
(262) 「最近の反米感情」(『文藝春秋』一九五三年一一月号)のこと。
(263) 一〇月二〇日の都立小中高連合秋季体育大会で、都立朝鮮人学校生徒が天皇皇后や西側政治家を揶揄し、北朝鮮を称える仮装行列をして問題化した事件。都立朝鮮人学校校長の安岡富吉と第四朝鮮人小学校長阿川昔が都教育委員会に進退伺を提出した(「朝鮮人学校の二校長　陛下侮辱で辞意　教え子の仮装行列に」『読売新聞』一九五三年一一月二一日付朝刊)。なお、当時朝鮮人学校は都立だった。
(264) 毎年一月上旬、人文・社会・自然科学の分野における学問の第一人者から説明を聞く皇室恒例の行事。
(265) 毎年一月中旬に宮殿松の間で催される年頭の歌会。注189参照。
(266) 当時シベリア抑留中で、一九五六年現地で死去した。帰国説の報道例として、この日より後になるが、「2陣で近衛文隆氏も帰る　日赤代表語る」(『読売新聞』一九五三年一二月三日付夕刊)がある。
(267) いずれも旧憲法下の宮中制度で、麝香間祗候は旧公卿や大名華族、国務大臣経験者、維新の勲功者などを宮中席次で親任官扱いする制度で、錦鶏間祗候は勅任官(中央官庁の次官・局長など)五年以上奉職または勲三等以上の者を宮中席次で勅任官扱いする制度。
(268) 注260参照。
(269) 初代天皇とされる神武天皇が西暦の紀元前六六〇年に相当する年に即位し日本を建国したと『日本書紀』(七二〇年完成)に記されているが、初期の天皇が異常に長寿であることや中国の史書の記載と年代的に合わないことから、これが史実ではないことは近世期から気づかれていた。しかし、戦前の日本国家は国家の正統性の根拠として『日本書紀』のこの記述を事実と見なし、小学校の歴史教育で史実として扱い、西暦一九四〇年には、国家行事として「紀元二千六百年奉祝」の各種イベントを行うなど、国家主義を鼓吹する手段とした。その結果、敗戦後、神武天皇の話は学校の歴史教育から排除された(古川隆久『建国神話の社会史』中央公論新社、二〇二〇年)。現在では『日本書紀』にある初期の天皇(神武天皇から第九代開化天皇まで)は実在しなかったと考えられている(笠原英彦『歴代天皇総覧――皇位はどう継承されたか』中公新書、二〇〇一年)。

(270) Jack Finegan, *Light from the Ancient Past: The Archeological Background of Judaism and Christianity* (New Jersey, Princeton University Press, 1946)のこと。一九五五年に岩波書店より、ジャック・フィネガン著、三笠宮崇仁、赤司道雄、中澤洽樹訳『古代文化の光――ヘブライ=クリスト宗教の考古學的背景』を出版する。三笠宮がフィネガンの書に興味を持ったのは、一九五一年六月の立教大学来学時に、外国人教員より同書を紹介されたことに起因する(舟橋正真「なぜ皇族は戦後の立教を訪問したのか」『立教学院史研究』第一七号、二〇二〇年二月)。

(271) 一八八〇年代後半より、内務省主催の地方長官会議が毎年開かれていたが、敗戦後の一九四七年末に内務省が解体されたことにより、総理大臣主催の全国都道府県知事会議へと発展することになった(後藤致人『内奏』中公新書、二〇一〇年、一四二～一四三頁)。

(272) 特別大演習のこと。戦前の陸海軍が、大元帥たる天皇の統監の下で行った大規模な軍事訓練で、通常毎年一回行われた(秦郁彦編『日本陸海軍総合事典 第二版』東京大学出版会、二〇〇五年、七一〇頁)。

(273) 「田島宮内庁長官、辞意を表明 後任に宇佐美次長有力」(『朝日新聞』一九五三年一一月二九日付朝刊)の記事のこと。

(274) 当時、国家予算の膨張等による物価上昇が懸念されており、一一月三〇日に召集された第一八回臨時国会で首相・蔵相が物価抑制方針を演説した(「経済問答 インフレとは 読者に代って」『朝日新聞』一九五三年一〇月一一日付朝刊、「インフレ要因排除財政規模の縮減図る 蔵相演説」同紙同年一一月三〇日付夕刊)。

(275) 「お文庫の天井落下 改装間もない食堂 両陛下は御外出中」(『日本経済新聞』一九五三年一一月一六日付日刊)。

(276) 長崎は建築係長ではなく、課長補佐である。肩書きか名前のどちらかを田島が誤記したと考えられる。

(277) 葉山御用邸での外国人要人との会見は、一九四九年一月二〇日の対日理事会議長シーボルトの例がある(『昭和天皇実録』同日条)。

(278) 一九五四年のブラジル・サンパウロ市制四〇〇年祭のための訪問は行われなかったが、五八年六月から七月にかけて、三笠宮夫妻はブラジル日本移民五〇年祭記念式典参列のためブラジル(およびペルー、アメリカ立ち寄り)を訪問した。

(279) 「三笠宮を囲んで民謡・舞踊座談会」(『キング』新年特別号第三〇巻第一号、一九五四年一月号)。同席者は服部之総、西崎緑、団伊玖磨、松本新八郎、松島栄一、高橋礒一。

(280) 原文では八日と記載されているが、「田島道治日記」と『昭和天皇実録』の記述より七日の誤記である。

(281) 「廿三人のお妃候補」(『週刊サンケイ』一九五三年一二月一三日号)は、皇太子明仁の結婚に関する宮内庁関係者の証言や皇太子妃の候補を掲載している。
(282) 原文では九日と記載されているが、「田島道治日記」の記述より八日の誤記である。
(283) 瓜生外吉の甥にあたる。
(284) 政界の黒幕として知られていた藤田勇のこと(「機略と豪膽と深謀 藤田勇」高田末吉『躍進日本を操る人々　政界財界』丸之内出版社、一九三四年、小田部雄次『徳川義親の十五年戦争』青木書店、一九八八年)。
(285) 「~に職由する」とは「~に基づく」の意。
(286) 一九四七年から一九六〇年にかけて毎週土曜日に放送されていた、NHKラジオの人気クイズ番組のことを指す。アメリカのクイズ番組『Twenty Questions』(二〇の質問)をモデルにしていた。
(287) 阿部真之助「吉田茂論」(『文藝春秋』一九五四年一月号)のことを指す。
(288) いい加減な世間の噂、という意味。『論語』陽貨篇に出てくる章句に基づく。

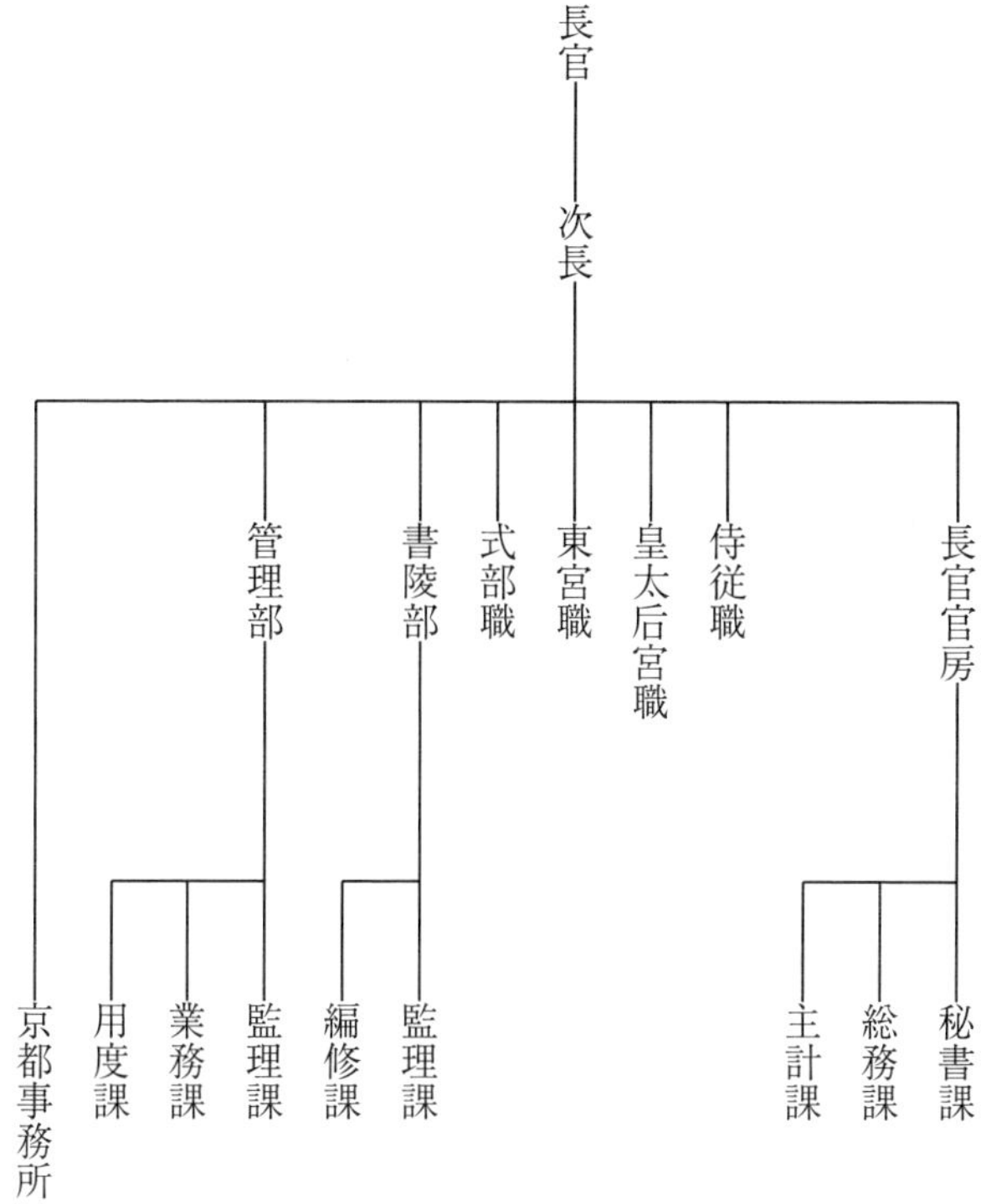

宮内庁機構図（1949年6月）

「機構・定員の変遷」宮内庁秘書課法規係「宮内庁関係機構法令（沿革）」第五分冊（情報公開請求にて入手）をもとに作成.

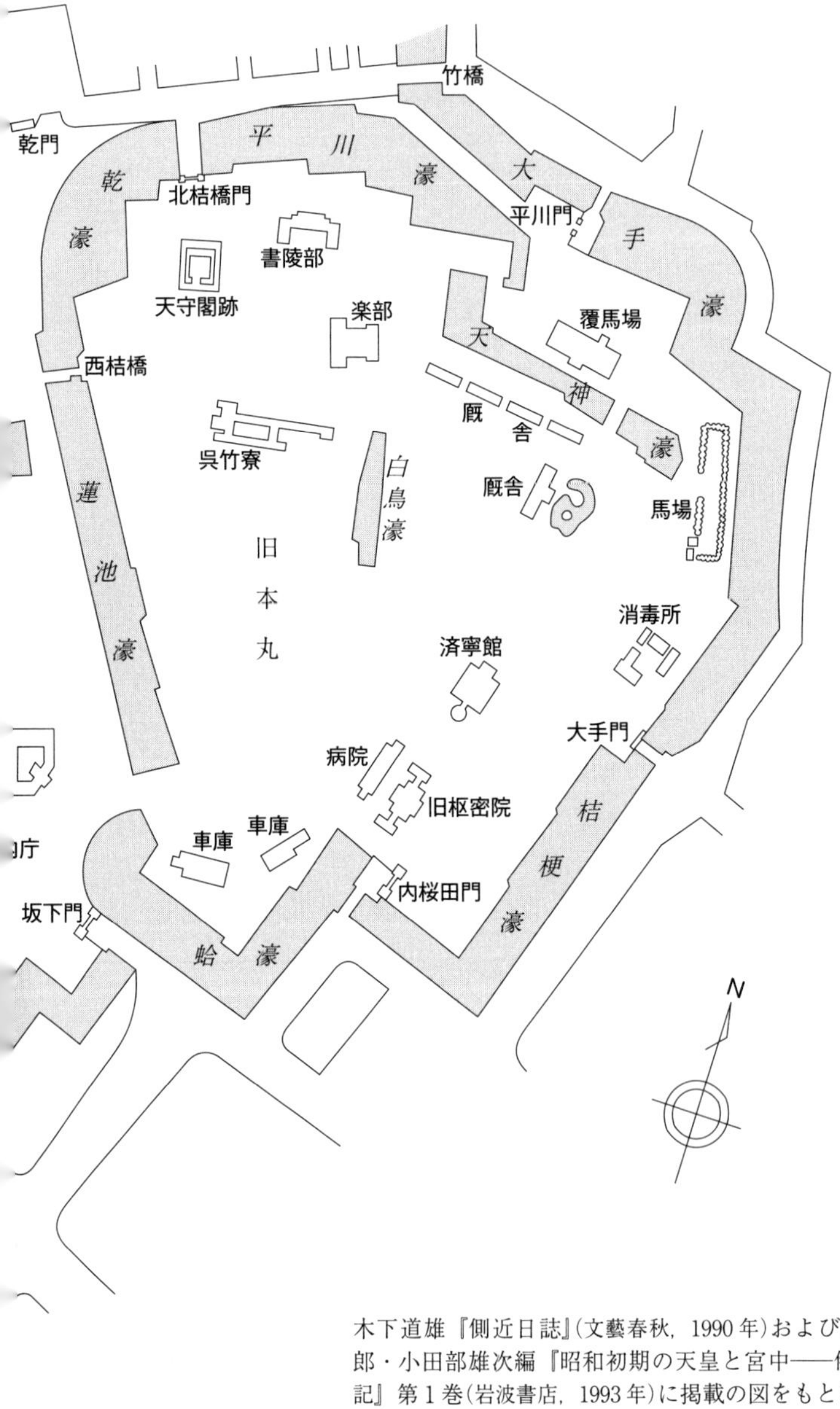

木下道雄『側近日誌』(文藝春秋，1990年)および高橋紘・粟屋憲太郎・小田部雄次編『昭和初期の天皇と宮中――侍従次長河井弥八日記』第1巻(岩波書店，1993年)に掲載の図をもとに作成.

1950年頃の皇居図

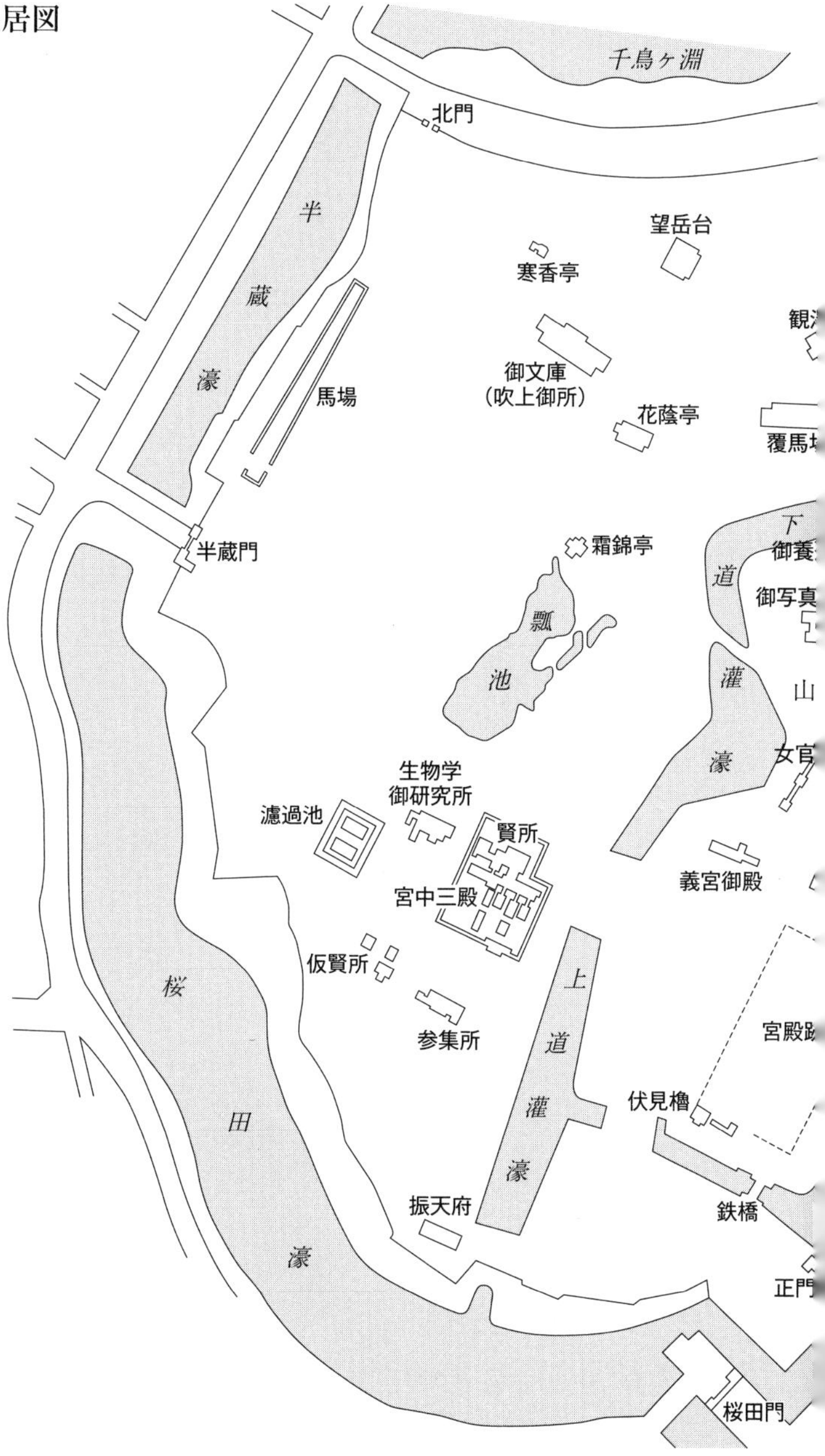
千鳥ヶ淵
北門
半
蔵
濠
馬場
望岳台
寒香亭
御文庫
（吹上御所）
花蔭亭
半蔵門
霜錦亭
瓢
池
道
灌
濠
下
山
生物学
御研究所
濾過池
賢所
宮中三殿
義宮御殿
仮賢所
参集所
上
道
灌
濠
桜
田
濠
伏見櫓
振天府
鉄橋
桜田門

旧皇族家系図（一九五三年一二月末）

太字は一九四七年一〇月（皇籍離脱）当時の当主　●は故人　［　］は皇籍離脱前の称
故人については最終配偶者のみ記載した

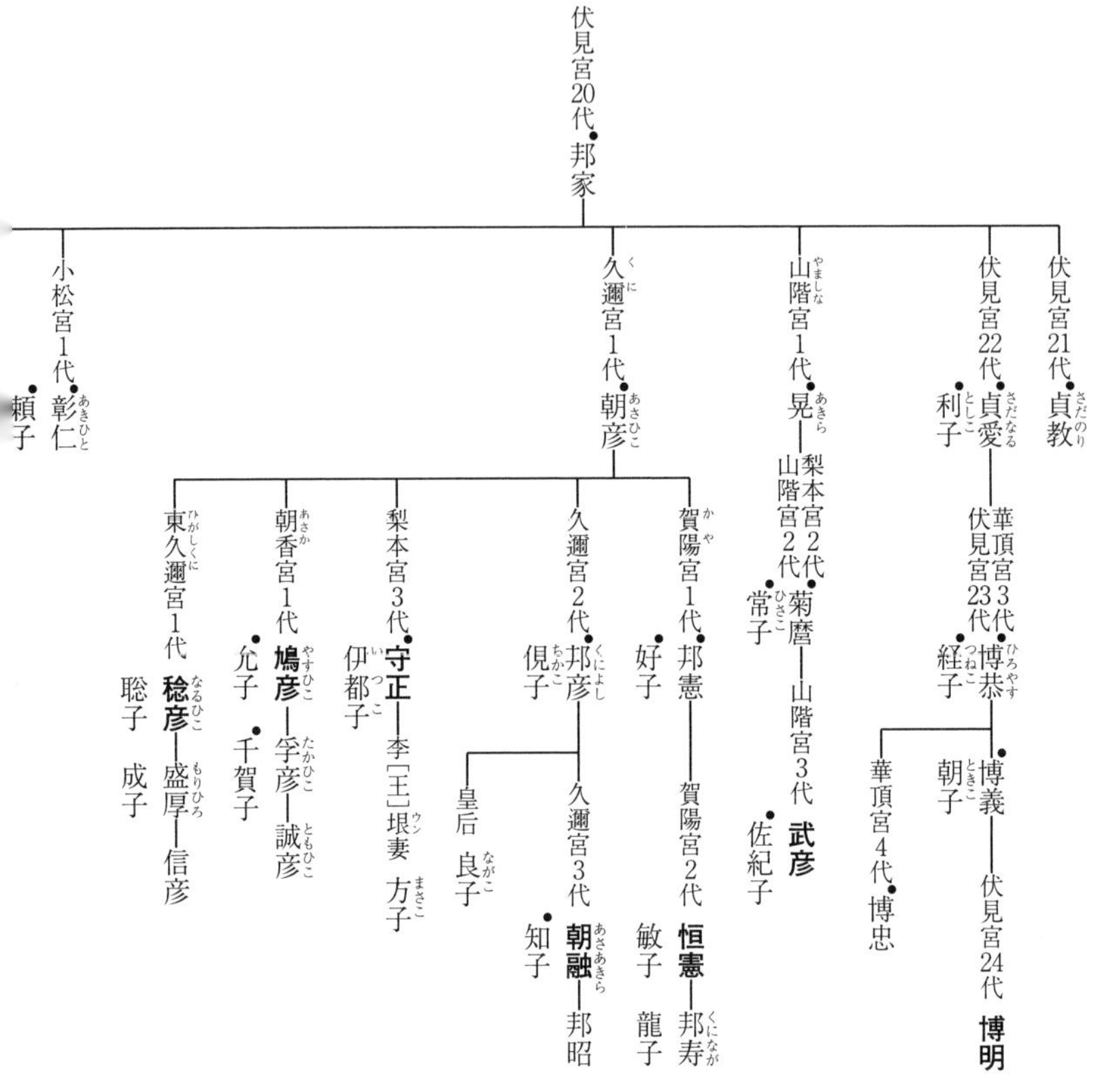

高橋紘・粟屋憲太郎・小田部雄次編『昭和初期の天皇と宮中——侍従次長河井弥八日記』第1巻（岩波書店，1993年）および霞会館華族家系大成編輯委員会編『平成新修旧華族家系大成』上巻（霞会館，1996年）に掲載の系図をもとに作成.

- 北白川宮2代●能久 ― ●富子
  - 北白川宮3代●成久 ― 房子
    - 北白川宮4代●永久 ― 祥子
      - 北白川宮5代 **道久**
  - 竹田宮1代●恒久 ― ●昌子
    - 竹田宮2代 **恒徳**《つねよし》 ― 光子
      - 恒正
- 北白川《きたしらかわ》宮1代●智成《さとなり》
- 華頂《かちょう》宮1代●博経 ― ●郁子
  - 華頂宮2代●博厚
- 閑院《かんいん》宮6代●載仁《ことひと》 ― ●智恵子
  - 閑院宮7代 **春仁** ― 直子
- 東伏見宮1代●依仁《よりひと》 ― 周子《かねこ》

天皇家系図（一九五三年一二月末）

- ●明治天皇 ― 昭憲皇太后●美子《はるこ》
  - ●大正天皇 ― 貞明皇后●節子《さだこ》
    - 裕仁《ひろひと》 ― 良子
      - 東久邇盛厚妻（照宮）成子《しげこ》
      - 久宮●祐子《さちこ》
      - 鷹司平通妻（孝宮）和子
      - 池田隆政妻（順宮）厚子
      - 継宮《つぐのみや》 明仁《あきひと》（皇太子）
      - 義宮《よしのみや》 正仁《まさひと》
      - 清宮《すがのみや》 貴子
    - 秩父宮●雍仁《やすひと》 ― 勢津子《せつこ》
    - 高松宮 宣仁《のぶひと》 ― 喜久子
    - 三笠宮 崇仁《たかひと》 ― 百合子
      - 甯子《やすこ》
      - 寛仁《ともひと》
      - 宜仁《よしひと》
      - 容子《まさこ》
  - 竹田宮恒久妃●昌子
  - 北白川［宮成久妃］房子
  - 朝香宮鳩彦妃●允子《のぶこ》
  - 東久邇稔彦妻 聡子《としこ》

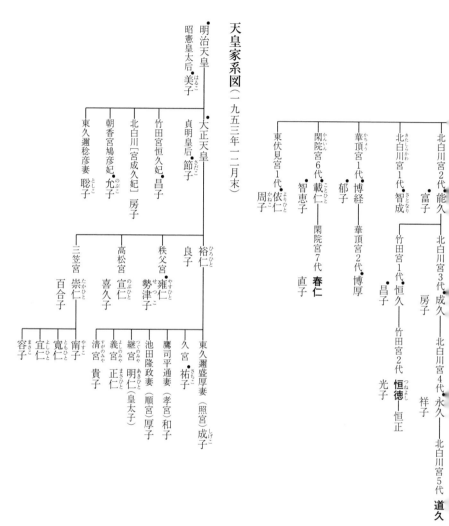

「拝謁記」一覧表

	形態	書き方	表題(田島記載)	備考
1	昭和24年衆議院手帖 (75 mm×127 mm)	横書き，カタカナとひらがなが混在	I　昭和二十四年拝謁記 自二月三日至十二月二十九日	表紙に「I 24」と記入．表題は表見返しの遊び頁に記入
2	東海銀行手帳(昭和25年) (72 mm×126 mm)	横書き，カタカナとひらがなが混在	昭和二十五年拝謁記 I 自一月二日至五月二十五日	表紙に「II 25」と記入．表題は表見返しの遊び頁に記入，「日記ハ日銀※ノ二十五年分アリ」(※は日銀のマーク)と付記
3	職員手帳(昭和25年) (80 mm×126 mm)	横書き，カタカナとひらがなが混在	昭和二十五年拝謁記 II 自五月三十日至十月二十三日	表紙に「III 25」と記入．表題は表見返しの遊び頁に記入
4	昭和25年衆議院手帖 (79 mm×129 mm)	横書き，カタカナとひらがなが混在	拝謁記 III　二十五年自十月三十一日至十二月二十八日 二十六年自一月二日至五月二十七日	表題は表見返し及び遊び頁に記入．遊び裏頁に「IV 25 26」と記入
5	東海銀行手帳(昭和26年) (73 mm×119 mm)	横書き，カタカナとひらがなが混在	拝謁記 V　昭和二十六年自五月二十九日至六月二十七日	表紙に「V」と記入．表題は表見返しの頁に記入．遊び頁に「May29 July27」と記入(内容は7月27日まで)
6	高島屋ノート (A5判)	縦書き，ひらがな	(ロ)昭和二十六年自八月三日至九月四日半ば(1.)	表題は表紙に記入，赤字で㊙と付記
7	高島屋ノート	縦書き，ひらがな	(ハ)昭和二十六年自九月四日(中途)至九月二十二日(中途)(2.)	表題は表紙に記入，赤字で㊙と付記
8	高島屋ノート	縦書き，ひらがな	(ニ)昭和二十六年自九月二十二日至十月二十三日(3)	表題は表紙に記入，赤字で㊙と付記
9	高島屋ノート	縦書き，ひらがな	(ホ)自昭和二十六年十月三十日至同年十二月十四日(4)	表題は表紙に記入，赤字で㊙と付記
10	GN ノート (B5判)	縦書き，ひらがな	(A)26.12.17–27.3.5	表題は表紙に記入．頁上部余白に見出しが書いてある
11	GN ノート	縦書き，ひらがな	(B)27.3.5–27.4.30	表題は表紙に記入．頁上部余白に見出しが書いてある
12	GN ノート	縦書き，ひらがな	(C)27.5.3–27.9.16	表題は表紙に記入
13	GN ノート	縦書き，ひらがな	(D)27.9.19–27.12.19	表題は表紙に記入
14	GN ノート	縦書き，ひらがな	(E)27.12.24–28.3.13	表題は表紙に記入
15	Tapecorder DIARY (昭和28年) (110 mm×152 mm)	横書き，ひらがな	拝謁記　自二十八年三月十四日至七月二十五日	表題は表見返しの遊び頁に記入
16	高島屋ノート	縦書き，ひらがな	(G)自昭和二八．八．一．至〃〃〃二七．	表題は表紙に記入
17	GN ノート	縦書き，ひらがな	(F)28.9.11–28.11.11	表題は表紙に記入
18	GN ノート	縦書き，ひらがな	(H)28.11.13–28.12.15	表題は表紙に記入

1～5，15は左開き，それ以外は右開き
「職員手帳」は印刷庁編集発行．宮内庁のものではなく中央省庁汎用のものか
GN ノート＝ヂーエヌ紙製品社の製造したノート
表題の(イ)(ロ)(ハ)や(A)(B)(C)の記号は，孫の哲夫氏が整理のために書いたもの

解　説

舟橋正真

一　第五巻の概要

初代宮内庁長官である田島道治が遺した「拝謁記」のうち、本巻は一九五三（昭和二八）年五月から、田島が長官を辞任する同年一二月までを収録する。「拝謁記」の最終収録巻である。

これまでの「拝謁記」からは、日本国憲法下においてイギリス流の立憲君主制（広義の「議会主義的君主制」）を理想に、「国家元首」として振る舞おうとする昭和天皇の実態や、皇室の家長としての苦悩が浮き彫りとなった。それは「象徴」としての天皇、「人間」としての天皇の内実を如実に示すものであった。本巻においてもそうした天皇の実像に変わりはなく、むしろその意識は時期を経るごとに益々高まっていく。

独立回復後、再軍備の促進を求めるアメリカ政府に対し、吉田茂は漸進的な防衛力の増強をめざし、米側が要求する規模での再軍備に抵抗しながら、経済復興のための経済支援を引き出そうとした。だが、この問題に取り組む第五次吉田内閣の政治的基盤は脆弱であり、改憲再軍備を主張する党外の保守陣営（鳩山自由党・改進党）にも、それに反対し伸長する革新陣営（右派社会党・左派社会党）にも反対勢力を抱え、厳しい政権運営を余儀なくされた(1)。

基地反対闘争にみられる反米感情の高揚に加え、朝鮮戦争の休戦を前に、「国家元首」意識を保持する昭和天皇は、在日米軍の駐留と再軍備問題に関心を注ぎながら、不安定な政局についても強い懸念を示した。いっぽうで、皇室の家長として、皇太子明仁親王をはじめ直宮の動向を絶えず注視し、田島に善処を求めた。また、田島の長官辞任をめぐっては、そのあり方に不満の態度を示すなど、長官人事に対する天皇の認識が浮き彫りとなる。[2]

田島は、こうした昭和天皇の姿を最後まで余すことなく記録し続けた。本巻収録の「拝謁記」は、手帳(横書き)一冊と市販の大学ノート(縦書き)三冊に記されたものであり、これまでの「拝謁記」と同様、内容の充実ぶりは、自身の長官辞任を前にしても全く変わることはない。本巻においても、内政・外交や皇室の諸懸案をめぐっては、昭和天皇と田島の象徴天皇認識が交錯するが、長官の更迭においてもそうした面がみてとれる。

では、「拝謁記」最終巻にみる昭和天皇と田島の「最後の対話」の内実とはいかなるものであったか。以下では、筆者(舟橋)の関心に沿いながら本巻の注目すべき点を概説していきたい。

二　昭和天皇の象徴天皇認識

(一) 国政への関心

一九五三年四月一九日の第二六回衆議院議員総選挙の結果、吉田自由党は第一党を維持したものの過半数を割り、少数与党に転落した。首班指名をめぐっては、改進党の重光葵を首班とする多数派工作が水面下で繰り広げられた。この重光首班構想は野党の思惑が一致せず、実現することはなかったが、首班指名選挙を翌日(五月一九日)に控え、昭和天皇は混迷化する政局に深く憂慮していた。

五月一八日、昭和天皇は田島に対して「新聞だけでの話」と断った上で、重光の態度について「国の大局の上で物を考へないやうだ」と評し、「何とか私の意見として重光にいひたいやうに思ふけれども」と相談した。天皇の意見とは、「保守は小異をすて、大同につき吉田に協力し、吉田のあとを担当する」というものだったと思われる。首班指名の混迷ぶりを憂いての対応であったものの、後継首班指名への関与を示唆する発言も含まれており、まさしく「象徴」の枠を超えるものであった。これに対して田島は、「一番国本位」で考える天皇の意思を何とか伝えたいけれども、と天皇の意を汲みながらも、「之は憲法上絶対不可能の事」と否定したのである（五月一八日条）。

その後、政局に絡めて別の話に移ったが、田島は話を戻して「今日天皇は新憲法で政治外交は陛下の遊ばす事ではありませぬから」と再度忠告したところ、天皇は不意に「認証をしないといふ事がある」と答えたのである。これは、文脈上憲法第六条一項（天皇は、国会の指名に基いて、内閣総理大臣を任命する）を指すと思われる。田島は、内閣の助言と承認に基づき天皇は国事行為を行うのみであり、認証しないことはできず、「大問題になります」と即答し、「御静観願ふより外ない」とやんわり否定した。しかし、天皇は再び「まア、認証といふ事をしないといふ事はあるが」と繰り返した。「これは中々大変」と感じた田島は、首相の任命は認証ではなく親任であると訂正した上で、それは議会が指名したものを天皇が形式的に任命するものなので「どうも出来ませぬ」し、認証についても「どうもすべき事はない」と丁寧に説明し、天皇を諫めたのである（同前）。

認証せずとの発言は、天皇の単なる誤解ではなく、「認証」を「承認」と読み替えていた可能性があり、その根底には、昭和天皇独自の象徴天皇認識の影響があったと考えられる。天皇の象徴天皇理解は、戦前の経験から形成された立憲君主理解の延長線上にあったからである。具体的には、日本国憲法の天皇条項のうち、読み替え可能な部分（第三条・七条の「内閣の助言と承認」など）は受け入れ、読み替え不可能な部分（第四条の国政不関与など）は保留し、時には逸脱するなど、独自の憲法運用・解釈をとっていた。つまり、憲法上の規定だけで、自身の行動が必ずしも規制されるわけではないと認識していたということである。(3)

そもそも昭和天皇は、憲法改正に際して帝国憲法の基本的構造を変える必要はないと考えており（第一巻解説）、本巻では、「旧憲法改正の必要はないと思つた」と踏み込んだ発言をしている。さらに「旧憲法でもある程度は新憲法と同じ精神でやつた」とも述べており、帝国憲法も日本国憲法も「実際面に即しては同じであつてい、のだ」（五月二〇日〈第一回〉条）と、日本国憲法の帝国憲法的な運用を是認している。田島はこれらの発言を受け、先述した「吉田、重光に一口私がいへれば……との仰せの出る根元茲にありと感得」した（同前）。

さて、首班指名選挙は与野党から候補者が立ったが過半数に達せず、吉田（自由党）と重光（改進党）の決選投票に持ち込まれた。左右社会党が棄権したことで、吉田が指名され、第五次吉田内閣が少数与党内閣として発足したが、それ以後も天皇は政情を注視し続けた。例えば、七月一日、政府と野党の国会論議の現状に「困つたことだネー」と言及した天皇は、野党は「政府いぢめ」のような質問をし、対する政府の答弁も責任逃れのような「不親切で誠意のない」ものだと評した。その上で、「旧憲法ならば当然私が出る事が出来るのだが、今の憲法ではどうすることも出来ない」と自身の憲法上の制約に触れながら、「党首をよんでお互に国の為にといふやうな事がいへればだけれども」と残念がった（七月一日条）。先述の田島からの進言もあって、天皇はこのような行動を憲法上不可能であると理解したといえるが、吉田と重光を呼んで調停を図るという発言は、天皇の「国家元首」意識の表れといえよう。

このような昭和天皇の象徴天皇認識は、憲法運用・解釈面だけでなく、当時の内政・外交に関する発言においても表出し、とくに日本の安全保障や再軍備をめぐる現実主義的な認識として浮き彫りとなる。

(二) 内灘闘争への視線

一九五二年一二月、日本政府は石川県内灘村の砂丘を米軍の砲弾試射場に使用することを決定した。だが、地元住民をはじめ労働組合、学生などが反対運動を展開し、翌五三年五月には県議会も接収反対の声明を出した。内灘闘争の始まりである。この時期、昭和天皇は在日米軍の撤退を求める国内世論の圧力が高まることを予期し、米軍の継続的な駐留が日本の安全保障にとって急務であると考えていた。(4) 在日米軍による国土防衛という安全保障論を有する天皇は、こうした現状に不安を募らせた。

五月二五日、昭和天皇は内灘の反対運動に触れ、防衛をアメリカに委ねる以上、必要であれば我慢して土地を提供し、小笠原諸島などの返還に繋げていかねばならないと述べ、「困つた事だ」と漏らした(五月二五日条)。天皇は、内灘の問題を「已むを得ぬ現状」とみたのである。そのため、「反米とか米軍が日本の準備なき内に退去するやう仕向ける事はいかんと思ふ」と述べるなど、反基地闘争に批判的な見解を示した(六月一七日条)。朝鮮戦争の休戦を間近に控え、共産主義の脅威の高まりを強く危惧した昭和天皇は、国内における反米感情の高まりを看過できなかったのだろう。事実、その後も天皇はソビエト連邦や中華人民共和国(「中共」と表現)など社会主義国の体制批判を繰り返し(八月一日条、一〇月二日条など)、国内に蔓延する「親ソ反米」等の空気を嘆きながら、「反米感情を和げ、正当に日本はアメリカと仲よくやつてく事が必要だ」と断言している(一一月一一日条)。

実のところ、昭和天皇の本心は、改憲再軍備にあった。例えば、再軍備反対の言説に対して、「侵略する国家がないとの確乎たる前提あつての軍備反対ならば別だが」と前置きした上で、「現に中共のやうな侵略の現実に接する以上、軍備はなしには出来ぬものと思ふがネー」と述べている(五月五日条)。東アジアにおける共産主義の脅威から日本を守るためには、再軍備が必要であるという天皇の強い危機意識がみてとれる。

(三)　ＭＳＡ問題と再軍備

同時期、アメリカのＭＳＡ(Mutual Security Act 相互安全保障法)に基づく対外軍事・経済援助が政治的焦点となっていた。援助を受ける国には、防衛力の増強が求められたが、吉田は国力や憲法九条を理由に、米側の要求する数字(三〇万人以上)での再軍備に難色を示した。そのいっぽうで、ＭＳＡ援助の受け入れをめぐっては改進党との話し合いが進められた。

本巻を読むと、昭和天皇が、再軍備問題に対する吉田の姿勢に疑問を呈する記述が確認できる。例えば、今後MSA援助の問題が喧しくなるという見通しを田島が述べたのを受け、天皇は吉田が再軍備の問題を避けることは「まづい」とし、再軍備を条件に「全幅的」な援助を求める交渉の必要性を示唆した。吉田批判と受け取れる発言に対して田島は、「国民の協力を得にくい」と考えているからではないかと、吉田の真意を推し量ったが(六月二日条)、改憲再軍備なしの経済援助などあり得ないと天皇は考えたのだろう。「あくまでも再軍備は経済力が許さない」という「一本調子」の吉田に対し、天皇は「M.S.Aを受ければ吉田のいふ国力の負担はなくなる」と考えた。そのため改進党との協議においても、改憲再軍備について「腹を割つて」の話し合いが必要である旨を強く望んだのである(七月一四日条)。

加えて、改憲再軍備に慎重な吉田を「楽観的」と評し、不満を述べる場面も多々みられる。天皇は、「どうも総理は楽観的でネー」と述べた上で、「私はちやんともう少し誰でも普通の人に分りよいように国として立つ以上、自衛の為の軍をもつといふ方へ持つて(い)つた方がいゝ」と主張した(七月二五日条)。天皇は、日本の共産主義化を防ぐためには改憲再軍備が必要と考えており、「虎視眈々たるソ連が居る」のに、「国力がとかいつて呑気なのはどうも心配だ」と吐露した。天皇によれば、吉田は「ソ連の事、共産の策動の事も大した事なし」と捉えており、再軍備についても「米国の援助で経費を余り要せず出来る筈」であるのにもかかわらず、「細論に亘らず只国力がまだ」と否定するだけであったという(八月一一日、一二日(第二回)条)。天皇は米側が経費の大半を出すと理解していたようだが、のちに岡崎勝男外相から四分の一程度と説明を受けた。誤解だと気づいた天皇だったが、吉田は質問しても「誤解を解くやうな返事」をしないと、田島に不満を吐露したのである(八月二七日条)。

いずれにしても、共産主義の脅威に強い危機感を有する天皇には、国力や国民感情を考慮し、改憲せずに防衛力を漸増させるという吉田の対応が、共産主義の脅威を軽視した不十分なものにみえたのだろう。ここからは、再軍備問題をめぐる天皇と吉田の志向の相剋がみてとれる。

以上のような昭和天皇の一連の発言は、田島に非公式的に示した「本音」や「愚痴」に相当するもので、それが内政・外交に影響を与えたか否かについては、十分な検討が必要といえる。そのいっぽうで、イギリス流の立憲君主制を理想とし、新憲法下の天皇を帝国憲法下の天皇の延長線上に理解した昭和天皇の象徴天皇認識は、田島との対話を通して徐々に形成されていったようにみえる。

三　皇太子明仁の教育方針をめぐって

(一)　皇太子外遊と教育

皇太子明仁親王は、英国女王戴冠式に参列するため、一九五三年三月から一〇月まで欧米一四カ国を訪問した。この外遊は、日本の国際社会への復帰とともに、皇室の主役が天皇から皇太子に転換することを内外にアピールする機会となった(5)。

だが外遊に際して、とくにイギリス内の反日感情は根強いものがあった。例えば、ニューカッスルでは旧捕虜団体がイギリス政府に対する抗議の決議を行い、市議会も皇太子招待の可否で紛糾した(ニューカッスル訪問中止)。日本政府の要請もあってイギリス政府は反日感情の緩和に努めたが、その最大のものが四月三〇日のチャーチル首相主催の午餐会だった。皇太子を午餐会に招いたチャーチルは、マスメディア関係者を同席させ、皇太子への理解を深めさせるのみならず、日英友好の必要性をスピーチすることで、反日報道を鎮火させることを狙ったのである(6)。

田島は、首相午餐会に触れ、チャーチルが「集めた人又その演説等中々考へたやり方のやうで誠によかつたと存じます」と評価した。また、歓迎一辺倒ではなく、ニューカッスルでの出来事も、チャーチルの「配意」による午餐会も、皇太子にとって「却て御修行になつておよろしい事」と述べ（五月五日条）、教育的な観点からその意義を見出している。これを受け、昭和天皇は皇太子時代の訪英を振り返り、当時発生したストライキに対する英国民の落ち着きと英当局の対応ぶりを大いに評価し、「何といつても立憲君主制としては英国はいゝからネー」と、しみじみと感想を述べた（同前）。イギリス流の大衆的な立憲君主制を理想とした昭和天皇ならではの発言といえるだろう。

さて、先述のように田島が「修行」と評したとおり、皇太子の外遊には教育的な意味が込められていた。第四巻解説でも紹介されているように、昭和天皇の弟である秩父宮雍仁親王は、立憲君主制のあり方を直接学べる機会として海外留学を強く勧めた一人だが、宮内庁内でも将来の象徴天皇として必要な知識や風格を身につけさせたいという要望があったのである。[7] そのため本巻を読んでいくと、田島などの皇太子外遊に対する評価が散見される。例えば、田島は、「英国の御行事が無事御済みになりまして誠に百点と存じまする」と高く評価し（六月一七日条）、皇太子教育の参考のため渡欧した小泉信三（東宮職教育常時参与）も「御教育上に渡欧した事は本当によかつた、学ぶ所があつた」（七月一四日条）と、外遊の成果を認めている。

しかしながら、課題も残った。実のところ、皇太子は社交的ではなく、自らの言葉で話すことができない性格だった。[8] 外遊を通して多くの要人たちとの会見を積み重ねた結果、「話題も非常に多く御なり」になったものの、「内面の問題」は改善したとはいえなかった。小泉は、帰国してからも「内面的の御修行遊ばす事が必要」である旨を主張し、田島も「力説」して昭和天皇に説明したが、何も返事がなかったという。田島は、「深く御了承」になったとみたが（八月一日条）、天皇の内心は、修行の必要なしという考えだったのではないだろうか。それは、天皇が皇太子に無批判になりがちな傾向があったからであるが、その詳細については後述したい。

（二）学習院大学進級問題

いっぽうで、外遊は別の問題を引き起こした。それが皇太子の進級問題である。皇太子は学習院大学政経学部二年生だったが、外遊のため単位不足で進級が困難となった。帰国後も公務が相次ぎ、授業に出られず、最終的に大学を退学し、新年度から聴講生として通学することになる[(9)]。

七月一四日、田島は昭和天皇に拝謁し、皇太子の単位問題に関する前日付『朝日新聞』の記事に触れ、次のような意見を述べた。①必ずしも学習院大学を卒業する必要がないこと、②卒業するなら五年生をやってもよいこと。昭和天皇は①に同意したものの、②は「御学友が変るからいかぬ」ときっぱり否定した。それを受け、田島は同年の者との「切磋琢磨が主眼」であり、学問は東宮「御学問所」のようにして「単独講義」で学べばよいと考えたが、学習院は寮生活等を望むところということであるから、一年多く在学してもよいと見解を示した（七月一四日条）。

しかしながら、天皇は反対の意を「非常に強く」主張し、田島の再説明に対しても聞き入れず、これを機に学習院大学を「奇麗さつぱり止めて単独で勉強する」のがよいとの案などを提示するほどであった（同前）。二〇日には、今後皇太子が公務の場に出る場合も多くなり、普通の学生のようにはいかないことを挙げ、学習院大学退学という自説を補強している（七月二〇日条）。

田島は、その根本に皇太子への「御みびいき」があると察知した。第一、二巻解説でも言及されたように、昭和天皇の家族観には独特のものがあった。とくに皇太子など自分の子どもたちには甘くなる傾向があった。そのため天皇は、皇太子を「完全に御出来上り」と捉え、その前提のもとに学習よりも公務が多忙になると考えたのである。だがそれは、引き続き「修行」が必要という田島と小泉の認識とは異なるものだった。そこで田島は、小泉と「よく熟議」した上で、天皇に再考を促し、時には天皇の「思召に副はぬ言葉」を伝えるしかないと腹を固めるものの、「難問題と案外なる可能性あり」との心境だった。そして、天皇の聡明さをもってしても、「肉親」に対する「無批判的」

な態度には感心できないと、深く心中で嘆くのであった（同前）。

（三）皇太子妃問題

既刊解説でも詳細に言及されているように、一九四九年後半、昭和天皇は田島に対して皇太子妃の選考基準を縷々挙げている。天皇は、相手の家柄や人物、遺伝上の問題、本人同士の意思の尊重、舅姑関係の重視などを考慮すべきであると考えていた（第一巻解説）。

選考の準備はすでに一九五〇年頃から始まっており、同年の「田島道治日記」九月二日条には「東宮妃さがすこと」との記述がみられる(10)。だが、この段階ではまだ準備の過程であり、田島は昭和天皇に対して選考が一歩も進んでいないことを説明したが、孝宮や順宮の結婚の場合と同様、順序を立てて研究調査し、漸次具体化するよう努力する方針である旨を伝えたのである（一九五一年九月二九日条、第二巻）。

その後も天皇は、皇太子の結婚年齢（二四、五歳ぐらい）、相手との年齢差（五歳ぐらい年下）、など皇太子妃の条件を挙げているが（例えば、一九五二年一月一一日条、第三巻）、本巻では皇太子妃としての素養に言及している。天皇は、婚約期間は短い方がよいとしながらも、「皇太子妃となり将来の皇后」となるための準備期間（教育期間）が必要と考えていた。そのほか、今後の外国との交際を想定して、外国語が出来ることを条件に挙げたが、普通の家庭の妻としての「要素」も必要なので「中々六ケしい」との印象を述べた。なお皇太子の母である良子（香淳皇后）からは「特別の御話はなく、やさしい人がいゝ」という考えが示されたようだが、それに比べて天皇の条件は細かく、「あまりおとなしくても困る」とまで述べている（一九五三年五月一一日（第二回）、一二日条）。

なお皇太子本人は、「比較的早く結婚したい」との意思を持っていたようで、それを聞いた天皇は「淋しいのだらう」と、その真意を推し量った。これを受け、田島は早期結婚の場合、五、六歳差という天皇の条件を短縮する必要があることに言及しつつも、「御徳」が配偶者の人柄によってよくなるという英国女王の例を出しながら、皇太子妃の選定は余程慎重でなければならないと答えている（一九五二年一一月四日条、第四巻。一九五三年七月一四日条、本巻）。

そのほか本巻では、皇太子妃候補をめぐる週刊誌報道に関する記述がみられ（五月二〇日（第一回）条、一二月七日（第二回）条）、この問題に天皇が広くアンテナを張っていたことがわかるが、選考が本格化していくのは田島が長官を辞任して以後（一九五五年）のことである(11)。

四　田島がみる皇室の家長としての天皇像

田島は、昭和天皇の国政への関心に違和感を持っておらず、時には天皇の意思表明を容認するかのような発言をしている。例えば、政局の安定を希望する天皇の意を受け、田島はその意思とは明示せず、吉田の耳に達するよう動いている。そのいっぽう、「陛下としては政治に御容喙は憲法上出来ませぬが」と述べつつ、吉田なら問題にならないとの見通しのもと、内奏時に「雑談」を通して意思を伝えることができないものかとも述べている（一九五三年五月五日条）。ただし、田島は人にもよると述べており、長期安定政権を通して形成された天皇と吉田の関係性を踏まえての発言であったといえる。田島の基本姿勢は、天皇の国政関与を是認するものではなく、むしろ天皇の政治的な行動を制限し、政治的機能を有しない「象徴」の枠にとどめるというものであった。

そのいっぽう、皇室の家長としての天皇のあり方、とくに先述した昭和天皇の家族観をただそうと忠言を試みることもあった。田島は、皇太子や内親王など直系の皇族だけでなく、それ以外の傍系皇族に対しても差を設けず、「皇室御一家」としてもっと親しくすることを強く望んだのである（六月一九日条）。しかし、昭和天皇は田島が自身と逆の認識を持っていることに「驚いた」と繰り返し発言し、子どもたちよりも他の皇族のことを重視していると反論した。これに対し、田島は「変な理論」なので「諫言」しなければ、「変な御理屈」を認めることになると考えた。しかし、長官就任以来初めての「御語勢」であり、笑いながら話すものの、「いつもとは一寸違ふ」と感じ、天皇を驚かせてしまったことを詫びた上で、説明には「覚悟」を要するとして後日答えることを約束した(六月二〇日条)。

田島があらためて天皇に拝謁したのは二日後の六月二二日である。田島は、同時期の懸案事項の一つだった三笠宮崇仁親王の思想と行動への対応を具体例として、天皇に自身の発言の真意を丁寧に説明したのである。

戦前、陸軍軍人だった三笠宮は、敗戦後は東京大学文学部の研究生となり、古代オリエント史を専攻した。学究の道を歩みながら戦後皇族のあり方を模索していった。マスメディアにも積極的に登場し、「直接的な当事者」である皇族としての発言と、「学問的洞察に基づいた発言」を展開した。[12] こうした三笠宮の行動は、戦後皇室の「民主的」なイメージを形成する役割を担ったものの、昭和天皇にはその自由な言動が皇弟としての自覚の欠如と映ったのである。そのため三笠宮の言動に常に神経を尖らせ、ことある毎に田島にその意を伝えていた。

田島も当初は、三笠宮の思想と行動に疑問を持つことはあったものの、その「進歩的」な思想には何か理由があると考えるようになったという。そのため、三笠宮の言動を単に困るというだけでなく、その原因が何かを考えることが重要であると捉え、皇室の家長である天皇にも同様の考え方が必要であると進言した。その理由として、戦前・戦後の「皇室の首長」としての天皇の立場に変わりはなく、「皇室全体の首長」として「各皇族の事を御思ひ頂く御立場」であることを挙げた。田島は皇室が一体となり、協力することが望ましく、「皇室の首長」である天皇に「一つ大きな御立場からおほらかになつて頂く事が必要」であり、全ての皇族に対して「親心」で、親が子に対するような気持ちを持ってほしいと強調した。その上で、「親心」を持って弟宮たちに接し、兄と弟という「対等以上の御考へ」で臨むよう願ったが、天皇は「その点は分つた」と答えるものの、すぐさま皇族への不平不満を口にし出した。田島は、天皇が全く話を理解しておらず、相変わらず「相対的に対等的」な考え方でいることに「多少失望」したものの、強い言葉もやむを得ないと「覚悟」して進言を続けた。田島は各皇族に問題があることを認めつつ、しかしながら天皇は皇室の家長であるゆえ、大原則として「おほらかに、多少の間違も包容して羊飼のやうな気持で願ひたい」と強く求めたのである（六月二二日条）。

これに対し、昭和天皇は六月二四日に、前日に開かれた弟宮たちとの夕食会の模様を話すなかで、高松宮宣仁親王との不仲をうかがわせるような発言や、三笠宮の言動にみる「矛盾」や口の軽さを非難する発言を展開したものの、「長官のいつた注意でつとめてやるから」と述べ、その具体的な方法を検討するよう命じた。この発言を受け、田島は「数日来の総決算の御言葉」であり、二二日の「諫言」を容認する「御言葉」と捉え、「恐懼」し、かつ「感激」したのである（六月二四日条）。

五　宮内庁長官辞任と後任人事をめぐって

（一）田島の長官辞任

先述のように、田島は覚悟を持って昭和天皇と相対し、皇室の家長としてのあり方を忠言したが、その根底には宮内庁長官辞任の決意があった。なぜなら、田島は五月の時点で辞意を固めていたからである。それを踏まえて本巻を読み直すと、田島の発言は象徴天皇制の将来を見越した、重要な意味を有していたことに気づかされる。

長官辞任の経緯については、すでに明らかになっている部分も多いが(13)、「田島道治日記」と「拝謁記」の記述を織り交ぜることで、その内容をいっそう補完することができる。そしてその記述からは、田島の長官としての総決算的な様相が浮き彫りとなる。

田島は四月末頃から長官の職を辞すことを真剣に検討し始めていた。そのきっかけとなったのが、四月三〇日の三菱銀行取締役就任の打診であった。田島は、長官との兼職は可能と即座に手続きをとろうとした(一一月六日条)。だが結局のところ、「在職か、辞職か二者択一」を検討し、五月二日に副総理の緒方竹虎に今年いっぱいで辞職する旨を伝え、小泉信三にも辞職の経緯を説明した(取締役就任も辞退)[14]。小泉から話を聞いた東宮職参与の安倍能成が、五月九日に田島を慰留するもその決意は揺るがなかった[15]。その後、二八日に吉田宛に長官更迭を含む書翰を送り面会を申し入れたが[16]、吉田は中々応じなかったという。そこで田島は六月中に緒方と数回協議を重ね、その結果、緒方からの働きかけもあり(同前)、二カ月後の七月二五日に葉山御用邸で吉田との会見が実現した。田島は、時期は別として辞職を容認してほしい旨を直接伝え[17]、吉田は田島の願いを了承し、二九日に皇太子帰国後に退任の手続きを進めることになった(同前)。この時点で、吉田と田島の間で、長官辞任はほぼ固まったといえる。

一一月三日、田島は文化勲章授章式前に吉田と会い、臨時国会終了(一一月七日会期終了)後の辞表提出を打ち合わせたが、その後、吉田は天皇に田島の進退を話してしまった。天皇はすぐに三谷隆信侍従長に相談しており、そのことを三谷から聞いた田島は、「約束が違ふ」と緒方に書翰で抗議した[18]。そして一一月六日に拝謁し、天皇に詳細を説明したのである。本巻一一月六日条に突如田島の進退に関する記述が出てくるのは、以上のような経緯があったからである。田島は、先述したような辞任に至った経緯を縷々説明しながら、天皇退位問題や一九五二年五月三日の「おことば」、皇太子の成年式・立太子の礼、外遊などの懸案事項がひと段落したこと、加えて自身の判断力の欠如、経済上の問題、心身の問題などを辞任の理由に挙げた。

さて、注目は長官人事に関する記述である。田島は、自身の進退と後任人事について事実上の上司である吉田首相と終始相談を進め、その間、昭和天皇に辞意を伝えることはなかった。天皇は長官人事に関与できず、自身が蚊帳の外にあったことに不満を感じたのか、田島の話を黙って聞いていたという。田島が、「宮内府職員の人事につきましては、陛下の思召及び宮内府長官の意見に基き、これを決定することが適当でありまして、運用上充分その実をあげることが出来ると存じて居ります」という一九四七年三月八日の吉田首相の奏上[19]に触れた際、天皇は初めて相槌を打った。天皇にとって問題がそこであったことがわかる。だが田島は、長官の進退をこの奏上に沿って運用することを是とせず、後任人事を担当する顧問役として小泉の名を挙げ、天皇に許可を求めたのである。

また、長官の後任候補についても付言しており、外部から高橋誠一郎（日本芸術院長）、渋沢敬三（国際電信電話社長）、緒方竹虎、石黒忠篤（元農商相）、新木栄吉（駐米大使）、日高信六郎（元上海総領事）、内部から三谷侍従長、松平康昌式部官長、宇佐美毅宮内庁次長を挙げた。田島は各自の宮内庁長官としての適否を縷々説明するなかで、長官に相応しい人物像や能力を明示している。それによれば、大勢に左右されず、固く所信を貫ける人物、「大事の時に毅然と」できる人物、政治に無関係の人物などを挙げるいっぽう、人物や頭が優れているだけでは長官は務まらず、日々発生する事務を上手く処理し捌くことのできる能力こそ、長官に最も必要と考えていた。これらは、自らの経験に基づく田島の「あるべき宮内庁長官像」といえる。

田島は、右の条件を満たす人物として宇佐美次長の名を挙げ、仕事ぶりからも人物としても申し分なく、常識も操守も信頼でき、一番適任であると宇佐美を推し、吉田や小泉も賛成であることを申し添えた。田島の話を沈黙して聞く昭和天皇であったが、先述の小泉の件（後日、「侍従職御用掛」）を許可し、田島の退任については「皇太子の結婚の事もあり私は不本意である」と述べるものの、「已むを得ぬ事と思ふ」と渋々認めたのである（一一月六日条）。一一月八日、田島は吉田に書翰を書き、翌日辞表を入れて目黒の首相公邸に届けた[20]。

（二）後任人事をめぐる混乱

だがその後、長官の後任人事をめぐり問題が生じた。吉田首相は、田島の後任に宇佐美以外の人物を据えようと動いていた。田島の日記には、「O」「Oka」などとイニシャルで記されており、既存の研究では元内大臣秘書官長の岡部長景か、岡崎勝男外相か、二つの可能性が挙げられたが[21]、本巻よりその人物が岡部長景であることが明らかとなった。一一月一〇日、吉田は東宮職参与の松平信子に長官候補を聞いており、そこで岡部の名が挙がったようだ。一一月二五日に昭和天皇に岡部を提案しているが、のちに小泉に対して、同案は思いつきであり、天皇の意向に沿わなければ撤回すると述べた[22]ように、確固たる考えがあったわけではなかった。

その後、田島と緒方が間に入る形で調整を進め、一二月四日に小泉と吉田が会見し、岡部案を撤回し、宇佐美後任案を内奏することに決まった。その結果を小泉から奏上された天皇は、宇佐美を洋行させ、その間は田島が在任するという代案を提示した。宇佐美外遊は、欧州君主国の制度を調査させる名目だったと推測できるが、信頼する田島を少しでも長く留任させたい天皇の意図がみてとれる。田島は一晩熟考したものの、辞意が変わることはなく、その旨を小泉から奏上された天皇は、「田島に未練がある」と吐露し、宇佐美の洋行中、および皇太子妃決定までの在任を強く切望したのである。これを聞いた田島は、「恐懼感激」するものの、「万事事実上決定」の段階となり、あとは吉田の内奏を待つだけとなった(一二月七日(第一回)条)。

一二月七日、吉田は昭和天皇に田島の後任として宇佐美次長を奏上した。しかし、これに対して天皇は「考へておく」と答え、後任人事を保留する発言をしたのである。同日、天皇は田島に対し、吉田が宇佐美とは面識がなく、小泉の推挙を信じて奏請しており、これから宇佐美と面会すると説明したことを保留の理由に挙げ、その前に田島から宇佐美に人事のことを話してはどうかと述べた(一二月七日(第一・二回)条)。この保留は、手続きを踏んで「承認」したいという天皇の意向とも受け取れるが、不本意な形で進む長官人事への「抵抗」という面もあったのではないだろうか。

田島は、この間の経緯から戸惑うものの、天皇の提案を否定し、吉田に任せることが妥当と答えた。だが田島はすぐそれを再考した上で、改めて天皇自身の意向を尋ねた。これに対して天皇は、田島の長期在任を希望しているが、退任しかないならば宇佐美で構わないと述べた(同前)。信頼する田島への未練を滲ませつつも、宇佐美次長の長官昇格案を容認したのである。

その後、田島は小泉と相談の上、宇佐美に対して自身の辞任と後任のこと、吉田から話があることを伝えた。宇佐美は受諾の有無は述べなかったものの、一二月八日に吉田から打診を受け、「内諾」した。そのため閣議にかけ、認証式を行うこととなった。天皇が「考へておく」と保留していたため、田島は手続き上改めて奏上し、「よろしいとの御許し」を得たのであった(一二月八日条)。

(三) 昭和天皇の不満

田島の辞任と長官人事のあり方に不満を持ちつつも[23]、それを渋々認めた天皇だったが、次長人事を機として明らかに不機嫌な態度を示した。

一二月一二日、葉山御用邸で天皇に拝謁した田島は、「御機嫌わるし」と天皇の印象を日記に書いた。この日、田島は次長の後任人事について天皇の「御裁可」を仰いだ[24]。田島は、宇佐美の責任で選考し、林敬三前次長に相談の上、内務省系統で人選した結果、国家地方警察東京警察管区本部長の瓜生順良が候補に挙がったと報告した。瓜生本人の内諾も得ており、経歴等からも申し分なく適任であることを説明し、天皇に許可を求めた。これに対し、天皇は、「本人を知らぬから何ともいへぬが、そういふ風に皆してい丶といふなら、私も別に異議もない」とあっさり認めている。しかし、天皇は「何か御不興にてフンフンとの仰せ多く、何か御不満ある」様子だったという(一二月一二日条)。田島の日記には「よろしとのこと」と天皇が裁可したことが書かれているものの、その後に「新長官永く勤務のこと、長官同様の大体方針かとのこと」とある[25]。天皇は最側近である宮内庁長官と良好な「主従関係」を構築するためにも短期での交代を好まなかった。おそらく次長についても同様の認識だったと思われる[26]。

「拝謁記」をみると、天皇は、宇佐美は若いので、田島より長く在職すべきと述べた上で、「長官はチヨイ〳〵代つては困る」と、田島に不満をぶつけている。これを受け、田島は心中で、「矢張り今回の更迭に関し、御心中御不満の結果、今日御不興かと拝察」した（同前）。そもそも天皇は、認証を要する宮内庁長官と侍従長の人事には自身の意見を入れて行われるべきものと考えており（一九五一年一二月一七日条、第三巻）、希望を述べるなどして人選に関わることを強く望んでいた。しかしながら、今回の長官・次長人事は、自身のあずかり知らぬところで進んでおり、天皇は事実上決定事項を承認するだけになっている現状に強い不満を感じ、不機嫌になったのである。

なお長官人事に関連して、天皇は「長官同様の大体方針か」と述べたように、田島のもとで構築された宮内庁の方針が、長官交代によって「変つては困る」との意思も示している。田島は、「大本の方向は従来と何等変化はない」と答えたが、天皇は「相変らずいつになく御不興気」だった（一九五三年一二月一二日条）。

六　「象徴天皇制」の確立に向けて

（一）側近体制の確立へ

以前田島は、長官人事は天皇の許可を得ること、後任に適材人物を推薦して辞任することが当然であると述べており、首相に辞表を提出すればよい他省庁の官僚とは事情が異なると認識していた（一九五一年一二月一七日条、第三巻）。この考え方に大きな変わりはないものの、第四巻解説で言及されている人材確保の困難さに加え、「オモテ」と「オク」の対立を経験し、田島は、むしろ他省庁と同じように「国家公務員」的に世代交代していくことこそが、象徴天皇制にふさわしい側近体制の確立につながると考えるに至ったのではないだろうか。[27]そのため最終的には天皇の許可は得るものの、選定にあたっては首相と長官が主導的に人選することを是としたと考えられる。

（二）最後の対話

田島の退任が決まり、昭和天皇は未決の懸案事項に不安を覚え、最後まで田島に相談している。その「大問題」の一つが先述の三笠宮問題であった。田島は、三笠宮の切望する洋行（留学）を実現させることこそが、同宮の思想と行動の原因を解消する第一歩と考えた（一九五三年六月二二日条）。昭和天皇も洋行の問題を早く解決し、三笠宮の考えが「普通になる事」を強く希望したが（八月一日条）、三笠宮はその後も歴史問題など自由な言論を展開していく。なお三笠宮としては、学問も含め全てを「皇族のワク内」でやるという考えを持っていたようで、天皇は「それは結構だネ」と述べている。天皇は三笠宮の意思が一貫せず、ぐらつくことを問題視しており、「ズットその御考ならいゝがネー」と切望したのである（一一月三〇日条）。本巻からは、三笠宮の留学や南米訪問について検討がなされていることがわかるが、田島からの説明を受けた天皇は、「それでいゝ」と安心している（一二月一二日、一五日条）。

そのほか天皇は、旧皇族・久邇朝融の経済問題、北海道行幸啓のことなどを確認しており、とくに後者について田島は、翌年八月の国民体育大会出席と残された「戦後巡幸」を併せた訪問案を提示し、国際情勢や治安状況に問題がなければ実施する旨を伝えた（一二月一五日条）。

最後に、憲法改正をめぐる論議に際しての象徴天皇のあり方について進言している。田島は、憲法改正の重要問題について意向を求められても「余程御慎重な事が必要」と訴えた。これまで長官として、吉田が皇室のためと思って行うことでも反対し、意見が一致しないこともあったが、宮中は政府より「独立した超然たる存在」であるべきであると主張した。田島は、いくら忠義的な考えであったとしても、「皇室に累が及ばんとも限りません」と述べており、結果として天皇・皇室が政治に関与し、利用される可能性を危惧したのである。その上で田島は、憲法改正などは「党派を超越した一貫した立場」でなければ、「皇室の為によろしくない」と提言し、昭和天皇もこの意見に賛同した

（同前）。

このように、最後まで長官として職責を果たした田島は、天皇の健康と皇室の繁栄を祈ったが、長官就任以来の道程が脳裏に去来したのか、「センチ」になって天皇の言葉が判然としない状態のまま退下した（同前）。一二月一六日、宇佐美新長官の認証式が行われ、その後、緒方副総理より退官辞令を受け、田島は長官を正式退任したのである（一二月一六日条）。

（三）「拝謁記」と象徴天皇制

「拝謁記」を通して、敗戦後の激動期において昭和天皇と田島道治が、象徴天皇制のあり方を模索し、形成していく過程が明らかとなった。天皇は、イギリス流の立憲君主的に象徴天皇の役割を理解し、国家意思形成への関与を切望していたが、田島の象徴天皇像は違うものだった。田島は、天皇の政治関与を防ぎ、日本国憲法の規定に天皇の実態を合わせることを任務とし（第一巻総説）、時には天皇の行動を諫め、象徴天皇のあるべき姿を形成しようとした。また、直宮や旧皇族についても長官官房（「オモテ」）主導で管理することを推進しながら、皇室の家長としての昭和天皇のあり方についても模索したのである。

総じて「拝謁記」からは、内政・外交にとどまらず、皇室に関わる様々な論点を見出すことができる。今後刊行される田島の日記（第六巻）や関連資料（書翰など、第七巻）と併せてさらに読み込むことで、内容への理解をより深めることができるだろう。まさに「拝謁記」は、現代史における象徴天皇制の内実の究明に資するものといえる。

「拝謁記」から見えてくるものは、「象徴天皇制とは何であるのか？」という問いではないだろうか。それは、「拝謁記」が書かれた時代にとどまらず、現代につながる普遍的な問いである。現代皇室には、皇位継承の問題など喫緊の課題が山積しているが、時代状況や価値観は違えども、天皇と田島の「対話」から何か指標となるべきものを見出すことができるのではないか。「拝謁記」が、現代皇室、ひいては現代日本を考える一つの手がかりとなることを強く期待したい。

付記：本研究はＪＳＰＳ科研費２０Ｈ０１３１７の助成を受けたものです。

（1）坂元一哉『日米同盟の絆――安保条約と相互性の模索』（有斐閣、二〇〇〇年）七六～八〇頁、池田慎太郎『独立完成への苦闘――１９５２～１９６０』（吉川弘文館、二〇一二年）第一章第二節、千々和泰明『大使たちの戦後日米関係――その役割をめぐる比較外交論　１９５２～２００８年』（ミネルヴァ書房、二〇一二年）二四～二九、九六～一〇二頁などを参照（なお、本解説における当該期の政治外交史に関する記述は、同書に拠っている）。

（2）吉次公介「戦後日米関係と「天皇外交」――占領終結後を中心として」（五十嵐暁郎編『象徴天皇の現在――政治・文化・宗教の視点から』世織書房、二〇〇八年）二一一～二一四頁。

（3）後藤致人「昭和天皇の象徴天皇制認識」（河西秀哉編『戦後史のなかの象徴天皇制』吉田書店、二〇一三年）を参照。

（4）"Conversation with Emperor of Japan", April 20, 1953, RG 84, Records of the Foreign Posts of the Department of State, Japan, Tokyo Embassy, Classified General Records 1953-1955, Box30, National archives II at College Park.

（5）河西秀哉『「象徴天皇」の戦後史』（講談社選書メチエ、二〇一〇年）一六八～一六九頁。

（6）波多野勝『明仁皇太子エリザベス女王戴冠式列席記』（草思社、二〇一二年）第八章参照。

（7）前掲河西『「象徴天皇」の戦後史』一五六～一五七頁。

（8）同前。

（9）吉田伸弥『天皇への道』（講談社文庫、二〇一六年）三九五～三九六頁。

（10）「田島道治日記」一九五〇年九月二日条（第六巻所収、カタカナはひらがなに直した。以下、同じ）。

（11）森暢平『近代皇室の社会史――側室・育児・恋愛』（吉川弘文館、二〇二〇年）Ⅲ部第二章を参照されたい。

（12）河西秀哉「戦後皇族論――象徴天皇の補完者としての弟宮」（前掲河西『戦後史のなかの象徴天皇制』）第三節を参照。

（13）加藤恭子『田島道治――昭和に「奉公」した生涯』（ＴＢＳブリタニカ、二〇〇二年）第二三章、茶谷誠一『象徴天皇制の成立

――昭和天皇と宮中の「葛藤」』(NHKブックス、二〇一七年)二五四〜二五八頁。
(14)「田島道治日記」一九五三年四月三〇日、五月二日条(第六巻所収)。
(15)「田島道治日記」一九五三年五月九日条(第六巻所収)。
(16)「田島道治日記」一九五三年五月二八日条(第六巻所収)。
(17)「田島道治日記」一九五三年七月二五日条(第六巻所収)。
(18)「田島道治日記」一九五三年一一月三日、五日、六日条、同年巻末メモ(第六巻所収)。
(19)瀬畑源「「宮中・府中の別」の解体過程――宮内省から宮内府、宮内庁へ」(『一橋社会科学』第五巻、二〇一三年七月)九頁。
(20)「田島道治日記」一九五三年一一月九日条(第六巻所収)。
(21)前掲加藤『田島道治』三六四頁、前掲茶谷『象徴天皇制の成立』二五六〜二五八頁。
(22)「田島道治日記」一九五三年巻末メモ、同年一二月四日条(第六巻所収)。
(23)一一月三〇日、昭和天皇は前日付の『朝日新聞』に田島の辞意表明と後任に宇佐美次長が有力との記事が出たことに対し、不機嫌な様子であったという(「田島道治日記」一九五三年一一月三〇日条、第六巻所収)。
(24)「田島道治日記」一九五三年一二月一二日条(第六巻所収)。
(25)同前。
(26)前掲茶谷『象徴天皇制の成立』二五七頁。
(27)同前、二五一〜二五三、二五八頁。

「拝謁記」公刊にあたって

ＮＨＫは、約二〇〇年ぶりとなる天皇の退位に際し、上皇さまが上皇后さまとともに歩まれた昭和から平成にかけての激動の歳月を、側近・学友などの証言や秘蔵映像、新たに発掘した資料などから振り返り見つめ直すため、報道・制作が一体となって取材し、その結果を、いくつかのスクープと、四回シリーズの特別番組「天皇　運命の物語」という形で結実させた。

こうした中で巡り会った初代宮内庁長官田島道治の「拝謁記」は、存在をうかがわせる情報はあったものの公開されたことはなく、宮内庁が「昭和天皇実録」を編纂する過程でも出てこなかった、いわば「幻の超一級史料」であり、二〇一八年秋に吉見直人氏とともに田島家に伺い原本を初めて目にした時の衝撃は、今も忘れられない。

取材班は、先行研究にあたるとともに、古川隆久・茶谷誠一・冨永望・瀬畑源の四氏に協力を求め、約九カ月かけて解読と分析を進めた。さらに、「昭和天皇実録」編纂に関わった元宮内庁職員や政治史・軍事史などの専門家、それに海外の識者にも意見を求めたうえで、二〇一九年八月から九月にかけて、ニュース番組やＷＥＢ記事で報じ、ＮＨＫスペシャル「昭和天皇は何を語ったのか〜初公開・秘録「拝謁記」〜」とＥＴＶ特集「昭和天皇は何を語ったのか〜初公開〝拝謁記〟に迫る」を放送した。

本書の公刊にあたって、ＮＨＫは、田島家、解読・分析にあたった研究者グループ、それに岩波書店と協議のうえ、一連の取材・制作の過程で作られた史料解読結果のテキストデータや史料原本のデジタルスキャンデータなどを提供した。昭和天皇の実像に迫る第一級史料の分析をさらに進め、今後の歴史研究の進展に貢献することが、最も公共の利益にかなうとともに、この貴重な史料を託してくださった田島家の思いに応える道だと判断したからだ。本書が多くの人に、昭和という時代や戦後の日本の歩みへの理解を深め、そこに連なる「今」を考える手がかりとして活用されることを願ってやまない。

ＮＨＫ報道局社会部副部長(二〇一九年報道当時)
鈴木高晴

[「拝謁記」翻刻・編集]

田島恭二(たじま きょうじ)

1917 年生．田島道治次男．東京帝国大学文学部卒業後，岩波書店，満鉄調査部，朝日新聞社に勤務．2013 年死去．

[編集委員]

古川隆久(ふるかわ たかひさ)

1962 年生．日本大学文理学部教授．『昭和天皇――「理性の君主」の孤独』(中公新書，2011 年)ほか．

茶谷誠一(ちゃだに せいいち)

1971 年生．志學館大学人間関係学部教授．『象徴天皇制の成立――昭和天皇と宮中の「葛藤」』(NHK ブックス，2017 年)ほか．

冨永 望(とみなが のぞむ)

1974 年生．公益財団法人政治経済研究所研究員．『昭和天皇退位論のゆくえ』(吉川弘文館，2014 年)ほか．

瀬畑 源(せばた はじめ)

1976 年生．龍谷大学法学部准教授．『平成の天皇制とは何か――制度と個人のはざまで』(共編，岩波書店，2017 年)ほか．

河西秀哉(かわにし ひでや)

1977 年生．名古屋大学大学院人文学研究科准教授．『近代天皇制から象徴天皇制へ――「象徴」への道程』(吉田書店，2018 年)ほか．

舟橋正真(ふなばし せいしん)

1982 年生．公益財団法人政治経済研究所研究員．『「皇室外交」と象徴天皇制 1960～1975 年――昭和天皇訪欧から訪米へ』(吉田書店，2019 年)ほか．

昭和天皇拝謁記──初代宮内庁長官田島道治の記録 5
拝謁記 5　昭和 28 年 5 月～28 年 12 月

2022 年 8 月 26 日　第 1 刷発行

著　者　田島道治《たじまみちじ》

発行者　坂本政謙

発行所　株式会社 岩波書店
〒101-8002 東京都千代田区一ツ橋 2-5-5
電話案内 03-5210-4000
https://www.iwanami.co.jp/

印刷・理想社　カバー・半七印刷　製本・牧製本

ISBN 978-4-00-026595-9　　Printed in Japan

昭和天皇拝謁記——初代宮内庁長官田島道治の記録

全七巻・A5判・上製カバー・平均三一二頁

*第一巻 **拝謁記1** 昭和二四年二月~二五年九月
総説/古川隆久 解説/茶谷誠一 定価三三〇〇円

*第二巻 **拝謁記2** 昭和二五年一〇月~二六年一〇月
解説/河西秀哉 定価三三〇〇円

*第三巻 **拝謁記3** 昭和二六年一一月~二七年六月
解説/冨永 望 定価三三〇〇円

*第四巻 **拝謁記4** 昭和二七年七月~二八年四月
解説/瀬畑 源 定価三三〇〇円

*第五巻 **拝謁記5** 昭和二八年五月~二八年一二月
解説/舟橋正真 定価三三〇〇円

第六巻 **田島道治日記** 宮内(府)庁長官在任期+関連時期
解説/冨永 望

第七巻 **関連資料**
解説/茶谷誠一・舟橋正真

*は既刊

岩波書店刊
定価は消費税10%込です
2022年8月現在